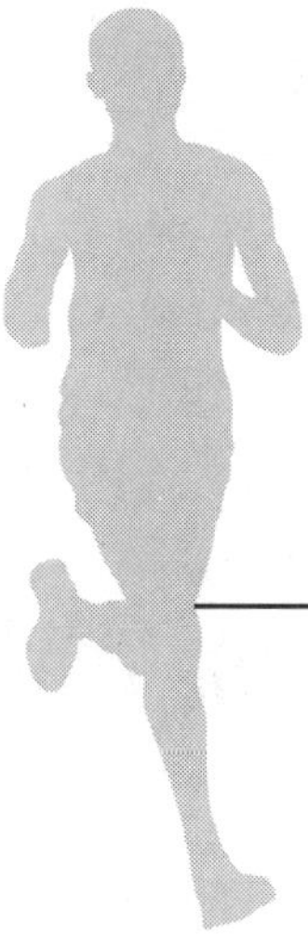

体能测试与评估

魏宏文　编著

北京体育大学出版社

策划编辑 李光源 佟 晖
责任编辑 李光源 佟 晖
责任校对 郝 彤
版式设计 联众恒创

图书在版编目（CIP）数据

体能测试与评估 / 魏宏文编著 . — 北京：北京体育大学出版社，2023.3（2024.7 重印）

ISBN 978-7-5644-3798-5

Ⅰ . ①体… Ⅱ . ①魏… Ⅲ . ①体能—身体训练—教学评估 Ⅳ . ① G808.14

中国国家版本馆 CIP 数据核字（2023）第 006234 号

体能测试与评估
TINENG CESHI YU PINGGU　　　　魏宏文 编著

出版发行：北京体育大学出版社
地　　址：北京市海淀区农大南路 1 号院 2 号楼 2 层办公 B-212
邮　　编：100084
网　　址：http://cbs. bsu. edu. cn
发 行 部：010-62989320
邮 购 部：北京体育大学出版社读者服务部 010-62989432
印　　刷：北京昌联印刷有限公司
开　　本：787mm × 1092mm　1/16
成品尺寸：185mm × 260mm
印　　张：23
字　　数：534 千字
版　　次：2023 年 3 月第 1 版
印　　次：2024 年 7 月第 2 次印刷
定　　价：65.00 元

（本书如有印装质量问题，请与出版社联系调换）

前言

北京体育大学于2004年设立国内首个体能训练方向班，最早开始培养体能专业本科人才，2008年组建体能训练教研室，2017年率先通过体能训练本科专业教育部审批，2018年成立体能训练学院，开始招收体能训练专业本科生，目前已经形成了体能训练专业从学士、硕士到博士的完整培养体系，旨在培养从事竞技体育、大众健身以及军警等特种行业所需的体能训练专业人才。

体能测试与评估是体能训练相关从业人员专业技能的重要组成部分，更是他们开展体能训练的逻辑起点和逻辑终点。为落实体能训练专业培养方案的要求，我在多年教学积累的基础上，经过了认真调研和专家论证，在进一步明确了体能训练专业人才培养定位和需求的前提下，编写了本书。

本书是国内第一本面向体能训练专业、针对体能测试与评估的相关理论与实践编写的教材，主要介绍了体能测试与评估的相关理论及科学化、标准化地设计和实施体能测试与评估的实践方法，内容包括体能测试与评估的科学基础、身体成分的测试与评估、运动损伤风险的筛查测试与评估和运动表现（有氧耐力、无氧耐力、肌肉力量、功率、直线速度、灵敏、核心稳定性、柔韧性）的测试与评估。我希望通过本书为体能训练从业人员提供体能测试与评估的理论与操作方法，进而用科学的指标来指导体能训练实践，深入分析运动表现变化背后的体能细节。

本书内容不仅涵盖了体能教练和研究人员在训练实践和体能研究中常用的体能测试与评估方法，而且从国际上体能训练领域内的专业权威期刊中吸收了很多新的知识点，增加了很多设计新颖、可操作性强的测试方法和指标，在进一步丰富教材内容的基础上突出前沿性、实用性和权威性。在呈现形式上，本书图文并茂，穿插了很多直观的图表，有助于读者快速了解运动表现的科学基础，掌握测试与评估方法的关键细节。在文字表述上，本书力求简短精练，着重体现实施体能测试与评估过程中的规范化和标准化。本书中涉及的部分测试与评估方法习惯性使用英制计量单位，为便于实际工作中的应用予以保留。

本书可作为体育院校体能训练、体育教育训练学、运动人体科学、运动康复等专业的教学用书，也可作为体育学专业研究生和运动科学工作者的参考用书。我希望本书的出版，能够满足体能训练专业建设和专业教学之需。

北京体育大学教务处章潮晖处长、北京体育大学出版社佟晖编审、北京体育大学体能训练学院全体教师对本书的出版工作给予了极大的支持和帮助。在本书的编写过程中，我的研究生许楠、郭瑞彬、果天泽、翁盈盈、张军、廖展浩、向镜、王溪宣、陈垚、李玉婷、徐锴、胡梁婵、杨开、周雨萍、王俊力、吴慧敏做了很多的文字整理工作，图片拍摄由耿茜完成，图片模特为杨宇、沈柏霖和郑天晨，在此一并表示感谢。

为了编写一本理论体系和知识框架完整、结构合理、内容丰富的体能测试与评估教材，我一直在努力探索。但在定稿之后，我仍感离期望尚有差距。鉴于水平有限，不足之处敬请广大同人、读者不吝指正！

魏宏文

2022 年 2 月 11 日

目录

第一章　体能测试与评估的科学基础

第二章　身体成分的测试与评估

第三章　运动损伤风险的筛查测试与评估

第四章　有氧耐力的测试与评估

第五章　无氧耐力的测试与评估

第六章　肌肉力量的测试与评估

第七章　功率的测试与评估

第八章　直线速度的测试与评估

第九章　灵敏的测试与评估

第十章　核心稳定性的测试与评估

第十一章　柔韧性的测试与评估

附录　中英文术语对照表

第一章　体能测试与评估的科学基础

第一节　体能测试与评估概述

一、体能测试基本术语

在体能测试工作中，我们会经常遇到一些有特定意义的术语，如测量、测试和评估，它们之间存在着联系，但各自又有明确而特定的意义。

• 测量，指测试的行动，测试结果通常用数值来表示，即量化所测试的特质，如 30 米冲刺速度、1 分钟引体向上次数等。

• 测试，指使用某种专门的仪器、设备、工具［如：跑台、功率自行车、自觉疲劳程度量表（rating of perceived exertion，RPE，又称主观疲劳评定量表）等］，通过设计合理的实验方法以及进行必要的数据处理，从而获得被测对象的有关信息或数据。按照实验设计，测试通常包括前期测试、中期测试和后期测试。

• 前期测试，指在训练或实验开始前，通过测试获得被测对象基本能力水平的数据，即获得基线值。

• 中期测试，指在训练进行中或实验过程中所进行的一次以上的测试，动态地观察各项指标的变化情况，用于评估训练的进步情况或实验效果，或将中期测试的结果作为调整下一阶段干预方案的依据，以期进一步产生良好的训练效果或实验结果。如：根据中期测试的 1 次最大可重复重量（1 repetition maximum，1 RM）结果来调整下一步训练计划或实验方案中的负荷强度。

- 后期测试，指在训练后或实验结束后所进行的测试，用于观察训练计划是否成功地达到了训练目标，或评价实验方案的效果。
- 场地测试，指测试工作在某个运动项目的专项场地上进行，通过便携式的仪器设备对被测对象实施测试。

二、进行体能测试的原因

有效的训练计划开始于对运动员训练需求的分析，这个过程涉及运动员当前的体能状况与运动技能水平、训练经历、专项体能需求、损伤史及其当前功能受限情况、生活方式等方面。这些数据能够作为基础数值和后续的评估依据。如果没有这些信息，体能教练的训练计划可能就是千篇一律而非个体化的。

进行体能测试的原因有很多，依具体情况而不同。在竞技体育专业背景下，对运动员进行体能测试与评估，可能出于如下考虑（Miller，2012）：

- 在生理学上确认其优势与劣势；
- 为了选拔而进行排序；
- 预测将来的运动表现；
- 评价训练计划或者某次训练课的有效性；
- 长期跟踪运动表现的变化；
- 制定和调整训练负荷。

三、体能测试的类型

体能测试贯穿于运动训练的全过程，是科学化体能训练不可或缺的重要内容。在运动训练实践中，有阶段性的体能测试，也有连续性的体能测试，还有将两者相结合的综合测试。体能训练的专业人士在训练实践和科学研究中，应该根据运动专项、训练周期、训练计划、运动员的特点等方面的要求来选择不同种类的体能测试。

体能测试的类型主要有阶段性测试、连续性监测和综合性测试，还可以按照实施体能测试的场所分为实验室测试与运动现场测试。

（一）阶段性测试

阶段性测试是指在赛季前和赛季末进行的全面测试，以及在特定时间点进行的特殊测试。这种类型的体能测试通常在团队运动项目中使用，用 1 ~ 2 天的时间通过进行包含人体测量、损伤风险评估、跳跃、冲刺、变向能力、力量、功率、有氧耐力或无氧阈测试等内容的一套体能测试组合来测试团队、个人的运动表现水平。

通过阶段性测试，教练员可以了解不同运动员体能水平的变化，制订或调整个人的训练计划，以确保根据运动项目或位置的要求，尽可能使运动员各项身体素质得到最佳的发展。此外，教练员还可以通过阶段性测试，了解体能训练对团队整体的长期效果和当下短期反应，进而调整团队的训练负荷，优化、完善训练方案、训练方法。

（二）连续性监测

连续性监测是每日、每周或每月对运动员进行的测试，如在每一个训练日监控运动员的疲劳程度、准备就绪的情况，或者确定之前的大负荷训练或比赛的后续影响，进而调整训练负荷（强度、量、频率）。连续性监测的频率，通常根据测试指标的敏感性及其可被观察到的产生显著变化的持续时间而定。常用的手段方法有心理学问卷和量表、运动学指标、生理生化指标、生物力学指标。

在竞技体育中，连续性监测经常用于了解和评估高水平运动员对来自于训练、社会等方面的生理性、心理性应激源的反应，包括以下几种情况（Turner et al.，2017）：

- 利用肌酸激酶等生物化学指标反映训练引起的肌肉组织的损伤；
- 神经肌肉功能的测试；
- 力量训练时的训练量（组数 × 重复次数 × 重量）和训练强度（平均重量）；
- 利用全球定位系统（GPS）和加速度计来测量运动员的外部负荷；
- 有关肌肉酸痛、挫折感和幸福感等方面的运动员主诉；
- 关于工作 / 学习和家庭相关应激源及其程度。

（三）综合性测试

综合性测试是阶段性测试与连续性监测相结合的测试类型。尽管是最完整的体能测试，但它的效果取决于测试的有效性、分析数据资料的正确性、根据测试结果对随后的训练计划进行调整所需的时间、设备和技术人员。

教练员可以在特定时间点（如赛季前、赛季中、赛季末）使用阶段性测试观察关键的运动表现特征，同时通过持续测定特定的运动表现（如力量测试和跳跃测试）来监测神经肌肉疲劳。此外，采集外部负荷（如抗阻训练的总负荷、基于 GPS 技术的跑动参数）和内部负荷（如心率、生化指标）的数据可以让教练员了解运动员神经肌肉系统产生适应性变化的原因和机制。

第二节　体能测试的科学性

体能教练和体能训练科学研究工作者都是以证据为导向的专业人士，他们往往采用基于研究的思路与方法，在理性地吸收科学文献研究成果的基础上，确保以严谨的实践操作获得关于运动表现变化的数据信息。

为了能够正确地测量与评估受试者的体能水平和运动表现，研究人员应当在基于运动项目体能需求特征基础上，根据体能测试的科学性来设计体能测试方案、确定测量方法，所选取的指标应能够反映处理因素（如某种训练方法、某种新的科技手段、某种恢复措施等）的效应。如果测量方法不精确、指标不妥当，就不能准确地反映处理因素的作用，获得的研究结果也就缺乏科学性。因此，测试方法和指标的选择事关研究的成败。

体能测试的科学性，包括测试的信度、效度和客观性，它们是编制或选择测试方法时必须考虑的指标。

一、信度

（一）概念

测试的信度，即可靠性，指的是采取同样的方法对同一对象重复进行测量时，其所得结果相一致的程度。从另一方面来说，信度就是指测量数据的可靠程度，反映测试结果的一致性、再现性和稳定性。如果对受试者实施了一个可靠性高的测试，而且受试者的能力在两次测试中没有改变，那么在两次测试中就应该得到相同或相接近的测定值。否则，采用一个可靠性不高的测试，就会在某一次测试中出现高的测定值，在另外一次测试中出现低的测定值。

（二）体能测试中常用的信度

信度有两种形式：测试者内信度和测试者间信度。前者是指检测员（或评分员）使用一种测试方法进行多次测试得到结果的一致程度，后者指不同检测员（或评分员）使用多种测试方法进行测试得到结果的一致程度。

在体能训练实践和研究中，常用的信度有重测信度和检测员（或评分员）信度。

1. 重测信度

重测信度表示两次测量结果有无明显变动，反映了测量结果的稳定程度。例如，为了测试自愿参加实验的受试者的深蹲 1RM，在实验开始前的准备工作当中有一项重要的工作内容，就是对受试者进行深蹲动作的技术教学，受试者只有掌握并且发挥出正确的技术动作，才能够确保深蹲 1RM 测试结果的准确性。因此，可以分别在两个不同的时间点（如间隔 4 ~ 7 天），对受试者进行两次深蹲 1RM 测试，如果两次测试成绩接近，皮尔逊积差相关系数（Pearson product moment correlation coefficient）较高，则表明测试比较可靠，说明受试者已经具备进行深蹲 1RM 测试的技术能力，而且短期内不随时间的变化而变化。

在体能测试的研究和实践中，首先需要考虑的问题是测试的重测信度，包括该测试方法的特征、可能存在的测量误差，以及能否在实践中接受这个误差水平。在对竞技体育运动员进行体能测试时，这些问题尤其重要，因为教练员要通过每日的监测数据和通过测试观察到的数据结果来考虑训练负荷、训练方法的调整。如果两次测试之间测量指标的变化小于测量误差，我们不能确信此变化就是有意义的，因此还需要知道测量误差是如何产生的。一天中的不同时间、测试的地点、测试时的指导语、测试时的环境条件等都会产生测量误差。解决这些问题不仅可以使体能测试标准化，而且会最大限度地优化测试条件。这样我们才可以控制测量误差，使测量更具有可重复性，进而让测试结果对训练实践更加具有指导作用。

在计算重测信度时，需要利用皮尔逊积差相关系数对先后两次测量的数值做相关，以相关系数（r）作为评估重测信度的指标。通常来说，相关系数越大，表明测试的可靠性越高。表 1–1 是相关程度的一般判断标准。

表 1–1　相关程度的一般判断标准（黄汉声，2015）

相关系数	相关程度
< 0.40	低
0.40 ~ 0.69	中
$\geqslant 0.70$	高

2. 检测员（或评分员）信度

参与体能测试工作的检测员（或评分员）应当是受过正规培训、执行过正确实操且具有一定测试经验的专业技术人员，但在执行体能测试的过程中，由于有一部分的误差是来自于同一个检测员（或评分员）在每次测量时技术能力的不稳定、各个检测员（或评分员）对同一体能测试方法中技术标准掌握尺度的不统一，所以，检测员（或评分员）也存在自身和相互之间的差异性。体能测试的科学性要求尽可能减少这些差异性，提高检测员（或评分员）自身信度和检测员（或评分员）之间信度。

如果不同的检测员（或评分员）对同一个受试者的测量（或评分）结果相差较大，原因可能在于检测员（或评分员）之间的测量（或评分）的技术能力、工作经验存在差异。例如，使用秒表手动计时进行 40 码（约合 36.6 米）冲刺测试，不同的计时员对同一个受试者的测验成绩有差异，此差异可能来自于计时员对受试者起跑和冲过终点时的反应时间。再如，进行最大力量测试时，检测员（或评分员）的主观性可以影响到测试结果。深蹲 1RM 测试过程中，评价下蹲过程中股骨是否与地面平行，如果不同的检测员（或评分员）有不同尺度的判定，就会导致深蹲 1RM 测试的最终结果相差较大。如果体能教练在某一训练阶段结束时进行最大力量测试，评判下蹲时股骨与地面平行的标准比训练开始阶段要严格，那么，运动员力量的增长就可能会被低估。

组内相关系数作为评价测量误差大小的指标，可用于评估检测员（或评分员）自身信度和检测员（或评分员）之间信度。检测员（或评分员）自身信度是指同一检测员（或评分员）在 2 个及 2 个以上时间段对同一个或同一批受试者进行重复测量的一致性程度。检测员（或评分员）之间信度是指 2 个及 2 个以上检测员（或评分员）在同一时间段对同一个或同一批受试者进行重复测量的一致性程度。

为了将检测员（或评分员）之间的差异最小化，需要控制几个因素：检测员（或评分员）需要采用一致的测试方法，而且应该非常熟悉该测试方法；前测与后测均应该由相同的检测员（或评分员）实施；按照标准流程校对仪器设备；严格控制测试流程和步骤。

（三）评价信度的参数

1. 信度系数

信度系数即通过计算相关系数（r）来表示测定值在不同时间的稳定程度，这是确定测试信度的常用方法之一。r 的数值在 0 ~ 1 之间，通常，r=0.90 是令人满意的，但 r=0.80 也是可以接受的。信度系数超过 0.90 的体能测试方法都是非常可靠的。表 1–2 是可靠性程度的一般判断标准。

表 1–2 可靠性程度的一般判断标准

信度系数	可靠性程度
≥ 0.90	优
0.80 ~ 0.89	良
0.70 ~ 0.79	足够
＜ 0.70	适用范围有限

引自：https://www.hr-guide.com/Testing_and_Assessment/Reliability_and_Validity.htm。

信度系数的平方（r^2）表示共享方差。如：r=0.70，则 r^2=0.49，表明测试变量的 49% 可以由其他的测试来解释。也就是说，如果假设下肢力量与冲刺速度之间的相关系数 r=0.70，那么速度能力的 49% 可以由个体的力量水平来解释，其余的 51% 与其他因素有关，例如肌纤维组成、训练状态、身体成分等。

2. 内部相关系数

内部相关系数（intraclass correlation coefficient，ICC）通常是确定可靠性的首选方法。内部相关系数通常用于研究，为测试提供受试者之间的变化量，是受试者之间的变异量与总变异量之比的量度。内部相关系数等于个体的变异度除以总的变异度，故其值介于 0 ~ 1 之间。0 表示不可信，1 表示完全可信。表 1–3 是内部相关系数的一般评价标准。

表 1–3 内部相关系数的一般评价标准（Koo et al.，2016）

内部相关系数	相对可靠性等级
≤ 0.49	差
0.50 ~ 0.74	中等
0.75 ~ 0.89	良
≥ 0.90	优

3. 变异系数

变异系数（coefficient of variation，CV）用来表示测试中受试者内部的变异程度。计算公式为：CV% =100×（标准差 / 平均值）。变异系数的大小同时受平均数和标准差两个统计量的影响，因而在利用变异系数表示资料的变异程度时，最好将平均数和标准差也列出。表 1–4 是变异系数的一般评价标准。

表 1–4　变异系数的一般评价标准（McMahon et al.，2018）

变异系数	绝对可靠性等级
＞15%	差
＞10% ~ 15%	中等
5% ~ 10%	好
＜5%	优良

4. 典型测量误差

典型测量误差（typical error of measurement，TEM）用来衡量测量的可靠程度。对受试者进行重复测量得到两组测定值，将两组测定值的标准差的差值除以 2 的平方根，结果就是典型测量误差。通常典型测量误差越小，测量越可靠。

5. 测量标准误

测量标准误（standard error of measurement，SEM）是与测试相关的误差量的参数。它与受试者的变异系数直接相关，变异系数是以受试者平均变异百分比表示的。因此，测量标准误反映了受试者内部的变异，并且在个体水平上计算了测量的变异性。

测量标准误的计算公式为：$\mathrm{SEM=SD}\cdot\sqrt{1-\mathrm{ICC}}$。

6. 最小有价值变化

在体能训练的实践与研究中，随着训练的逐渐开展、时间的推移，能否可靠地检测到运动表现中有意义的变化至关重要。然而，由于一些与体能测试有关的影响因素，如受试者的唤醒水平、睡眠质量和数量、疲劳程度、咖啡因摄入情况、测试的环境条件（如环境温度、地面温度）等，使每次测试的结果几乎都会发生变化。当一个阶段的训练前后运动表现测定值有提高，并不意味着这种变化是有意义的，因为测定值的变化可能是由于上述影响因素所致。因此，有必要确定运动表现的变化是有意义的。

有意义的运动表现变化可以通过计算最小有价值变化（smallest worthwhile change，SWC）来确定。计算最小有价值变化可以让体能教练或研究人员有信心在接下来的一段时间内，准确地确定运动表现是否发生了真正的变化，而不仅仅是由于测量中的误差所致。

在个人项目中，增加获胜的机会是基于能够提高比赛名次的最小的、必要的运动表现的变化。在团队项目中，体能测试与团队表现之间没有明确的关系，最小有价值变化是基于团队表现的标准变化。在团体项目中，优秀运动员的最小有价值变化可以用 0.2 乘以被试间标准差（SD）来计算，即 SWC=0.2×SD。该计算方法是基于科恩的效应量原理，0.2 代表一个小的、但不是微不足道的效应量。当典型测量误差大于最小有价值变化时，观测到的变化往往是测量误差造成的，而不是实际的变化（Hopkins，2004）。

7. 整体信度

将内部相关系数和变异系数相结合，可以进行整体可靠性评价，其评价标准见表 1–5。

表 1–5　整体信度的评价标准（Harper et al.，2020）

评价等级	内部相关系数	关系	变异系数
差	＜ 0.75	且	＜ 10%
中等	＜ 0.75	或	＞ 10%
良	0.75 ～ 0.90	且	＜ 10%
优	＞ 0.90	且	＜ 5%

（四）影响信度的主要因素

1. 测试的性质

重测信度受测试性质的影响。在体能测试中，一般来说，通过仪器设备测量的指标重测信度高一些，如电子计时器测定受试者的速度、测力台测定的垂直跳跃高度和触地时间等；而通过自陈报告测定的指标重测信度低一些，如主观体力感觉、用于评估疼痛的视觉模拟评分法等。

2. 受试者个体差异及能力水平

受试者的能力水平对一次测量的可靠性有着直接的影响。受试者的训练水平越高，运动成绩与技术水平也会越稳定，所以在重复测量中表现出更为稳定的数据。重复测量的数据越稳定，信度系数也越大。因此，对不同运动能力水平的受试者应该选取相应水平的信度系数，即训练水平越高，所要求的信度系数也应越高。例如，同样一项技术重复测量，用于运动技术水平较高的受试者进行重复测量，其可靠性也就越高。而对于运动技术水平较低的受试者来说，其重复测量结果变化较大，可靠性也就随之降低。

3. 重复测量的间隔时间

测量的间隔时间越长，可靠性越低。对于不同的测量指标，应规定不同的重复测量间隔时间。因为指标不同，重复测量间隔时间不同，会使可靠性发生变化。如果某项测量指标中一天内重复测量结果变化不大，而间隔几日后再次重复测量的结果变化很大，那么用一天内测量结果来评估多日间隔测量的可靠性就有高估的倾向，因为它只反映了一天内的波动情况。如将间隔几日重复测量结果用来评估一天内测量的可靠性，就会出现低估的倾向。所以重复测量的间隔时间要根据测试的特点而定，不宜过长。

4. 受试者能力发挥的水平

当受试者对测量内容和方法较为熟悉且动机纯正、态度认真时，能够发挥出自己最好的能力水平。这种最好的能力水平在一段时间内相对较为稳定，所以可靠性也较高。相反，当受试者不能发挥自己的能力水平时，成绩的波动也较大，因而测量的可靠性也会受到影响。为了提高测量的可靠性，应尽量选择简单易行的测试项目，而且在正式测试之前多给受试者练习机会，也可在测试过程中采取适当的激励措施，以便使受试者发挥最好的能力水平。

此外，测试的频次、测试条件的规范化程度、测试人员的能力水平、测量手段的鉴别功能以及评分标准的适宜程度等，对测试的可靠性也有极大的影响。因此，为了提高测量的可靠性，应从各个方面进行分析，排除可能会对可靠性产生影响的因素。

二、效度

（一）概念

测试的效度，又称为有效性，指一套测试对应该测试的内容测量的程度。也就是说，一套测试是否可以实现预定的目的以及是否测量了它要测量的内容。它反映了测量结果与要考察内容的吻合度，是测量中最重要的问题。如某研究试图比较不同力量训练方法的效果，研究设计者就必须拿出测量力量的有效指标来评价训练方法的效果。

确定效度一般要以某个独立的外部标准为基础，看测试的内容或者结果是否与该标准一致。检验效度的标准称为效度标准（以下简称“效标”）。测试结果与效标的相关系数称为效度系数。效标既可以是某种理论假设，又可以是其他测试成绩，也可以是受试者当前或将来的某种情况、状态，或者未来能够达到的运动成绩。

（二）体能测试中常用的效度

体能测试中效度检验的实质是确定测量的结果真实地反映测量目的的程度，包含两层意思，即测量结果与测量目的的一致性和测量结果的可靠性。在体能训练实践和研究中，常用的效度有构建效度、表面效度、内容效度、同时效度、预测效度等。

1. 构建效度

构建效度是指一套测试方案所包含的各种拟测成分属性与总体属性在结构上的一致性程度。如足球运动员的专项体能测试主要包括长时间的高强度间歇性跑动能力、多方向速度、力量、功率等，如果一套体能测试方案中包括 Yo Yo 间歇性恢复测试、Pro– 灵敏测试、深蹲与硬拉的 1RM、反向纵跳测试，就可以认为该套体能测试方案具有构建效度。再如，长跑选手的比赛表现主要取决于最大有氧能力、跑步经济性和乳酸阈，如果有一套体能测试方案涵盖这三方面能力，那么可以认为该套体能测试方案具有构建效度。因为从逻辑上分析，在上述两个运动项目的体能测试方案中，每一项测试内容能够测量该项目体能需求的一个方面，所以是有效的测试方案。

构建效度的拟测属性是一种综合、整体的属性，而实际测量出来的只是构成总体属性的各个成分或特征。所以，选择测量指标代表的属性与整体属性的理论结构方面的一致性程度越高，这项测试的构建效度也就越高。对于成套的体能测试，常采用构建效度来分析设计测试方案的有效性。

2. 表面效度

表面效度是指运动员和其他观察者对于一项测试的目的与代表性所认知的程度。如 40 码冲刺测验是足球、橄榄球等很多运动项目普遍采用的速度测试方法，尽管没有一项单独的研究来验证 40 码冲刺测验的效度，但由于大多数体能教练都认为 40 码冲刺测验是一项有效的速度测量方法，因此该项目被认定为具有表面效度。

如果一个测试或者测试的项目具有好的表面效度，则受试者可能对测试做出更积极的反应。表面效度的评估通常是非正式和非量化的。体能测试需要表面效度，因为假定认为每个受试者参加体能测试都是抱有取得好成绩的期望，因此才有了与能够获取好的测试表现相关的动机。

3. 内容效度

内容效度是指一套测试是否测量了应该测量的内容，或者说所测量的内容是否反映了测试的要求，即测试的代表性与覆盖的程度。例如，评价运动员的下肢力量水平，用等动肌力测试的内容效度就不如负重下蹲。因为负重下蹲的测试动作所募集的肌纤维数量多，绝大多数从事竞技体育的运动员采用负重下蹲来发展下肢力量，而且下蹲的动作与很多项目的技术动作相似，这三方面均优于等动肌力测试，因此从内容上看，负重下蹲更有效。

4. 同时效度

同时效度指研究工具与现有标准之间的相关程度。估计同时效度的常用方法，是以某种新研发出来的仪器设备与黄金标准的仪器设备相比较，或以某种新的测试方法与经典的、标准的测试方法相比较，计算相关系数（r），得到效度系数。如果 r 较大（> 0.75）且具有显著性意义（$P < 0.05$），则认为分别与黄金标准的仪器设备、经典的方法相比，新研发的仪器设备、新的测量方法具有良好的同时效度。

很多新的体能测试方法均通过同时效度来检验效度。如果研究者期望用一种更简洁方便的测试方法来替代难以执行的测试方法时，经常采用同时效度评价。例如，1RM 的直接测定法测量过程繁琐、受伤风险较大、对测试动作的技术能力要求很高，而基于力量—速度曲线关系的原理建立起来的 1RM 的预测公式与直接测定法有很高的相关，那么就可以用预测公式作为直接测定法的代用方法。这时，可认为预测公式的同时效度高。再如，基于速度的训练成为当前力量和爆发力训练的重要理念和方法，通过测试动作速度来评估运动表现成为了一种重要的训练监控手段，日益受到体能教练和研究人员的重视（Sánchez-Moreno et al.，2021）。目前被应用于动作速度测试的技术装备主要有两种：一种是线性位移传感器，如 GymAware［图 1-1（a）］、Tendo［图 1-1（b）］，其原理是通过测量测试线（即 GymAware 挂在杠铃杆上的线）的位移和时间推算出速度，虽精确度高但造价昂贵；另一种是惯性测量系统（intertial measurement units, IMU），如 PUSH Band 2.0（图 1-2），其原理是通过测量加速度和时间推算出速度，具有体积小巧且便携性好的优点。与线性位移传感器相比，惯性测量系统不仅在深蹲、卧推等低速、小范围动作速度测试中具有良好的同时效度，而且在体能训练中最重要的奥林匹克举等高速、大范围动作速度测试中也同样具有较好的同时效度。

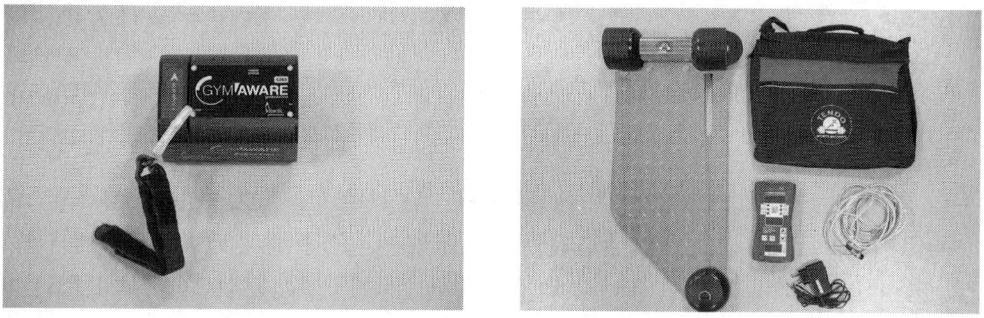

（a）GymAware　　（b）Tendo

图 1-1　线性位移传感器

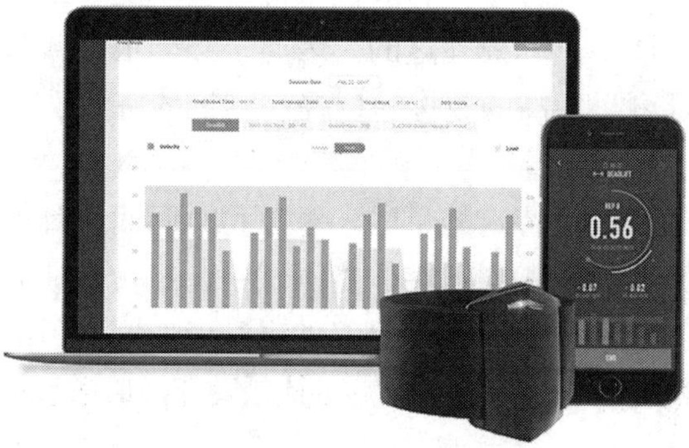

图 1-2　PUSH Band 2.0 惯性测量系统

5. 预测效度

预测效度指测量结果与后来发生的事件相吻合的程度。如，美国职业橄榄球大联盟（NFL）每年都进行选秀测试，对前 100 名选手进行各种测试，各个俱乐部根据测试结果来预测其发展的潜质，甚至决定是否与运动员签约（Hedlund et al.，2018）。再如，功能性动作筛查（functional movement screen，FMS）是一种损伤风险的筛查工具，它的研发者之一基塞尔（Kiesel）通过研究将功能性动作筛查得分的临界值设定为 14 分，认为得分在 14 分以下的受试者比得分在 14 分以上的受试者具有更高的损伤风险（Kiesel et al.，2007）。但是后来的研究发现，将 14 分设为预测运动损伤风险的临界值不具有预测效度（徐建武等，2014；Trinidad-Fernandez et al.，2019）。

（三）评价效度的参数

效度系数是评价测试有效性的参数。其方法是计算预测变量（*y'*）和效标变量（*y*）之间的关系——相关性（*ryy'*）。*ryy'* 的数值大小不会超过 1.0，越接近 1.0 代表效度越高。有效的体能测试方法和预测公式的效度系数一般都会超过 0.80。通常认为，效度系数达到

0.70 是足够的，在 0.80 ~ 0.90 之间是良好的，达到甚至超过 0.90 是非常理想的。

常用的评价效度的方法包括相关性和 Bland–Altman 图。相关性就是采用单样本 t 检验比较实测值与标准值之间的差异，Bland–Altman 图可以直观地显示所关注变量与关系程度之间的差异，可以显示测试之间的差异程度，是可视化一致性程度的绝佳方式。

（四）影响有效性的主要因素

1. 测量的可靠性

测量的可靠性是检测测量有效性的必要条件。在数值上，效度系数的上限等于信度系数的平方根。可以说，测量的有效性被其可靠性所限制。如果某项测量的可靠性不够理想，势必会影响到其有效性。所以，在检验测量的效度之前要先检验指标本身的可靠性。

2. 效标的有效性

效标的有效性是以所选择的测量指标与效标之间的相关程度来检验其是否有效，以及有效程度的高低。如果采用的效标本身有效性偏低，则不能评定测量指标的有效性。作为效标，其有效性必须是被证明过和校验过的。因此，必须根据测量指标的特点和测量目的等具体情况，选择适宜且可靠性高的效标，以提高测量的有效性。

3. 受试者总体特征

任何一种测量方法都是为了特定的目的、对象和时间而设计的，都有其适用范围，适用范围不一样，其效度大小也不相同。在体能测试中，经常会遇到某一项测试只适用于某一性别、某一年龄组，或只适用于精英运动等级的受试者，或只适用于某个运动项目等情况。因此，在选择某种测量方法时，要考虑受试者的年龄、性别、运动能力、身心状态等因素。

三、客观性

（一）概念

测试的客观性是指不同的检测员（或评分员）或同一个检测员（或评分员）对同一受试者实施测量，测量结果的一致性程度。客观性实际上是测量信度的延伸和发展，也被称为检测员（或评分员）间信度。

（二）体能测试中的客观性

在体育运动中，测试的客观性常见于一些评分项目，如体操、跳水、花样滑冰等，比赛时多名裁判员（检测员或评分员）同时对一名运动员（受试者）的比赛表现进行评分，随着裁判员（检测员或评分员）水平的变化，评分客观性也会发生变化。客观性较高的测试，由不同的检测员（或评分员）对同一名运动员（受试者）实施测量时，会得出极为接近的测量结果，即所有的测量值应具有较高的一致性和稳定性。

在体能测试中，测试客观性常见于损伤风险、动作模式的测试与评估，如落地错误评分、功能性动作筛查、收腹跳测试等。实施测试时，2 名及其以上检测员（或评分员）按照动作评分标准同时对 1 名受试者完成动作的质量进行评分。如果来自于不同检测员（或评分员）的评分结果极为接近的，即所有的测量值具有较高的一致性和稳定性，那么就可以认为这个测试是真实客观的，就可以认为不同的检测员（或评分员）之间的可靠性较高，结果可信。

（三）评价客观性效度的参数

客观性基于不同的检测员（或评分员）对相同受试者的测定值（或评分值）计算得出的相关系数（r）来衡量，以客观性系数表示。它的变化范围在 0 ~ 1 之间，越接近 1 说明测试的客观性越高，反之测试的客观性越低。一项客观性较低的测试，其可靠性和有效性也是比较低的。大多数体能测试方法都具有高的客观性系数（$r > 0.90$），特别是当检测员（或评分员）受过严格训练、测试前一同进行了相关练习和仔细遵守测试的标准程序和流程时。

（四）影响客观性的因素

1. 测试的尺度

体能测试中，尤其是涉及动作质量的评估，测量动作规范性、动作幅度等主观判断因素成分较多的测试，往往因为检测员（或评分员）掌握测试尺度不一致，造成测量结果的客观性较差。因此，应尽可能明确测试细节并将其具体化，尽量减少测量中的主观因素，实施标准化的测试程序，以提高测试的客观性。

2. 检测员（或评分员）的测量技术能力

检测员（或评分员）具备的测试技术水平直接影响到测试的客观性。业务水平高、实践经验丰富的检测员（或评分员）评分结果一致性程度较高。相反，对测试尺度理解相对肤浅、测试实践经验不足的检测员（或评分员），其评分结果一致性程度较低。

3. 检测员（或评分员）的数量

检测员（或评分员）的数量多少影响测试的客观性。人数过多意见容易分歧，人数太少个别意见起的作用过大。在实际工作中，应根据实际情况，如受试者群体的规模、水平等具体情况，确定实际参加评分测试的检测员（或评分员）的人数。

4. 测试指标的特征

测试指标本身的特征直接影响测试的客观性，特别是一些含有主观因素较多的测试指标，其测试的客观性较差。因此，在客观条件允许的情况下，应尽可能选择可以定量的指标，以提高测试的客观性。

5. 测试程序的标准化

实施体能测试时，确保自始至终的标准化操作和严格一致的质量控制是提高测试客观性的有效手段，包括测试仪器设备的校准与否及其精密度，温度、湿度、风速等施测环境条件，跑道与器材等情况，测试流程等因素，务必在历次测试时保持实验条件的一致性。

第三节 体能测试的管理

体能测试必须精准设计并有条不紊地实施，才能够得到准确的结果。测试时间、各项测试的先后顺序都需要精心安排。此外，接受测试的运动员也需要完全理解测试的目的并做好各方面的测试准备工作。

一、确定合理的测试内容

一个有效的体能测试，所测试的运动能力需要在代谢（能量系统）与生物力学（动作模式）两方面符合专项体能的需求特征。

在代谢方面，需要考虑测试的内容与运动专项的能量代谢特征相一致。因此，体能教练和研究人员应该对基本的能量代谢系统和它们之间的相互关系有完整的了解，以便在选择和设计有效的体能测试方案来测量某运动项目运动员的能力时，可以采用专项化的原理。例如，在评价足球运动员的基础有氧耐力和专项有氧耐力时，必须了解足球运动员完成 90 分钟以上的比赛及高强度冲刺后的恢复，都需要出色的长时间的有氧能力，因此可以采用 12 分钟跑来评价基础耐力水平。另外，足球比赛有高强度、间歇性的特点，即运动员在高强度技术动作、高速冲刺或反复冲刺后有时间不等的休息时间，因此可以在评价专项耐力时采用 Yo Yo 间歇性耐力测试和 Yo Yo 间歇性恢复测试。

在生物力学方面，体能测试动作与运动中主要的动作技能相似度越高，该测试就越能够反映受试者的真实能力。例如，纵跳测试是对篮球和排球运动员常用的专项体能测试之一，因为这两个项目的运动员在比赛中都有大量的垂直起跳技术动作。但该测试很少用在曲棍球运动员的体能测试当中，因为曲棍球项目很少用到垂直跳跃这个动作。

二、安排合理的测试顺序

对体能教练和研究人员来说，如何对成套测试中的各测试项目进行合理排序非常重要。通常情况下，应首先进行非疲劳性（或疲劳程度最低）项目的测试。对动作技术要求程度高的测试（如灵敏测验）应安排在疲劳性项目测试之前。任何产生疲劳的测试会影响后续测试的结果。例如，力量测试之前进行耐力测试，可能会使力量测试的结果偏低。但是目前尚未有耐力测试之前先进行力量测试对耐力成绩影响的研究报道。因此，最容易产生疲劳的测试（如 300 码折返跑、12 分钟跑）应该排在最后。

很多因素会影响到体能测试项目的先后顺序，如测试的运动员人数多少、教练员留给测试人员的时间长短（如 2 小时、1 天、2 天）、参加体能测试工作的测试者等。在理想情况下，应给测试人员足够的测试时间（如 2 天），让每一名运动员按照固定的顺序接受逐项测试，并将最容易产生疲劳的测试内容安排为最后一项。

然而，由于时间关系，最理想的测试顺序不一定是最现实的。当为一个人数较多的运动队或者足球这样的团队项目的运动员进行体能测试，各项测试内容可能需要同时进行。在规定的时间内，运动员需要在各个测试项目之间轮转。有些运动员或许会在40码冲刺后进行力量测试，有些运动员可能在力量测试之后进行速度或灵敏测试。如果测试人员严格规定了各项测试内容之间的间歇时间（至少5分钟，以便让磷酸原供能系统得以恢复），并将耐力测试和折返跑测试这些最容易产生疲劳的测试项目安排在最后，在这种情况下，各项测试内容的结果也是准确的。

三、测试的标准化

为了使体能测试的数据更加准确、有效、可靠和具有可比性，在设计和实施体能测试以及进行测试数据的数理分析时，需要考虑测试标准化的问题，以确保观测值的变化是真实情况，而不是由测试及分析时的误差所致。

体能测试的标准化，涉及测试时机、仪器设备、测试方案、数据分析和测试参与人员的管理等方面。

（一）测试时机

为了评价训练的效果，需要在某训练计划实施前后进行体能测试，通常会在赛季开始前的准备期、某个训练干预实验开始前进行体能测试以获得基础数值。在体能训练计划实施前对初次接受体能测试的运动员进行测试，还需要给他们足够的时间来学习各项测试的方法和要求。

在赛季开始阶段，体能科研人员推荐在间隔2 ~ 7天情况下，重复进行2次相同的测试，以确定测量的误差。如果在2 ~ 7天的时间范围里不可能进行重复测试（在运动队更多的原因是时间问题），那么就需要从科学研究文献当中寻找相应指标的测量误差，以识别体能测试中有实际意义的变化。

在理想情况下，体能测试在赛季前的训练阶段进行：第一，根据测试结果反映出来的优势和短板，设计整体的训练计划与个体化训练方案；第二，可将测试数据作为基线值，后续的测试结果与之相对比，反映训练效果或用于训练计划的调整。

赛季前的体能测试通常进行一次，以后的体能测试取决于很多因素，且因运动项目而异，如训练周期的长短、赛季的安排等。赛季前准备期开始与结束之时各需要进行一次全面的或者内容相同的体能测试，以纵向对比训练效果。在实际操作中，更好的是在赛季中的某个时间点（如赛季中的间歇期）再次进行体能测试，以评价比赛对运动员体能的要求。如果没有这种可能性，选择一项或两项关键的运动表现测试（如纵跳测试）作为连续性监测的指标，这是一种实用性和可操作性较强的替代方法。

尽管赛季中体能测试的安排因项目而异，但也应该在运动员休息时进行，如最后一场比赛或大负荷训练后有足够的恢复时间时，这个时间通常可长至48小时。

当进行周期性的体能测试时，应在测试日当天的相同时间段进行，因为昼夜节律会影响生理学和形态学指标，进而影响体能测试结果。近年来，更多的运动训练专家建议运动员的训练时间应与比赛时间相对应，因而体能测试也可以考虑这样安排。如果不可行，那么只要是测试时间固定，昼夜节律就不会影响到各次测试之间的纵向对比。

（二）仪器设备

在理想情况下，体能测试时应该首选黄金标准的仪器设备。然而，考虑仪器设备能否使用及时间等方面的因素，一味地要求使用黄金标准的仪器设备并不现实，如团队项目在实验室采用递增负荷方案测定 VO_2max 就不合适，一是气体分析仪和跑台昂贵，二是测试时间偏长。在这种情况下，可采用多名运动员同时进行测试的替代性方法，如12分钟跑、YoYo间歇性恢复测试或多级体适能测试（multi-stage fitness test，MSFT），根据跑动距离来推算 VO_2max。

在测试纵跳高度时，通常认为测力台是黄金标准的仪器设备，尤其是使用起跳速度来测定纵跳高度的方法。但由于价格因素，测力台不是每个实验室都有的。近年来，已有体能科研人员利用腾空时间来计算纵跳高度。但需要注意的是，与起跳速度相比，利用腾空时间来推算纵跳高度的误差较大，因为在起跳后的腾空阶段，身体屈膝屈髋的动作幅度会影响腾空时间的长短。因此，测试时需要对受试者下肢屈曲的动作幅度做标准化要求。

体能测试应自始至终使用相同的仪器设备、测试方案、数据分析方法，确保数据结果的可比性，尤其是个别或少数运动员远离整个运动队，处于“单飞”情况下。

选择体能测试的仪器设备，还需要考虑其采样频率。如使用测力台测量纵跳高度，采样频率至少为1000Hz。使用等长收缩式杠铃膝上提拉（isometric mid-thigh pull，IMTP），500 ~ 2000Hz的采样频率对力量—时间参数没有明显影响（Comfort et al.，2019）。测定动作速度的线性位移传感器，其采样频率最小为25Hz，高于25Hz线性位移传感器不但不会提高测试速度，相反还会影响测试数据的质量（Appleby et al.，2020）。这种情况下，就需要考虑使用数据平滑技术。

（三）测试方案

测试方案的标准化会影响到数据的可靠性、变异性及可比性。如在进行动态力量测试时，背蹲测试时杠铃杆的放置位置（高杠位、低杠位）、动作幅度（下蹲深度）、运动员的最大努力程度、每次试举之间的间歇时间都会影响到测试成绩的准确性（Davies et al.，2017）。在实际操作中，为了提高测试精度，应该严格规定每次试举之间的间歇时间，并做好记录。

相比力量测试和纵跳测试，冲刺测试更容易受到测试方法的影响，因而更需要标准化。例如，用电子计时门记录冲刺时间，其准确性有赖于电子计时门的放置高度、起跑线与第一个光柱之间的距离、起跑姿势等因素。电子计时门的类型（单光电池、双光电池）也会影响冲刺成绩的精度。相比单光电池的电子计时门，双光电池的电子计时门更精确一些。如果对电子计时门的放置高度、起跑线与第一个光柱之间的距离、起跑姿势等影响因素进行了标准化，使用单光电池的电子计时门测定冲刺成绩，其数据也是可靠的（Haugen et al.，2016）。

（四）数据分析

与测试方案一样，对测试数据的处理、分析方法也会影响数据结果的准确性、可靠性。如果需要将测试结果与科学文献的测定值相对比，在得出结论之前需要留意文献中所采用的具体数据处理分析方法。另外一个需要考虑的因素是在进行纵向对比或不同运动员之间的横向对比，或与不同的科学文献中的数据进行对比时，尤其是力量指标（如 1RM）、动力学指标（如功率、冲量），需要进行体重的标准化处理，即对比相对值，因为这些指标受体重的影响较大（Church，2008）。

测试结束后需要及时处理、分析和反馈数据，对数据结果进行纵向或者横向对比，进行效果评价或差异分析。例如，纵向对比运动员的测试数据以评估训练效果，或者将运动员与队友、与相同项目的运动员、与相同场上位置的运动员进行横向对比，来预测其提高的潜质或与他们之间的差距。测试结果还可以用于制订训练计划、设定训练目标和激励运动员等。

（五）测试参与人员的管理

参与测试的研究人员需要事先经过系统培训，测试技术必须同步且对所有受试者都应执行相同的测试流程和技术标准，尤其是当许多受试者同时测试时，应尽可能安排同一名研究人员负责单一测试内容来保证一致性，因为多个研究人员实施同一测试会增加测试结果的变异性。例如，应该安排同一名研究人员负责身体成分项目中皮褶厚度的全部测试，另一名研究人员负责冲刺－灵敏测试的全部计时工作。

四、考虑受试者的个体情况

（一）训练水平与经验

受试者的训练水平非常重要，训练有素的受试者具有非常好的技术并能在测试中稳定地发挥，技术差的受试者则可能由于技术原因限制发挥正常水平。因此，测试的复杂程度必须与受试者的技能水平相匹配，熟悉测试内容与充分训练对于测试的选择与实施尤为重要，不熟悉测试内容或缺乏训练都会导致测试结果低于实际水平，应当安排运动员至少进行 1 到 2 次测前训练。熟悉程度影响发挥水平，只有当受试者熟悉该项测试后才能发挥最佳水平。有研究表明，在短期内从不熟悉到熟悉力量测试动作，受试者的成绩会有很大的提升。有经验的受试者只需要短暂的熟悉及训练过程就会提升成绩，如果受试者在日常训练中未涉及测试内容，就应安排 1 到 2 次训练，并尽可能多地注意个体反馈。

（二）年龄与性别

年长者、儿童及青少年都需要较多的训练时间来熟悉测试动作，然后才能达到最佳状态。大多数测试男女都适合，但表现会有差异，并且需要进一步进行调整。例如，男性可以用引体向上测试来评估肌肉耐力；而女性由于上肢力量弱，就不太适合用引体向上测试来评估肌肉耐力。

目前已经有针对于儿童、青少年、老年人群体专门的体能测试内容。此外，某些测试项目的动作有男、女区别，主要体现在动作难度上面。例如，俯卧撑测试、引体向上测试，男、女受试者分别采用不同的起始动作。

（三）营养状况

摄取充足的水分、碳水化合物、蛋白质和微量元素对于发挥最佳水平十分重要。营养不良或脱水不利于运动能力的发挥，因此会影响到体能测试的表现，尤其是对有氧耐力测试。身体成分数据也会因体内含水量和营养状况变化而变化。

进行体能测试时，受试者的营养摄取状况会影响到测试结果，需要控制的变量包含运动补剂和饮品，如长期服用肌酸可以提升力量和功率表现，测试前摄入咖啡因可提高兴奋度。另外，还需要了解受试者的饮食习惯，在测试前一日需要提供高品质、高营养的晚餐以及在测试前 1 ~ 2 小时摄取适当的食物与饮料。

五、确保测试的安全性

为了排除进行体能测试或者从事运动训练的禁忌征候，所有的接受体能测试的受试者、运动员，不论其运动水平与等级如何，均建议其在体能测试之前进行医学筛查和排除性筛查。美国运动医学学会甚至建议在最大强度体能测试时需要有医生在场（Armstrong et al., 2015）。

在进行体能测试期间，必须最大限度地确保运动员的安全，这包括是否让有可能诱发损伤、疾病、不良身体状况的受试者参与测试。即使测试有益，也不值得让受试者冒发生潜在伤害的风险，因此需要密切监控受试者，以及与训练和医疗团队保持持续沟通，这对于筛查受试者受伤风险十分必要。

环境因素也需要充分考虑。炎热与潮湿的天气对运动员不利，在这种条件下进行室外测试（如反复冲刺能力、有氧耐力测试）时必须对运动员有所提醒和帮助做好防护。

参考文献

[1] TUNER A, COMFORT P. Advanced strength and conditioning: an evidence-based

approach[M]. London: Routledge, 2017.

[2] APPLEBY B B, BANYARD H, CORMACK S J, et al. Validity and reliability of methods to determine barbell displacement in heavy back squats: implications for velocity-based training[J]. J Strength Cond Res. 2020, 34(11): 3118–3123.

[3] COMFORT P, DOS' SANTOS T, BECKHAM G K, et al. Standardization and methodological considerations for the isometric midthigh pull[J]. Strength Cond J, 2019. 41(2): 57–79.

[4] DAVIES T B, KUANG K, ORR R, et al. Effect of movement velocity during resistance training on dynamic muscular strength: a systematic review and meta-analysis[J]. Sports Med. 2017, 47(8): 1603–1617.

[5] GREGORY H G, TRVIS T N. Essentials of strength training and conditioning[M]. Champaign: Human Kinetics, 2015.

[6] HARPER D J, MORIN J B, CARLING C, et al. Measuring maximal horizontal deceleration ability using radar technology: reliability and sensitivity of kinematic and kinetic variables[J]. Sports Biomech. 2020: 1–17.

[7] HAUGEN T, BUCHHEIT M. Sprint running performance monitoring: methodological and practical considerations[J]. Sports Med. 2016, 46(5): 641–656.

[8] HEDLUND D P. Performance of future elite players at the national football league scouting combine[J]. J Strength Cond Res. 2018, 32(11): 3112–3118.

[9] HOPKINS W G. How to interpret changes in an athletic performance Test[EB/OL]. (2018-02-01)[2021-11-15]. http://www.sportsci.org/jour/04/wghTests.htm.

[10] CHURCH J B. Basic statistics for the strength and conditioning professional[J]. Strength Cond J, 2008, 30(3): 51–53.

[11] KIESEL K, PLISKY P J, VIOGHT M L. Can serious injury in professional football be predicted by a preseason functional movement screen?[J]. N Am J Sports Phys Ther. 2007, 2(3): 147–158.

[12] KOO T K, LI M Y. A guideline of selecting and reporting intraclass correlation coefficients for reliability research[J]. J Chiropr Med. 2016, 15(2): 155–163.

[13] ARMSTRONG L E, KRAEMER W J. ACSM's research methods[M]. Alphen aan den Rijn: Wolters Kluwer Health, 2015.

[14] MCMAHON J J, LAKE J P, COMFORT P. Reliability of and relationship between flight time to contraction time ratio and reactive strength index modified[J]. Sports(Basel). 2018, 6(3): 81.

[15] RATAMESS N. ACSM's foundations of strength training and conditioning[M]. Philadelphia: Lippincott Williams and Wilkins, 2012.

[16] TANNER R, GORE C. Physiological tests for elite athletes[M]. Champaign: Human Kinetics, 2013.

[17] SANCHEZ-MORENO M, RENDEIRO-PINHO G, MIL-HOMENS P V, et al. Monitoring training volume through maximal number of repetitions or velocity-based approach[J]. Int J Sports Physiol Perform. 2021: 1-8.

[18] BAUGMARTNER T A, JACKSON A S, MAHAR M T. Measurement for evaluation in kinesiology[M]. Burlington: Jones & Bartlett Publishers, 2015.

[19] MILLER T A. NSCA's guide to tests and assessment[M]. Champaign: Human Kinetics, 2012.

[20] TRINIDAD-FERNANDEZ M, GONZALEZ-SANCHEZ M, CUESTA-VARGAS A I. Is a low functional movement screen score(≤14/21) associated with injuries in sport? a systematic review and meta-analysis[J]. BMJ Open Sport Exerc Med. 2019, 5(1): e000501.

[21] 龚敏，高炳宏，赵可伟，等 . PUSH band 2.0 在监测深蹲动作速度和功率中的效度研究 [C]// 中国体育科学学会 . 第十一届全国体育科学大会论文摘要汇编 . 北京：中国体育科学学会，2019: 7991-7993.

[22] 黄汉升 . 体育科学研究方法 [M]. 3 版 . 北京：高等教育出版社，2015.

[23] 杰瑞·托马斯，杰克·尼尔森，斯蒂芬·希尔费曼 . 体力活动研究方法（第六版）[M]. 李红娟，花勇民，郜艳晖，译 . 北京 : 北京体育大学出版社，2016.

[24] 李树梅 . 体育测量评价中信度、效度检验的应用研究 [J]. 体育科技文献通报，2007(8): 110-112.

[25] 刘照宇 . 体育科学定量研究中测验的信度与效度分析 [J]. 体育成人教育学刊，2010，26(6): 35-37.

[26] 罗家洪，郭秀花 . 医学统计学 [M]. 3 版 . 北京：科学出版社，2018.

[27] 王彤，姚应水 . 医学统计学 [M]. 北京 : 人民卫生出版社，2020.

[28] 王泽众，於穆容，王然 . 惯性传感器与线性位移传感器在高拉动作速度测试中的共时效度研究 [C]// 中国体育科学学会 . 第十一届全国体育科学大会论文摘要汇编 . 北京：中国体育科学学会，2019: 7995-7997.

[29] 肖波 . 实用体育评价与统计 [M]. 成都 : 西南交通大学出版社，2018.

[30] 徐建武，刘道满，赵凡，等 . 功能动作测试（FMS）在优秀运动员损伤风险评估中的应用研究 [J]. 中国运动医学杂志，2014，33(9): 855-859.

[31] 袁尽州，黄海 . 体育测量与评价 [M]. 北京 : 人民体育出版社，2011.

[32] 张力为 . 效度的正用与误用 [J]. 北京体育大学学报，2002(4): 493-495, 501.

[33] 张力为 . 信度的正用与误用 [J]. 北京体育大学学报，2002(3): 348-350.

第二章　身体成分的测试与评估

身体成分的评估是医疗人士、临床医学研究人员和流行病学家进行人类营养评估的基础。同样，在运动科学的多学科领域中，去脂肪质量、肌肉质量、脂肪质量以及骨骼质量的测量与评估也是一个持续引起人们关注和实践的话题，从专项教练、体能教练、运动营养师、物理治疗师、体育科研人员，乃至运动员、体育锻炼者和从事体力要求高的特种行业人员（如军人、执法人员），都非常关心身体成分的测定值。这促进了身体成分的测量不仅仅逐步升级为健康的监测内容，包括对心脏代谢疾病（如肥胖和脂肪组织分布）的风险进行总体评估、骨量和骨密度的变化与肌肉骨骼损伤的风险，以及体育锻炼对青少年健康、成长和发育的影响，而且扩大到与运动训练或体力活动相结合的范围，包括提升运动表现、取得竞赛名次、获得雇佣或者招募的选拔和留用资格。这促使将身体成分评估从一种描述性工具推进到了一个整合了身体结构、功能和健康的模型（图 2–1）。

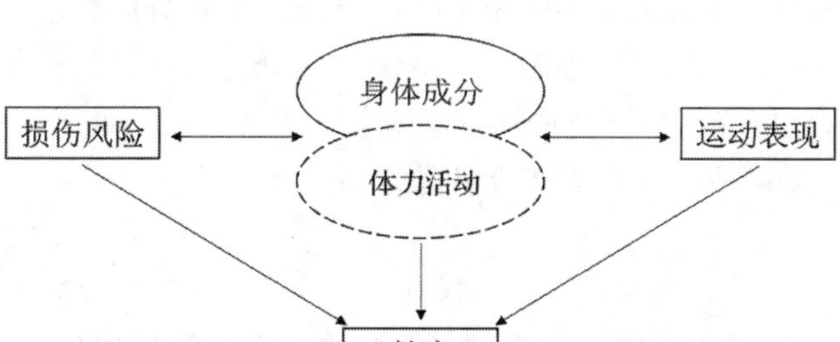

图 2–1　身体成分和体力活动对健康、损伤风险和运动表现的交互作用（Lukaski，2017）

第一节　身体成分概述

一、身体成分的概念

身体成分是反映人体内部结构比例特征的指标，指人体脂肪组织和非脂肪组织（肌肉、骨骼和水等）分别占总体重的百分比。

二、身体成分分析的理论模型

如表2–1、图2–2所示，从研究的角度出发，对身体成分的分析可分为原子、分子、细胞、组织/系统和全身/整体五个层次。

从实用的角度出发，常用的身体成分的测试方法及其指标通常分为两个维度（脂肪重量、去脂体重）、三个维度（脂肪重量、肌肉重量、骨矿含量）和四个维度（脂肪重量、瘦体重、骨矿含量、全身水分），这与评价身体成分的二分法系统、三分法系统和四分法系统相对应，如图2–3所示。

二分法系统：这是最早的模型，它将身体组成简单地分为脂肪重量和去脂体重。虽然这是最普遍用于估计体脂的方法，但此模型的假设基础已经被学者们质疑。由于二分法模型存在局限性，随后才有了多成分的模型。

三分法系统：它将身体组成分为三种成分：脂肪重量、肌肉重量、骨矿含量。这个模型可以推算出身体总的水含量，进而评估身体脂肪情况。

四分法系统：这个模型是估算体脂率最佳的方法。它将身体组成分为脂肪重量、瘦体重、骨矿含量和全身水分。如果精细测量这些组成成分，可以计算出骨密度（矿物质）和身体总水含量，这些数值在某些群体中可能会有较大的差异，如处于生长发育中的青少年，闭经后有肌肉萎缩、骨矿流失的中老年女性等。

第二节　身体成分的测试方法

身体成分的测试方法，可分为直接测试法和间接测试法。其中，最直接的方法是使用化学技术分析全身的水分、脂肪、蛋白质和矿物质，但这是对动物常用的方法。对人体的直接测试，是对尸体进行解剖来分析人体脂肪含量。活体脂肪含量只能通过间接的方法测量。

表 2-1　不同层次水平的身体成分测量（Eston et al.，2009）

层次	模型	有效性
原子： 氧、碳、氢、其他	一个维度： 外在体形（体重、身高、围度）	直接
分子： 水、脂肪、蛋白质、其他	两个维度： 脂肪重量、去脂体重	间接
细胞： 细胞质量、细胞外液、细胞外固体	三个维度： 脂肪重量、肌肉重量、骨矿含量	双重间接
组织 / 系统： 骨骼肌、脂肪组织、骨骼、血液、其他	四个维度： 脂肪重量、瘦体重、骨矿含量、全身水分	
全身 / 整体： 人体的器官		

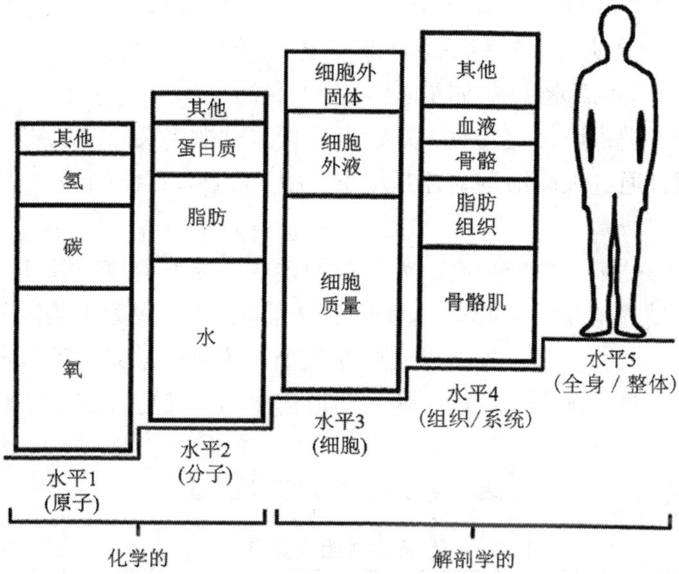

图 2-2　身体成分的五个水平（Eston et al.，2009）

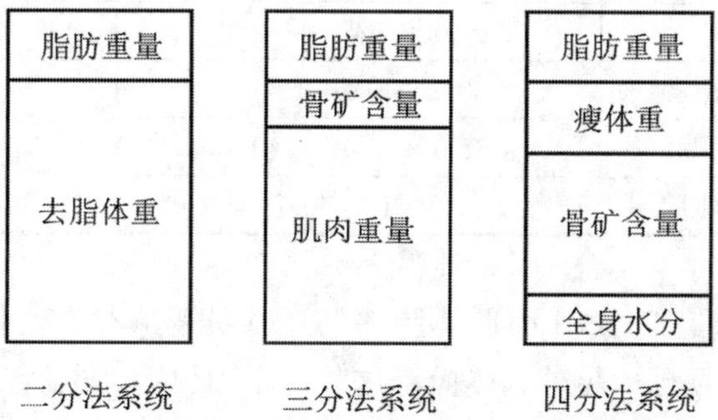

图 2-3　身体成分的分析维度（Lukaski，2017）

身体成分评估是基于不同的理论模型，这些模型的建立依赖于健康身体的特定化学成分和独特的物理特征。在体能测试中，进行身体成分的测量最常用的模型是由脂肪质量和非脂肪质量组成的双组分模型。另外，根据体能训练的实践和科学研究的不同目的，身体成分的测量可以分为整体水平的测量方法、组织和细胞水平的测量方法两大类。

一、整体水平的测量方法

用整体水平测量方法测量的身体成分包括身高、体重以及派生指标身体质量指数，另外还有身体围度。

（一）身体质量指数

身体质量指数（body mass index，BMI），简称体质指数，又称体重指数，是目前国际上常用的衡量人体胖瘦程度以及是否健康的一个标准。当我们需要比较及分析一个人的体重对于不同身高的人所带来的健康影响时，BMI 值是一个中立而可靠的指标。BMI 的计算公式为：BMI（千克/米^2）= 体重（千克）/身高（米）^{2}。

在运动与健康促进领域，随着对体重管理的日益重视，人们发现体力活动水平与 BMI 呈显著负相关，而且通过规律地运动控制体重、稳定 BMI，会降低高血压及血脂代谢异常的发病率。

BMI 通常用于评估某一特定身高的人是否超重或体重不足，对其健康状况进行分类（表 2–2）。但此方法不太适合肌肉过度发达且超重或肥胖的人，因为无法区分体脂和瘦体重，也就无法说明身体组成。换句话说，无法判断这个人体重过重究竟是因为肌肉发达还是体脂较高。可现实情况是，这个体重过重的人会迫切想知道其超重的部分是否来自于脂肪。

表 2–2　身体质量指数的分类

<table>
<tr><th colspan="2">分类</th><th>世界卫生组织标准</th><th>中国标准</th></tr>
<tr><td colspan="2">体重过轻</td><td>BMI < 18.5</td><td>BMI < 18.5</td></tr>
<tr><td colspan="2">体重正常</td><td>18.5 ≤ BMI < 25.0</td><td>18.5 ≤ BMI < 24.0</td></tr>
<tr><td colspan="2">超重</td><td>25.0 ≤ BMI < 30.0</td><td>24.0 ≤ BMI < 28.0</td></tr>
<tr><td rowspan="3">肥胖</td><td>一级肥胖</td><td>30.0 ≤ BMI < 35.0</td><td rowspan="3">BMI ≥ 28.0</td></tr>
<tr><td>二级肥胖</td><td>35.0 ≤ BMI < 40.0</td></tr>
<tr><td>三级肥胖</td><td>BMI ≥ 40.0</td></tr>
</table>

在竞技体育中，拥有高 BMI 而低体脂率的运动员普遍存在。体脂率低及非脂肪质量较高是举重、摔跤、橄榄球、足球、体操等这些运动项目运动员所需要的。在其他项目中，如马拉松、竞走、公路自行车等耐力项目，以及艺术体操、跳水等技巧类项目的运动员，

倾向于较低的 BMI。因此，尽管 BMI 能够被用来作为一般超重或肥胖的指标，但是应用在某些项目的运动员中仍有局限性，在瘦且肌肉型的运动员中不适于用来反映身体组成。

尽管 BMI 不能够反映身体成分，但有研究探讨并建立了基于 BMI 的体脂率（Body Mass Index-Based BF%）计算公式（表 2-3）。体能教练需要通过运动员身体成分的变化来监控其训练的效果。相比费时且对经费要求较高的实验室测试，他们可以考虑基于 BMI 推算体脂率的方法。

表 2-3　基于 BMI 的 BF% 推算公式（Nikson et al.，2018）

研究者（时间）	公式
Jackson 等（2002）	男性：BF% =（3.76 × BMI）－（0.04 × BMI^2）－47.80
	女性：BF% =（4.35 × BMI）－ 0.05 × BMI^2）－46.24
Gallagher 等（2000）	BF% = 76.0 －（1097.8 ×［1/BMI］）－（20.6 × 性别）+（0.053 × 年龄）+（95.0 × 人种 ×［1/BMI］）－（0.044 × 人种 × 年龄）+（154 × 性别 ×［1/BMI］）+（0.034 × 性别 × 年龄）。性别：男性 =1，女性 =0。人种：亚洲 =1，其他 =0
Deurenberg 等（1991）	BF% =（1.20 × BMI）+（0.23 × 年龄）－（10.8 × 性别）－5.4。 性别：男性 =1，女性 = 0
Womersley 等（1977）	男性：BF% = 1.34 × BMI －12.7
	女性：BF% = 1.37 × BMI －3.47

（二）身体围度法

身体围度法即测量躯干或身体的周长，可反映肌肉的变化。此外，可以结合围度（或者体重）与皮褶厚度法的变化趋势，做出身体成分具体变化的判断，为下一步的训练干预、膳食管理做出决策提供帮助（图 2-4）。这种方法估算体脂率的精确度为 ± 2.5% ~ 4.0%。

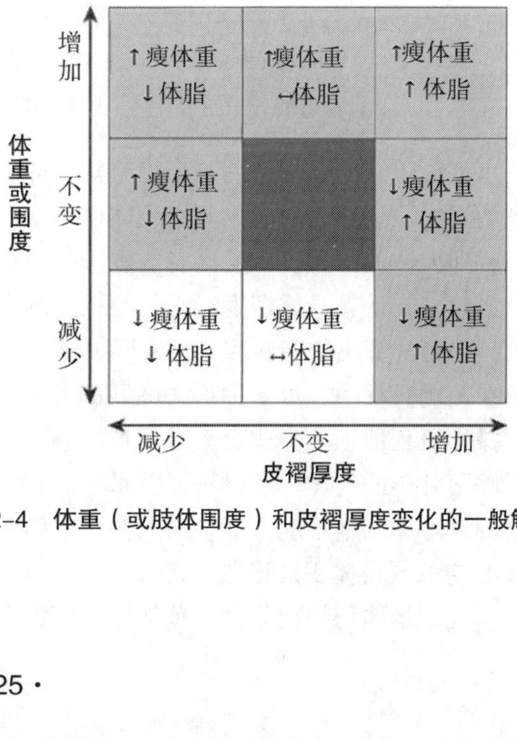

图 2-4　体重（或肢体围度）和皮褶厚度变化的一般解释

二、组织和细胞水平的测量方法

组织和细胞水平的身体成分测量方法有密度测量法、皮褶厚度法、生物电阻抗分析法和双能 X 线吸收法。

（一）密度测量法

密度测量法是一种基于双组分模型的间接测量方法，它通过水的排出体积或空气的排出量来计算既定质量的密度，这两种方法分别称为水下称重法和空气置换体积描记法。

1. 水下称重法

水下称重法，因其通过排水法测量出人体体积，进而推算出身体密度（body density，BD），又被称为密度法（图 2-5）。作为身体成分测量中经典的实验室方法，水下称重法长期以来被用作“金标准”，重测信度最高，体脂率的测量结果只有 ±2.0% ~ 2.5% 的误差，因此常作为检验其他方法有效性的标准方法（Powers et al.，2018）。

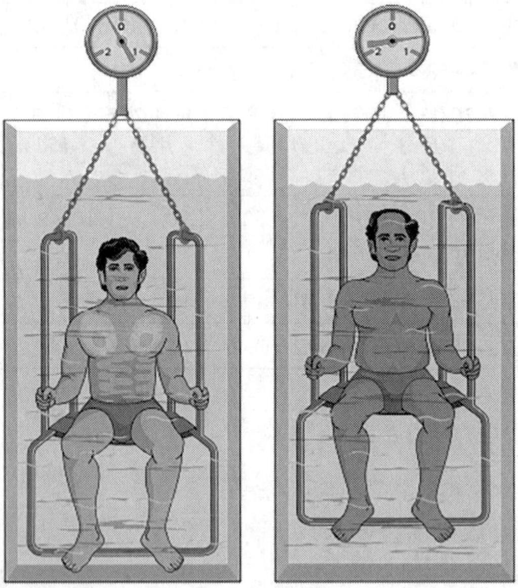

图 2-5　水下称重法示意图（Powers et al.，2018）

（显示出拥有相同的身高、体重的两位受试者，却拥有不同的身体组成）

水下称重法的原理是阿基米德定律，即受试者在陆上的体重减去水中的体重为受试者受到的浮力。该浮力的大小等于人体排出水的重量，再利用水的密度计算出人体排出水的体积，即人体的体积。将受试者的重量除以他的体积，得到身体密度，进而计算出脂肪含量。当然，在计算身体密度时必须要校正肺余气量及胃肠道内的气体量，因为它们会增加浮力，使得计算出的脂肪含量比实际偏高。

在使用过程中，水下称重法也显示出一些不足。首先，水下称重法要求的测试设备特殊、操作流程烦琐，不适合大样本量的测试。其次，水下称重法要求受试者潜入水下，并尽量呼尽肺中的气体，这对不熟悉水性的儿童、老年人以及身体虚弱的受试者来说，存在一定的风险和测量难度。这些缺点在一定程度上限制了水下称重法的推广。

2. 空气置换体积描记法

空气置换体积描记法是一种使用密度测量学的方法，安全、快速、舒适、无创，可适用于所有受试者，但仪器设备昂贵，目前多用于身体成分的高级研究。

空气置换体积描记法的原理是以排开气体的体积（替代水中称重排开水的体积）来判定身体体积以计算身体组成的方法（Powers et al.，2018）。目前已有商业化的测试设备，所使用的设备包括一个密闭空间 BoD PoD（图 2–6）。已知此空间净空时的空气体积，当受试者进入这个密闭空间，他会排开自己身体同体积的空气，因而根据在此空间中剩余的空气体积可以判定（校正胸腔气体体积后）受试者的体积，即净空时的密闭空间气体体积减去受试者进入后密闭空间的气体体积。因为气体体积是已知的，所以身体密度和体脂率能够使用类似水中称重的公式来计算。

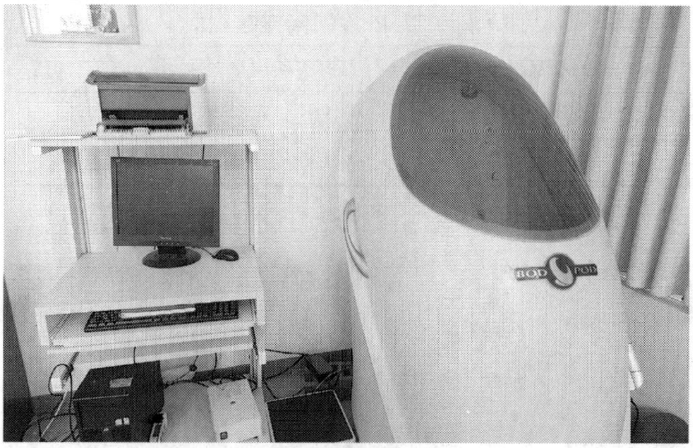

图 2-6　空气置换体积描记法所用设备

通过空气置换体积描记法测定的身体组成与水下称重法所测得的结果显著相关（r=0.96）。受试者在测试过程中安静地坐着，至少测量 2 次气体体积变化量。在测试时，受试者需要摘掉佩饰、眼镜等，着泳衣、紧身短裤、运动胸衣、戴泳帽（如果没有戴泳帽而使头发覆盖脸的很大部分，体脂率测定值约偏低 3%）。

（二）皮褶厚度法

1. 原理

皮褶厚度法是采用皮褶卡尺测量人体几个位点的皮褶厚度，代入经验公式后计算人体密度、人体脂肪率的估算方法（图 2–7）。这种方法的理论基础是全身的脂肪有很大一部分（20% ~ 70%）贮存在皮下（皮下脂肪），如果能够得知某些具有代表性部位的皮下脂肪厚度，就能够预测全身的脂肪（密度）。

2. 常用的皮褶测量点

常用的皮褶测量点见表 2–4、图 2–8。

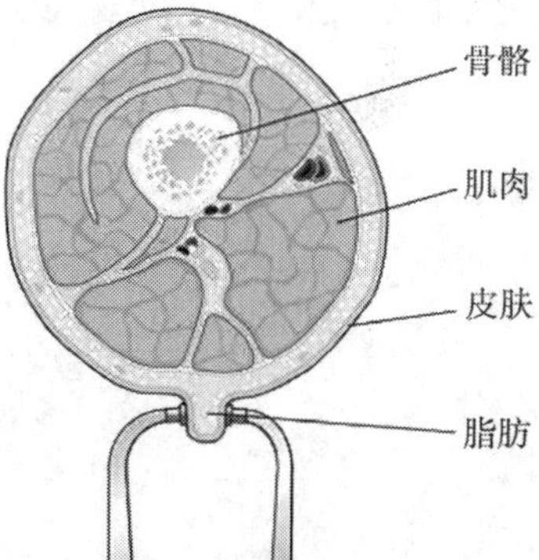

图 2-7　皮褶卡尺测量示例

表 2–4　常用皮褶测量点

部位	测量点
胸部	在腋前线和乳头连线的 1/2 处（男），或腋前线和乳头连线的中外 1/3 处（女），斜向捏起皮褶
腹部	脐右侧 2 厘米处，垂直捏起皮褶
肱二头肌	右臂前侧、肱二头肌肌腹上方的竖向皱褶，在肩部和肘部中间的位置，垂直捏起皮褶
腋部	方法 1：在胸骨剑突水平线与腋中线交界处，垂直捏起皮褶。方法 2：在胸骨剑突 / 胸骨水平线与腋中线交界处，水平捏起皮褶
髂嵴	腋前线过髂前上棘处，沿髂骨翼自然走行，斜向捏起皮褶
肩胛下角	肩胛骨下角下部 1 ～ 2 厘米处，以 45 度斜向捏起皮褶
肱三头肌	手臂自然下垂于身体两侧，在上臂后侧肩峰和尺骨鹰嘴连线的中点，垂直捏起皮褶
大腿	大腿前部中线、髌骨上缘与腹股沟连线中点，垂直捏起皮褶
小腿	在小腿最大围度中线内侧，垂直捏起皮褶

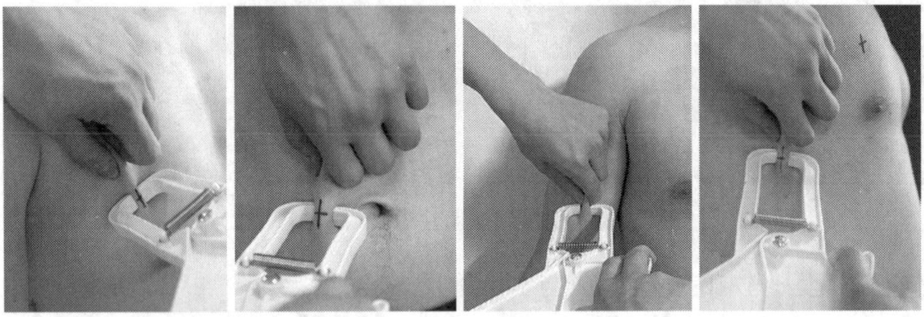

胸部　　腹部　　肱二头肌　　腋部

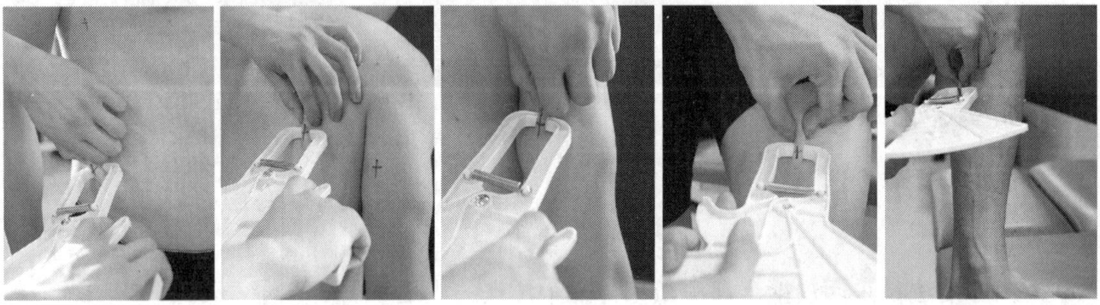

髂嵴　　肩胛下角　　肱三头肌　　大腿　　小腿

图 2–8　皮褶测量点

3. 确定测量的部位并计算脂肪率

● 计算身体密度时，对于不同的族群有其特定的计算公式（之后才能转换成脂肪率），表 2–5 是利用皮褶厚度法推算身体密度的公式。

表 2-5 皮褶厚度法推算身体密度的公式

测量点	测试人群	性别	公式	研究者（时间）
两点：大腿、肩胛下角	运动员	男	BD = 1.1043−（0.00133 × 大腿皮褶厚度）−（0.00131 × 肩胛下角皮褶厚度）	Sloan, Weir（1970）
两点：髂嵴上部、肱三头肌	运动员	女	BD = 1.0764−（0.00081 × 髂嵴上部皮褶厚度）−（0.00088 × 肱三头肌皮褶厚度）	Sloan 和 Weir（1970）
三点：胸部、腹部、大腿	普通人群	男	BD = 1.10938−0.0008267（三处皮褶厚度之和）+ 0.0000016（三处皮褶厚度之和）^{2} −0.0002574（年龄）	Jackson, Pollock（1978）
三点：肱三头肌、髂嵴上部、大腿	普通人群	女	BD = 1.099421−0.0009929（三处皮褶厚度之和）+ 0.0000023（三处皮褶厚度之和）^{2} −0.0001392（年龄）	Jackson 等（1980）
三点：胸部、肱三头肌、肩胛下角	普通人群	男	BD = 1.1125025−0.0013125（三处皮褶厚度之和）+0.0000055（三处皮褶厚度之和）^{2} −0.000244（年龄）	Pollock 等（1980）
三点：肱三头肌、髂嵴上部、腹部	普通人群	女	BD = 1.089733−0.0009245（3 处皮褶厚度之和）+ 0.0000025（三处皮褶厚度之和）^{2} −0.0000979（年龄）	Jackson, Pollock（1985）
四点：肱二头肌、肱三头肌、肩胛下角、髂嵴上部	普通人群	男 / 女 20 ~ 29 岁	BD = 1.1631−0.0632（log 四处皮褶厚度之和）	Durnin, Womersley（1974）
四点：肱二头肌、肱三头肌、肩胛下角、髂嵴上部	普通人群	男 / 女 30 ~ 39 岁	BD = 1.1422−0.0544（log 四处皮褶厚度之和）	Durnin, Womersley（1974）
七点：大腿、肩胛下角、髂嵴上部、肱三头肌、胸部、腹部、腋部	普通人群	女	BD = 1.0970−0.00046971（七处皮褶厚度之和）+ 0.00000056（七处皮褶厚度之和）^{2} −0.00012828（年龄）	Jackson 等（1980）
七点：大腿、肩胛下角、髂嵴上部、肱三头肌、胸部、腹部、腋部	普通人群	男	BD = 1.112−0.00043499（七处皮褶厚度之和）+ 0.00000055（七处皮褶厚度之和）^{2} −0.00028826（年龄）	Jackson, Pollock（1978）

注：BD：身体密度。
皮褶厚度单位：毫米。

- 参考所选定的公式与相关的说明，并且在适当的解剖学皮肤位置上做记号（图 2-8）。
- 选择适合的特定人群计算公式与皮褶厚度资料计算身体密度。
- 将所得的身体密度代入适合的特定人群计算公式中，推算出身体脂肪百分比。

皮褶厚度法的关键是选择正确的预测公式，体能教练、体育科研人员可以按照回归公式的不同，先确定好所需测量皮褶厚度的部位数量，如 3 个、4 个、7 个等。研究表明，

7 点和 3 点的皮褶厚度法在男性（±3.4% ~ 3.6%）和女性（±3.9% ~ 3.9%）之间的误差相似（Lohman et al.，2019）。

实际上，只要知道身体密度（body density，BD），体脂率就可以计算出来。最常用的是 Siri（1956）或者 Brozek（1963）的公式。

Siri 公式：体脂率 =（4.95 / BD − 4.50）× 100

Brozek 公式：体脂率 =（4.57 / BD − 4.142）× 100

皮褶厚度除了用来推断体脂率，还可以用来判断脂肪分布特征。在研究中（杨锡让等，1993），对身体脂肪的分布最简单易行的分法是分为中枢与外周（central/peripheral，C/P）、上半身与下半身（upper/lower，U/L）。可以用脂肪组织分布指数来评价身体脂肪的分布特征，计算公式如下：

C/P =（肩胛下角 + 髂嵴 + 腹部）/ 3］/［（小腿 + 肱三头肌）/ 2］

U/L =［（肩胛下角 + 髂嵴 + 肱三头肌）/ 3］/［（大腿 + 小腿）/ 2］

注：以上公式中部位名称均指该处皮褶厚度。

4. 注意事项

皮褶厚度法是运动科学中测量身体成分最常使用的方法。为了减少测量误差，操作时需要注意如下细节。

- 皮脂厚度的测量需在皮肤干燥时及运动前测量，才能获得最佳的准确度与可信度。
- 使肌肉轻微收缩或手指滑动以确保测量的是皮下组织而非肌肉。肥胖人群测量时，可增大手指抓起皮褶的面积。
- 卡钳的正面朝上，位于抓住皮褶的手指下方 1 厘米处进行测量。
- 测量时，松开卡钳 3 秒后读数。
- 所有的测量部位都位于身体的右侧。
- 重复测量时要先放开已抓起的皮褶，再重新抓起测量，而不是单纯地不松开测试部位重复测量 2 次或 3 次。
- 皮褶卡尺的耐久性较差，需要及时更新和校正。

（三）生物电阻抗分析法

生物电阻抗分析法是当前广泛使用、简单易行的身体成分测量方法，它是基于多组分模型的双重间接测量方法。

1. 原理

生物电阻抗分析法的测量原理是基于人体的导电性与非脂肪组织成正比，测量时以微小的电流通过身体（从足到手）以测定阻抗（图 2-9）。体液是各种电解质的水溶液，电阻小、导电性好；

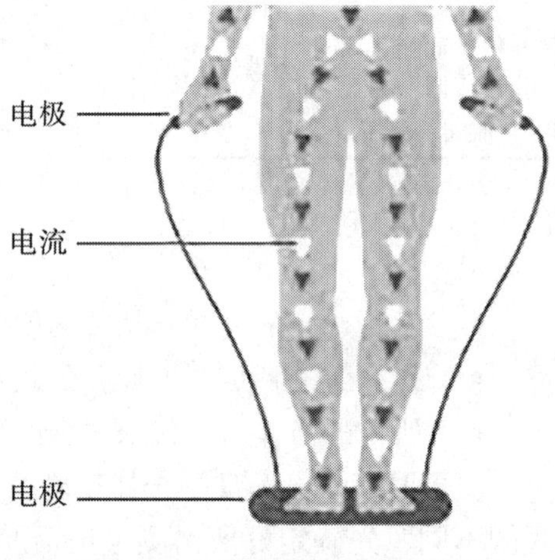

图 2-9　生物电阻抗分析法原理

而脂肪和不溶性矿物质则电阻大、导电性差。根据身体各成分与其生物电阻的数量关系，可以推算各种身体成分的含量。因此，生物电阻抗法可用于测定体脂率和体内的水分含量。

2. 特点

生物电阻抗分析法测量简便，且安全无创伤，有助于客观地评价体质健康和营养状况。加之当前商业测试系列产品的问世，使这一方法更加广泛应用于身体水分含量、肌肉含量和脂肪含量的测定。

生物电阻抗分析法的误差为 ±2.7% ~ 6.3%，它通常会高估身体受试者的体脂率、低估肥胖者的体脂率。在对运动员的研究中，相对于水下称重法，生物电阻抗分析法会低估他们的体脂率。

3. 注意事项

为了减少生物电阻抗分析法的测量误差，操作时需要注意如下事项和细节：

- 测试前 4 小时禁水、禁食；
- 测试前 12 小时禁止激烈运动；
- 测试前不能饮酒或服用利尿剂；
- 测试前 30 分钟完全排空膀胱。

（四）双能 X 线吸收法

1. 原理

双能 X 线吸收法是基于三组分模型的间接测量方法，起源于骨密度的测量，除了能够测定体脂率外，还能够高精度地测定全身或局部的骨矿含量、骨密度、脂肪含量和瘦体重。其测量原理是使用低能量的 X 线及电脑软件产生身体影像，进而判定身体组成。

2. 特点

双能 X 线吸收法目前是身体成分最精确、最敏感，也是最有信度的测量方法，加之测量使用低辐射剂量，将成为未来身体成分研究的主流测量方法。

在运动科学中使用双能 X 线吸收法的一个优点是它能够评估骨密度。美国运动医学会对女运动员三联征发布立场声明指出，只要运动员有应力性骨折或骨折病史，就应该用数字化双能 X 线骨密度仪（DXA）评估骨密度。

双能X线吸收法测量设备成本高，不易普及。此外，这种方法不适合体型较大的受试者，测试者的操作技术能力也相当重要。这种方法测定的体脂率比其他方法高出 2% ~ 5%，估计标准误为 ±1.8%。

三、不同身体成分测量方法的比较

由于身体成分的各种测量方法都是基于不同的理论模型，有的是间接测量，有的是双重间接测量，并且具有不同的标准化程序，因此，不同方法对同一个体的测量结果不能互换使用。不同身体成分测量方法的优缺点见表 2-6。

表 2-6　不同身体成分测量方法的优缺点

测量方法	优点	缺点
身体质量指数	● 易于评价； ● 不需要特殊测试仪器设备； ● 无创	● 对运动员而言信度不足； ● 没有考虑到肌肉含量的因素
水下称重法	● 黄金标准； ● 非常精确，测量的信效度高	● 用时偏长； ● 需要大量设备和空间； ● 设备成本高； ● 对测量人员的知识能力要求高； ● 受试者须全身浸没到水中，可能会感到不适； ● 需要测量肺容积
空气置换体积描记法	● 受试者自觉舒适； ● 易于操作； ● 测量用时短； ● 适用人群广； ● 准确性高	● 仪器设备非常昂贵； ● 难以普及； ● 尽可能少穿衣，穿衣也只能是紧身衣
皮褶厚度法	● 受训后易于使用； ● 节省时间； ● 无创； ● 便宜（只需购买皮褶卡尺）； ● 推导公式多； ● 可以在更短的时间内测试多名运动员	● 容易出现测量技术方面的误差； ● 测量非常瘦或肥胖的人时的准确性较低； ● 主要考虑皮下脂肪； ● 捏起皮褶时受试者可能感觉不适或尴尬
生物电阻抗分析法	● 只需要很少的技术知识； ● 测试用时很短； ● 非常容易操作，尤其是在使用秤式或手持式仪器时； ● 测试仪器易于携带； ● 测量时对受试者的着装要求不高，无须大面积暴露身体	● 需要排除若干影响测试结果的变量； ● 如果未严格遵循测试程序，则测量误差较大
双能 X 线吸收法	● 无创、准确； ● 辐射量低； ● 综合性的测量； ● 受试者可以穿常规的衣服； ● 测量用时相对较短； ● 测试期间受试者很放松； ● 局部测量	● 仪器设备非常昂贵； ● 从一台 DXA 设备切换到另一台 DXA 设备时精确度较低； ● 可能需要医生开处方

在选择测量方法时，体能教练、体育科研人员需要权衡每种测量技术的优缺点。每一种方法均有优缺点，决定使用哪种方法取决于很多方面，需要综合考量。受试者的需求、测量和评价的目的、测试成本、仪器设备的可用性、测试者的技术能力、可操作性、受试者的舒适度、测试方法本身的特点是需要重点考虑的因素。

第三节　身体成分在运动科学中的运用

身体成分与健康促进方面的生长发育、体质健康、体型与体重管理，以及竞技体育领域中对于选择专项、训练监控、机能评定、预测运动成绩，评估功能紊乱、营养监控、康复期的健康状况等都有很大的帮助。

一、身体成分与健康、体能

身体质量指数（BMI）可以判断一个人是否超重或体重不足，并对其健康状况进行分类。体脂率同样与身体健康、体能相关联。保持健康与体适能的身体质量指数参考标准见表 2–7。

表 2–7　保持健康与体适能的身体质量指数参考标准（Lohman et al.，2019）

类型	健康标准 BMI		体适能标准 BMI	
	男性	女性	男性	女性
年轻人	8 ~ 22	20 ~ 35	5 ~ 15	16 ~ 28
中年人	10 ~ 25	25 ~ 38	7 ~ 18	20 ~ 33
老年人	10 ~ 23	25 ~ 35	9 ~ 18	20 ~ 33

二、身体成分与体型管理

根据体重和皮褶厚度的变化，可以对体型的变化做出评价，见表 2–8。

表 2–8　基于体重和皮褶厚度的体型特征变化解释（Tanner et al.，2012）

人体测量学参数			解释体型特征的变化		
体重	关系	皮褶厚度	肌肉重量	关系	体脂
增加	伴随	稳定	增加	伴随	无变化
下降	伴随	稳定	减少	伴随	无变化
稳定	伴随	增加	减少	伴随	升高
稳定	伴随	减少	增加	伴随	下降
增加	伴随	增加	潜在增加	伴随	升高
增加	伴随	减少	增加	伴随	下降
下降	伴随	增加	减少	伴随	升高
下降	伴随	减少	潜在减少	伴随	下降

三、身体成分与体重管理

有研究建议，在减肥后，男性的体脂比例不应低于5%，女性不应低于12%（Sundgot–Borgen et al.，2011）。然而，一些运动员更能忍受低体脂，而不会出现激素紊乱和/或其他与健康和运动表现相关的损害。

在运动科学的实践中，可以根据受试者的体重、体脂率来推算瘦体重（lean body mass，LBM），进而基于期望的体脂率来推算理想体重（ideal body weight，IBW），并预测要减少的体重，实现精准的体重控制（ACSM，2017）。

理想体重的计算公式（ACSM，2017）为：

理想体重 = 瘦体重 /（1－期望的体脂率）

例如，一名男性受试者体重为86.40千克、体脂率为22.3%，他期望体脂率下降到15%，则：

体脂重量 = 体重 × 体脂率 = 86.40千克 ×22.3% ≈ 19.27千克

瘦体重 = 体重 － 体脂重量 = 86.40−19.27 = 67.13千克

理想体重 = 67.13 /（1−15%）≈ 78.98千克

需要减去的体重 = 体重 － 理想体重 = 86.40−78.98 = 7.42千克

四、身体成分与运动表现

运动员的比赛表现不仅依赖于与健康和技能相关的体能要素（如力量、速度、敏捷、反应、协调等），还取决于运动员的专项技术能力。在某种程度上，所有的体能要素都依赖于身体成分。瘦体重的增加有助于力量和功率的发展。力量和功率与肌肉体积大小有关。因此，瘦体重的增加使运动员能够在特定的时间段内产生更多的力量。足够的瘦体重也有助于提高速度、敏捷和灵敏等素质。减少不必要的体脂有助于肌肉和心肺耐力、速度和灵敏的发展。额外的体重（非必需脂肪）会产生更大的运动阻力，从而迫使运动员在给定的单位运动负荷下增加收缩的肌肉力量。额外的脂肪会限制身体在耐力、平衡、协调和动作效率等方面的表现。体重偏大、体脂过多也会对关节活动范围产生负面影响。因此，在需要高水平柔韧性的运动项目中，低水平的体脂有助于运动员取得较好的比赛表现。

（一）身体成分与运动表现之间关系的理论模型

从事对体重要求高、体重变化对运动表现产生敏感影响的运动项目的运动员（即体重较轻有助于带来成绩的优势），可能更容易出现与健康有关的问题。事实上，长期需要低能量供应的运动员，无论有没有进食障碍，都可能会经历健康和体能表现的损害。

鉴于运动科学对身体成分的研究日益重视，学者根据对身体成分不同层次的分析，建立起了身体成分与运动成绩、受伤风险和运动健康之间的综合模型，见图2–10。

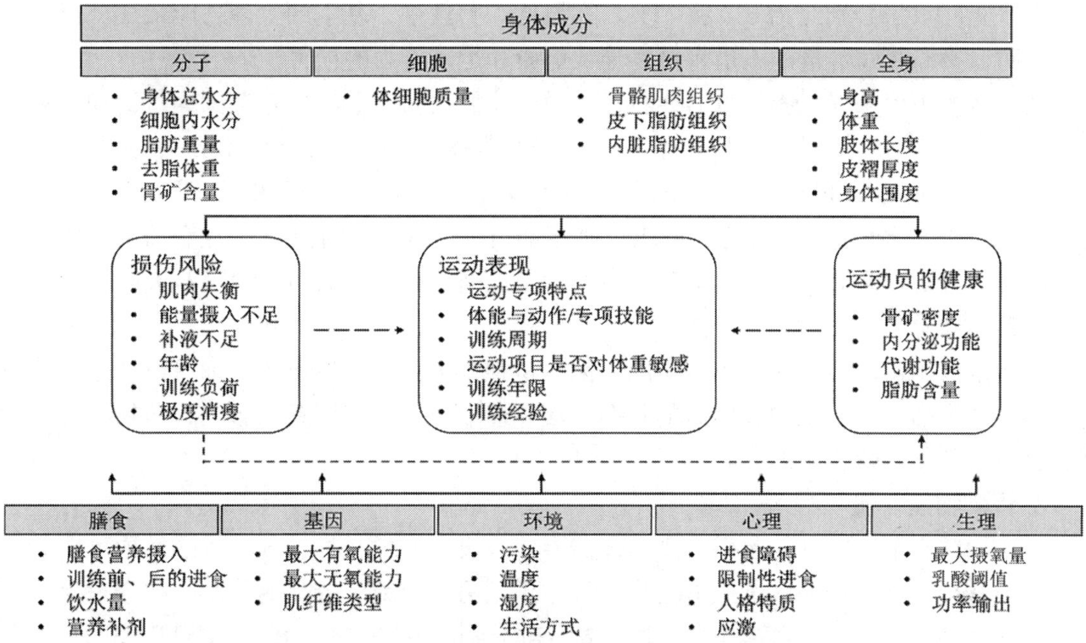

图 2-10　来自不同层次分析的身体成分变量对运动成绩、受伤风险和运动健康的影响的综合（Silva et al.，2019）

运动表现与受伤风险和运动健康有关。身体成分，特别是分子水平的身体总水分、细胞内水分、脂肪重量、去脂体重、骨矿含量，细胞水平的体细胞质量，组织水平的骨骼肌肉组织和脂肪组织，以及与人体测量学参数有关的指标（身高、体重、肢体长度、皮褶厚度、身体围度）影响着运动表现、损伤风险和健康水平。此外，其他相关因素，如膳食（膳食营养摄入、训练前 / 后的进食、饮水量、营养补剂）、遗传（最大有氧 / 无氧能力、肌纤维类型）、环境（污染、温度、湿度、生活方式）、心理因素（进食障碍、限制性进食、人格特质、应激）和生理因素（最大摄氧量、乳酸阈值、功率输出）也会影响成绩、受伤风险和运动健康，以及它们与身体成分之间的关系。

（二）与运动表现有关的身体成分参数

身体成分中，与运动表现有关的三种特殊组织是脂肪重、瘦体重和骨矿物质含量，另外还包括人体中的水分含量。

1. 脂肪重

脂肪可以细分为必需脂肪和非必需脂肪。必需脂肪存储在器官（脑、心脏、肝脏、肾脏、脾脏、肺、肠）、骨髓、中枢神经系统中。非必需脂肪也可以细分为内脏脂肪（腹部器官周围）和皮下脂肪（皮肤表面下面）。这两种脂肪在不同年龄、性别和种族的人与人之间，其数量也会不同，同时也与营养摄入和训练状态有关。由于内分泌系统的差异，女性的基本脂肪含量高于男性。通常女性存储多达 7% 的必需脂肪。在此基础上，男性和女性的必需脂肪水平分别约为 6% 和 13%。在男性和女性中，基本的生理功能最终都得依靠必需脂肪，必需脂肪含量的不足将最终导致健康和运动能力的损害。

从实践的角度来看，教练员需要将运动员的脂肪含量控制在一定范围内。例如，某男子橄榄球队的教练将全队的体脂率水平设定在不能超过 10%，那么体重分别为 70 千克和 100 千克的运动员 A 和 B，他们可被允许的体脂重量分别为 7 千克和 10 千克，但是鉴于男性的必需脂肪水平为 6% 的生理要求，则运动员 A 和 B 分别有 2.8 千克和 4 千克的额外脂肪。这部分额外脂肪无益于运动表现的发挥和提高，需要采取训练和营养干预。

2. 瘦体重

瘦体重对于运动员是非常有意义的。因为从根本上说，瘦体重的增加可以通过改善力量和速度来增强运动过程中骨骼肌的收缩。瘦体重取决于许多因素的影响，包括年龄、性别、身高、种族、营养、训练等。

3. 骨矿物质含量

骨矿物质含量以及骨矿物质密度是体能专业人员关心的指标，因为骨的结构可以通过成骨刺激进行调节，如循序渐进地增加训练干预的力学负荷，骨骼的超微结构会发生适应性变化。骨组织由 60% 无机物质（主要是钙和磷）和 40% 有机物质（主要是胶原蛋白）组成。与脂肪和瘦体重一样，骨矿物质含量的个体差异也较大，通常受到遗传、环境、营养和训练因素的影响。

4. 水分含量

水合状态是一种复杂的生理过程，包括全身水分及其分布、重要电解质的浓度（即渗透压）。机体的水合状态分为脱水、水分充足和超水合状态，可以通过测量体重、血浆渗透压和尿比重等指标来反映。目前认为，运动后体重下降超过 2.5% 是水分不足的指标之一，它意味着机体存在血浆体积减小和血浆渗透压水平增加，并往往伴随着电解质浓度的升高，进而影响有氧耐力、力量和功率表现，尤其是在炎热的环境中会加剧运动表现的下降。

脱水也可能会对认知功能和其他神经系统的机能产生不利影响。如果运动后体重下降 2%，需要保持长时间、高水平注意力、心理运动技能（是一系列与心理过程相联系的肌肉活动）和即时性记忆能力的表现就会受到影响；以体重下降 1% 为指标的轻度脱水，会明显影响成年人的注意力、记忆力，并引起焦虑情绪。

（三）身体成分对运动表现的影响

在测量身体组成时，专业人员应该首先在总体上全面了解可能会提高或者降低运动表现的所有测量因素，身高、肢体长度、体重、瘦体重和脂肪重都会对运动表现产生影响，见表 2–9。

1. 脂肪重

过多的体脂会影响到需要克服体重、在垂直方向（如跳跃）和水平方向（如跑步）产生身体移动的运动表现。例如，一个体脂率偏高或脂肪重量偏大，但与其他人有一样的非脂肪体重（瘦体重 + 骨矿物质含量）的个体，就得负担更多的体重来从事运动，这当然会降低运动表现。脂肪含量的增加，也会降低最大摄氧量、力量和功率的相对值，以及速度、灵敏的成绩。体重过重和脂肪偏多还会影响关节活动范围。因此，对柔韧性要求较高的运动项目，运动员可以通过较低体脂率而获益。

表 2–9　较小和较大的人体测量学参数测定值与运动表现的关系

测定值	身高	肢体长度	体重	瘦体重	脂肪重
数值较小	身体做旋转动作时产生更大的角速度和角加速度	以更高的速率和更短的距离传递力量	对抗重力的加速度和推进力更小；有助于散热	对抗重力的推进力作用时间更长；有助于散热	执行加速和推进时产生更大的相对功率（功率 / 体重）
数值较大	在做拉、抛、击打或接物体的动作时有更远的位置和距离	在执行拉、抛、击打或接物的动作过程中，肢体末端产生更快的线性速度	完成技术动作和身体冲撞时的惯性 / 动量更大	执行加速和推进时产生更大的相对功率（功率 / 体重）	与瘦体重增加无关的完成技术动作和身体冲撞时的惯性 / 动量更大

但是，在一些需要吸收力量或者动量（动量 = 身体质量 × 速度）、存在身体接触和对抗的运动项目，如美式橄榄球、相扑，运动员可能受益于选择性分布的脂肪组织。另外，需要长时间暴露在冷水中的运动项目（如游泳），运动员可以从身体脂肪的浮力和绝缘特性中获得一定的优势。

2. 瘦体重

通常认为，增加瘦体重、减少不必要的身体脂肪，有利于肌肉和心肺耐力、速度、灵敏的发展。但是分析瘦体重与竞技运动表现之间的关系，需要考虑到肌肉质量在特定的专项技术动作中的作用。

对力量和功率要求高的项目（如投掷、拳击）和包括整体性的身体动作，均应该在尽可能优先发展肌肉质量的同时，尽可能最大限度地发展相对功率。竞技体育的运动员其卧推、蹲起、硬拉三个动作的 1RM 成绩均与去脂体重存在显著正相关关系（r=0.86 ~ 0.95，$P < 0.001$）（Brechue et al.，2002）。体脂率对卧推 1RM 几乎没有影响，与短距离冲刺和垂直纵跳测试成绩显著负相关。因为在 1RM 卧推中，由于体脂率升高而增加的额外体重不需要负担或移动，但是在冲刺跑和纵跳中，却需要克服自身体重，因此身体成分的重要性被凸显出来。

在对身材有严格要求的难美类运动项目（如艺术体操、跳水）中，体重和身体成分同样也是运动表现的重要影响因素。跳水、体操、长跑等项目的运动员，尤其是女子运动员，为了满足适合比赛的特定低体重的要求，可能会严格限制能量摄入，进而面临伴随而来的饮食行为紊乱的风险。限制食物摄入量导致能量供应不足的后果包括营养不足（常量和微量营养素）、感染风险增加、内分泌紊乱导致女性闭经、骨质疏松，以及其他的生理功能紊乱，最终影响运动表现。

在特种行业人员（如军人、执法人员、消防救援人员）中，分析身体成分与其作业能力之间的关系，也显示出瘦体重的重要作用。瘦体重与特种行业人员的有氧耐力、肌肉力量测试成绩呈正相关。尽管身体肥胖并不能预测相关人员完成军事任务的专业表现，但过度肥胖会限制那些需要在特定空间进行操作或长时间有氧活动的能力，这主要是由于过多的体脂增加了体重进而影响运动能力。

公共安全服务人员包括在执法、消防和应急救灾部门的从业者，这些行业对体力要求很高，因此，包括身体成分、与力量和耐力有关的作业能力在内的身体能力是成功完成岗位职责的先决条件。身体素质的下降意味着受伤和患慢性疾病风险的增加。与涉及运动员的研究结果一致，身体成分会影响到公共安全人员体能测试的结果，如瘦体重与力量测试呈正相关、体脂含量增加会对模拟特定工作任务（如携带与救援或保护设备相当的重量）的表现产生不利影响。由于体重增加造成的体形偏大会限制身体活动能力，影响处理紧急事件的执行能力，从而增加了相关人员的受伤风险。

（四）特殊项目运动员的身体成分

教练、运动生理学家、运动员和其他相关专业人员通常对了解身体成分的变化能够提高成绩和如何保持适宜的体重感兴趣。对参赛体重有特殊要求、体重变化会对运动表现产生明显影响以及对体重变化比较敏感的运动员来说，他们都倾向于达到目标体重或保持适宜的体重，以提高运动表现和比赛表现。

对体重敏感，通常出现极端节食、体脂比例低、频繁的体重波动和饮食失调等表现的运动员常见于以下三类运动项目（Sundgot-Borgen et al.，2013）。

- 难美类运动项目。

在艺术体操、跳水、花样游泳、花样滑冰等项目中，当运动员的体重和体型符合该项目的理想审美标准时，运动员和教练员希望可以得到更高的分数。

- 克服重力的运动项目。

长跑、跳高、跳台滑雪和公路自行车等项目，由于力学（重力）的原因，运动员的体重限制了运动表现。

- 有体重级别限制的运动项目。

在摔跤、柔道、拳击、跆拳道、举重和轻量级赛艇等项目中，可以观察到与极端脱水相关的不健康的短期减重行为，因为这些项目的运动员希望自己被归入较低的体重级别，在比赛时会有优势。

有参赛体重级别限制、对体重变化敏感的运动项目，通常强调轻体重、低体脂率，再加上运动员长期大负荷运动训练的生理应激和长期控制体重的精神应激，可能会诱发极端节食、饮食行为紊乱和健康问题。从健康角度来看，目前在不同的运动项目当中尚无公认的最佳体重或者体脂率，也没有“金标准”的运动员身体成分评估方法。基于健康和运动表现的考虑，体育科研人员应该积极地指导和帮助那些试图拥有不切实际的身体成分的精英运动员科学地进行体重管理，有效地防止过度限制饮食而最终发展成为进食障碍。

可操作性强的方法是定期监测身体成分和长期控重。即当运动员达到设定的体重或体脂率目标后至少 2 个月时间，仍然需要定期地测量身体成分，以观察是否存在体重的持续下降或者波动。如果运动员有进食障碍史，建议进行更长时间的监测。鼓励有体重级别限制的运动员平时体重不要超过参赛体重的 3%，在赛前称重到比赛这段时间内快速减重不要超过体重的 2%（当然这取决于从称重到比赛这段时间的长短，以及采取的恢复策略）（Sundgot–Borgen et al.，2013）。

第四节　身体成分的测试程序

一、体重、身高和身体质量指数

1. 测试目的

体重和身高为受试者提供标准的身体测量。身体质量指数通常用于健康风险预测，也可作为体重相对于身高的一般指标。

2. 测试指标

体重（千克）、身高（厘米）、身体质量指数（千克 / 米 ^{2}）。

3. 所需器材设备

体重秤、身高仪。

4. 测试前的准备工作

由于 24 小时内身高和体重这两个指标都可能会发生变化，所以测试的时间应该标准化。

受试者在测试前 4 ~ 6 小时内不要进食，并保持足够的水分。

确保身高—体重计位于稳定、平整的地面上。在测试过程中，建议有另外一个人在场，并重复记录测试结果，以便核对。

测量仪器要保持清洁，测量前须对仪器进行校准，测试人数多时，应随时校准仪器。

5. 测试流程

（1）体重。

① 对受试者说：我们将要测量您的体重，您准备好了吗？如果准备好了，请把鞋子、袜子等不必要的衣物脱掉（通常情况下，男性着短裤、女性着短裤与运动式背心，每次测试时穿着相同的内衣），摘掉首饰，然后踏上秤台，双脚分开，双手和双臂放在身体两侧。在成功记录您的体重之前，请尽可能保持静止。

② 记录体重实测值。

③ 完成测试后，指示受试者离开体重秤。

（2）身高。

① 对受试者说：我们将要测量您的身高，您准备好了吗？如果准备好了，请把鞋子、袜子等不必要的衣物脱掉（通常情况下，男性着短裤、女性着短裤与运动式背心，每次测试时穿着相同的内衣），摘掉首饰。在成功记录您的身高之前，请尽可能保持静止。

② 指导受试者背对着身高测量设备站立，双眼平视前方、双脚与肩同宽，双手和手臂放在身体两侧；足跟与墙面接触。

③ 在测量时，受试者后背尽可能挺直并保持正常呼吸。在此期间，将设备水平臂放在受试者头部的最高点。

④ 记录身高实测值。

⑤ 完成测试后，指导受试者离开身高仪。

（3）身体质量指数。

身体质量指数（BMI）是体重（千克）与身高（米）平方的比值，即：

BMI = 体重（千克）/ 身高（米）^{2}

二、选择性身体部位的围度测量

1. 测试目的

通过腰臀比、选择性身体部位（手臂、腿和躯干）相关的人体测量特征，有助于评估局部体重（或脂肪）分布相关的健康风险。

2. 测试指标

身体围度、腰臀比。

3. 所需器材设备

柔性卷尺。

4. 测试前的准备工作

测量身体围度的时间应该标准化。

受试者在测试前 4 ~ 6 小时内不要进食，并保持足够的水分。

在测试过程中，建议有另外一个人在场，并重复记录测试结果，以便核对。

应适当考虑受试者的隐私，包括进入更衣室的通道环境，以及在评估过程中受试者对在场人员的舒适度或熟悉程度。

5. 测试流程

（1）对受试者说：我们将要测量您的身体围度，您准备好了吗？如果准备好了，请把鞋子、袜子等不必要的衣物脱掉（通常情况下，男性着短裤、女性着短裤与运动式背心，每次测试时穿着相同的内衣），摘掉首饰。我将使用一根卷尺来测量您某些身体部位的围度。在测量过程中，请保持放松和正常呼吸。在成功记录您的身体围度之前，请尽可能保持静止。

（2）确定受试者身体右侧的适当标志后，如图 2–11、图 2-12 和表 2–10 所示，将卷尺缠绕在相应的身体部位，并确保它与地面平行、平放在皮肤上，并且没有扭曲或弯曲、没有对皮下组织产生压缩。

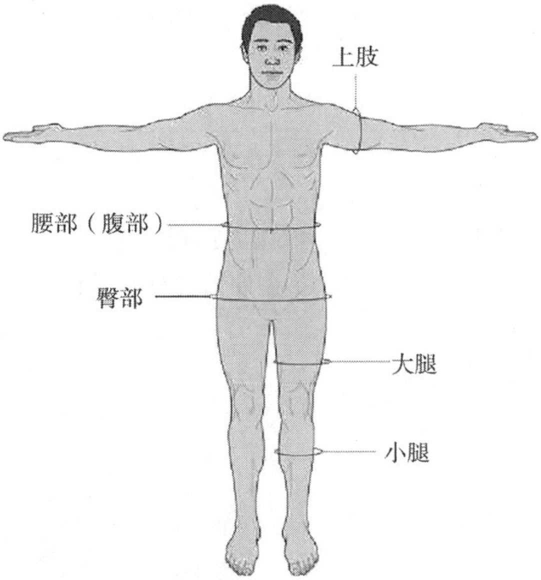

图 2-11　选择性身体部位的围度测量视觉展示

图 2-12　选择性身体部位围度测量示例

表 2-10　选择性身体部位围度测量的描述

部位	具体描述
手臂或上臂（放松围）	位于肩部和肘关节中间，放松站立位测量，双臂侧平举
腹部或腰部	位于肋骨和髋骨上部最窄部分；放松站立位测量，双臂放在身体侧面或折叠穿过胸部，身体重心在双脚之间
臀部或臀肌	位于臀部和臀部最宽的部位；放松站立位测量，双臂放在身体侧面或折叠穿过胸部，身体重心在双脚之间
大腿或大腿中部	位于髋关节和大腿前部膝关节（髌骨）之间；在放松站立位身体侧面测量，身体重心在双脚之间
腓肠肌	位于坐立位或将脚放在台阶上（膝关节和髋关节折叠成 90 度）时，小腿最大围度处；放松站立位测量，双臂放在身体侧面，身体重心在双脚之间

（3）在受试者正常呼气结束后记录测量值。

（4）在合适位置重复测量，直到误差小于 5 毫米。

（5）计算腰臀比。

三、皮褶厚度测量

1. 测试目的

通过皮褶厚度测量来评估身体成分。

2. 测试指标

皮褶厚度、体脂率。

3. 所需器材设备

皮褶卡尺、标记笔、柔软的测量卷尺。

4. 测试前的准备工作

皮褶厚度测量的时间应该标准化。

受试者在测试前 4 ~ 6 小时内不要进食，并保持足够的水分。

在测试过程中，建议有另外一个人在场，并重复记录测试结果，以便核对。

应适当考虑受试者的隐私，包括进入更衣室的通道环境，以及在评估过程中受试者对在场人员的舒适度或熟悉程度。

研究人员应该熟练掌握皮褶厚度法测量技术（图 2–13）。

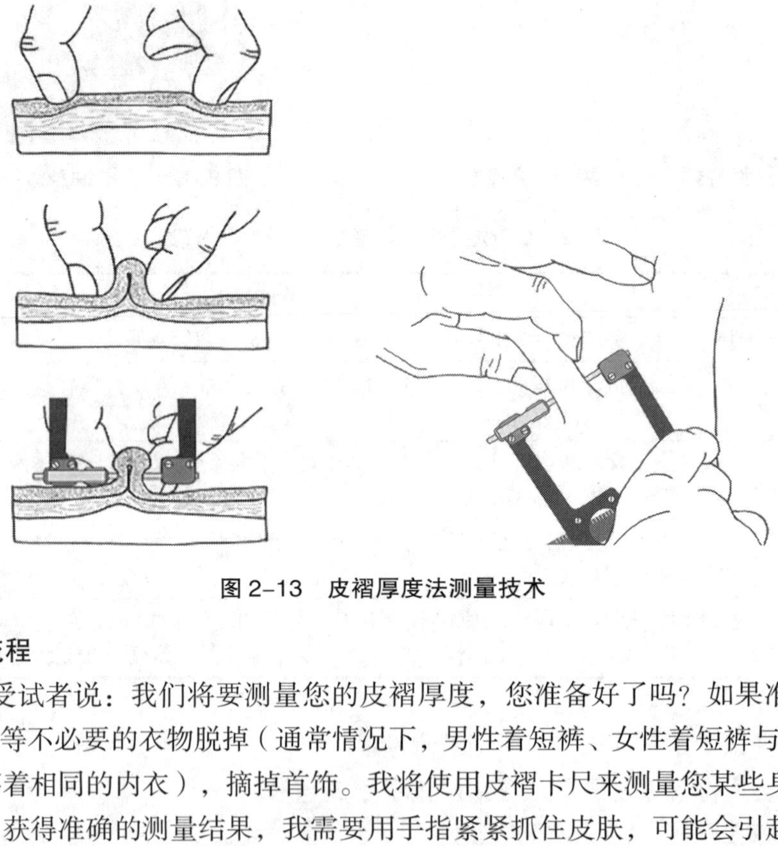

图 2–13　皮褶厚度法测量技术

5. 测试流程

（1）对受试者说：我们将要测量您的皮褶厚度，您准备好了吗？如果准备好了，请把鞋子、袜子等不必要的衣物脱掉（通常情况下，男性着短裤、女性着短裤与运动式背心，每次测试时穿着相同的内衣），摘掉首饰。我将使用皮褶卡尺来测量您某些身体部位的皮褶厚度。为了获得准确的测量结果，我需要用手指紧紧抓住皮肤，可能会引起不适。如果您在任何时候感到疼痛想暂停，请立刻告诉我。测量过程中，保持放松、正常呼吸和安静。

（2）用标志笔在受试者身体右侧标出特定皮肤褶的位置后，用拇指和食指稳固地抓住皮肤，形成皮肤与皮下脂肪的皮褶。将皮褶卡尺置于垂直于皮褶的手指下方约 1 厘米处，停留几秒钟，读取刻度值，记录测量结果。

（3）将皮褶卡尺从皮褶上拿下来，然后放开皮肤。

（4）每个部位测量 2 或 3 次，精确到 0.5 毫米。

（5）如果每次测量间的误差大于 3 毫米，那么需测第 4 次。

（6）取两个最接近的测量值的平均值。

四、生物电阻抗分析

1. 测试目的

用生物电阻抗分析技术评估身体成分。

2. 测试指标

体重、体脂率、肌肉率、水分。

3. 所需器材设备

生物电阻抗分析仪。

4. 测试前的准备工作

测量的时间应该标准化。

受试者在测试前 48 小时内不要饮酒，12 小时内不要运动，4 ~ 6 小时内不要进食，并保持足够的水分。测试前排空膀胱。

在评估前，应使用制造商推荐的擦拭物或清洁溶液处理电极表面和受试者的双足、双手。

5. 测试流程

（1）对受试者说：我们将要用生物电阻抗分析来测量您的身体脂肪百分比，您准备好了吗？如果准备好了，请把鞋子、袜子等不必要的衣物脱掉（通常情况下，男性着短裤、女性着短裤与运动式背心，每次测试时穿着相同的内衣），摘掉首饰。测量过程中，保持放松、正常呼吸和安静。

（2）根据生物电阻抗分析设备的标准提示，输入受试者的相关个人信息，通常包括年龄、身高、体重（如果不直接由设备测量）等。

（3）指导受试者走上平台，双脚放在不锈钢电极上，双手握住手柄，双臂自然垂于身体两侧但不与躯干接触。在成功记录数值之前，要求受试者尽量保持安静。

（4）存储、打印相关测量数据。记录相关信息，包括受试者的个人信息（年龄、身高、体重、种族、体育活动水平）和估计的体脂百分比。

（5）完成评估后，指引受试者离开。

参考文献

［1］ACKLAND T R, LOHMAN T G, SUNDGOT-BORGEN J, et al. Current status of body composition assessment in sport: review and position statement on behalf of the ad hoc research working group on body composition health and performance, under the auspices of the I. O. C. medical commission[J]. Sports Med. 2012, 42(3): 227–249.

［2］AMERICAN COLLEGE OF SPORTS MEDICINE(ACSM). ACSM's resources for the personal trainer[M]. Philadelphia: Lippincott Williams & Wilkins, 2017.

［3］BRECHUE W F, ABE T. The role of FFM accumulation and skeletal muscle architecture in powerlifting performance[J]. Eur J Appl Physiol. 2002, 86(4): 327–336.

［4］ESTON R, REILLY T. Kinanthropometry and exercise physiology laboratory manual tests, procedures and data volume one: anthropometry[M]. London: Routledge, 2009.

［5］LUKASKI H C. Body composition: health and performance in exercise and sport[M]. Boca Raton: CRC Press, 2017.

［6］LOHMAN T, MILLIKEN L A. ACSM’s body composition assessment[M]. Champaign: Human Kinetics, 2019.

［7］NICKERSON B S, ESCO M R, BISHOP P A, et al. Validity of BMI–based body fat equations in men and women: a 4–compartment model comparison[J]. J Strength Cond Res. 2018, 32(1): 121–129.

［8］POWERS S K, HOWLEY E T. Exercise Physiology: Theory and application to fitness and performance[M]. 10th ed. New York: McGraw–Hill Education, 2018.

［9］RUDNEV S G. Body composition in athletes: history, methodology and computational prospects[C]// Proceedings of the 12th International Symposium on Computer Science in Sport(IACSS 2019). New York: Springer, 2019.

［10］SANTOS D A, DAWSON J A, MATIAS C N, et al. Reference values for body composition and anthropometric measurements in athletes[J]. PLoS One. 2014, 9(5): 1-11.

［11］SILVA A M. Structural and functional body components in athletic health and performance phenotypes[J]. Eur J Clin Nutr. 2019, 73(2): 215–224.

［12］SUNDGOT–BORGEN J, GARTHE I. Elite athletes in aesthetic and olympic weight–class sports and the challenge of body weight and body compositions[J]. J Sports Sci. 2011, 29(S1): 101–114.

［13］SUNDGOT–BORGEN J, MEYER N L, LOHMAN T G, et al. How to minimise the health risks to athletes who compete in weight–sensitive sports review and position statement on behalf of the ad hoc research working group on body composition, health and performance, under the auspices of the IOC medical commission[J]. Br J Sports Med. 2013, 47(16): 1012–1022.

［14］TANNER R K, GORE C J. Physiological tests for elite athletes[M]. Champaign: Human Kinetics, 2000.

［15］汪军 . 运动与身体成分控制 [M]. 北京：北京体育大学出版社，2018.

［16］杨锡让，符浩坚，赖柳明，等 . 北京与香港中小学生身体成分的测试与比较 [J]. 山东体育学院学报，1993(2): 14–19.

第三章　运动损伤风险的筛查测试与评估

运动损伤是困扰教练员、运动员、特种行业从业者、健身人士等人群的重要问题之一。尽管物理治疗师和体能教练一直致力于寻求导致运动损伤的可能原因以及一些能够预测和预防运动损伤的测试方法，但是因为运动损伤的发生有很多原因（图 3-1），而且每个单独的原因都有其各自的作用，或者与其他原因之间存在交互作用，体能教练和物理治疗师不能通过某一个或者几个测试的结果来预测运动损伤的发生。

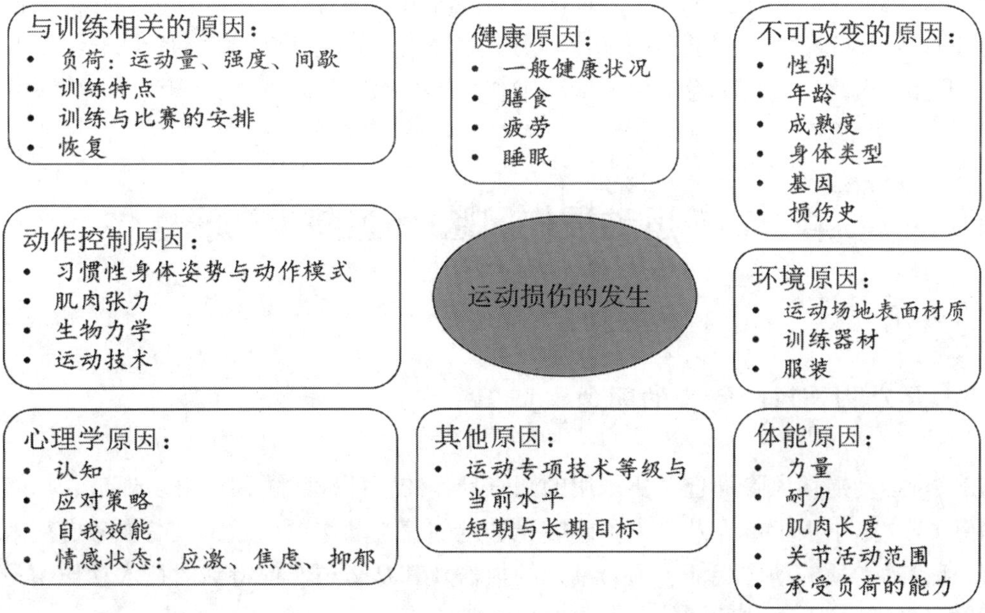

图 3-1　运动损伤发生的原因（Mayr et al.，2016）

长期以来，体育科研人员普遍认为运动损伤的发生最主要的原因是运动员身体的整体组织和局部组织不足以承受慢性负荷的应激和/或负荷的急性增加，导致机体组织（如肌肉、筋膜、韧带、骨骼、软骨等）出现过度使用性损伤、有损伤史的部位出现症状复发或者加重（Lauersen et al.，2014）。除此以外，近几年的研究认为，运动负荷的突然增加且幅度过大也是运动损伤风险增加的一个重要原因（Windt et al.，2017）。

随着强调动作发展和动作训练的功能性训练被引入竞技体育，越来越多的体能教练和研究人员开始从神经肌肉控制能力角度开展损伤预防的训练和研究，认为完成技术动作时神经肌肉控制能力的不足是发生运动损伤的一个重要危险因子（Fort-Vanmeerhaeghe et al.，2016）。神经肌肉控制能力是一种以最佳方式完成动作的基础性能力，这种能力可将负荷的应激最小化，或者最大化地将负荷的应激分散到身体的各个组织。与运动损伤一样，它也有很多影响因素（图 3-2）。

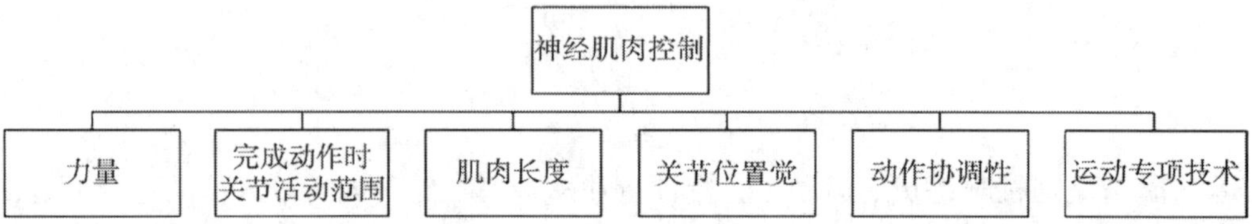

图 3-2　神经肌肉控制能力的影响因素

当前，价格昂贵、操作繁琐、分析复杂的医学设备在运动科学的实践工作中成为了障碍，影响了工作效率。随着探索性研究的开展，科学性、可操作性都很好的筛查工具越来越受到欢迎和普及。

神经肌肉控制的筛查测试通常采取闭链、多环节、闭合性、功能性的动作。目前在体能训练的科学研究和实践中常用的神经肌肉控制筛查主要包括功能性动作筛查、上肢筛查动作、下肢筛查动作、动态稳定性测试动作和肢体对称性测试。

第一节　运动损伤风险筛查的科学原理

一、运动损伤风险筛查的理念

在进行运动损伤风险筛查时所采用的筛查动作的特征，除了闭链、多环节、功能性以外，在研究文献中很少被提及。为了能够让选定的筛查动作更加敏感，需要考虑很多的因素，包括运动专项的动作特征、项目高发的损伤及其是否与专项特殊的技术动作相关联、个体的损伤史及其是否与具体的技术动作相关联。

特定的某些动作，如下蹲、单腿或者双腿落地、身体平衡、迅速产生缓冲力量等在大多数运动项目中常见的技术动作，构成了运动损伤风险筛查动作的核心内容。动作筛查的结果是通过或未通过，但是通过或未通过意味着什么？对未通过的受试者接下来如何干预？在研究文献当中很少被提及。

在受试者未能够通过筛查动作的情况下，需要深入分析没有通过测试的原因，并针对该测试动作对受试者进行适当的指导和练习，再进行第二次筛查测试。图 3–2 显示了可能对正确执行测试的能力产生明显影响的许多因素，包括没有足够的力量或关节活动范围来控制或保证完成动作。受试者的本体感觉功能可能不足，进而影响到动作的精确性、关节位置觉和运动觉。但未通过筛查测试的原因，还有可能是受试者未能够完全理解如何适宜地完成筛查动作，同时存在图 3–2 中列举的多个因素。因此，在进行运动损伤风险的动作筛查测试时，首先要对受试者进行动作的指导。

二、运动损伤风险筛查诊断的准确度

（一）反映诊断准确度的参数

诊断准确度是指在诊断试验中区分不同疾病状态的能力。在评估临床试验的准确度并提供正确的诊断时，需要建立诊断准确度的测试属性，主要有以下几点。

- 灵敏度：测试是否包括了所有受伤的人？
- 特异度：测试是否仅包括受了伤的人？
- 阳性预测值：有多少测试结果呈现阳性的人受伤了？
- 阴性预测值：有多少测试结果呈现阴性的人受伤了？
- 以似然比或者受试者工作特征曲线确定测试方法的预测能力，即使用测试的准确度并将其转换为受试者会受伤或不受伤的概率。似然比是指病人中出现某种检测结果的概率与非病人中出现相应结果的概率之比，是反映真实性的一种指标，属于同时反映灵敏度和特异度的复合指标。受试者工作特征曲线是反映敏感性和特异性连续变量的综合指标，是用构图法揭示敏感性和特异性的相互关系，它通过将连续变量设定出多个不同的临界值，从而计算出一系列敏感性和特异性，再以敏感性为纵坐标、（1– 特异性）为横坐标绘制成曲线，曲线下面积越大，诊断准确度越高。在受试者工作特征曲线上，最靠近坐标图左上方的点为敏感性和特异性均较高的临界值。

（二）确定诊断准确度和似然比的方法

首先，用表 3–1 呈现实验结果的性质（即：假患者、真患者、阴性、阳性）。其次，使用表 3–2 中的信息和公式建立各种诊断测试的特征。最后，通过表 3–3 对似然比的解释来评估诊断准确度。

表 3–1　实验结果的性质

分类	真患者	假患者	合计
阳性	A	B	A+B
阴性	C	D	C+D
合计	A+C	B+D	A+B+C+D

表 3–2　确定诊断测试关键特征的公式

统计资料	公式	描述
准确度	（A+D）/（A+B+C+D）	个体被正确诊断的百分比
灵敏度	A / (A+C)	测试结果呈阳性、有运动损伤或有功能障碍这种情况的患者所占的比例，即真阳性率
特异度	D / (B+D)	测试结果呈阴性、无运动损伤或无功能障碍这种情况的患者所占的比例，即真阴性率
阳性预测值	A / (A+B)	诊断试验结果是阳性对象中真正患病的比率
阴性预测值	D / (C+D)	诊断试验结果是阴性对象中真正无病的比率
阳性似然比	灵敏度 / (1－特异度)	真阳性率与假阳性率之比，说明患者中出现某种检测结果为阳性的概率是非患者的多少倍
阴性似然比	(1－灵敏度) / 特异度	假阴性率与真阴性率之比，说明患者中出现某种检测结果为阴性的概率是非患者的多少倍
尤登指数	灵敏度＋特异度 −1，或真阳性率 − 假阳性率	表示诊断试验能够正确地判断病人和非病人的能力，范围为 0~1，越接近于 1，诊断试验的真实性越好，反之越差

表 3–3　似然比的解释

阳性似然比	阴性似然比	解释
⩾ 10	＜ 0.1	产生概率大而通常是决定性的变化
5 ～＜ 10	0.1 ～＜ 0.2	产生适度的概率变化
2 ～＜ 5	0.2 ～＜ 0.5	产生概率很小但有时很重要的变化
1 ～＜ 2	0.5 ～⩽ 1	将概率改变到很小而且很不重要的程度

运动损伤风险的筛查很具有挑战性，如筛查腘绳肌损伤的离心力量测试是在一个连续的关节活动范围内进行，但是疾病筛查测试被设计为“是”或“否”的结果，因此，损伤和未损伤受试者之间存在很大的重叠，需要为特定的测试建立“临界值”以区分高损伤风险和低损伤风险的群体，但是在实现足够水平的灵敏度和特异度方面存在困难。灵敏度和特异度是相反的，如果希望用一项测试来涵盖所有受伤的受试者（灵敏度高），那么特异度就会下降，导致更多未受伤的受试者被确定为“高风险”。这为体能教练或研究人员带来一个潜在的问题：很难让教练员和运动员采纳他们所提出来的测试方案和训练干预措

施。如果采用更复杂和更昂贵的方法可能会有更多的问题，因此临床效果（测试的实用性）可能是设计测试方案进一步需要考虑的。

第二节　功能性动作筛查测试与评估

一、功能性动作筛查的起源

在 20 世纪 90 年代，运动前的身体诊断一般分为医学健康评估和运动能力测试两个层面，但医学诊断的微观化和体能测试的宏观化，使得运动过程中动作的质量被忽视，未能有效达到运动前身体诊断的应有目的，即预防运动损伤和提高运动表现。长期以来，运动科学中有关评估体能的诸多指标都是以数量为单位而非完成动作本身的优劣或质量高低，体能教练或研究人员、教练员、运动员往往更重视时间、距离、重量等数据指标，而不是以动作质量为基础。

因此，相关人士呼吁在运动前的身体诊断中增加对身体基本动作的分析，以对从事运动者进行个体化的动作诊断，确认其是否具备进行这种运动方式的基本动作能力。功能性动作筛查（function movement screen，FMS）正是在物理治疗关注动作以及常规医学诊断和运动能力测试间存在脱节的背景下，由美国物理治疗师格雷·库克（Gray Cook）在 2003 年首次提出（Cook，2003），并和李·伯顿（Lee Burton）、卡尔·卡赛尔（Kyle Keisel）等人在理论和方法学上不断对 FMS 进行完善，在临床应用以及研究功能运动的基础上，改进、完善并于 2010 年正式推出了这种测试模式（Cook，2010）。自此，FMS 成为一个创新的诊断人体基本动作模式障碍的测试筛查方法，它的出现使物理治疗领域、康复训练和体能训练三个领域之间交流沟通的平台建立起来。FMS 的出现填补了常规医学测试和运动能力测试之间对动作质量忽视的空缺，引起了物理治疗和体能训练从业者对动作灵活性和稳定性的重视。寻找动作的缺陷和障碍，量化并纠正身体代偿和不对称，逐渐成为预防运动损伤和体能训练的目的之一。

二、功能性动作筛查的原理

（一）动作的发育

功能性动作筛查的基础原理是以人在婴儿时期开始形成肢体动作到掌握动作的全部过程为基础（Cook，2010），以运动医学、运动解剖学、运动生理学等基础科学为理论导向而提出的。

从婴儿最初的肢体动作来看，最早出现的运动行为是直膝抬腿与蹬腿的持续结合动作，同时出现的是手臂的挥动、手的抓挠等动作，基于此就出现了直膝抬腿动作和肩部灵活性动作，且前者优先于后者，这一系列动作结构是人体最早形成的灵活性动作。当婴儿发现身体附近有某些新奇的东西时，他就会尝试着翻转身体去触摸这个令他产生浓厚兴趣的物品，这样转动稳定性动作就诞生了。随着婴儿生长发育的持续进行，他会在翻转的基础上，尝试着用手把躯干撑起来，慢慢爬行以便更好地抬头观察这个奇妙的世界，于是躯干稳定性俯撑动作出现了。婴儿随后的动作过程就更加清楚了，他们会尝试着站起来行走，并在行走的基础上学会下蹲动作，这样他们就可以更加自由地观察世界，由此形成过栏架步动作和前后分腿蹲动作（Frank et al.，2013）。

随着年龄的增长，人体的灵活性和稳定性增强，可以做出各种各样日常所需要的下蹲、分腿支撑、以肩为轴的运动、躯干稳定的肢体动作等动作。当人的生理机能逐步老化，控制身体的灵活性和稳定性能力逐渐衰退，就会出现各种各样、程度不一的动作障碍。在整个过程中，任何一个阶段都会由于动作的不合理性导致运动损伤，或由于代偿运动所导致的部分肌群参与率降低造成动作质量降低。

（二）竞技能力结构

功能性训练将以动作训练为基础的“竞技能力金字塔”模型分为三层（图 3–3）。最下一层是基础部分，它代表身体完成动作的能力，即人体运动功能。这些功能包括关节运动的灵活性、稳定性和神经肌肉控制能力。当人体关节具备正常的灵活性、稳定性和神经肌肉控制能力时，才能够完成合理的动作。反之，当以上任何一个因素出现异常时，人体运动功能就出现代偿、关节过度使用等情况。第二层代表人体的各项运动素质，如力量、速度、灵敏、耐力等。良好的运动素质是通过完成各种动作表现出来的，动作是所有身体运动能力的载体。如果运动员不具备良好的动作模式和身体运动功能，一味地进行体能训练，就会出现急性或慢性运动损伤。第三层代表运动员具备的专项技术水平，以运动成绩表现出来。

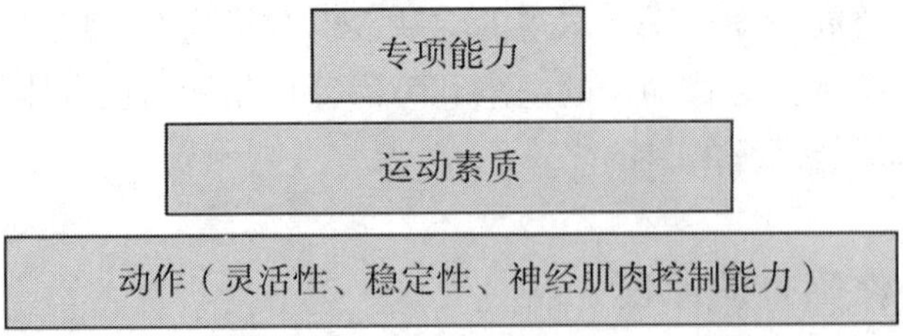

图 3–3　“竞技能力金字塔”模型（Cook，2010）

虽然有些人可以完成各种不同的动作，体现出较强的运动能力，但却存在不能有效地完成本筛查动作的情况。这些人的 FMS 得分较低，因为他们通过以代偿性的方式完成筛查动作。如果代偿性动作长期持续，那么这些非标准的运动模式就会被强化，身体不能均衡发展，就可能引发各种疼痛和不适症状。如果还要勉强完成一些较为复杂和高难度的动作时，受伤概率会大大增加，并以此而引起损伤风险的提高，甚至造成伤害。

三、功能性动作筛查的作用

FMS 可以对人体所应具备的基本动作模式进行筛查。它们不仅是婴儿后续生长发育的基础，也是人类日常生活的组成部分，更是体育动作技能学习的基石。

FMS 由 7 个动作测试和 4 个排除性测试组成（表 3–4）。通过让受试者完成 7 个基本的、可测量的动作模式，可以发现其身体的弱点、不平衡性、不对称性和动作的受限。经过多年的使用后，功能性动作筛查的研发者于 2020 年对筛查动作进行了两处调整：一处是为直线弓箭步筛查动作增加了踝关节灵活性的排查测试，一处是将躯干旋转稳定性的动作由肘—膝相接触改为手—足相接触。

表 3–4　FMS 测试

顺序	动作名称	动作展示	测试目的
1	深蹲		评价肩、胸椎、髋、膝和踝关节双侧对称性、灵活性和躯干稳定性
2	跨栏架步		评价髋、膝、踝关节的灵活性和稳定性、身体核心部位的控制能力以及身体两侧在运动中的对称性

续表

顺序	动作名称	动作展示	测试目的
3	直线弓箭步		评价髋、膝、踝关节的灵活性和稳定性以及股四头肌的柔韧性
	排除性测试：踝关节背屈测试		观察踝关节是否存在背屈受限
4	肩部灵活性	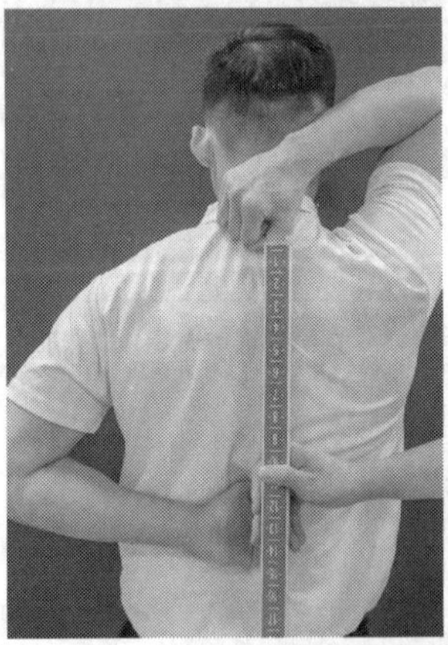	评价双侧肩关节活动范围，以及一侧肩关节的伸展、内旋和内收与另一侧的屈曲、外旋和外展的能力

续表

顺序	动作名称	动作展示	测试目的
4	排除性测试：肩部碰撞测试	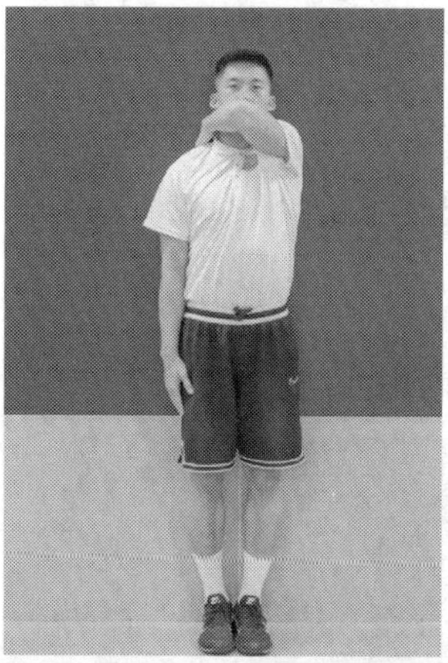	观察是否出现疼痛
5	主动直腿上抬	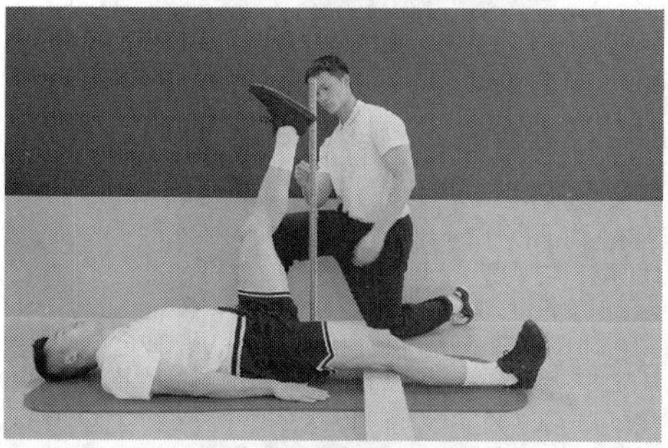	评价骨盆的稳定性和大腿后部肌群及小腿肌群的主动柔韧性
6	躯干稳定俯卧撑		评价脊柱的稳定性，双侧对称性和肩带的稳定性
	排除性测试：伏地起身测试		观察是否出现疼痛

续表

顺序	动作名称	动作展示	测试目的
7	躯干旋转稳定性	 	评价上下肢在联合动作中，骨盆、核心区和肩带在多个平面上的稳定性
	排除性测试：跪姿下腰伸展测试		观察是否出现疼痛

四、功能性动作筛查的运用

当前，功能性动作筛查的研究受到持续关注。这项技术广泛应用于竞技体育运动员、特种行业人员（军人、警察、消防救援人员、行政执法人员等）、健身爱好者以及大学生运动员运动损伤预防的研究中。功能性动作筛查的意图不是用于诊断，而是用于观察和评定运动模式的限制或不对称，最终将这些限制与结果联系起来，并找出导致运动损伤的因素和改善的方法（张瑞杰等，2020）。

FMS 在国外职业竞技体育中的应用非常广泛，在欧洲各职业足球队和美国职业篮球联盟、美国职业橄榄球大联盟、美国职业棒球大联盟和北美职业冰球联盟四大联盟的一线队伍几乎都会应用 FMS 的测试和训练，作为对传统测试训练方法的一个补充，以此作为检测运动员潜在伤病并进行伤病预防训练的依据，用于提高运动员的竞技水平并延长其运动寿命（Bunn et al.，2019）。但目前，FMS 测试还没有被美国国家体能协会、美国国家运动伤害防护师协会和美国运动康复师协会这三大协会收录为他们所认可的测试方法，这可能与 FMS 测试尚未积累大量相关研究数据库有关。

FMS 的得分与损伤风险有关，但是不同运动项目、不同运动水平人群运动损伤风险阈值是不一样的，有必要对不同运动项目的运动损伤风险阈值进行单独研究，特别是高水平运动员。

五、执行功能性动作筛查前的准备工作

（一）体表解剖标志

执行 FMS 前，测试者必须熟知 FMS 测试的骨性标志和特征，以及体表解剖标志，见表 3–5、图 3–4。

表 3–5　FMS 测试的骨性标志和特征

骨性标志	特征
胫骨粗隆	在膝关节前面下方皮下隆起处，屈膝时更为明显
膝关节中线	腘窝处，与髌骨上缘和髌尖的中线齐平
髂前上棘	髂嵴的前端
内踝	胫骨下端向内的骨突
外踝	腓骨下端向外的骨突
远侧腕褶痕	自手指向身体近端方向最远的腕关节处的褶痕

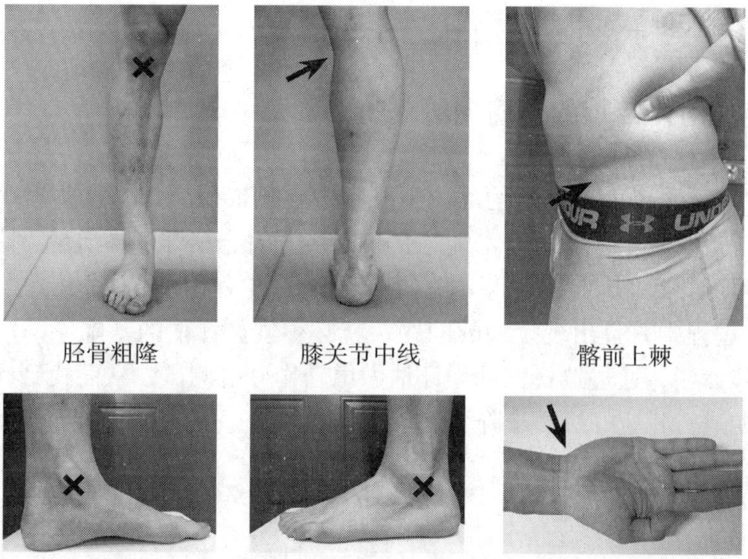

胫骨粗隆　膝关节中线　髂前上棘

内踝　外踝　远侧腕褶痕

图 3–4　FMS 测试的体表解剖标志

（二）测试者的位置

在执行 FMS 期间，测试者观察受试者动作时需要注意与其相对距离和位置，这有助于观察到测试的完整的细节。

1. 距离

测试者需要与受试者有一定距离才能够获得全局视角。多数情况下，测试者对站位无所适从的原因是距离受试者太近，或者过于注意受试者身体的某个区域。

2. 走位

受试者有 3 次机会完成每个筛查动作，因此测试者可以在测试过程中移动位置观察。根据筛查动作的不同，最适宜的观察角度可能是在受试者的侧面，也可能是正前面。如果从一个视角观察无法清楚地评分，测试者则应当充分利用 3 次机会适当而迅速地走动，转换观察视角。

六、功能性动作筛查评分规则

FMS 有如下明确的评分规则：

- 测试前只需简单介绍测试动作，不必将评分细节告知受试者；
- 如进行左、右分开测试，则该项测试最终评分计左、右侧得分最低一项分数；
- 对于 3、4、6 和 7 测试动作，该动作测试完毕后须进行排除性测试，如有疼痛，则该动作记为 0 分；
- 当最终得分小于或等于 13 时，应建议受试者进行物理治疗或医学检查；
- 对结果进行评价给出得分，再设计解决方案。

七、功能性动作筛查的疼痛问题

在 FMS 中，受试者出现疼痛的部位主要集中在腰部、肩部。这些疼痛可能是由于运动员长期高强度地重复单一专项技术训练，缺乏多方向、多维度灵活性、协调性和稳定性等功能动作练习所导致，且筛查结果与运动专项特征有关（Bushman et al.，2015）。

如果 FMS 过程中一旦出现疼痛的问题，就必须遵循评估的基本原则，由专业的医疗康复人员进一步诊断，通过选择性动作评估做出动作分解测试，从而找到疼痛的根源，再根据疼痛的根源进行相应的练习来降低运动损伤的风险。

八、功能性动作筛查的信度、效度问题

（一）信度

FMS 自提出之后，其信度和效度就一直存在争议。其中，对信度的争议集中在不同评分者之间的信度和同一评分者对同一受试者多次评分的信度。对效度的争议主要在于 FMS 能否有效地预测和预防运动损伤（Bonazza et al.，2017；李雪宁等，2017；张瑞杰等，2020）。

FMS 的评分结果是来自于体能教练或物理治疗师（我们称为测试者）依据 FMS 评分标准对受试者完成动作质量的主观评价。目前的研究总体认为 FMS 评分方法具有较高的效度和信度，但 FMS 可能受受试者的年龄、BMI、活动规律和损伤经历、测试者的专业资质、测试经验等因素的影响，而且不同的人群中平均值存在较大的差异（Moore，2019）。更需要一提的是，FMS 的有些评分标准其表述本身就是较为含糊，如旋转稳定性测试中，要求“脊柱保持水平”（Bonazza et al.，2017）。还有研究认为，FMS 的结果可靠需要测试员受过良好的培训并且有超过 100 次的测试经验（Monaco et al.，2019）。

目前对于运动损伤的 FMS 预测风险值和各类人群的标准值，其研究对象大多来自某一类的人群，如军人、消防救援人员、运动员或是青少年等，是否需要通用的标准值或风险值，这些标准值是否可以应用到普通人群，特别是不运动的健康人群，还需要进一步深入研究。

（二）效度

FMS 设计的目的就是通过测试暴露身体在灵活性和稳定性方面存在的代偿与不对称，预测可能发生的运动损伤，并通过纠正性练习改善身体的灵活性和稳定性，预防运动损伤。因此，FMS 的效度就取决于测试结果与后期运动损伤概率之间的相关性，以及干预性训练之后运动损伤发生率的变化情况。FMS 的研发者之一卡赛尔（Kiesel）首先研究了 FMS 的效度。他通过测定 46 名专业橄榄球运动员的 FMS 得分、统计赛季中的损伤，确定了 14 分的阈值，发现赛季前 FMS 得分不高于 14 分的运动员在赛季中的损伤明显多于 FMS 得分在 14 分以上的运动员（Kiesel et al.，2007）。还有研究认为，采用 FMS 得分低于 14 分与运动损伤风险之间尚不存在清晰的联系，这与研究对象（运动员的专项、年龄、运动等级水平）、对运动损伤的界定等因素的不统一有关。尽管也有研究支持发生运动损伤的 FMS 阈值为 14 分的观点，但是这样的结论可能只存在于 FMS 测试前没有运动损伤史的运动员。FMS 分数低可能会增加随时间增长的运动损伤风险，但 FMS 分数和长期运动损伤风险的因果关系还有待进一步的研究。国内也有学者进行了类似的研究，但是结果都不一致。因此，关于 FMS 得分与运动损伤之间的关系，还需要进一步深入探讨（徐建武等，2014；Trinidad-Fernandez et al.，2019）。

第三节　上肢运动损伤风险筛查测试与评估

一、肩关节内旋测试

灵活性不足在运动员当中比较常见。两侧肩关节内旋角度相差在 20 度以内和全幅度活动范围相差 10% 以内通常是可以被接受的，不可能发展成为病理状态。优势侧的肩关节内旋角度比非优势侧少 20 度以上，称为肩关节内旋不足（图 3–5）。

图 3–5　典型的肩关节内旋不足

肩关节内旋不足是一种不良的解剖学变化，会引起肩关节运动学特征和投掷动作的改变，增加运动损伤风险。有研究显示，职业棒球选手的肩关节内旋角度下降超过 25 度、内旋幅度下降 20% 并伴随全幅度活动范围相差 5%，均会使运动损伤风险增加 2 倍。

资料显示（Asker et al.，2018），许多如投掷、排球、网球等过肩运动项目的运动员，他们在很小年龄的时候就已经出现肩关节内旋不足的情况。长期过肩的投掷动作训练会使青少年运动员的骨骼发育产生适应性的改变，而且随着运动员年龄的增长，肩部的软组织也会受到影响，导致在生物力学方面的畸形发展。过肩运动项目运动员的肩关节内旋不足与肩关节和肘关节的运动损伤有关。肩关节内旋不足大于 15 度，在临床上就提示存在运动损伤风险。研究结果显示，成年运动员当中，上肢受伤者其肩关节内旋不足程度大于未受伤者，但是青少年运动员当中却没有这么明显（Keller et al.，2018），提示在病理学上对肩关节内旋不足的定义更适合于成年人而不是青少年。

二、上肢闭链稳定性测试

上肢闭链稳定性测试，又称为 David 测试（David test），用于测定上肢肩带的稳定性，是个多关节的动作评估方法，测试表现取决于肌肉力量水平、平衡、协调性。该测试用于区别不同肩部功能障碍的受试者、确定运动员能否重返赛场和肩部运动损伤后肩部状况的变化，并评估肌肉加强方案前后的肩部表现（Michael et al.，2013）。

在测试时，受试者在地板上采取俯卧撑姿势（适用于男性受试者）或跪姿俯卧撑姿势（适用于女性受试者）（图 3–6）。受试者在 15 秒时间内尽可能多地交替触摸对侧的手。

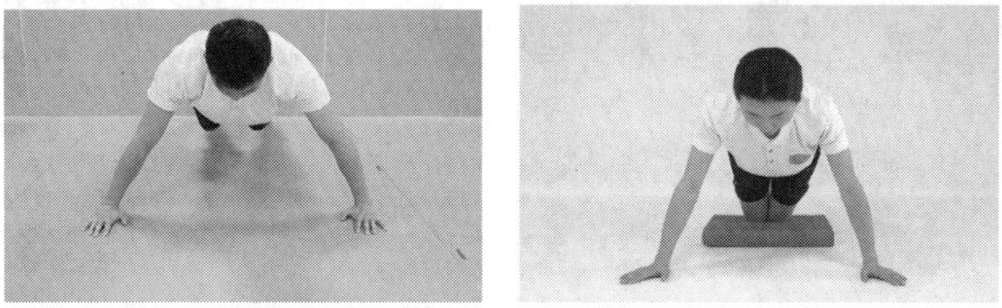

男性受试者的起始姿势　　女性受试者的起始姿势

图 3–6　上肢闭链稳定性测试

上肢闭链稳定性测试的数据有三种表示形式（Tucci et al.，2014）。①碰触次数：受试者在 15 秒内完成的双手碰触次数平均值。②标准化分数：受试者在 15 秒内完成的双手碰触次数与受试者身高的比值。③功率分数：受试者在 15 秒内完成的双手碰触次数平均值 × 体重（千克）× 68% ÷ 15（注：体重 × 68% 代表上肢和躯干的重量）。

三、上肢 Y– 平衡测试

上肢 Y– 平衡测试是一个在闭链状态下的动态测试，它对支撑侧的手臂、肩胛带及躯干的稳定性和移动侧的手臂、肩胛带及躯干的灵活性都有很高的要求。每一侧的伸展过程中都会运用到肩胛骨的稳定性、灵活性和胸椎旋转及核心稳定性，使受试者在不失去平衡的状态下达到尽可能远的测试距离。为了在狭小的支持面上尽可能让移动侧的手向外延伸，要求测试者充分利用身体的平衡、本体感觉、力量和全范围活动的能力。

这个测试的设计是：当受试者单手支撑在 Y– 平衡测试套件中间的踏板上时，身体维持俯卧撑姿势，并让延伸手触碰可移动测试板，尽可能向外侧、上内侧、下内侧的方向推动测试板（图 3–7）。

上肢 Y– 平衡测试反映单侧上肢稳定性，受试者在双足和单手三点支撑的姿势下，为了使测试臂到达最大的够触距离，躯干一定会产生旋转，因此，良好的核心稳定性可以使测试结果更好。

研究表明，经过下肢长度标准化后的数值在不同性别之间无显著性差异，在不同方向上的数值也无显著性差异。上肢 Y– 平衡可以确定个体的上肢动态稳定性不足以及不对称性，进而作为制订损伤预防策略和力量训练计划的依据，当然这还需要更多的研究工作。

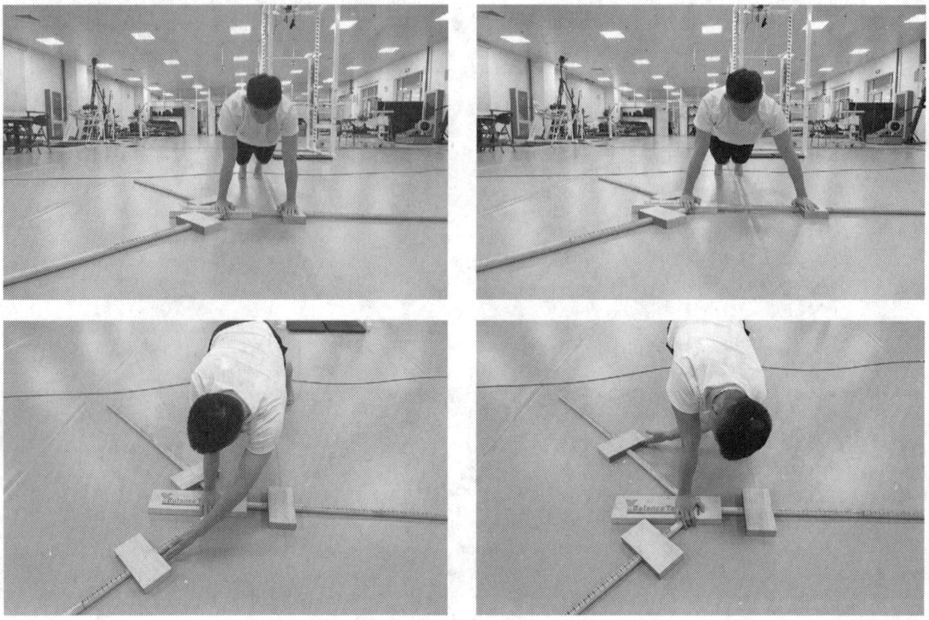

图 3-7　上肢 Y- 平衡测试

第四节　下肢运动损伤风险筛查测试与评估

一、单腿支撑的动作

单腿支撑的功能性动作（如下蹲）、起跳后的落地支撑是体育运动中的基本动作，在团队项目和对跳跃动作要求较高的运动项目中，良好的落地技术有助于身体更好地缓冲和吸收地面冲击力，同时有利于控制身体平衡、降低下肢运动损伤风险。僵硬的落地动作则会导致更大的地面冲击力，增大下肢关节和韧带的负荷与损伤风险，尤其是可能造成前交叉韧带损伤。采用落地测试动作来对运动员的运动模式进行运动生物力学诊断与评估，可有助于识别其可能存在的运动损伤风险，从而为制订有针对性的损伤预防方案提供参考。

常用于筛查下肢运动损伤风险的单腿支撑动作主要有单腿下蹲和单腿落地。

（一）单腿下蹲测试

单腿下蹲是个闭链动作，要求髋、膝、踝有足够的力量、本体感觉、神经肌肉控制能力和关节活动范围（图 3-8）。单腿下蹲测试的动作表现可以预测跑步、内切、落地时的运动学特征，并能够区分有无髌股关节疼痛的人群（Chimera et al.，2016；Frank et al.，2018）。

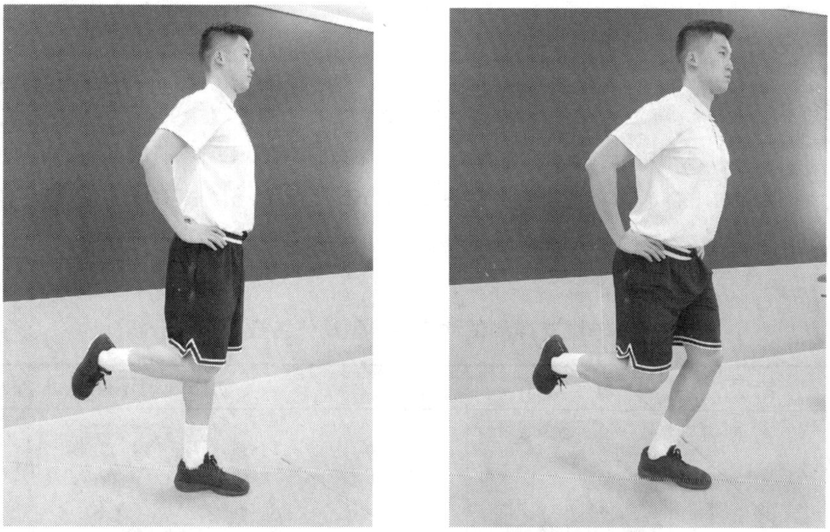

图 3–8　单腿下蹲测试

（二）单腿落地测试

单腿落地测试是受试者从 20 厘米高的跳箱上自然地以单腿落地（图 3–9），通过落地的动作质量来评估运动损伤风险（Chimera et al.，2016；Frank et al.，2018）。

单腿落地这个单边动作对受试者减速落地力量的要求较高。单腿落地时的地面反作用力一般是体重的 3 ～ 4 倍，因此该测试在预测损伤和研究损伤风险方面有一定的参考价值，尤其是与前交叉韧带的运动损伤机制更为密切。

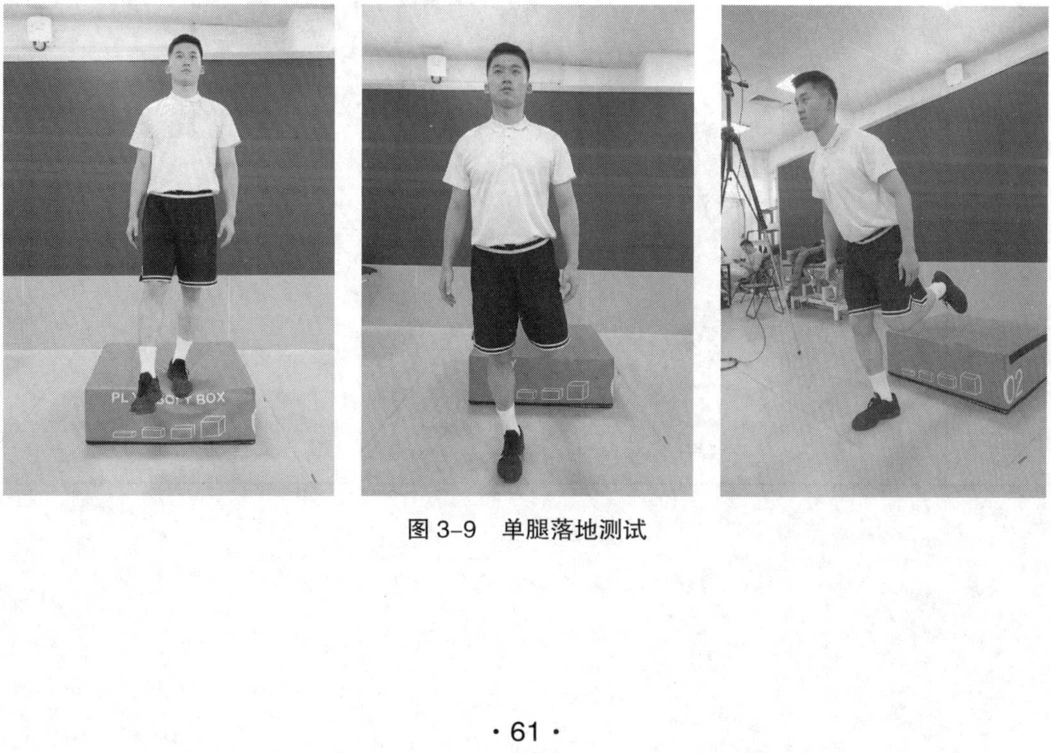

图 3–9　单腿落地测试

（三）评估方法

1. 定性分析

评估单腿下蹲测试和单腿落地测试这种单腿支撑测试动作中的运动表现，需要仔细观察受试者完成动作的质量，参照表 3–6（Herrington et al.，2014）所列的典型动作特征进行评估。

表 3–6　单腿支撑测试动作中典型动作特征的定性分析

<table>
<tr><th>身体部位</th><th>错误</th><th>最佳动作</th><th colspan="3">动作表现不佳</th></tr>
<tr><td>上肢</td><td>过多的上臂动作以维持平衡</td><td></td><td colspan="3"></td></tr>
<tr><td>躯干力线排列</td><td>在任何方向上有倾斜</td><td></td><td></td><td></td><td></td></tr>
<tr><td rowspan="2">骨盆</td><td>不齐平</td><td rowspan="2"></td><td></td><td></td><td></td></tr>
<tr><td>过分倾斜或者旋转</td><td></td><td></td><td></td></tr>
</table>

续表

身体部位	错误	最佳动作	动作表现不佳
大腿	支撑腿的髋关节内收		
	非支撑腿没有处于中立位		  
膝关节	髌骨指向第二足趾（出现膝外翻）		 
	髌骨超过足内侧缘（明显膝外翻）		 
稳定姿势	非支撑腿的足有触地动作	—	—
	支撑腿明显颤动	—	—

2. 动作分析标准

对照表 3-7（Herrington et al.，2014），每出现一个错误表现动作特征就在相应之处记为“1”。

表 3-7 单腿支撑测试动作中错误表现动作的定性分析

观察点	错误表现动作	左	右
手臂	过多的上臂动作以维持平衡		
躯干力线排列	在任何方向上有倾斜		
骨盆	不齐平		
	过度倾斜或者旋转		
大腿	支撑腿的髋关节内收		
	非支撑腿没有处于中立位		
膝关节	髌骨指向第二足趾（出现膝外翻）		
	髌骨超过足内侧缘（明显膝外翻）		
稳定姿态	非支撑腿的足有触地动作		
	支撑腿明显颤动		

注：在“左”“右”两列的空格中记分。受试者能够做出表 3-6 中的“最佳动作”或“动作表现不佳”中所示动作，其得分为 0；受试者出现表 3-7 中的错误表现动作，其得分为 1。

将不同身体部位的动作得分相加，如果总分为 0，则该筛查动作的完成质量为最佳；如果总分为 10，则该筛查动作的完成质量最差。已有研究表明，单腿支撑动作的定性分析能够预测足球和冰球运动员的运动损伤。虽然目前尚无运动损伤风险增加的统一临界值，但越来越多的研究建议总分 3 分以下表明易损伤性下降，即损伤风险降低。此外，单腿跳也可以采用这种定性评估方法。

二、双腿落地的动作

（一）落地错误评分系统

落地错误评分系统是动态评估起跳—落地动作中不合理动作模式的工具，也可以作为通过评估起跳—落地时的生物力学特征来鉴别其发生非接触性膝关节损伤风险的筛查工具（Michael et al.，2013）。

目前，尽管落地错误评分系统对预测损伤、损伤风险增加的临界值尚未建立，但它可以鉴别出落地跳技术动作差的个体。他们由于动作技术不正确，有较高的发生非接触性膝关节运动损伤的概率。研究表明：落地错误评分系统得分≤ 4，被认为是落地技术优秀；落地错误评分系统得分 4 ＜ X ≤ 5，被认为是落地技术良好；落地错误评分系统得分 5 ＜ X ≤ 6，被认为是落地技术一般；落地错误评分系统得分＞ 6，被认为是落地技术很差（Smith et al.，2012）。

对高水平青年足球运动员的研究发现，落地错误评分系统中的躯干屈曲角度、髋的屈曲角度、膝的屈曲角度、关节的位移、躯干的初角度、脚的外旋等细节对于预测膝关节前交叉韧带的损伤具有重要意义（Padua et al.，2015）。这些错误的关节位移表明了运动员在落地过程中躯干、髋以及膝关节的屈曲角度不足，没能给落地时的冲击力提供足够的缓冲。落地错误评分系统得分≥ 5 的受试者与得分＜ 5 的受试者相比，其在随后的运动中发生前交叉韧带损伤的概率会增加。

（二）收腹跳测试

在进行快速伸缩复合训练计划前，体能教练必须强调正确的技术动作，以确保在训练效益最大化的同时运动损伤风险最小化。以下肢快速伸缩复合训练的经典练习动作跳深（图 3–10）为例，正确的落地技巧是最基本的，也是至关重要的，落地时要求肩必须在膝之上，膝必须在足之上，落地时髋、膝、踝同时屈曲。此外，在下肢的快速伸缩复合训练中，膝关节内扣伴随足外翻是导致膝部伤害风险最大的错误动作，是髌骨股骨疼痛与前交叉韧带撕裂最重要的损伤危险因子（Chu et al.，2013）。

图 3–10　跳深

进行下肢快速伸缩复合训练时，可以通过收腹跳测试来评估受试者的技术能力（图 3–11、图 3–12）。收腹跳测试需要受试者全力完成。测试者需仔细全面地观察动作完成的质量，识别受试者存在的技术缺陷或不足。此外，收腹跳测试还可以评估下肢快速伸缩复合训练进阶过程中受试者下肢生物力学的改善情况，体能教练完全可以利用它来诊断受试者完成下肢快速伸缩复合训练的技术能力以降低运动损伤风险。收腹跳测试可以用于快速伸缩复合训练的训练监测，纵向观察受试者技术能力的变化。

图 3–11　理想的收腹跳测试动作（正面观）

图 3–12　理想的收腹跳测试动作（侧面观）

图 3–13 是收腹跳测试中技术缺陷的典型表现。在评估时，可以用表 3–8 所列的观察点来评估受试者进行收腹跳测试的技术缺陷：如果运动员没有出现表 3–8 中的各项表现，得分为 1；如果出现，得分为 0（Myer et al.，2013）。

落地时膝内扣

腾空最高点处大腿不平衡（一高一低）

跳起过程中大腿不平衡（一高一低）

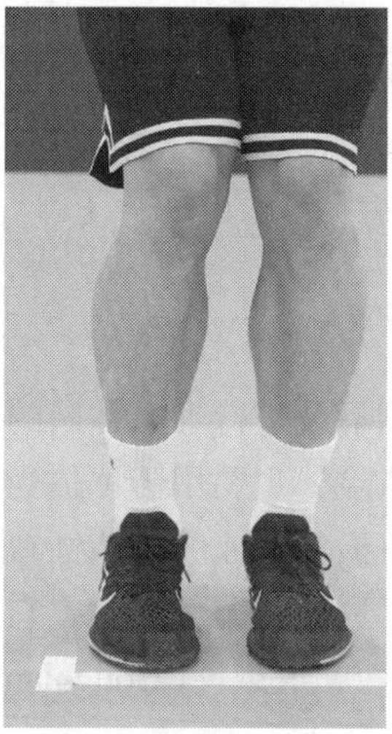

落地时两足间距与肩不等宽

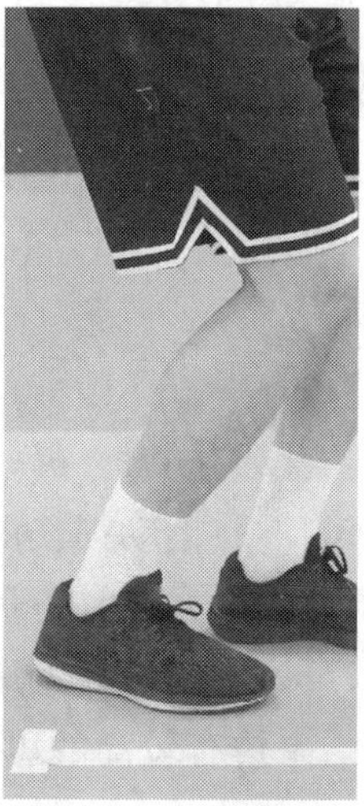

落地时两足不平衡开立（一前一后）

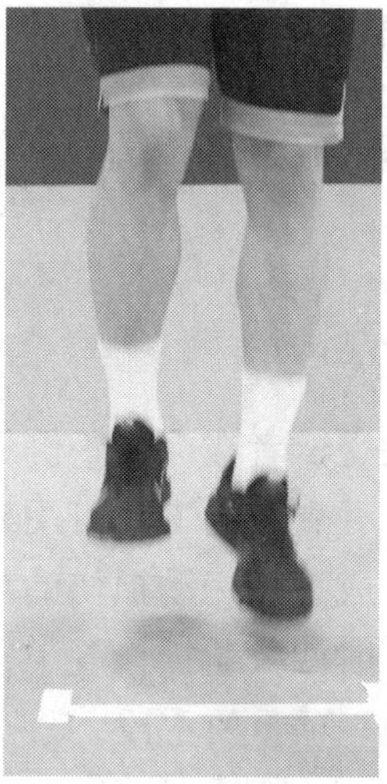

落地时两足不同时落地（一早一晚）

未到 10 秒出现技术能力的下降

图 3–13　收腹跳测试中技术缺陷的典型表现

表 3–8　收腹跳测试评估量表（Chu，2013）

观察点		训练前	训练中	训练后	备注
膝关节与大腿	落地时膝内扣				
	腾空最高点处大腿不平衡（一高一低）				
	跳起过程中大腿不平衡（一高一低）				

续表

观察点		训练前	训练中	训练后	备注
落地时足的位置	两足间距与肩不等宽				
	两足不平衡开立（一前一后）				
	两足不同时落地（一早一晚）				
快速伸缩复合训练的技术能力	能够听到落地时的声音				
	跳跃过程中有暂停				
	未到 10 秒出现技术能力的下降				
	双足起跳与落地的位置不一致				
总　分					

三、动态稳定性测试

在运动损伤风险评估的研究中，常用的动态稳定性测试有星形偏移平衡测试和下肢 Y-平衡测试。

（一）星形偏移平衡测试

星形偏移平衡测试是受试者在保持一侧下肢支撑的同时，另一侧下肢进行最大伸展的动态平衡测试。它作为一种有效的工具可用来预测下肢运动损伤的风险，主要用于评估受试者动态平衡性、监测造成下肢运动损伤的功能缺陷（尤其是骨骼肌损伤造成的功能性缺陷，如慢性踝关节不稳、股四头肌损伤等），以及评价受试者的康复进展状况。同时，它也是检测神经肌肉功能的一项重要手段，其测试结果具有较高的可靠性和灵敏性（Coughlan et al.，2012）。

测试时，受试者首先右足站立，左腿测试。完成 8 个方向的测试后，换为左足站立，右腿测试。受试者站在由 8 个方向组成的星形中点，双足站立，然后在维持平衡的前提下变为单足站立，测试腿分别在 8 个方向（即前、外前、外、外后、后、内后、内、内前）进行测试，以达到最大限度的位移，每个方向都需要进行矢状面、冠状面和水平面的移动（图 3-14）。如果受试者的测试腿在接触点处触碰用力过度、在接触点处休息，在测试过程中需要与地面接触以保持平衡，或在测试过程中抬起或移动支撑脚的任何部分，测试都将被认为是失败的。

星形偏移平衡测试的测量结果是受试者在不违反上述规定的情况下所能够到达的最远距离（图 3-15）（Coughlan et al.，2012），到达的距离可以作为体现动态姿势控制能力的指标，即更远的到达距离可以表示更好的动态姿势稳定性。这个测试可以用来评估下肢损伤患者健侧与患侧之间的差异，或是有运动损伤的实验组与无运动损伤的健康对照组之间的差异。

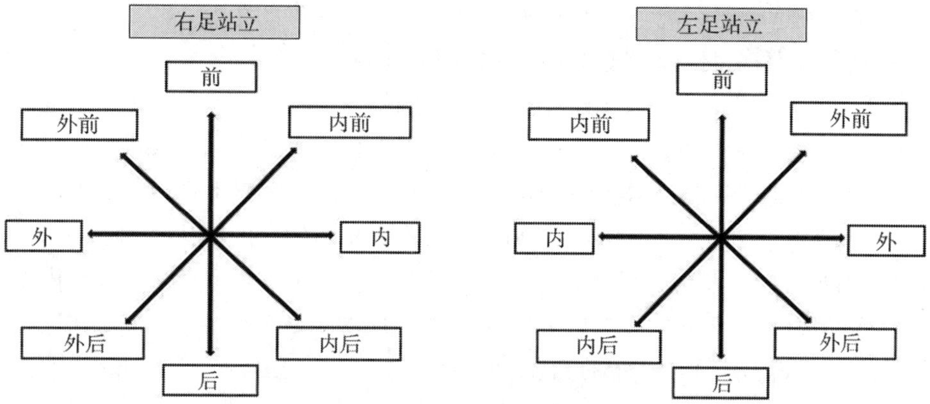

图 3-14　星形偏移平衡测试示意图

图 3-15　星形偏移平衡测试

由于受试者下肢长度会影响到下肢在各个方向上的触碰距离，所以需要将受试者的下肢所能够达到的最远触碰距离与下肢长（髂前上棘到内踝尖的距离）进行标准化，即达到的距离 / 下肢长，以便在不同受试者之间进行横向比较。

星形偏移平衡测试结果与运动损伤风险有关联。研究表明，两侧下肢在前方触碰距离上相差大于 4 厘米时，下肢运动损伤风险会增加 2.2 ~ 2.7 倍（敏感性 =59%、特异性 =72%）；而两侧下肢在前方触碰距离相差大于 2 厘米时，敏感性更高（78% ~ 89%），特异性却有所下降（67%）。对踝关节外侧韧带运动损伤的研究结果认为，正前方触碰距离 / 下肢长＜ 67%，发生运动损伤的风险增加 3 倍以上；侧后方触碰距离 / 下肢长＜ 80%，发生运动损伤的风险增加 48%；正后方触碰距离 / 下肢长＜ 77%，发生运动损伤的风险增加 4 倍（Coughlan et al.，2012；Powden et al.，2019）。

（二）Y- 平衡测试

对星形偏移平衡测试影响因素分析的研究认为，在 8 个方向都进行实验是没有必要的，在 8 个方向上存在大量的共享方差（Coughlan et al.，2012）。换句话说，一个人在给定方向上的到达距离与他在其他 7 个方向上的到达距离高度相关。因此建议日常测试只需要测量 3 个到达方向（前、后内侧、后外侧）的到达距离。这种修改大大减少了执行星形偏移平衡测试所需的时间。基于星形偏移平衡测试中测试方向的减少，普利斯基（Plisky）等研发出了 Y- 平衡测试方法及商业产品，大幅提高了星形偏移平衡测试的效率（Plisky et al.，2009）。这种测试装置由一个中心板及向前、后内、后外 3 个方向延伸的管子构成，并且每根管子都标有刻度以方便读数和记录数据（图 3-16）。鉴于此，Y- 平衡测试可看作是星形偏移平衡测试的简化版本。

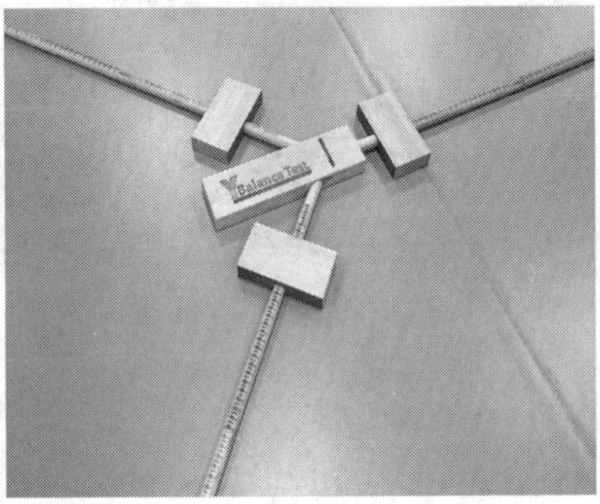

图 3-16　Y- 平衡测试装置

Y- 平衡测试可用于预测运动损伤风险，但是不同的人群之间明确的综合评分阈值和两侧下肢的差值尚未充分确定。有研究表明，对足球运动员进行 Y- 平衡测试，左、右两侧腿在后内侧方向上的差值大于等于 4 厘米时，下肢发生运动损伤的风险增加 3.86 倍；在某一方向上的测试成绩低于 3 个方向上的成绩均值时，下肢发生运动损伤的可能性会升高 2 倍（Gonell et al.，2015）。

四、肢体对称性

肢体对称指数通常用于反映下肢的功能。对健康人群而言，肢体对称指数是优势侧与非优势侧之间的对比。对受伤人群，可采用患侧与健侧的单腿跳远测试数据比值（患侧 / 健侧）反映患侧相对于健侧的功能性能力。表 3-9 是不同研究文献中肢体对称性的计算方法（Bishop et al.，2018）。

表 3–9 不同研究文献中肢体对称性的计算方法

指标名称	计算方法
肢体对称指数	100×（非优势腿 / 优势腿）
	100×（1− 非优势腿 / 优势腿）
	［（右侧 − 左侧）/ 0.5×（右侧 + 左侧）］×100%
双侧力量不对称	100×（强壮侧 − 薄弱侧）/ 强壮侧
双侧不对称指数	100×（优势腿 − 非优势腿）/（优势腿 + 非优势腿）
	［2 ×（优势腿 − 非优势腿）/（优势腿 + 非优势腿）］×100
绝对不对称	（右侧 − 左侧）/（左侧或右侧中最大的数值）× 100

单腿跳测试广泛用于运动损伤的预防与伤后康复。通常分为以水平跳跃距离为测定值的单腿一步跳远、单腿三步跳远和单腿交叉步跳远，以及以速度为测定值的单腿 6 米计时跳（图 3–17）。有研究表明，单腿 6 米计时跳的可靠性较差，因此不推荐将其作为运动损伤筛查的测试。

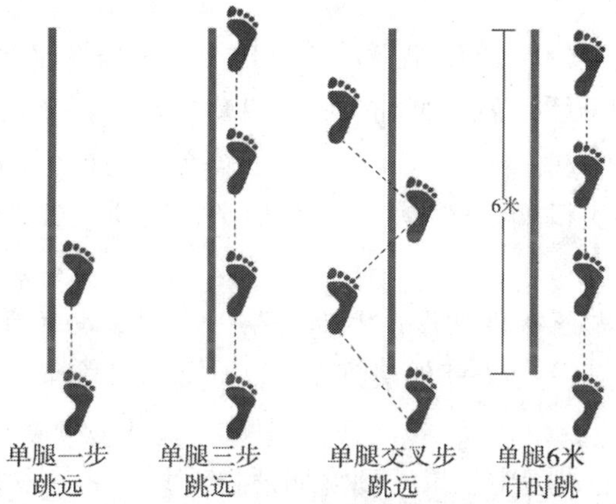

图 3–17 单腿跳跃测试

通过对肢体的左右两侧、健侧与患侧的比较，评估肢体的不对称性，确认康复训练的进程，是进一步指导训练、康复训练的进程及被试者重返赛场的参考依据。但到目前为止，尚无单腿跳测试可预测未来运动损伤的研究或证据。此外，单腿跳测试也可以作为运动表现测试的一个指标。因为单腿一步跳远、单腿三步跳远均与力量和功率（爆发力）存在相关性，能够整体反映受试者的功能性能力，包括力量、爆发力和平衡。

除了以单腿水平跳跃距离为测定值来反映下肢对称与否，研究文献中多以单腿反向纵跳的高度，通过表 3–9 中的公式来计算肢体对称性。

第五节　评估运动损伤风险的测试程序

一、功能性动作筛查

（一）深蹲

1. 测试目的

（1）深蹲是许多运动动作的组成部分，它充分体现了受试者的下肢灵活性和躯干稳定性，以及在对称姿势下髋关节和肩关节的运动功能。虽然在现代生活和日常锻炼中很少需要人们深蹲，但并不意味着这个动作已经不再重要了。

（2）把深蹲作为运动筛查中的基本动作是因为它可以非常全面地展示受试者的下肢灵活性、姿势控制能力、骨盆和核心稳定性。正确完成深蹲动作要求受试者发挥良好的神经肌肉控制。深蹲可用于测试髋、膝、踝两侧对称的功能灵活性和稳定性。直杆举过头顶的动作可以测试肩关节、肩胛区、胸椎的灵活性和稳定性。

2. 测试说明

（1）受试者保持站立姿势，双脚距离与肩同宽；双脚平行对称，脚尖向前不得朝外；将直杆置于头顶上，调整双手位置，使肘与杆成 90 度。

（2）让受试者双臂伸直；指示受试者慢慢下蹲至尽可能低的姿势，保持双侧脚后跟着地，身体面向前方，抬头挺胸，直杆尽可能高地举过头顶。双膝与双脚在同一垂直面内，双膝不得外翻。

（3）受试者可重复做三次该动作，但如果第一次完成动作即达到 3 分标准，则无须重复。在使用测试板的情况下，未能够达到 2 分，则评为 1 分。

3. 测试指导语

（1）完成以下动作的过程中如果感到疼痛请告诉我。

（2）双脚与肩同宽，脚尖向前，挺胸站立。

（3）双手握住直杆，将其平举过头顶。

（4）上身挺直，双膝姿势和举直杆的姿势保持不变，尽量往下蹲。蹲到最后保持一秒，然后回到原来的姿势站立。

（5）您是否听明白这些指令了？

4. 测试要点

（1）如有需要，受试者有 3 次机会完成动作。

（2）如受试者未能达到 3 分，则将测试板垫在受试者脚跟下，让受试者再重复上述指令。

（3）从正面和侧面观察受试者。

（4）用 FMS 测试板或大小相同的板垫高脚跟进行测试时，包括双脚姿势在内的所有姿势必须与测试说明一致。

5. 评分标准

深蹲评分标准及动作图示见表 3–10。

表 3–10　深蹲评分标准及动作图示

测试动作	得分	评分标准	图示
深蹲	3	● 躯干与胫骨平行或趋于与地面垂直，股骨位于膝关节水平面以下； ● 双膝与双脚成一直线； ● 直杆在双脚正上方保持水平	 
	2	● 躯干与胫骨平行或趋于与地面垂直，股骨位于膝关节水平面以下； ● 双膝与双脚成一直线； ● 直杆在双脚正上方保持水平； ● 脚跟抬高	 
	1	● 躯干与胫骨不平行； ● 股骨不在膝关节水平面以下； ● 双膝与双脚不能成一直线； ● 直杆不在双脚正上方	 
注：与测试相关部位出现疼痛则受试者评分为 0 分，疼痛区域应当由专业医学人士进行全面评估			

（二）跨栏架步

1. 测试目的

（1）跨栏架步动作是位移动作和加速动作必不可少的基本构成元素。虽然在大多数运动中人们不需要如此大动作的跨步，但这个动作可以暴露人体单腿站立跨步过程中运动功能是否存在补偿或不对称情况。这项测试可以用来对受试者的稳定性和控制力进行评价。

（2）这一动作要求双侧髋部具有良好的协调性和稳定性来完成不对称运动：运动中，一侧身体承受体重，另一侧身体可以自由移动。完成动作时必须保持骨盆和核心的稳定；双手握住直杆水平放于肩后保持不动，这样更便于测试人员观察到上肢及躯干是否在运动中保持不动。

（3）当受试者的灵活性、稳定性、平衡性、姿势良好且运动功能良好时，不会出现上身过度移动。如果运动中出现上身过度移动可视为补偿性运动。跨栏架步可以测试髋部、双膝、双踝的灵活性和稳定性。这一测试还便于测试人员观察人体运动功能的对称性，因此也可以测试骨盆和核心的稳定性和控制力。

2. 测试说明

（1）测量受试者胫骨长度。由于很难确定胫骨与股骨的确切节点，因此将胫骨粗隆中点作为测量标志点。

（2）让受试者右脚外侧靠在栏架底部，右腿与栏架的一条竖杆平齐，以此调节栏架高度。将栏架的弹力绳滑至胫骨粗隆中点所在高度，然后调节栏架另一短杆的弹力绳至相同刻度，使两支竖杆的弹力绳位于相同的刻度上。另一种测量方法是用直杆测量地面至胫骨结节的高度，再将弹力绳移至相同高度。

（3）让受试者站在栏架中心的正后方，双脚并拢，脚尖平齐并轻触栏架底部。将直杆水平置于肩后，颈部下方。要求受试者腰背挺直跨过栏架，脚跟着地，再回到起始姿势。受试者在完成跨栏步动作时应该缓慢、受控。

（4）若受试者的动作有任何一方面未达 3 分标准，则评分为 2 分。

（5）若受试者的动作有任何一方面未达 2 分标准，则评分为 1 分。

3. 测试指导语

（1）完成以下动作的过程中如果感到疼痛请告诉我。

（2）双脚并拢站直，双脚脚尖轻触测试工具。

（3）双手握住直杆，把它水平放在肩后，颈部下方。

（4）保持上身挺直，抬起右腿，跨过栏架。右脚向上抬起，保持右脚与右踝、右膝、右髋呈一条直线。

（5）右脚跟着地，然后保持右脚与右踝、右膝、右髋呈一条直线，再将右脚移回原位。

（6）您是否听明白这些指令了？

4. 测试要点

（1）确保弹力绳平齐。

（2）开始测试时要求受试者尽可能挺直腰背站立。

（3）为执行动作的腿评分。

（4）左右两侧的动作均需测试。

（5）如有必要，受试者左右两侧的测试最多各有 3 次机会。

（6）观察躯干是否稳定。

（7）从正面和侧面观察。

（8）确保站立腿的脚尖在动作过程中和完成后始终与栏架接触。

5. 评分标准

跨栏架步评分标准及动作图示见表 3-11。

表 3-11　跨栏架步评分标准及动作图示

测试动作	得分	评分标准	图示
跨栏架步	3	● 髋、膝、踝在矢状面上保持平齐； ● 腰椎保持不动； ● 直杆和栏架保持平行	 
	2	● 髋、膝、踝在矢状面上不能保持平齐； ● 腰椎移动； ● 直杆和栏架未保持平行	 
	1	● 脚碰到栏架； ● 身体失去平衡	 
注：与测试相关部位出现疼痛则受试者评分为 0 分，疼痛区域应当由专业医疗人士进行全面评估			

（三）直线弓箭步

1. 测试目的

（1）直线弓箭步动作是日常活动、体育运动和运动训练中常见的减速、转向的一个动作构成。直线弓箭步所要求的灵活性、稳定性和控制力比许多日常活动要高。通过模拟旋转、减速和侧向时由于身体姿势变化产生的压力和扭转力矩，直线弓箭步可以对左 / 右躯干及下肢运动功能进行快速评估。

（2）测试过程中，双脚距离狭窄，要求受试者从一开始就有足够的稳定性，并能在髋部不对称的姿势下使髋部两侧平均受力，持续有力地控制骨盆和核心的稳定。

（3）直线弓箭步动作下肢处于劈叉姿势，同时保持上肢呈相反姿势。这种动作模式既符合脊柱的运动力学特点，还与运动过程中上下肢摆动力矩的自然平衡关系一致。此外，该测试还考验髋、踝和脚的灵活性和稳定性，同时考验背阔肌和股直肌等多关节肌的柔韧性。

（4）真正的弓步动作是由一个跨步动作和一个下压动作组成。直线弓箭步测试仅观察下压动作和恢复动作；对于一个简单的动作筛查来说，跨步动作会带来太多的变量和不确定因素，而两脚窄距离弓步和上肢相反的姿势足以发现弓步动作模式中存在的灵活性和稳定性问题。

2. 测试说明

（1）测量地面至胫骨粗隆顶端中点的高度，以确定受试者的胫骨长度，或通过跨栏架步测试时栏架竖杆的刻度获取胫骨长度。告知受试者将后脚脚尖放在测试板刻度线的起始线上。根据胫骨长度，将受试者的前脚脚跟放在测试板刻度线相应刻度上。多数情况下，让受试者先摆好脚部姿势再握直杆会比较容易一些。

（2）将直杆竖置于后背部，轻触头、背部和骶骨。受试者与前脚同侧的手应在颈椎后处握住直杆，另一只手则在腰椎后处握住直杆。直杆在测试的整个下压和恢复过程中必须保持与地面垂直。

（3）受试者须降低重心以后膝触碰前脚脚跟后方的测试板，然后恢复到起始姿势，才算完成直线弓箭步动作。

（4）若受试者的动作未达 3 分标准，则评为 2 分；未达 2 分标准，则评为 1 分。

3. 测试指导语

（1）完成以下动作的过程中如果感到疼痛请告诉我。

（2）左脚平踩在测试板上，脚尖与零刻度对齐。

（3）右脚脚跟根据胫骨长度踩在相应刻度上。

（4）双脚平放，脚尖朝前。

（5）沿脊柱放置直杆，使直杆轻触脑后、背部、臀部中央。

（6）握住直杆时，右手贴在后颈上，左手贴在腰后。

（7）保持身体挺直，让直杆始终触碰头、上背、臀部，然后重心下沉呈弓步姿势，左膝摆在右脚脚跟后方并接触测试板。

（8）恢复到起始姿势。

（9）您是否听明白这些指令了？

4. 测试要点

（1）评分中的左、右侧依弓步时前腿左、右而定。

（2）动作过程中直杆始终保持与地面垂直，并与头、背、骶骨接触。

（3）前脚脚跟保持平放在板上，恢复到起始姿势时，后脚脚跟与板接触。观察是否失去平衡。测试者应与受试者保持较近的距离，以防受试者完全失去平衡。

（4）左右两侧的动作均需测试。

（5）如有必要，受试者左右两侧的测试最多各有 3 次机会。

5. 评分标准

直线弓箭步评分标准及动作图示见表 3–12。

表 3–12　直线弓箭步评分标准及动作图示

测试动作	得分	评分标准	图示
直线弓箭步	3	● 直杆始终与身体接触； ● 直杆保持与地面垂直； ● 躯干未动； ● 直杆与双脚保持在同一矢状面； ● 后膝触碰前脚脚跟后方的板	 
	2	● 直杆未能始终与身体接触； ● 直杆未能保持垂直； ● 躯干运动； ● 直杆和双脚未能保持在同一矢状面； ● 后膝未触碰前脚脚跟	 
	1	● 身体失去平衡； ● 无法完成该动作	 
注：与测试相关部位出现疼痛则受试者评分为 0 分，疼痛区域应当由专业医疗人士进行全面评估			

6. 排除性测试：踝关节背屈测试

（1）测试目的。

● 这个筛查的主要目的是发现疼痛，确保踝关节的灵活性不是限制动作模式完成的因素。因为当踝关节处于疼痛、功能障碍、功能受限状态时，下肢的动作控制就会受到不良影响。

（2）测试指导语。

• 在测试过程中如果出现任何疼痛，请及时告诉我。

• 请系紧鞋带或使鞋紧贴脚。

• 将左脚外侧紧贴在 FMS 测试平板边上。

• 将右脚放在左脚前面，脚跟抵住左脚脚尖，同时紧贴 FMS 测试平板，可以使用直杆来保持平衡。

• 我会调整 FMS 测试平板，使红色的起点线和你前脚的内踝前侧平齐。

• 保持脚跟触脚尖的姿势，向下蹲，屈曲后膝，确保脚跟不抬离地面，尽可能多地向脚尖前方屈膝。

• 一旦你达到最大幅度，我会测量并询问你哪里感觉到牵拉感（前侧、后侧或是没有牵拉感）。

（3）测试要点。

• 观察后脚脚踝的灵活性。

• 检测人员调整 FMS 测试平板的位置，使得红色起点线和受试者前脚内踝前侧对齐。

• 在测试过程中，受试者的双脚需要始终保持脚跟与脚尖接触。

• 受试者借助直杆保持平衡，使踝关节活动范围不会因为平衡问题受到影响。

• 检测人员指导受试者屈膝时略向侧方屈曲，避免撞到前腿。

• 受试者两侧均要进行踝关节背屈测试。

• 受试者至少进行 3 次测试，以保证测试结果的一致性。

• 如果出现疼痛，应咨询专业医疗人士。

（4）记录结果。

根据表 3–13 标准，记录排除性测试的结果。

（5）其他注意事项。

• 疼痛：如果受试者在测试过程中有疼痛，则疼痛评分为阳性（+），建议转给专业医疗人士处理。

• 牵拉感：如果受试者有牵拉感或者脚踝有紧绷感，进行软组织放松或拉伸后仍无效，则需要专业医疗人士做进一步评估。

（四）肩部灵活性

1. 测试目的

（1）肩部灵活性动作可以检测肩关节区域、胸椎、胸廓在上肢相对的肩部运动中是否保持自然对称的运动功能。

（2）尽管生活中很难见到与测试动作完全一致的动作，但通过该动作测试可以观察到颈椎及胸椎的代偿动作，排查肩关节存在的疼痛症状。

2. 测试说明

（1）测量受试者远端腕横纹与最长手指尖端的长度，即受试者的手长。受试者双脚并拢站立，双手握拳，拇指在四指内。

表 3-13　踝关节背屈测试的评估标准及图示

等级	评估标准	评估结果	图示
绿灯	● 膝关节超过前腿的内踝； ● 脚跟保持与地面接触	● 踝关节有足够的灵活性	
黄灯	● 膝关节位于前腿内踝的宽度内； ● 脚跟保持与地面接触	● 踝关节存在潜在的灵活性受限问题； ● 踝关节排除测试未通过； ● 需要解决踝关节灵活性问题	
红灯	● 受试者的膝关节没有到前腿的内踝位置； ● 脚跟保持与地面接触	● 踝关节存在潜在的灵活性受限问题； ● 踝关节排除测试未通过； ● 需要解决踝关节灵活性问题	

（2）让受试者一拳伸到后颈处，同时另一拳伸到后背处，一侧肩膀尽可能地向外张、收拢，另一侧肩膀尽可能地向内扭转、收拢。

（3）测量受试者双拳相距最近两点之间的距离，此距离即反映受试者肩关节灵活度的大小。

（4）受试者左右手互换姿势，各有最多 3 次机会完成肩部灵活性测试。受试者的动作有任何一方面未达 3 分标准，则评为 2 分；受试者的动作有任何一方面未达 2 分标准，则评为 1 分。

3. 测试指导语

（1）完成以下动作的过程中如果感到疼痛请告诉我。

（2）双脚并拢站直，双臂自然下垂。

（3）双手握拳，四指包住大拇指。

（4）将右拳举过头顶，然后沿着背部尽可能地压低，同时将左拳沿着背部尽可能地往上提，动作要连贯，一气呵成。

（5）双拳一次到位后不得再“移动”以靠得更近。

（6）您是否听明白这些指令了？

4. 测试要点

（1）评分中的左、右侧依据举在肩上的左臂或右臂而定。

（2）确保受试者双拳一次到位后没有再尽力让其靠近。

（3）重复测试并对两侧均进行排除性测试。

（4）如有必要，受试者左右两侧的测试最多各有 3 次机会。

5. 评分标准

肩部灵活性评分标准及动作图示见表 3–14。

表 3–14　肩部灵活性评分标准及动作图示

测试动作	得分	评分标准	图示
双拳背部靠近	3	● 双拳距离不超过一个手长	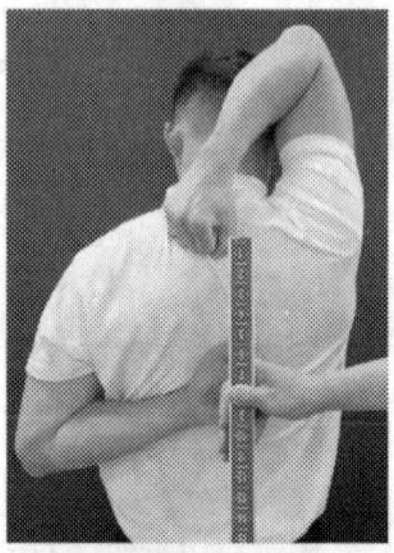
	2	● 双拳距离不超过一个半手长	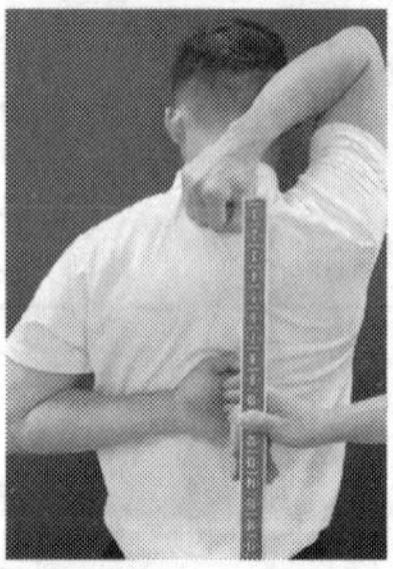
	1	● 双拳距离超过一个半手长	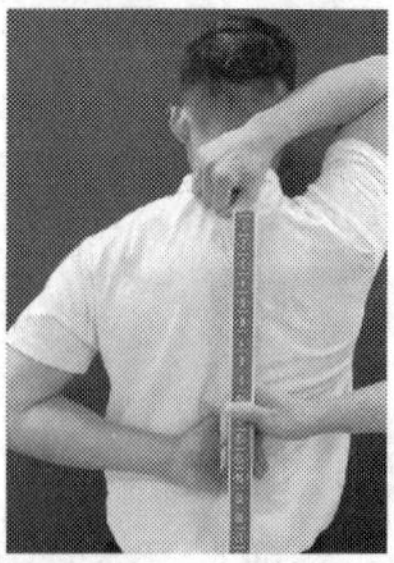
注：与测试相关部位出现疼痛则受试者评分为 0 分，疼痛区域应当由专业医疗人士进行全面评估			

6. 排除性测试：肩部碰撞测试

（1）测试说明。

- 观察受试者疼痛反应，如受试者感觉到疼痛则记录为阳性（+），同时将肩部灵活性测试评分计为 0 分，并执行更为全面的评估或推荐受试者前往医疗机构。
- 受试者左右两侧均要进行肩部碰撞测试。

（2）测试要点。

- 双脚并拢站直，双臂自然下垂。
- 右手手掌放在左肩前部。
- 保持右手手掌位置不动，将右肘尽可能向上抬起，观察受试者是否存在疼痛。
- 然后换对侧进行测试。

（五）主动直膝抬腿

1. 测试目的

（1）主动直膝抬腿主要用来评估髋关节屈曲的主动灵活性、判断运动中核心稳定性，以及另一侧髋关节的灵活性。与其说是测试髋关节屈曲，不如说是评估平躺时下肢分离运动的功能。受试者必须充分发挥多关节肌群良好的运动功能才能完成这个动作。

（2）臀大肌、髂胫束和腘绳肌是最容易限制髋关节屈伸的人体结构。完成该动作时一方面考察腘绳肌肌腱和小腿三头肌的柔韧度，另一方面还要观察髂腰肌和腰部肌群对骨盆的稳定作用。

2. 测试说明

（1）受试者仰卧，双臂放在身体两侧，手掌朝下，头部平放于地面。双膝下放置测试板。双脚呈中立位，脚掌与地面垂直。

（2）将直杆放置在髂前上棘和膝关节中线中间，与地面垂直。让受试者抬起受试腿，同时该侧下肢的踝、膝保持初始姿势不变。

（3）受试腿上抬到最高位时，非受试腿保持中立位不动。若受试腿的踝关节垂直线超过直杆，则记录为 3 分；若受试腿的踝关节垂直线未超过直杆，则像移动垂直线一样移动直杆，观察受试腿踝关节垂直线是否超过非受试腿膝关节中线，超过则记录为 2 分，未超过则记录为 1 分。

（4）受试者左右两侧均需完成主动直膝抬腿测试，每侧最多 3 次机会。

3. 测试指导语

（1）完成以下动作的过程中如果感到疼痛请告诉我。

（2）平躺，双膝后部压在测试板上，脚尖朝上。

（3）双臂放在身体两侧，手掌朝下。

（4）双脚呈中立位并拢姿势。

（5）受试腿保持平直，另一侧的膝关节保持与测试板接触，然后尽可能高地抬起受试腿。

（6）您是否听明白这些指令了？

4. 测试要点

（1）评分中的左、右侧依抬起腿而定。

（2）如果膝关节中线难以辨认，则通过屈曲、伸直膝部加以确定。

（3）确保非活动的下肢保持中立位。

（4）左右两侧的动作均需测试。

（5）如有必要，受试者左右两侧的测试最多各有 3 次机会。

5. 评分标准

主动直膝抬腿评分标准及动作图示见表 3–15。

表 3–15　主动直膝抬腿评分标准及动作图示

测试动作	得分	评分标准	图示
主动直膝抬腿	3	● 踝关节垂线落在大腿中部和髂前上棘之间； ● 非活动下肢保持中立位	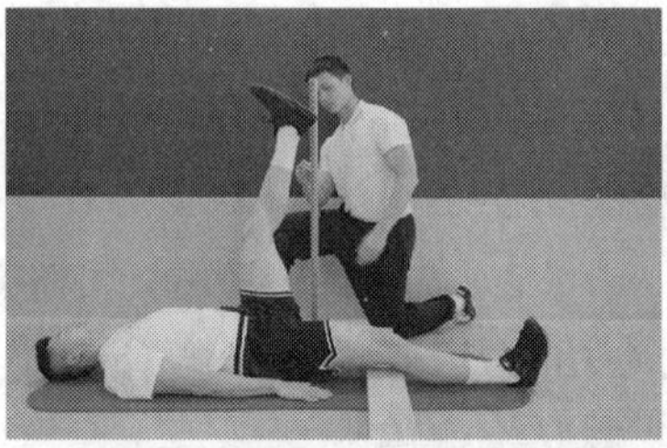
	2	● 踝关节垂线落在大腿中部和膝关节线之间； ● 非活动下肢保持中立位	
	1	● 踝关节垂线落在膝关节线以下； ● 非活动下肢保持中立位	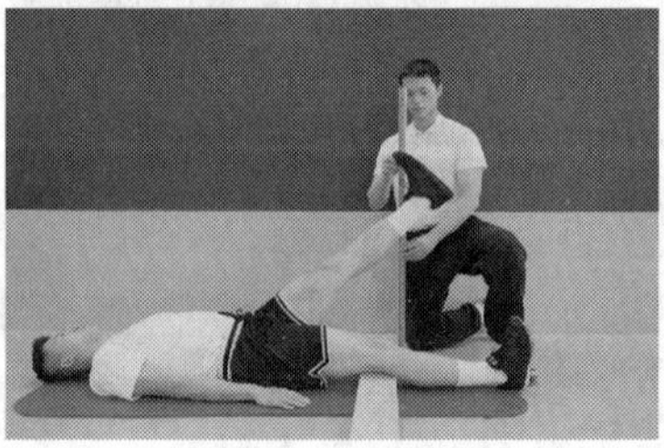
注：与测试相关部位出现疼痛则受试者评分为 0 分，疼痛区域应当由专业医疗人士进行全面评估			

（六）躯干稳定俯卧撑

1. 测试目的

（1）躯干稳定俯卧撑是一种特殊的单次俯卧撑练习，测试结果主要反映受试者的核心稳定性，不能用来评价受试者上肢力量的大小。良好的躯干稳定俯卧撑动作要求受试者在不借助脊柱和髋部运动的情况下独立完成该动作。

（2）在该项测试中，常伴随出现伸展和旋转等代偿动作。这些代偿动作揭示了受试者在完成俯卧撑时上肢和躯干的发力顺序。躯干稳定俯卧撑动作测试的是受试者在上身闭合运动链中脊柱稳定在同一矢状面的能力。

2. 测试说明

（1）受试者俯卧。男性受试者双手拇指放在头部两侧与前额平齐位置，女性受试者双手拇指放在头部两侧与下颌平齐位置。双膝完全伸展，双脚呈中立位，脚掌与地面垂直。

（2）要求受试者以此姿势完成一次俯卧撑。身体应当整体被推起，测试过程中脊柱不得左右摆动。若受试者不能以此姿势完成俯卧撑，则让受试者将双手下移到拇指与下颌平齐或与锁骨平齐的位置。

（3）躯干稳定俯卧撑最多有 3 次测试机会。若受试者的动作有任何一方面未达 3 分标准，则让受试者将双手移至更轻松的姿势，测试受试者能否达到 2 分标准。若受试者未达 2 分标准，则评为 1 分。

3. 测试指导语

（1）完成以下动作的过程中如果感到疼痛请告诉我。

（2）面部朝下俯卧，双臂伸过头顶，双手与肩同宽（拇指末端与肩锁关节平齐）。

（3）双手下移，使拇指与前额（男性）或下颌（女性）平齐。

（4）双腿并拢，勾脚尖，双膝和肘抬离地面。

（5）保持躯干稳固，将身体整体推起做俯卧撑动作。

（6）您是否听明白这些指令了？

4. 测试要点

（1）受试者须将身体整体撑起。

（2）确保受试者每次完成动作时手部姿势不变，准备撑起时双手没有向下移动。

（3）确保胸部和腹部同时离地。

（4）如有需要，受试者有 3 次机会完成动作。

（5）如有需要，让受试者双手摆放在恰当位置，然后重复上述指令。

5. 评分标准

躯干稳定俯卧撑评分标准及动作图示见表 3–16。

6. 排除性测试：伏地起身测试

（1）测试说明。

● 观察受试者疼痛反应，如受试者感到疼痛则记录为阳性（+），同时将整个躯干稳定俯卧撑测试评分记为 0 分，并执行更为全面的评估或推荐受试者前往医疗机构。

（2）测试要点。

● 腹部贴地俯卧，双手置于肩膀下，手掌朝下。

● 身体下部不动，双肘慢慢挺直，尽力使胸部远离地面。

● 询问受试者是否有疼痛感。

表 3-16　躯干稳定俯卧撑评分标准及动作图示

测试动作	得分	评分标准	图示
躯干稳定俯卧撑	3	● 男性受试者完成拇指与前额平齐姿势的一次动作； ● 女性受试者完成拇指与下颌平齐姿势的一次动作； ● 受试者将身体整体撑起，脊柱未弯曲	 
	2	● 男性受试者完成拇指与下颌平齐姿势的一次动作； ● 女性受试者完成拇指与锁骨平齐姿势的一次动作； ● 受试者将身体整体撑起，脊柱未弯曲	 
	1	● 男性受试者无法完成拇指与下颌平齐姿势的一次动作； ● 女性受试者无法完成拇指与锁骨平齐姿势的一次动作	 
注：与测试相关部位出现疼痛则受试者评分为 0 分，疼痛区域应当由专业医疗人士进行全面评估			

（七）躯干旋转稳定性

1. 测试目的

躯干旋转稳定性测试是一个强调动作控制、检查三平面稳定性的反射性动作模式。当受试者抬起一侧的上、下肢时，身体的支撑平面发生改变，原来的稳定性被打破，身体需要快速反应，动员深层核心肌群来调整姿势恢复身体的稳定。

2. 测试说明

（1）受试者四肢着地，在双膝与双手之间放置测试板。脊柱与测试板平行，双侧肩、髋关节与躯干成 90 度，双踝放松、跖屈，脚趾指向后方。

（2）在开始运动前，双手张开，双手拇指、双膝、双脚均与测试板接触。受试者侧移身体重心，同时抬起同侧手和膝，然后手向后够触同侧的脚踝；触碰完毕后，再向前屈曲肩关节，同时伸展同侧的髋和膝，形成一条直线，并与地面上的测试板保持平行。手再向后移，进行第二次触碰脚踝，然后再回到起始姿势。不要用手去调整受试者的姿势，但一定要注意安全，发现可能的平衡问题，避免在筛查过程中发生危险。

（3）两侧肢体均需测试，如有需要，每侧均最多进行 3 次测试。成功完成 1 次动作后无须再重复。

3. 测试指导语

（1）双手、双膝横跨测试板，双手拇指、双膝、双脚脚趾必须与测试板的侧面相接触。

（2）双手置于双肩正下方，双膝置于髋关节正下方，脚趾指向后方。

（3）身体侧移，流畅并有控制地同时抬起同侧的手臂和下肢。

（4）不要碰地，将手向后够触同侧脚踝的外侧。

（5）再向前伸展手臂，同时伸展同侧的下肢，完全伸直膝关节和肘关节。

（6）再向后触碰脚踝，然后恢复到起始姿势。

4. 测试要点

（1）若受试者无法完成同侧肢体动作，则指示受试者完成一个异侧模式，以便观察是否达到 2 分标准。

（2）测试评分中的左、右依活动上肢的左、右侧而定。

（3）确保同侧肢体在板上方则评分为 3 分。

（4）异侧膝关节和肘关节必须在板上方接触才可评分为 2 分。

（5）确保动作开始时脊柱平坦，髋、肩与躯干成 90 度。

（6）左右两侧的动作均须测试。

5. 评分标准

躯干旋转稳定性评分标准及动作图示见表 3–17。

表 3–17　躯干旋转稳定性评分标准及动作图示

测试动作	得分	评分标准	图示
躯干旋转稳定性测试动作	3	● 手、膝同时离开地面； ● 保持手臂和腿成一条直线，并与测试板平行的情况下，完成该动作模式； ● 手指触碰外踝； ● 膝关节和肘关节达到完全伸展	 
	2	● 手、膝没有同时离开地面； ● 不能保持手臂和腿成一条直线，并与测试板平行； ● 手指触碰外踝； ● 膝关节和肘关节未达到完全伸展	 
	1	● 失去平衡； ● 手没有碰到外踝； ● 膝关节和肘关节不能完全伸展； ● 不能回到起始姿势	 
注：与测试相关部位出现疼痛则受试者评分为 0 分，疼痛区域应当由专业医疗人士进行全面评估			

6. 排除性测试：跪姿下腰伸展测试

（1）测试说明。

● 跪姿下腰伸展测试用来检查脊柱的弯曲程度。观察受试者疼痛反应，如受试者感到疼痛则记录为阳性（+），同时将躯干旋转稳定性测试评分记为 0 分，并执行更为全面的评估或推荐受试者前往医疗机构。

（2）测试要点。

● 四肢着地，将髋部向脚跟移动。

● 胸部缓慢下沉尽量贴近大腿，双手尽可能向身体前方伸展。

● 询问受试者是否感觉到疼痛。

功能性动作筛查评分表样式如下。

功能性动作筛查评分表

姓　　名：__________　　身　　高：__________　　体　　重：__________

性　　别：__________　　优 势 侧：__________　　运动项目：__________

出生年月日：______________　　测试日期：______________

胫骨长度：______________厘米　　手　　长：______________厘米

损 伤 史：____

测试项目		原始评分	最终评分	评述
深蹲				
跨栏架步		左：		
		右：		
直线弓箭步		左：		
		右：		
踝关节背屈测试	疼痛	左：		
		右：		
	灵活性	左：		
		右：		
肩部灵活性		左：		
		右：		
肩部碰撞测试		左：		
		右：		
主动直膝抬腿		左：		
		右：		
躯干稳定俯卧撑				
伏地起身测试				

续表

测试项目	原始评分	最终评分	评述
躯干旋转稳定性	左：		
	右：		
跪姿下腰伸展测试			
总评分			

二、肩关节内旋不足测试

1. 测试目的

评估肩关节内旋角度及其对称性。

2. 测试指标

内旋角度、对称性。

3. 所需器材设备

关节角度仪。

4. 测试流程

测试流程如图 3–18 所示。

（1）受试者呈仰卧位，上肢外展 90 度，肱骨与肩峰对齐。

（2）受试者屈肘 90 度，测试者握住其前臂，被动地移动并用关节角度仪测量旋转活动范围。

① 测量肩关节外旋角度：测试者一手触按受试者肩峰前部，让受试者的肩关节被动外旋到末端，注意肩带不能出现代偿动作。

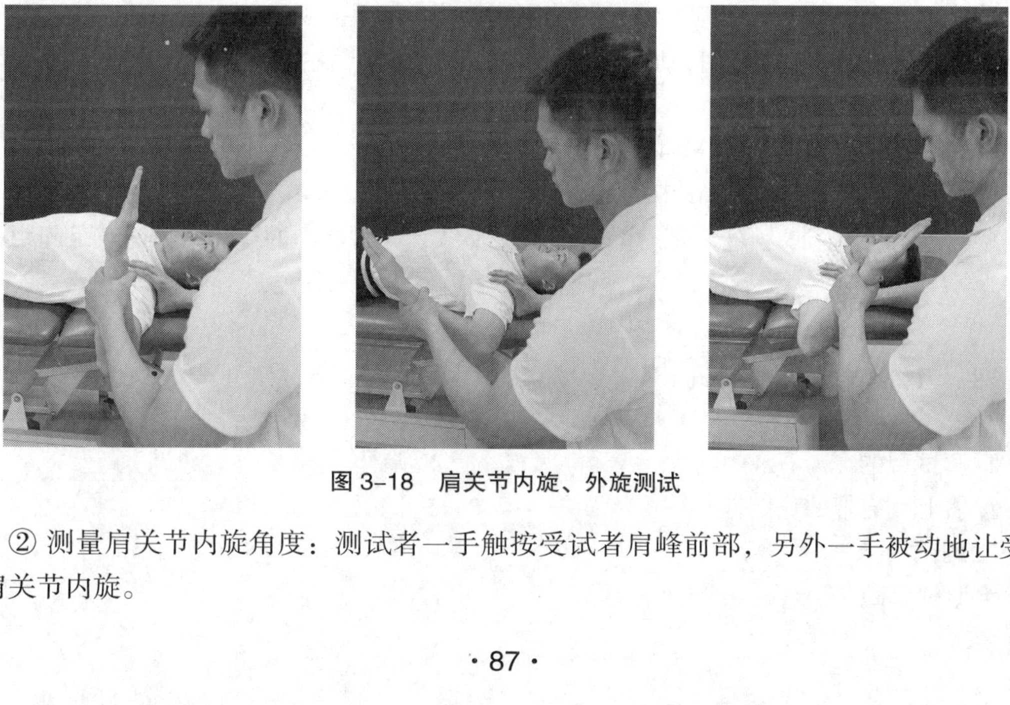

图 3–18　肩关节内旋、外旋测试

② 测量肩关节内旋角度：测试者一手触按受试者肩峰前部，另外一手被动地让受试者肩关节内旋。

（3）关节的活动范围是指肩峰开始移动之前肩关节外旋或内旋所能够达到的角度范围。

三、上肢闭链测试

1. 测试目的

评估上肢肩带的稳定性。

2. 测试指标

重复次数。

3. 所需器材设备

胶布、秒表。

4. 测试前的准备工作

在地面上用胶布画出间距为 36 英寸（约 91.4 厘米）的两条平行线（图 3–19）。

图 3–19　上肢闭链测试的场地示意图

5. 测试流程

（1）让受试者以标准俯卧撑姿势作为预备动作，双手内侧缘分别置于两侧胶布外侧，双足间距不能比肩宽，快速移动右手去触摸左手，回位后左手再去快速触摸右手，计数 15 秒完成的次数。

（2）重复测定 2 次，间歇 45 秒。

（3）最终成绩为两次测试值的平均数。

（4）要求：在 15 秒的测试时间内，确保受试者保持标准的身体姿势，双足间距不能比肩宽。

四、上肢 Y– 平衡测试

1. 测试目的

评估上肢肩带的稳定性。

2. 测试指标

上肢够触距离。

3. 所需器材设备

Y- 平衡测试套件。

4. 测试前的准备工作

测量受试者上肢长度。确定站立时手臂的长度，也就是从第七颈椎（C7）（即颈部底部的棘突部分）到第三手指末端的距离（精确到 0.5 厘米）。测量时手臂伸直，与身体成 90 度，与肩部平行。只需要测量右侧手臂的长度。

5. 测试流程

以左手支撑为例。

（1）让受试者脱鞋，双手、双脚与肩同宽，呈俯卧撑姿势，左手拇指放于踏板的红色起始线后面。

（2）令受试者右手触碰可移动测试板，并尽可能将其向远端推，三个方向按向外侧[图 3–20（a）]、向上内侧[图 3–20（b）]、向下内侧[图 3–20（c）]的顺序，中间没有间歇和休息。每个方向上连续完成 3 次。

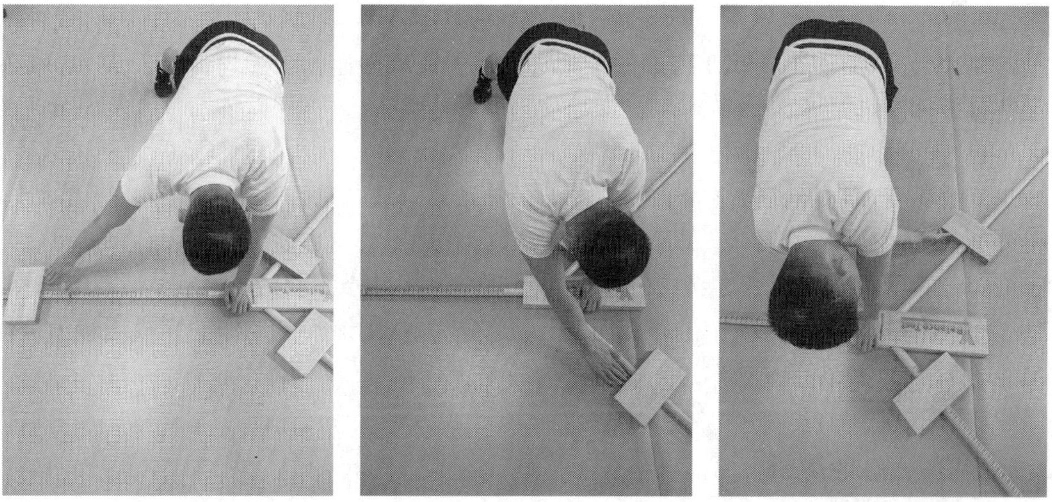

（a）　　　　（b）　　　　（c）

图 3–20　上肢 Y- 平衡测试（左手支撑）

（3）记录测试板被推到的最大距离数值。

（4）注意事项（以左手支撑为例）。

① 开始姿势为双手、双脚与肩同宽，呈俯卧撑姿势，左手拇指放于踏板的红色起始线后面。让右手触碰可移动测试板，在标有红色刻度的区域尽可能往远处移动。

② 推动可移动测试板的手不能直接放在测试板上面，只能让手指尖触碰可移动测试板向前行。

③ 每个方向上的动作都必须连续完成，不能中断。如果中断，测试者应返回起始位置完成下一次尝试。

④ 在换支撑手前，一个方向上的动作重复完成 3 次。当另一侧手也完成同一个方向

上的 3 次动作后，则进行下一个方向动作。

五、单腿下蹲测试

1. 测试目的

评估单腿下蹲模式的动作质量。

2. 测试指标

定性分析动作质量。

3. 所需器材设备

秒表。

4. 测试流程

（1）以支撑腿为测试腿。

（2）令受试者的支撑腿屈曲下蹲至少 45 度，但不要超过 60 度，保持 5 秒以上（图 3–8）。

（3）允许重复动作 2 或 3 次，仔细观察受试者完成动作的质量，参照表 3–6、表 3–7 的定性分析标准进行评估。

（4）评分标准。

① 0 分：受试者能够做出表 3–6 中的“最佳动作”或“动作表现不佳”中所示动作，其得分为 0。

② 1 分：受试者出现表 3–7 中的错误表现动作，其得分为 1。

③ 将不同身体部位的动作得分相加，如果总分为 0，则该筛查动作的完成质量为最佳；如果总分为 10，则该筛查动作的完成质量为最差。

六、单足落地测试

1. 测试目的

评估单足落地模式的动作质量。

2. 测试指标

定性分析动作质量。

3. 所需器材设备

20 厘米高的台阶。

4. 测试流程

（1）受试者以非测试腿站立于 20 厘米高的台阶上，身体前倾并自然地单腿落地（落地腿为测试腿），落地后保持平衡至少 2 秒（图 3–9）。

（2）允许重复动作 2 或 3 次，仔细观察受试者完成动作的质量，按照表 3–6、表 3–7 的定性分析标准进行评估。

（3）评分标准。

① 0 分：受试者能够做出表 3-6 中的“最佳动作”或“动作表现不佳”中所示动作，其得分为 0。

② 1 分：受试者出现表 3-7 中的错误表现动作，其得分为 1。

③ 将不同身体部位的动作得分相加，如果总分为 0，则该筛查动作的完成质量为最佳；如果总分为 10，则该筛查动作的完成质量为最差。

七、落地错误评分系统

1. 测试目的

评估受试者起跳—落地动作中不合理的动作模式，以起跳—落地时的生物力学特征来鉴别其发生非接触性膝关节损伤的风险。

2. 测试指标

定性分析动作质量。

3. 所需器材设备

30 厘米高的跳箱、胶布、摄像机。

4. 测试流程

（1）让受试者站在 30 厘米高的跳箱上，在受试者前方和右侧 3 米处各放置 1 台摄像机，拍摄动作录像。

（2）在跳箱前用胶布画 1 条横线，距离跳箱前边缘的长度约为受试者身高的 1/2。

（3）受试者向目标线跳下，落地位置需要超过目标线，落地后迅速向上跳起（图 3-21）。

图 3-21　落地错误评分系统测试

（4）重复 3 次测试。

（5）视频回放解析，评估技术动作完成的要点：

① 落地接触地面时，膝关节屈曲角度大于 30 度：0= 是，1= 否；

② 落地接触地面时，下肢在足中部正上方，无膝外翻：0= 是，1= 否；

③ 落地接触地面时，躯干屈曲角度：0= 躯干有前屈，1= 躯干没有前屈；

④ 落地接触地面时，躯干侧屈角度：0= 躯干垂直，1= 躯干不垂直；

⑤ 落地接触地面时，踝关节是否有跖屈：0= 是，1= 无；

⑥ 落地接触地面时，脚的位置是否外旋大于 30 度：0= 否，1= 是；

⑦ 落地接触地面时，脚的位置是否内旋大于 30 度：0= 否，1= 是；

⑧ 落地接触地面时，两腿站立的宽度小于肩宽：0= 否，1= 是；

⑨ 落地接触地面时，两腿站立的宽度大于肩宽：0= 否，1= 是；

⑩ 落地时两脚是否平行落地：0= 是，1= 否；

⑪ 起跳前的屈膝角度是否大于 45 度：0= 是，1= 否；

⑫ 起跳前膝外翻或膝内扣垂线超过大拇趾：0= 否，1= 是；

⑬ 落地最大屈膝角度时躯干的屈曲角度比刚接触地面时大：0= 是，1= 否；

⑭ 落地接触地面时是否屈髋：0= 是，1= 否；

⑮ 最大屈膝角度时屈髋角度大于刚与地面接触时的屈髋角度：0= 是，1= 否；

⑯ 关节在矢状面的位移：0= 柔和，1= 一般，2= 僵硬。

（6）总体印象：0= 很好，1= 一般，2= 很差。

5. 改良版测试流程

如果没有摄像机可用，可采用改良的落地错误评分系统。这一版本主要观察受试者的动作有无代偿，因为这些代偿动作的出现往往暗示着潜在的损伤。在改良的落地错误评分系统中，测试者从正前方观察受试者。

主要的代偿动作有：

（1）足：落地接触地面时，脚趾外旋大于 30 度：0= 是，1= 否。

（2）膝关节。

① 落地接触地面时，膝外翻，膝关节在足中部上方：0= 是，1= 否；

② 落地接触地面时，膝外翻，膝关节内侧缘超过脚趾：0= 是，1= 否。

八、收腹跳测试

1. 测试目的

对受试者在快速伸缩复合训练前进行起跳—落地的技术能力和身体能力的评估。

2. 测试指标

动作质量。

3. 所需器材设备

摄像机。

4. 测试流程

（1）测试动作要领（图 3–11、图 3–12）。

① 双足平行开立，至少同肩宽；

② 下蹲，身后屈臂；

③ 向前、向上摆臂，并垂直向上跳，尽量提膝；

④ 在最高点处，大腿与地面平行；

⑤ 前脚掌轻巧落地，起跳位置与落地位置一致；

⑥ 连续跳跃 10 秒；

⑦ 如果在 10 秒内出现技术能力突然下降，马上停止测试。

（2）评估要点。可以用表 3–8 所列的观察点和图 3–13 的图例来诊断收腹跳测试的技术缺陷。如果运动员没有出现表 3–8 中的各项表现，得分为 1；如果出现，得分为 0。

九、星形偏移平衡测试

1. 测试目的

评估受试者动态平衡能力，监测造成下肢损伤的功能缺陷，尤其是骨骼肌损伤造成的功能性缺陷。

2. 测试指标

下肢长度、下肢向各个方向上的够触距离。

3. 所需器材设备

胶布、皮尺。

4. 测试前的准备工作

（1）布置好测试场地（图 3–22）。

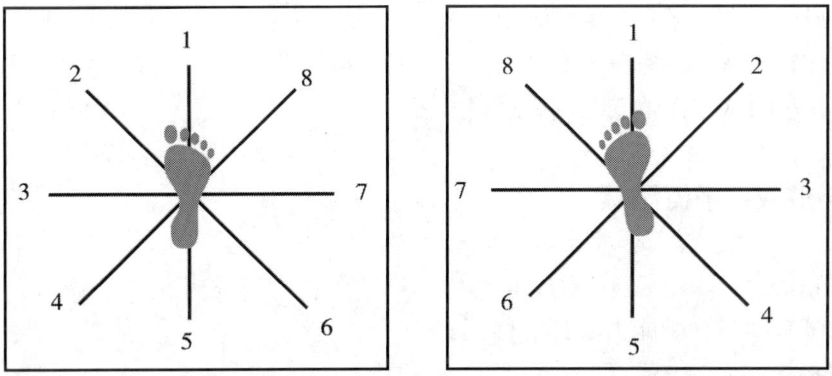

（a）右腿支撑　　（b）左腿支撑

图 3–22　星形偏移平衡测试示意图

（2）测量下肢长：受试者呈仰卧位，测量测试者右腿髂前上棘到同侧内踝尖的距离。

（3）受试者在 8 个方向上每侧都练习 4 次（有研究表明，受试者在测试前经过 4 次的练习就能够得到稳定的测试结果），然后休息 5 分钟，准备正式开始测试。

5. 测试流程

（1）令受试者双手叉腰，双足站立；在维持平衡的前提下变为单足站立，然后分别在 8 个方向进行测试（图 3–15），以达到最大限度的位移。

（2）所有受试者都先以右腿为支撑腿开始测试，完成所有 8 个方向的测试后休息 5 分钟，再换左腿支撑进行测试。

（3）两腿测试时均以 12 点方向为起点，右腿支撑时，以逆时针方向进行测试，左腿支撑时，以顺时针方向进行测试（如图 3–22 所示，双侧均以从 1 至 8 的顺序）；测试腿每次够触远端后需要回到圆心，恢复到双脚站立，并休息 3 秒，以免影响身体平衡，降低测试的准确性。

（4）每次测试，保证第二足趾在各方向上最远的距离保持 1 秒，测定能够触到的距离。

（5）在各方向上用脚尖在能够触及到最远的地方轻触一下，记录所能够达到的距离。

（6）指标。

① 每个方向上测 3 次，取平均值；

② 每个方向上的相对移动距离 =100 × 伸出的远度最大值 / 下肢长；

③ 一侧下肢的总成绩 =（10 × 8 个方向上的成绩之和）/（8 × 下肢长）。

（7）注意事项。

① 当在图 3–22 中的 6 和 7 这两个方向上进行测试时，受试者应将测试腿绕到支撑腿后方来完成动作。

② 以下情况数据无效，应予以重测。

- 任何情况下受试者双手没有叉腰进行测试；
- 任何情况下受试者的测试腿参与了支撑；
- 任何情况下身体重心失去平衡；
- 支撑腿从圆心上移开，偏离圆心；
- 保持开始和结束姿势短于 1 秒钟；
- 受试者在测试过程中或测试后感到疲劳。

十、下肢 Y– 平衡测试

1. 测试目的

评估受试者动态平衡能力及其对称性。

2. 测试指标

下肢长度、下肢向各个方向上的够触距离。

3. 所需器材设备

Y- 平衡测试套件（图 3–16）。

4. 测试前的准备工作

（1）测量下肢长度（髂前上棘到内踝尖的距离）。受试者脱鞋、脱袜仰卧平躺于水平台面上；开始时双膝关节弯曲，双脚平放于水平台面上，做髋部抬离水平台面（顶髋）的动作；返回初始位置，膝关节完全伸直，拉直双腿，以进一步确认双腿完全伸展开。用卷尺测量受试者右腿髂前上棘到同侧内踝尖的距离，测试结果精确到 0.5 厘米。

（2）学习动作。在测试开始前，让每名受试者观看一段下肢 Y- 平衡测试的标准教学视频，并在 3 个方向上各进行 6 次练习以熟悉动作。动作开始时，让受试者站在测试板的红线之后，在保持单腿站立在测试板上的同时，另一侧腿分别在 3 个方向上做伸向远端的动作，之后回到起始位置准备。

5. 测试流程

以右脚站立为例。

（1）测试指导语。

① 在进行测试的过程中出现任何的疼痛请告知我。

② 请脱鞋进行测试。

③ 请把右脚放在测试踏板的中间位置，并将支撑腿的脚趾放于起始线后面。

④ 单腿站在踏板上，用另一侧腿的脚趾触碰可移动测试板，在标有红色刻度的区域推动可移动测试板，尽量向远处推。

⑤ 在移动过程中，移动脚必须时刻接触可移动测试板（即不能用脚踢可移动测试板）。

⑥ 测试过程中不能用可移动测试板作为支撑（即不能把脚放在可移动测试板上）。

⑦ 控制住向前移动的腿返回到起始位置（即向前伸的脚返回到支撑脚后面）。

（2）测试的顺序（图 3–23）。

- 右脚支撑，左脚向前侧伸（3 次尝试）。
- 左脚支撑，右脚向前侧伸（3 次尝试）。
- 右脚支撑，左脚向后内侧伸（3 次尝试）。
- 左脚支撑，右脚向后内侧伸（3 次尝试）。
- 右脚支撑，左脚向后外侧伸（3 次尝试）。
- 左脚支撑，右脚向后外侧伸（3 次尝试）。

① 受试者右脚支撑，站在踏板中间位置，左脚（测试脚）尽可能远地推动测试板内侧面（靠近测试平台的一侧），测试板内侧面在测试杆上对应的刻度即为受试者左脚在该方向上的测试结果，并由测试者记录，精确到 0.5 厘米。

② 测试为每只脚在每个方向上进行 3 次尝试，考虑到存在失误的情况，允许受试者每只脚在每个方向上最多有 6 次测试，而测试结果取 3 次成功的测试值。

③ 受试者在某个方向上能够按照上述测试要求进行，并平稳地将脚收回到起始位置即算一次成功的测试。

④ 如果出现以下几种情况均被视为无效的测试，需要在该方向上重新进行测试。

• 在测试时，支撑脚的脚后跟抬起或者支撑脚发生移动。

• 测试脚在向各个方向进行测试时，以测试板或测试杆作为支撑。

• 测试脚在收回时，因身体失去平衡而触及地面。

• 测试脚在伸够过程中没有与测试板始终贴合，或者在伸够末端用力猛踢测试板，使之靠惯性向前滑动。

图 3–23　下肢 Y– 平衡测试

6. 注意事项

（1）受试者在一个方向最多可进行 6 次尝试，如果超过 4 次的尝试都失败，则最终测试结果为 0。

（2）受试者脱鞋（为减少由鞋子提供的额外的平衡与稳定）站在测试平台上，并与测试平台平行，拇趾对准测试平台上的红色起始线。

（3）在测试过程中，受试者必须保持单足站于踏板上。

（4）在测试过程中，受试者必须保持脚持续触碰可移动的测试板，即不能用脚去踢可移动的测试板。

（5）受试者向前伸腿的时候不能用可移动测试板作为前伸腿的支撑点，即不能把脚直接放在可移动测试板上向前伸腿。

（6）受试者必须控制住前伸的腿返回到初始位置，即向前伸的脚返回到支撑脚后面。

（7）测试者不要向受试者示范动作，仅需重复测试指令。

十一、单腿跳跃测试

1. 测试目的

评估单腿功率、平衡和两侧对称性。

2. 测试指标

跳跃距离、两侧对称性。

3. 所需器材设备

胶布、皮尺。

4. 测试前的准备工作

画出起跳线和与之相垂直的线。

5. 测试流程

（1）单腿一步跳远。

① 测试腿支撑站立于起跳线后。

② 向前尽可能远地跳出，以起跳脚落地。

③ 落地后必须稳定地站立至少 2 秒。

④ 丈量落地后足跟与起跳线之间的距离（图 3–24）。

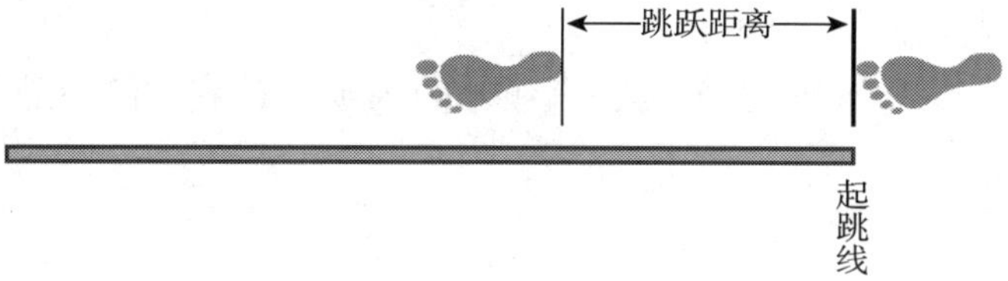

图 3–24　单腿一步跳远示意图

⑤ 重复 3 次，每次间隔 30 秒。

⑥ 不成功的单腿跳远：失去平衡、有额外的小步跳跃或对侧下肢或者上肢有触地的动作。

（2）单腿三步跳远。

① 测试腿支撑站立于起跳线后。

② 尽最大努力向前单腿连续三步跳跃，以起跳脚落地。

③ 落地后必须稳定地站立至少 2 秒。

④ 丈量落地后足跟与起跳线之间的距离（图 3–25）。

⑤ 重复 3 次，每次间隔 30 秒。

⑥ 不成功的单腿跳远：失去平衡、有额外的小步跳跃或对侧下肢或者上肢有触地的动作。

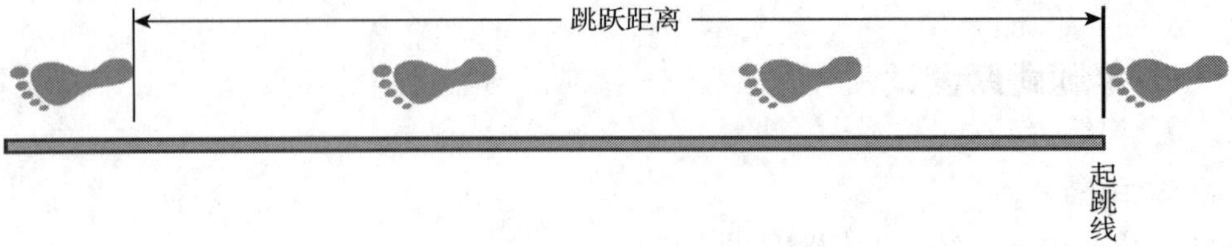

图 3-25　单腿三步跳远示意图

（3）单腿交叉步跳远。

① 测试腿支撑站立于起跳线后。

② 最大努力地尽可能向前完成单腿交叉三步单腿跳跃，以起跳脚落地。

③ 落地后必须稳定地站立至少 2 秒。

④ 丈量落地后足跟与起跳线之间的距离（图 3-26）。

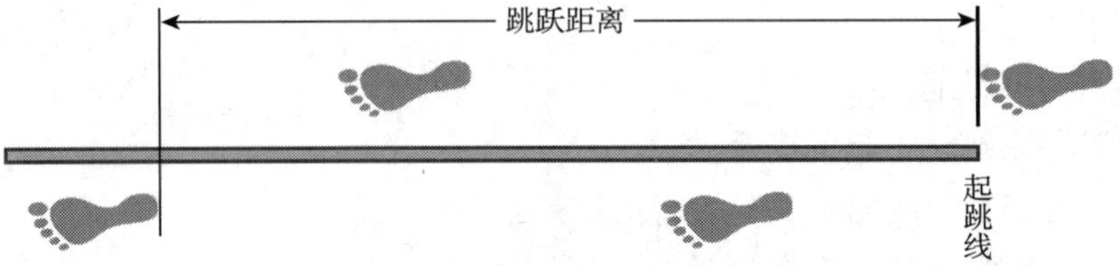

图 3-26　单腿交叉步跳远示意图

⑤ 重复 3 次，每次间隔 30 秒。

⑥ 不成功的单腿跳远：失去平衡、有额外的小步跳跃或对侧下肢或者上肢有触地的动作。

参考文献

[1] ASKER M, BROOKE H L, WALDEN M, et al. Risk factors for, and prevention of, shoulder injuries in overhead sports: a systematic review with best–evidence synthesis[J]. Br J Sports Med. 2018, 52(20): 1312–1319.

[2] BISHOP C, READ P, LAKE J, et al. Interlimb asymmetries: understanding how to calculate differences from bilateral and unilateral tests[J]. Strength Cond J, 2018, 40(4): 1–6.

[3] BONAZZA N A, SMUIN D, ONKS C A, et al. Reliability, validity, and injury predictive value of the functional movement screen: a systematic review and meta–analysis[J]. Am J Sports Med. 2017, 45(3): 725–732.

[4] BUNN PDS, RODRIGUES A I, BEZERRA da SILVA E. The association between the functional movement screen outcome and the incidence of musculoskeletal injuries: a systematic review with meta–analysis[J]. Phys Ther Sport. 2019, 35: 146–158.

[5] BUSHMAN T T, GRIER T L, CANHAM–CHERVAK M C, et al. Pain on functional

movement screen tests and injury risk[J]. J Strength Cond Res. 2015, 29 Suppl 11: S65–70.

[6] CHIMERA N J, WARREN M. Use of clinical movement screening tests to predict injury in sport[J]. World J Orthop. 2016, 7(4): 202–217.

[7] COUGHLAN G F, FULLAM K, DELAHUNT E, et al. A comparison between performance on selected directions of the star excursion balance test and the Y balance test[J]. J Athl Train. 2012, 47(4): 366–671.

[8] PADUA D A, MARSHALL S W, BOLING M C, et al. The landing error scoring system(LESS) is a valid and reliable clinical assessment tool of jump–landing biomechanics[J]. Am J Sports Med, 2009, 37(10): 1996–2002.

[9] CHU D A, MYER G D. Plyometrics[M]. Champaign: Human Kinetics, 2013.

[10] FORT–VANMEERHAEGHE A, ROMERO–RODRIGUEZ D, MONTALVO A M, et al. Integrative neuromuscular training and injury prevention in youth athletes. part Ⅰ: identifying risk factors[J]. Strength Cond J. 2016, 38(3): 36–48.

[11] FRANK C, KOBESOVA A, KOLAR P. Dynamic neuromuscular stabilization & sports rehabilitation[J]. Int J Sports Phys Ther. 2013, 8(1): 62–73.

[12] NOYES F R, BARBER–WESTIN S. ACL injuries in the female athlete: causes, impacts, and conditioning programs[M]. Berlin: Springer, 2018.

[13] GONELL A C, ROMERO J A, SOLER L M. Relationship between the Y balance test scores and soft tissue injury incidence in a soccer team[J]. Int J Sports Phys Ther. 2015, 10(7): 955–966.

[14] COOK G, BURTON L, KIESEL K, et al. Movement: Functional movement systems: screening, assessment, corrective strategies[M]. Santa Cruz: On Target Publications, 2010.

[15] COOK G. Athletic body balance[M]. Champaign: Human Kinetics, 2003.

[16] GRIBBLE P A, HERTEL J, PLISKY P. Using the star excursion balance test to assess dynamic postural–control deficits and outcomes in lower extremity injury: a literature and systematic review[J]. J Athl Train. 2012, 47(3): 339–357.

[17] MAYR H O, ZAFFAGNINI S. Prevention of injuries and overuse in sports[M]. Berlin: Springer, 2016.

[18] HERRINGTON L, MUNRO A. A preliminary investigation to establish the criterion validity of a qualitative scoring system of limb alignment during single leg squat and landing[J]. J Exerc Sports Orthop. 2014, 1(2): 1–6.

[19] KELLER R A, DE GIACOMO A F, NUEMANN J A, et al. Glenohumeral internal rotation deficit and risk of upper extremity injury in overhead athletes: a meta–analysis and systematic review[J]. Sports Health. 2018, 10(2): 125–132.

[20] KIRCHHOFF C, IMHOFF A B. Posterosuperior and anterosuperior impingement of the shoulder in overhead athletes–evolving concepts[J]. Int Orthop. 2010, 34(7): 1049–1058.

[21] LAUERSEN J B, BERTELSEN D M, ANDERSEN L B. The effectiveness of exercise interventions to prevent sports injuries: a systematic review and meta-analysis of randomised controlled trials[J]. Br J Sports Med. 2014, 48(11): 871–877.

[22] CLARK M A, LUCETT S C. NASM essentials of sports performance training [M]. Baltimore: Jones & Bartlett Learning, 2013.

[23] MONACO J T, SCHOENFELD B J. A review of the current literature on the utility of the functional movement screen as a screening tool to identify athletes' risk for injury[J]. Strength Cond J. 2019, 41(5): 17–23.

[24] MOORE E, CHALMERS S, MILANESE S. Factors influencing the relationship between the functional movement screen and injury risk in sporting populations: a systematic review and meta-analysis[J]. Sports Med. 2019, 49(9): 1449–1463.

[25] MYER G D, STROUBE B W, DICESARE C A, et al. Augmented feedback supports skill transfer and reduces high-risk injury landing mechanics: a double-blind, randomized controlled laboratory study[J]. Am J Sports Med. 2013, 41(3): 669–677.

[26] PADUA D A, DISTEFANO L J, BEUTLER A I, et al. The landing error scoring system as a screening tool for an anterior cruciate ligament injury-prevention program in elite-youth soccer athletes[J]. J Athl Train. 2015, 50(6): 589–595.

[27] PADUA D A, MARSHALL S W, BOLING M C, et al. The landing error scoring system(LESS) is a valid and reliable clinical assessment tool of jump-landing biomechanics: the jump-ACL study[J]. Am J Sports Med. 2009, 37(10): 1996–2002.

[28] PLISKY P J, GORMAN P P, BUTLER R J, et al. The reliability of an instrumented device for measuring components of the star excursion balance test[J]. N Am J Sports Phys Ther. 2009, 4(2): 92–99.

[29] POWDEN C J, DODDS T K, GABRIEL E H. The reliability of the star excursion balance test and lower quarter Y-balance test in healthy adults: a systematic review[J]. Int J Sports Phys Ther. 2019, 14(5): 683–694.

[30] SMITH H C, JOGNSON R J, SHULTZ S J, et al . A prospective evaluation of the landing error scoring system(LESS) as a screening tool for anterior cruciate ligament injury risk[J]. Am J Sports Med. 2012, 40(3): 521–526.

[31] TRINIDAD-FERNANDEZ M, GONZALEZ-SANCHEZ M, CUESTA-VARGAS A I. Is a low functional movement screen score(≤14/21) associated with injuries in sport? a systematic review and meta-analysis[J]. BMJ Open Sport Exerc Med. 2019, 5(1): e000501.

[32] TUCCI H T, MARTINS J, SPOSITO GDE C, et al. Closed kinetic chain upper extremity stability test (CKCUES test): a reliability study in persons with and without shoulder impingement syndrome[J]. BMC Musculoskelet Disord. 2014, 15: 1.

[33] WINDT J, GABBETT TJ. How do training and competition workloads relate to injury? The workload–injury aetiology model[J]. Br J Sports Med. 2017, 51(5): 428–435.

[34] WINDT J, ZUMBO BD, SPORER B, et al. Why do workload spikes cause injuries, and which athletes are at higher risk? Mediators and moderators in workload–injury investigations[J]. Br J Sports Med. 2017, 51(13): 993–994.

[35] 李雪宁，何劲鹏. 国外功能动作筛查研究进展的述评 [J]. 中国学校体育（高等教育），2017，4(11): 61–66.

[36] 徐建武，刘道满，赵凡，等. 功能动作测试（FMS）在优秀运动员损伤风险评估中的应用研究 [J]. 中国运动医学杂志，2014，33(9): 855–859.

[37] 张瑞杰，刘传奇，杨光，等. 功能性动作筛查的研究进展述评 [J]. 首都体育学院学报，2020, 32(1): 35–39, 62.

第四章　有氧耐力的测试与评估

第一节　影响有氧耐力表现的因素

耐力是人体能够以一定的负荷进行长时间运动的能力。在体能训练的实践中，习惯于将耐力分为有氧耐力和无氧耐力。

通常来说，运动表现取决于个体的最大能量输出（即最大有氧代谢能力和最大无氧代谢能力）、肌肉力量、动作的经济性、心理学因素（如动机）和环境因素。图 4–1 说明了影响运动表现且具有交互作用的各个因素。实际上，运动员取得的优异成绩是几个因素的综合作用。通常情况下，这些因素中的一个或者几个在决定比赛成功方面起着主导作用。

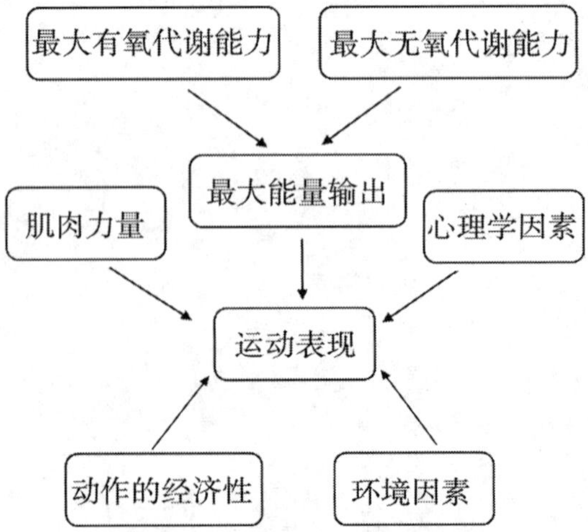

图 4–1　影响运动表现的因素

有氧功率是个人在使用大肌肉群进行运动时可以获得的最大摄氧量（VO_2max）。

按照耐力项目比赛时长的不同，我们把有氧耐力按照3 ~ 20分钟、21 ~ 60分钟和1 ~ 4小时时长进行区分，讨论其运动表现的限制因素。

一、中等时长的耐力运动表现

在中等时长（3 ~ 20 分钟）全力运动中，通过有氧代谢产生三磷酸腺苷（ATP）的比例由 60% 升高到 90%，考虑到对有氧氧化能力的高度依赖，限制运动表现的因素包括向肌肉输送富含氧气的血液的心血管系统和运动肌中的线粒体含量。在此过程中，富含线粒体的Ⅱ a 型肌纤维被募集，参与产生 ATP。20 分钟以内的全力运动是以 90% ~ 100% 的最大有氧功率进行的，VO_2max 高的运动员会具有明显的优势。然而，由于Ⅱx 型肌纤维也被募集，相应地产生乳酸和 H^+，进而影响肌肉的收缩过程。图 4–2 总结了需要高 VO_2max 的运动表现的影响因素。VO_2max 受心排血量（cardiac output，CO）、动脉血氧含量（arterial oxygen content，CaO_2）与静脉血氧含量（venous oxygen content，CvO_2）差值（CaO_2–CvO_2）的影响。其中，受遗传和训练双重影响的每搏输出量（stroke volume，SV）是心排血量的关键，动脉血氧含量受动脉血红蛋白含量（hemoglobin，Hb）、吸入氧含量（fraction of inspired oxygen，FIO_2）、吸入氧分压（pressure of inspired oxygen，PO_2）的影响（Powers et al.，2018）。

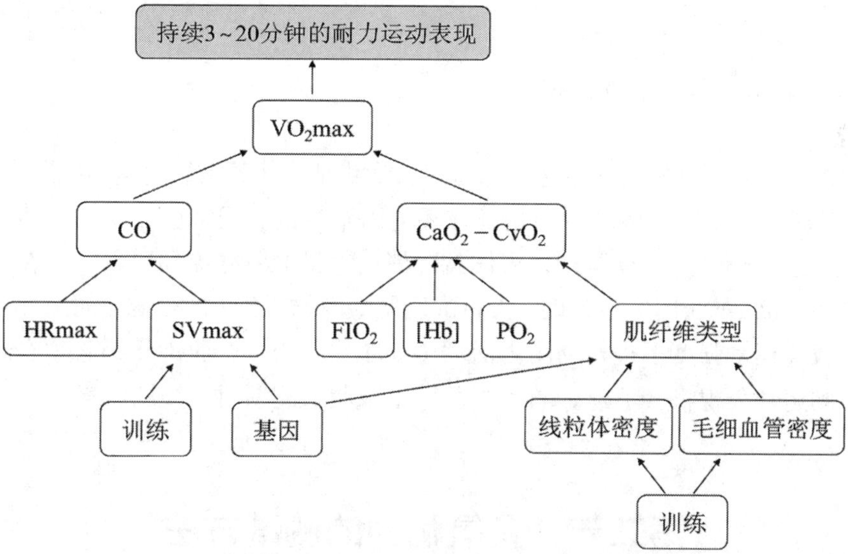

图 4–2　影响 3 ~ 20 分钟耐力运动表现的因素

二、较长时长的耐力运动表现

在时长为 21 ~ 60 分钟的全力运动中，运动强度一般在 90%VO_2max 以下。高水平的

VO_2max 固然是耐力运动员成功的先决条件，但还有其他限制因素，如跑步经济性（针对中长跑运动员）。拥有较好跑步经济性的运动员可以在相同摄氧量的情况下以更快的速度运动。VO_2max 和跑步经济性在预测长跑成绩方面的重要性已经得到证实，而且证实了两者在距离较短（如 1500 米）的中长跑比赛中同样很重要。此时，还需要考虑另外一个因素——VO_2max 百分比。因为运动员在这种持续时间较长的比赛中不是以 VO_2max 强度的速度奔跑，所以能够以较高 VO_2max 百分比运动的个体会有优势。在 VO_2max 百分比较高的情况下跑步的耐力与血乳酸浓度有关，而乳酸阈是预测赛跑速度的最佳指标之一（Powers et al.，2018）。影响 21 ~ 60 分钟耐力运动表现的因素如图 4-3 所示。

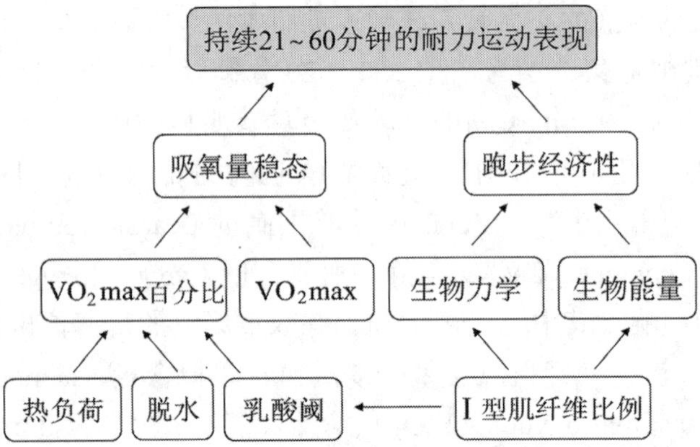

图 4-3　影响 21 ~ 60 分钟耐力运动表现的因素

三、长时间的耐力运动表现

持续运动 1 ~ 4 小时的运动显然是以有氧代谢供能为主，无氧代谢供能所占比例极低。1 小时持续有氧运动之后，运动时间越长，环境因素对比赛成绩起作用的可能性就越大。除此以外，超过 1 小时的持续运动，人体需要消耗大量的肝糖原和肌糖原；在进行运动强度低于 60%VO_2max 的长时间运动时，大量的脂肪酸参与供能（Powers et al.，2018）。然而，对于许多在较高运动强度下进行的耐力活动（如跑马拉松），肌肉纤维必须有碳水化合物来氧化，否则运动表现将会下降。图 4-4 总结了限制长跑项目成绩的因素。

第二节　有氧耐力的测试方法

评估有氧耐力的经典参数是有氧功率，即个体在使用大肌肉群进行运动时可以获得的最大摄氧量（VO_2max）。VO_2max 的测量一直被认为是预测长跑等耐力项目成绩的首选测试。实验证明，在一组 VO_2max 有明显差异的运动员中，VO_2max 是预测长跑成绩的最重要的

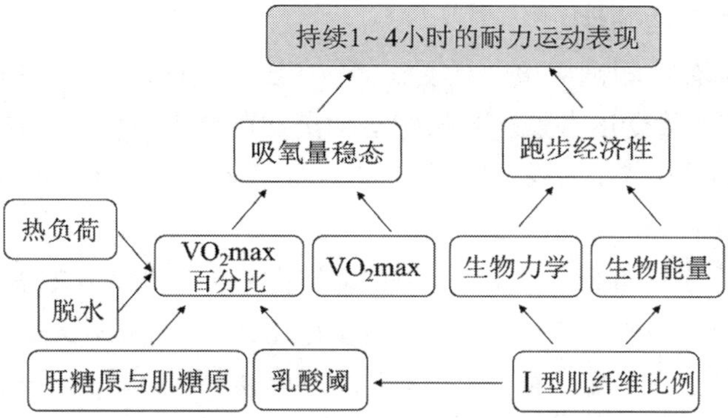

图 4-4　影响 1 ~ 4 小时耐力运动表现的因素

单一因素。因为长跑在很大程度上是一种有氧运动，VO_2max 高的个体比 VO_2max 低的个体更有优势。然而，在一组 VO_2max 水平接近的长跑运动员中，VO_2max 与长跑成绩之间的相关性很低。这表明，尽管高 VO_2max 在预测长跑项目方面很重要，但其他变量也很重要。因此，VO_2max 的测量只是评估耐力项目运动员运动能力的一系列测试中的一项。

此外，还有很多场地测试方法可用来预测 VO_2max，如根据受试者固定时间内的奔跑能力（如 12 分钟跑）、固定距离的跑动时间（如 1 英里测试）等进行预测。这些方法便于进行群体测试。

一、实验室测试

虽然现在已经有一些可以估算 VO_2max 的实验，但最准确的测量方法还是通过实验室直接测定。VO_2max 直接测定法通常使用跑步机或者功率自行车进行测量，通过全自动气体测定仪的 breathe-by-breathe 技术来分析受试者的呼吸生理学参数，如吸入的 O_2、呼出的 CO_2、通气量、呼吸商等等。

（一）VO_2max 直接测定法

1. 测试方案

实验室直接测定 VO_2max 采用的递增负荷实验程序是基于多级负荷运动测试方案制定的。这一方案由美国华盛顿大学罗伯特·布鲁斯（Robert Bruce）博士提出，又被称为“Bruce 方案”。它是目前体能测试中使用的许多分级运动负荷测试背后的概念模型。这些分级负荷测试主要用于评估 VO_2max 和无氧阈。

利用递增负荷测定 VO_2max 的程序通常从持续 3 ~ 5 分钟的次最大强度的热身开始。热身之后，可以采用每分钟递增负荷，直到受试者达到不能保持输出功率为止；或者每隔 2 ~ 4 分钟递增负荷，直到受试者不能保持期望的运动强度为止。通常，受试者要在 10 ~ 12 分钟的时间达到自己的 VO_2max，这就需要精心地设计测试方案的起始强度和递增强度。

2. 测试的特异性和准确性

确定 VO_2max 的有效测试应该包括受试者在其运动项目中使用的特定动作（Scheer et al.，2018）。例如，如果受试者是一名长跑运动员，在跑步过程中评估 VO_2max 就很重要。同样，如果被评估的受试者是一名训练有素的自行车运动员，运动测试应该在自行车功率计上进行。

为了确保测试结果的准确性，设计的测试方案应当在测试开始后 8 ~ 12 分钟让受试者达到主观感觉疲劳。另外，次极限强度有氧耐力测试应该采用文献推荐的达到心率稳态的强度。心率稳态是指在给定负荷下运动时，心率与耗氧量保持在一个相对稳定的平台。判定平台的方法是在测试过程中的最后 2 分钟分别测量每 1 分钟的心率，如果这两次心率的差值小于 6 次 / 分钟，则表明处于平台期（Rebecca et al.，2013）。

3. 达到 VO_2max 的评价标准

确定在递增负荷测试中受试者达到了 VO_2max 的主要标准是随着运动负荷的持续增加出现摄氧量平台（图 4–5）。但未经训练的受试者在递增负荷测试中很少观察到摄氧量平台。这可能是因为受试者没有达到他的 VO_2max，也有可能是因为受试者在最后一级负荷时达到了他的 VO_2max，但是无法完成下一级负荷，所以没有观察到摄氧量平台。鉴于存在这种可能性，我们往往需要根据多个标准才能够确定受试者的 VO_2max。

目前，对于 20 ~ 49 岁的男性和女性受试者，如果满足下面两个及以上标准，VO_2max 测试就可以判为有效（Powers et al.，2018）：①呼吸商 ≥ 1.15；②最后一级负荷的心率在预测的最大心率的 ± 10 次 / 分钟范围内；③随着负荷强度的增加，出现摄氧量平台。

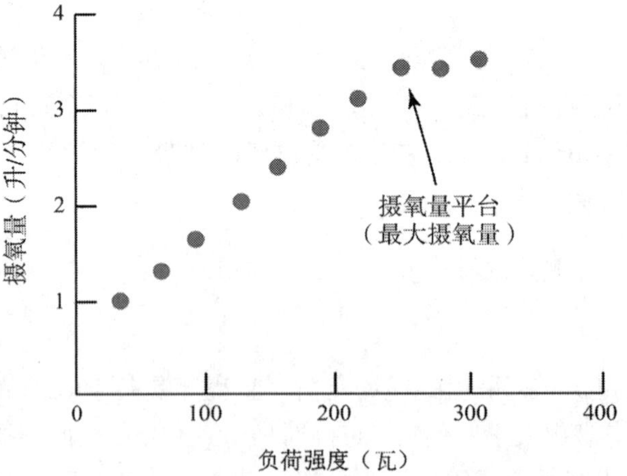

图 4–5　自行车递增负荷测定 VO_2max 的实验过程中摄氧量的变化

说明：随着运动负荷的持续增加出现摄氧量平台是判定 VO_2max 的“黄金标准”。

（二）有氧耐力的预测

运动生理学家、体能教练长期以来一直在寻找一种单一的实验室测试，可以预测耐力项目运动员的发展潜力。到目前为止，有三个比较成熟的预测耐力项目运动成绩的实验室测试指标，分别是乳酸阈值、临界功率和跑步速度峰值。

1. 乳酸阈值

（1）乳酸阈值的直接测定方法。

乳酸阈值代表了运动强度，疲劳与高水平的血乳酸和肌乳酸有关，因此乳酸阈值与持续超过 12 ~ 15 分钟耐力项目的比赛表现有关（Lundby et al.，2015）。尽管关于乳酸阈值在预测耐力项目运动表现中的作用的研究大都集中在长跑项目上，但同样的原理也适用于预测耐力自行车、游泳和越野滑雪项目的比赛表现。

乳酸阈值的直接测定与 VO_2max 的直接测定相类似，都要求运动员采用与其专项一致或类似动作模式的测试。乳酸阈值的测试方案，起始负荷是在递增负荷强度下进行 2 ~ 5 分钟的热身，然后每隔 1 ~ 3 分钟递增负荷。通常情况下，为了更好地判断乳酸阈值，负荷递增的幅度较小。在递增负荷实验测定 VO_2max 的过程中，在每级负荷下取受试者的末端血（耳垂或者指尖）测定血乳酸，然后将与之相对应时间点的摄氧量绘制成图表，得到递增负荷实验期间血乳酸浓度变化的曲线图（图 4–6），并将血乳酸开始急剧上升的拐点判定为乳酸阈值（Abreu et al.，2016；Poole et al.，2020）。

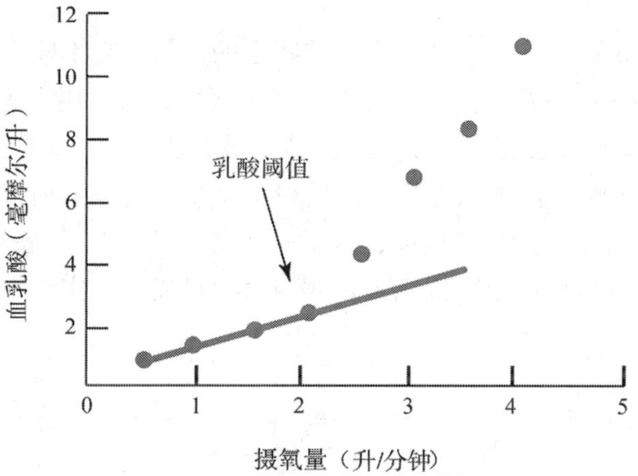

图 4–6　递增负荷实验期间血乳酸浓度变化的曲线图（Powers et al.，2018）

（2）乳酸阈值的间接测定方法。

在实验室可以通过气体代谢分析这种非侵入式方法来间接确定乳酸阈值，这种方法测量的结果也被称为通气阈值。将通气阈值作为乳酸阈值的标志，其基本原理是在乳酸阈值下，血乳酸浓度的显著升高会刺激颈动脉体外周化学感受器，使通气加快、加深。测试完成后，将测试期间每级负荷下的每分钟的通气量与摄氧量的关系作图（图 4–7）。通常，每分钟通气量迅速增加的拐点被认为是通气阈值。以通气阈值推测乳酸阈值的误差为 12% ~ 17%（Hopker et al.，2011），因此这种方法因精确度较差而受到质疑。尽管如此，通气阈值还是被证明可用于评价运动员的有氧耐力表现（Gaskill et al.，2001；Cerezuela–Espejo et al.，2018）。

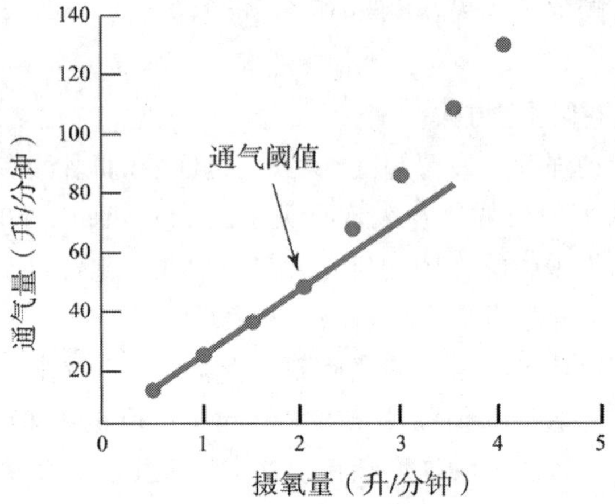

图 4–7　确定通气阈值的范例

说明：每分钟通气量线性升高直至每分钟摄氧量达到 2 升，在此之后，每分钟通气量呈非线性增长。每分钟通气量线性关系的中断点称为通气阈值，可作为乳酸阈值的估计值。

2. 临界功率

临界功率是运动员在不疲劳的情况下保持特定的次最大功率输出，即运动强度（Powers et al.，2018）。临界速度是由临界功率衍生出来的概念，通常用来表示运动员的有氧运动能力，理论上是指运动员能够持续运动而不疲劳的最大速度。在图 4–8 中，y 轴是跑步速度，x 轴是运动员在筋疲力尽之前可以以这个速度持续跑步的时间。所以，临界速度是跑步速度—时间曲线达到平台点时的运动速度，也就是运动员可以在不疲劳的情况下保持的特定运动强度。临界功率是另外一个可以用来预测耐力项目表现的实验室测量方法（Lundby et al.，2015）。

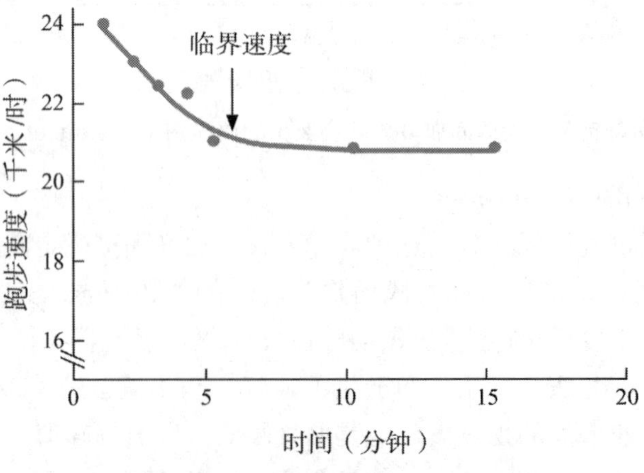

图 4–8　临界速度的概念图示

从理论上讲，临界速度是一种长时间运动的能力，然而这种理解是数学上的误解，并非生理学上的定义。大多数研究使用功率自行车来测定临界功率，但是这些研究方法很容易转换为使用跑步或者游泳来测定，也就比较容易测得临界速度。

研究表明，临界功率与多种有氧代谢能力的参数（如 VO_2max、乳酸阈值、个体无氧阈值、肌电图疲劳阈值）、耐力成绩显著相关，因此可以作为反映有氧耐力的一个参数（Karsten et al.，2015）。临界功率在生理学上表示的是一种阈强度，高于乳酸阈强度，同时又低于 VO_2max 时的运动强度。机体以临界功率强度进行运动，摄氧量已经进入慢速增长期，但并未达到 VO_2max；但是以临界功率以上的强度进行运动，在一定的时间内就达到 VO_2max。所以，从体能训练的强度来讲，临界功率可以作为极限强度运动的下限。在训练实践中，临界功率可作为最大有氧耐力训练的强度（董德龙等，2009；Galán-Rioja et al.，2020）。

传统上，临界功率的测试需要受试者完成数次筋疲力尽的运动负荷测试。目前，体育科研人员开发出了临界功率的一次性运动负荷测试，即 3 分钟全力测试，用于估算跑步、自行车（Vanhatalo et al.，2007）、游泳、划船测功仪、上肢曲柄功率计（Flueck et al.，2015）这些负荷形式的临界功率。以跑步为例，受试者全力完成 3 分钟的跑步测验，以最后 30 秒的平均速度作为临界速度（Pettitt et al.，2012）。

在耐力项目中，临界功率是否比乳酸阈值或 VO_2max 更能预测耐力项目运动员的表现？这一问题的答案目前仍然存在争议。经典的运动生理学理论认为，VO_2max 是耐力成绩的最好单一预测因子（Powers et al.，2018）。然而，在持续大约 30 分钟的耐力项目中，乳酸阈值、VO_2max 和临界功率似乎在预测运动能力方面是相似的（董德龙等，2009）。事实上，临界功率与 VO_2max 和乳酸阈值高度相关（Galán-Rioja et al.，2020），即乳酸阈值较高的受试者也会拥有较高的临界功率。

3. 跑步速度峰值

乳酸阈值和临界功率测量通常用于评估运动员进行持续时间超过 20 分钟的耐力项目（如 10000 米跑）的表现。为了开发实验室或现场测试来预测运动员在持续时间少于 20 分钟的耐力项目（如 5000 米跑）中的表现，体育科研人员开发了一种名为“跑步速度峰值”的测试（Scott et al.，1994）。这项测试易于开展，在 0% 坡度情况下，每隔 30 秒逐步提高跑步机速度，直到受试者出现意志性疲劳。跑步速度峰值（单位：米 / 秒）被定义为可以保持 5 秒以上的最高速度。

研究表明，跑步速度峰值是运动员耐力项目（如 5000 米跑）表现的一个很好的预测因子，两者之间存在高度相关性（图 4–9），在更长距离的长跑项目中（如 10000 ~ 90000 米跑）也存在类似的相关性（Mayorga-Vega et al.，2016）。因此，可以利用跑步速度峰值来预测运动员的耐力项目表现。

（三）跑步经济性

跑步经济性（running economy，RE）是指在次极限负荷的特定速度下跑步，摄氧量达到稳定状态时每单位体重的摄氧量，这是一个评价有氧耐力的参数。从概念上来看，跑步经济性是通过测定几种跑步速度或功率自行车负荷下的能量消耗来评估的（曾令东，

2020）。图 4–10 显示了两名长跑运动员在不同跑步速度下的摄氧量变化。请注意，在任何给定的速度下，相同时间内运动员 B 每单位体重需要的氧气更少，因此比运动员 A 每单位体重消耗的能量更少（即运动员 B 比运动员 A 跑步时更经济）。运动员之间在跑步经济性方面的显著差异可能会对有氧耐力成绩产生重要影响（Sullivan et al.，2019）。

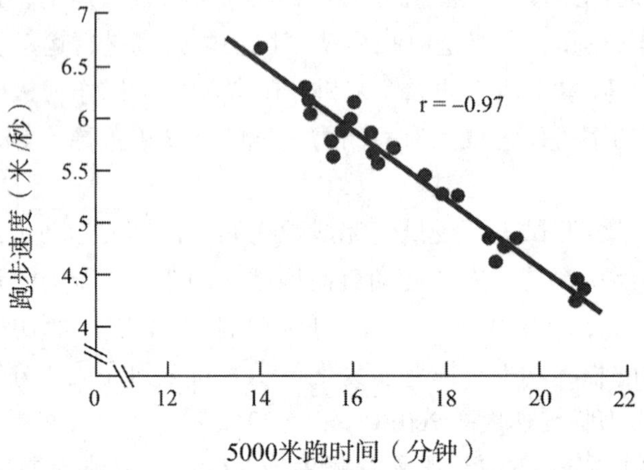

图 4–9　跑步速度峰值与 5000 米竞赛速度的关系

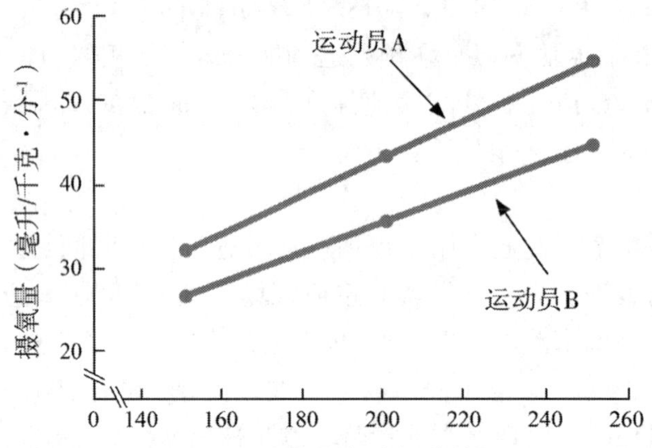

图 4–10　两名运动员的摄氧量—跑步速度曲线

到目前为止，对跑步经济性的研究由于方案、气体分析设备、数据平均技术和受试者最大有氧能力的差异，很难确定什么是好的、一般的和差的跑步经济性。不少学者认识到了这些潜在的局限性。表 4–1 列出了现有文献中不同能力水平男、女长跑运动员的标准化跑步经济性数据。

（四）利用乳酸阈值和跑步经济性来预测跑步成绩

决定耐力的三个关键生理学因素是 VO_2max、乳酸阈值和跑步经济性。为了预测耐力

表 4-1 不同能力水平男、女长跑运动员的标准化跑步经济性数据（Barnes et al.，2015）

运动水平	速度（千米 / 时）	男性均值（范围）		女性均值（范围）	
		RE（毫升/千克·分$^{-1}$）	VO_2max（毫升/千克·分$^{-1}$）	RE（毫升/千克·分$^{-1}$）	VO_2max（毫升/千克·分$^{-1}$）
业余选手	10	36.7（35.4 ~ 38.8）	54.2（51.0 ~ 57.8）	37.7（32.8 ~ 42.6）	49.7（45.2 ~ 54.1）
	12	42.2（40.4 ~ 45.3）	—	43.2（38.5 ~ 48.1）	—
	14	47.4（46.0 ~ 49.5）	—	47.3（40.1 ~ 51.9）	—
中级	12	40.7（37.4 ~ 48.1）	62.2（56.6 ~ 69.1）	41.9（28.9 ~ 41.7）	55.8（50.5 ~ 59.4）
	14	46.8（42.0 ~ 55.5）	—	47.9（41.3 ~ 53.5）	—
	16	51.4（51.6 ~ 62.3）	—	52.9（45.7 ~ 61.0）	—
高级	12	—	70.8（65.3 ~ 80.2）	41.3（33.3 ~ 50.2）	61.7（56.2 ~ 72.3）
	14	45.0（32.4 ~ 56.5）	—	48.3（39.0 ~ 56.7）	—
	16	50.6（40.5 ~ 66.8）	—	54.5（46.2 ~ 61.9）	—
	18	58.1（48.0 ~ 72.0）	—	58.6（54.4 ~ 67.1）	—
	20	66.5（65.7 ~ 71.9）	—	—	—
精英级	14	39.9（36.1 ~ 44.5）	75.4（68.2 ~ 84.1）	41.9（38.7 ~ 46.9）	66.2（61.1 ~ 74.2）
	16	47.9（43.2 ~ 53.4）	—	48.9（45.1 ~ 55.8）	—
	18	55.9（50.5 ~ 62.3）	—	56.1（51.8 ~ 63.8）	—
	20	63.91（57.5 ~ 71.2）	—	—	—

项目的比赛成绩，我们必须确定运动员在特定比赛距离内可以保持的最大比赛速度。

以 10000 米跑项目为例。我们首先测定运动员的跑步经济性，然后通过递增负荷测定 VO_2max 和乳酸阈值。

资料显示，10000 米跑中运动员所能够保持的最快跑速与乳酸阈值或通气阈值存在密切关系。训练有素的长跑运动员能以超出其乳酸阈值对应速度 5 米 / 分钟的速度完成 10000 米比赛（Powers et al.，2018）。有了这些研究结果，结合图 4–11，我们可以预测运动员的比赛成绩。

首先，我们确定乳酸阈值所对应的摄氧量，图 4–11（a）显示乳酸阈值出现时的摄氧量为 40 毫升 / 千克 · 分 $^{-1}$，相当于跑步速度为 200 米 / 分钟［图 4–11（b）］。假设运动员可以超过这个速度，那么预计 10000 米的平均比赛速度将是 205 米 / 分钟。因此，运动员完成 10000 米比赛所需时间可以通过 10000 米除以预计跑步速度（米 / 分钟）来获得，即：

预计完成 10000 米的时间 =10000 米 ÷205 米 / 分钟 ≈ 48.78 分钟

尽管理论上可以对比赛成绩进行预测，但在实际比赛时，会有一些外部因素共同作用影响着最终成绩，如比赛动机、比赛战术、环境条件（如温度、湿度、海拔高度、风速）等。

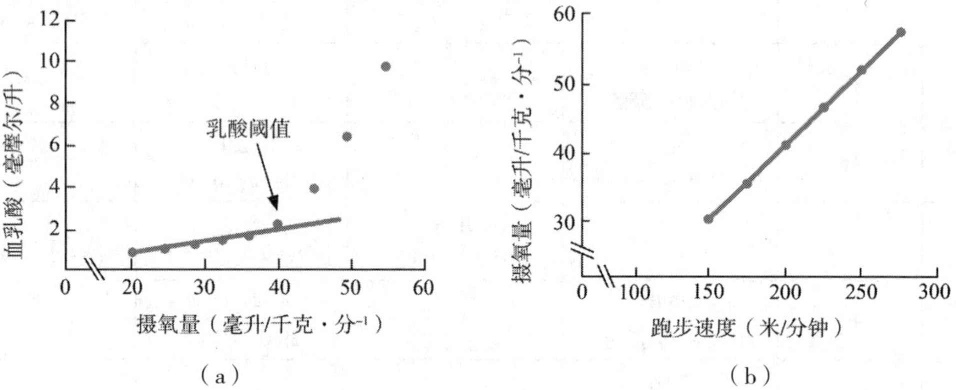

图 4–11　假设的跑步者的递增负荷测试结果

说明：这些测试结果可以用来预测运动员耐力赛跑的表现。

二、场地测试

最大有氧能力的实验室测试需要专业跑台气体分析仪。如果条件有限，也可以采用被研究证实了的、与 VO_2max 有高度相关性的场地测试作为替代方法。这些方法是以距离或者时间为基础来评估有氧耐力，可以测量受试者在设定的时间内（如 12 ～ 15 分钟）全力完成的跑动距离，或全力完成设定的某一距离（如 1500 米、3000 米）所用的时间。这些方法具有实用性（如不需要昂贵的设备）和时间效率（如可以一次测试多个对象）等多方面的优势。

常用的有氧能力的场地测试方法分为基于固定时间和固定距离两种类型（Mill，2019；Fukuda，2020）。此外，还有根据特殊的负荷形式（台阶、深蹲）的心率估算 VO_2max 的方法。

（一）基于固定时间的场地极限测试

该测试是让受试者尽全力，在预先设定的某一固定时间内以最快的速度完成更多的位移。该测试多采用跑步的方式，也可采用骑自行车或者游泳的方式。由于时间限制是此类测试的基础，所以需要检测的主要指标就是受试者完成的距离。常用的固定运动时间有 5 分钟跑、库珀 12 分钟跑等。

库珀 12 分钟跑是使用较为普遍的方法。研究表明，库珀 12 分钟跑测试的跑动距离与 VO_2max 存在高度相关（r=0.90），而且可以根据受试者 12 分钟跑的完成距离（千米）预估其 VO_2max（毫升 / 千克・分 $^{-1}$），计算公式（Bandyopadhyay，2015）为：

$$VO_2max = (22.351 \times 距离) - 11.288$$

除此以外，20 米多级折返跑、Yo Yo 测试也是场地极限强度有氧能力测试方法。

（二）基于固定距离的场地测试

该测试是让受试者尽全力在最短的时间内完成预先设定的某一距离的位移。常用的固定距离有 1500 米、2400 米、3000 米、5000 米、10000 米和 42.195 千米（马拉松跑）。该测试根据受试者完成固定距离的所用时间来预测 VO_2max。

第三节　有氧耐力的测试程序

一、20 米多级折返跑测试

1. 测试目的

20 米多级折返跑，也称渐进性有氧心肺耐力跑或者蜂鸣测试（beep test），测试过程是让受试者以最大努力程度连续完成多次递增跑速的 20 米折返跑。它是一个基于跑步的有氧耐力测试方法。该测试适用于需氧量很高的运动项目，如足球、篮球、橄榄球、曲棍球、冰球等。

该测试包含 21 个级别。起始跑速是 8.0 千米 / 时，每分钟递增 0.5 千米 / 时。随着测试的进行，“哔哔”声之间的时间间隔会逐渐缩短，受试者完成 20 米折返跑的时间也相应缩短，从而提高了运动强度。一声“哔哔”表示每个 20 米的跑动结束，连续发出三声“哔哔”表示下一个级别跑速的测试开始。

2. 测试指标

最后完成的速度等级、完成 20 米折返跑的次数、总跑动距离、预测的 VO_2max。

3. 所需器材设备

锥形筒或标志盘、胶带、皮尺、智能手机或预先录制的音频文件、音频播放器、扬声器、成绩记录表格（表 4–2）。

表 4-2　20 米多级折返跑的数据收集表

速度等级	速度（千米 / 时）	每次折返用时（秒）	该级别用时（秒）	累计用时（分钟·秒）	该级别总距离（米）	20 米折返次数	实际完成的 20 米折返跑次数
1	8.0	9.00	63.0	1:03	140	7	
2	9.0	8.00	64.0	2:07	160	8	
3	9.5	7.58	60.6	3:08	160	8	
4	10.0	7.20	64.8	4:12	180	9	
5	10.5	6.86	61.7	5:14	180	9	
6	11.0	6.55	65.5	6:20	200	10	
7	11.5	6.26	62.6	7:22	200	10	
8	12.0	6.00	66.0	8:28	220	11	
9	12.5	5.76	63.4	9:32	220	11	
10	13.0	5.54	60.9	10:32	220	11	
11	13.5	5.33	64.0	11:36	240	12	
12	14.0	5.14	61.7	12:38	240	12	
13	14.5	4.97	64.6	13:43	260	13	
14	15.0	4.80	62.4	14:45	260	13	
15	15.5	4.65	60.4	15:46	260	13	
16	16.0	4.50	63.0	16:49	280	14	
17	16.5	4.36	61.1	17:50	280	14	
18	17.0	4.24	63.5	18:53	300	15	
19	17.5	4.11	61.7	19:55	300	15	
20	18.0	4.00	64.0	20:59	320	16	
21	18.5	3.89	62.3	22:01	320	16	
总计							

4. 测试前的准备工作

用皮尺量出 20 米的距离，起、止点处各放置锥形筒或标志盘并画出标志线（图 4-12）。在开始评估之前，应进行标准化的热身，然后有 3 ~ 5 分钟的休息和恢复时间。

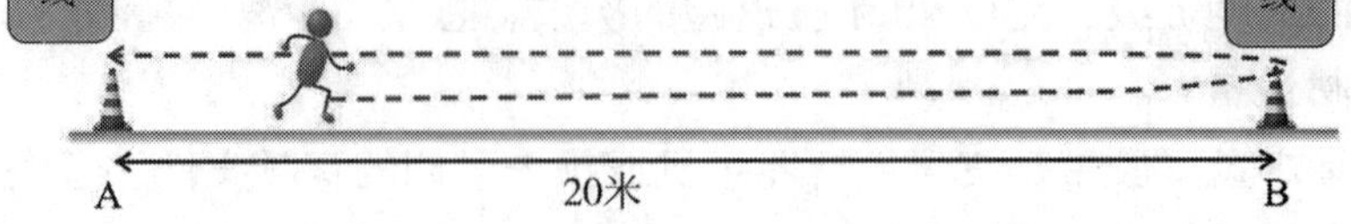

图 4-12　20 米多级折返跑的测试场地示意图

5. 测试程序

（1）对受试者说：我们要测量你能持续跑动的时间和最终在相距 20 米的 2 个锥形筒或标志盘之间折返跑的次数。如果你准备好了，请站在起跑线后面。

（2）当录音指示测试开始时，受试者从起点（A 点）开始跑动，在第一次“哔哔”声响起之前及时跑到 B 点，然后转身折返，在下次“哔哔”声响起时（或之前）跑到 A 点（这样记为 1 次折返跑，相当于 40 米）。以此类推。在 7 次折返跑之后，两次“哔哔”声响起的间隔会越来越短，所以受试者必须跑得更快才能及时到达标志线。在每次折返时，受试者需要至少有一只脚踩到或者越过标志线。

（3）记录员站在每条线或锥形筒的正前方，监督受试者是否至少有一只脚在“哔哔”声响起时及时到达标志线或锥形筒。如果受试者未能够及时到达，记录员要对其作出口头警告。

（4）受试者尽自己最大努力进行折返跑，每次至少有一只脚在“哔哔”声响起时要及时达到折返线，否则就要受到一次警告。但如果受试者受到第一次警告之后，在下一次“哔哔”声响起时提前或按时到达折返线，则取消前一次的警告，下一次未及时到达折返线记为第一次警告。如此记录直至受试者连续 2 次跟不上音频的“哔哔”声节奏而未能及时达到折返线，则终止测试。体能教练或研究人员在记录表上记录受试者完成的速度级别和 20 米折返跑次数。如，受试者跑到 17 级，重复了 8 次折返跑后被终止测试，则成绩记录为“17 级、8 次折返”。如果此受试者在下一次“哔哔”声响起之前距离折返线还有不到一半的距离，则记录为 8 次（Walker，2016）。

（5）预测 VO_2max（Haff et al.，2012；Walker，2016；Leger et al.，1988）。

任何年龄组：$VO_2max = 31.025 + 3.238 \times$ 速度 $- 3.248 \times$ 年龄 $+ 0.1536 \times$ 速度 $\times$ 年龄

成年人：$VO_2max = -23.4 + 5.8 \times$ 速度

18 岁的青年：$VO_2max = -27.4 + 6.0 \times$ 速度

备注：①速度为终止测试时受试者达到的跑速（千米 / 时）；②年龄四舍五入到最接近的整数；③ VO_2max 的单位为毫升 / 千克 · 分 $^{-1}$。

6. 注意事项

（1）本方法在测试时受试者持续进行递增负荷跑动，对于间歇性耐力运动项目（如足球、曲棍球）的运动员可能缺乏特异性。因而，体育科研人员后来又研发出了 Yo Yo 间歇性恢复测试。

（2）在进行大样本量测试时，很难跟踪哪些运动员在“哔哔”声响起之前未能连续地到达终点。因此，本方法不能对大批受试者同时进行测试。

（3）受试者对测试过程的熟悉程度会影响测试结果，这意味着不熟悉测试过程的个人可能会获得低于实际的成绩，因此强烈建议受试者事先熟悉测试程序。

二、Yo Yo 间歇性恢复测试

1. 测试目的

Yo Yo 间歇性恢复测试（Yo Yo intermittent recovery test，YYIRT）让受试者以最大努力完成递增跑速的间歇性 20 米折返跑。它是一个基于跑步的有氧耐力测试方法。该测试适用于评估对高强度间歇性跑动能力有较高需求的运动项目（如足球、篮球、橄榄球、曲棍球等）的运动员。

Yo Yo 间歇性恢复测试有 2 个级别，分别为 YYIRT1 和 YYIRT2。两者的区别在于起始跑速的不同，YYIRT2 的起始跑速要快于 YYIRT1。相比之下，YYIRT2 更适合于间歇性、高强度项目的运动员（即大多数团队项目、力量或爆发力型运动员），而 YYIRT1 更适合耐力型运动员或间歇性高强度运动项目中训练不足的运动员。

2. 测试指标

最后完成的速度等级、完成 20 米折返跑的次数、总跑动距离、预测的 VO_2max。

3. 所需器材设备

锥形筒或标志盘、胶带、皮尺、智能手机或预先录制的音频文件、音频播放器、扬声器、成绩记录表格（表 4–3、表 4–4）。

表 4–3 Yo Yo 间歇性恢复测试级别 1（YYIRT1）的数据收集表

速度等级	速度（千米 / 时）	配速（分/千米）	每个 20 米折返跑的用时（秒）	完成的 20 米折返跑次数（2×20 米）/ 次	实际完成的 20 米折返跑次数
1	10.0	6.0	7.20	1	
2	11.5	5.2	6.26	1	
3	13.0	4.6	5.54	1、2	
4	13.5	4.4	5.33	1、2、3	
5	14.0	4.3	5.14	1、2、3、4	
6	14.5	4.1	4.97	1、2、3、4、5、6、7、8	
7	15.0	4.0	4.80	1、2、3、4、5、6、7、8	
8	15.5	3.9	4.65	1、2、3、4、5、6、7、8	
9	16.0	3.8	4.50	1、2、3、4、5、6、7、8	
10	16.5	3.6	4.36	1、2、3、4、5、6、7、8	
11	17.0	3.5	4.24	1、2、3、4、5、6、7、8	
12	17.5	3.4	4.11	1、2、3、4、5、6、7、8	

续表

速度等级	速度（千米 / 时）	配速（分 / 千米）	每个 20 米折返跑的用时（秒）	完成的 20 米折返跑次数（2×20 米）/ 次	实际完成的 20 米折返跑次数
13	18.0	3.3	4.00	1、2、3、4、5、6、7、8	
14	18.5	3.24	3.89	1、2、3、4、5、6、7、8	
15	19.0	3.16	3.79	1、2、3、4、5、6、7、8	
总计					

表 4-4　Yo Yo 间歇性恢复测试级别 2（YYIRT2）的数据收集表

速度等级	速度（千米 / 时）	配速（分 / 千米）	每个 20 米折返跑的用时（秒）	完成的 20 米折返跑次数（2×20 米）/ 次	实际完成的 20 米折返跑次数
1	13.0	4.6	5.54	1	
2	15.0	4.0	4.80	1	
3	16.0	3.8	4.50	1、2	
4	16.5	3.6	4.36	1、2、3	
5	17.0	3.5	4.24	1、2、3、4	
6	17.5	3.4	4.11	1、2、3、4、5、6、7、8	
7	18.0	3.3	4.00	1、2、3、4、5、6、7、8	
8	18.5	3.2	3.89	1、2、3、4、5、6、7、8	
9	19.0	3.2	3.79	1、2、3、4、5、6、7、8	
10	19.5	3.1	3.69	1、2、3、4、5、6、7、8	
11	20.0	3.0	3.60	1、2、3、4、5、6、7、8	
12	20.5	2.93	3.51	1、2、3、4、5、6、7、8	
13	21.0	2.86	3.43	1、2、3、4、5、6、7、8	
14	21.5	2.8	3.35	1、2、3、4、5、6、7、8	
15	22.0	2.7	3.27	1、2、3、4、5、6、7、8	
总计					

4. 测试前的准备工作

如图 4-13 所示，用皮尺量出 20 米的距离，将其中一条直线指定为起始线，另一条直线指定为折返线。在距离起始线 5 米处画出第三条直线，指定为恢复线。三条线上放置锥形筒或者标志盘。

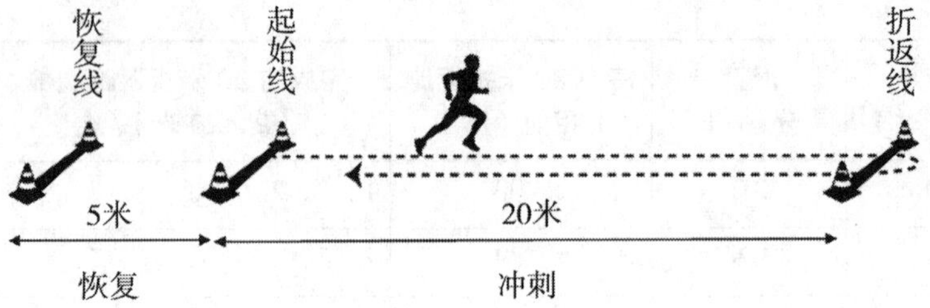

图 4–13 Yo Yo 间歇性恢复测试的场地示意图

在开始评估之前，受试者应进行标准化的热身，然后有 3 ~ 5 分钟的休息和恢复时间。

5. 测试程序

（1）对受试者说：我们要测量你能持续跑动的时间和最终在相距 20 米的 2 个锥形筒（或标志盘）之间折返跑的次数，每完成 1 次 20 米折返跑之后，你有一个 10 秒钟的恢复期。如果你准备好了，请站在起跑线后面。

（2）当录音指示测试开始时，受试者从起始线开始跑动，在第一次“哔哔”声响起之前及时跑到折返线，然后转身折返，在下次“哔哔”声响起时（或之前）跑到起始线（这样记为 1 次折返跑，1 次折返跑相当于 40 米）。到达起始线后减速跑直至到达恢复线，然后马上转身回到起始线，静待下一次“哔哔”声响起。随着测试的进行，两次“哔哔”声响起的间隔会越来越短，所以受试者必须跑得更快才能及时到达标志线。在每次折返时，受试者需要至少有一只脚踩到或者越过标志线。

（3）记录员监督受试者是否至少有一只脚在“哔哔”声响起时及时到达标志线，如果受试者未能够及时到达，记录员要对其作出口头警告。如果受试者连续两次在“哔哔”声响起时不能回到起始线，则终止测试，记录完成的折返总数（包括最后两次未完成的跑动）。

（4）预测 VO_2max（Bansbo，2008）。

YYIRT1：VO_2max =（跑动距离 × 0.0084）+ 36.4

YYIRT2：VO_2max =（跑动距离 × 0.0136）+ 45.3

备注：①跑动距离为折返跑总次数 × 40 米；② VO_2max 的单位为毫升 / 千克 · 分$^{-1}$。

三、Yo Yo 间歇性耐力测试

1. 测试目的

Yo Yo 间歇性耐力测试（Yo Yo intermittent endurance test，YYIET）与 Yo Yo 间歇性恢复测试类似，也是让受试者以最大努力完成递增跑速的间歇性 20 米折返跑，它是一个基于跑步的有氧耐力测试方法，而且 YYIET 也有 YYIET1 和 YYIET2 两个级别。两者的区别在于起始跑速的不同，YYIET2 的起始跑速要快于 YYIET1。YYIET 的恢复期是 5 秒，恢复线与起始线之间是 2.5 米。YYIET1 主要用于非精英和青年运动员，YYIET2 主要用于女性足球运动员。

2. 测试指标

最后完成的速度等级、完成 20 米折返跑的次数、总跑动距离、预测的 VO_2max。

3. 所需器材设备

锥形筒或标志盘、胶带、皮尺、智能手机或预先录制的音频文件、音频播放器、扬声器、成绩记录表格（表 4–5、表 4–6）。

表 4–5 Yo Yo 间歇性耐力测试级别 1（YYIET1）的数据收集表

速度等级	速度级别	速度（千米 / 时）	折返跑次数（2×20 米）/ 次	每级跑速下的距离（米）	总距离（米）	实际完成的 20 米折返跑次数
1	1	8.00	2	80	80	
2	3	9.00	2	80	160	
3	5	10.00	2	80	240	
4	6	10.50	8	320	560	
5	6.5	10.75	8	320	880	
6	7	11.00	8	320	1200	
7	7.5	11.25	3	120	1320	
8	8	11.50	3	120	1440	
9	8.5	11.75	6	240	1680	
10	9	12.00	6	240	1920	
11	9.5	12.25	6	240	2160	
12	10	12.50	6	240	2400	
13	10.5	12.75	6	240	2640	
14	11	13.00	6	240	2880	
15	11.5	13.25	6	240	3120	
16	12	13.50	6	240	3360	
17	12.5	13.75	6	240	3600	
18	13	14.00	6	240	3840	
19	13.5	14.25	6	240	4080	
20	14	14.50	6	240	4320	

表 4–6 Yo Yo 间歇性耐力测试级别 2（YYIET2）的数据收集表

速度等级	速度级别	速度（千米 / 时）	折返跑次数（2×20 米）/ 次	每级跑速下的距离（米）	总距离（米）	实际完成的 20 米折返跑次数
1	8	11.50	2	80	80	
2	10	12.50	2	80	160	

续表

速度等级	速度级别	速度（千米 / 时）	折返跑次数（2×20 米）/ 次	每级跑速下的距离（米）	总距离（米）	实际完成的 20 米折返跑次数
3	12	13.50	2	80	240	
4	13	14.00	8	320	560	
5	13.5	14.25	8	320	880	
6	14	14.50	8	320	1200	
7	14.5	14.75	3	120	1320	
8	15	15.00	3	120	1440	
9	15.5	15.25	6	240	1680	
10	16	15.50	6	240	1920	
11	16.5	15.75	6	240	2160	
12	17	16.00	6	240	2400	
13	17.5	16.25	6	240	2640	
14	18	16.50	6	240	2880	
15	18.5	16.75	6	240	3120	
16	19	17.00	6	240	3360	
17	19.5	17.25	6	240	3600	
18	20	17.50	6	240	3840	
19	20.5	17.75	6	240	4080	
20	21	18.00	6	240	4320	

4. 测试前的准备工作

如图 4–14 所示，用皮尺量出 20 米的距离并在两端画两条直线，将其中一条直线指定为起始线，另一条直线指定为折返线。在距离起始线 2.5 米处画出第三条直线，指定为恢复线。三条线上放置锥形筒或者标志盘。在开始评估之前，受试者应进行标准化的热身，然后有 3 ～ 5 分钟的休息和恢复。

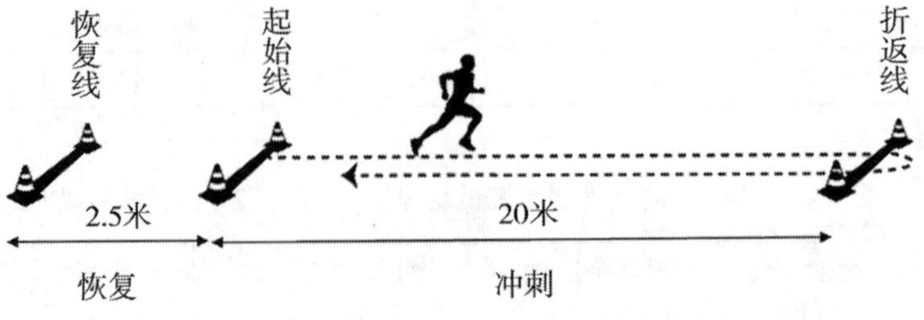

图 4–14　Yo Yo 间歇性耐力测试的场地示意图

5. 测试程序

（1）对受试者说：我们要测量你能持续跑动的时间和最终在相距 20 米的 2 个锥形筒（或标志盘）之间折返跑的次数，每完成 1 次 20 米折返跑之后，你有一个 5 秒钟的恢复期。如果你准备好了，请站在起跑线后面。

（2）当录音指示测试开始时，受试者从起始线开始跑动，在第一次“哔哔”声响起之前及时跑到折返线，然后转身折返，在下次“哔哔”声响起时（或之前）跑到起始线（这样记为 1 次折返跑，相当于 40 米）。到达起始线后减速跑直至到达恢复线，然后马上转身回到起始线，静待下一次“哔哔”声响起。随着测试的进行，两次“哔哔”声响起的间隔会越来越短，所以受试者必须跑得更快才能及时到达标志线。在每次折返时，受试者需要至少有一只脚踩到或者越过标志线。

（3）记录员监督受试者是否至少有一只脚在“哔哔”声响起时及时到达标志线，如果受试者未能够到达，对其作出口头警告。如果受试者连续两次“哔哔”声响起时不能回到起始线，则终止测试，记录完成的折返总数（包括最后两次未完成的跑动）。

四、基于距离的步行或跑步测试

基于距离的步行或跑步测试，例如美国海军使用的 1.5 英里（约 2.41 千米）测试和美国陆军使用的 2 英里（约 3.22 千米）测试，因为得到的分数与“黄金标准”的心肺健康指标（即 VO_2max）有关，并且可以很容易地进行大规模使用，所以一直是军队体能测试的经典组成部分。

1. 测试目的

以受试者步行或跑步完成固定距离的时间来评估心肺功能。

2. 测试指标

完成固定距离的时间、预测的 VO_2max。

3. 所需器材设备

秒表、皮尺、锥形筒或标志盘、田径场。

4. 测试前的准备工作

在标准的 400 米跑道上进行该测试。

以 1.5 英里测试为例，将 100 米跑的起跑线设定为本测试起点，在距离起点 14 米处标出为终点，摆放锥形筒或标志盘（图 4–15）。受试者要完成完整的 6 圈以及额外的 14 米。在开始评估之前，受试者应进行标准化的热身，然后有 3 ～ 5 分钟的休息和恢复时间。

5. 测试程序

（1）对受试者说：我们要测量你完成 1.5 英里跑或走的时间。如果你准备好了，请站在起点处。

（2）向受试者发出“3——2——1——开始”的口头信号，受试者尽可能快地完成 1.5 英里跑或走。

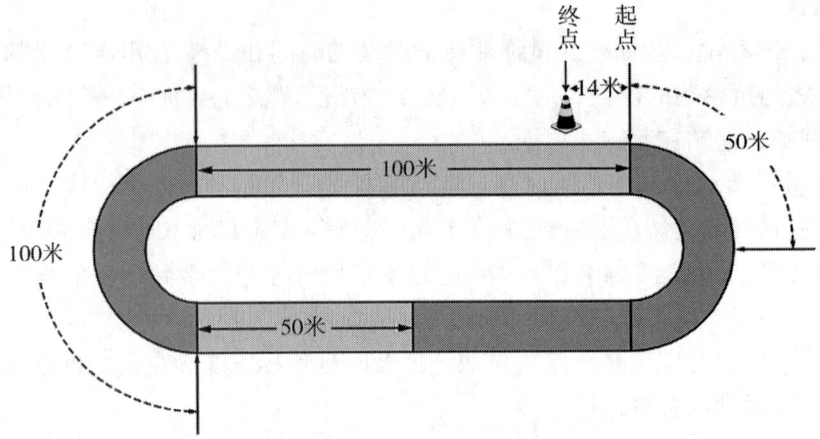

图 4–15　1.5 英里测试场地示意图

（3）记录完成规定距离的耗时，精确到秒。

（4）预测 VO_2max（毫升 / 千克 · 分 $^{-1}$）。

① 根据受试者的体重（千克）和完成 1.5 英里测试的时间（分）预测 VO_2max，预测公式为（Fukuda，2020）：

男性：$VO_2max = 91.736 - (0.1656 \times 体重) - (2.767 \times 时间)$

女性：$VO_2max = 88.020 - (0.1656 \times 体重) - (2.767 \times 时间)$

备注：适用于 18 ~ 29 岁受试者。

② 根据受试者完成 2 英里测试的时间（分）预测 VO_2max，预测公式为（Fukuda，2020）：

男性：$VO_2max = 99.7 - (3.35 \times 时间)$

女性：$VO_2max = 72.9 - (1.77 \times 时间)$

备注：适用于 20 ~ 37 岁受试者。

③ 同类测试也有人将完成长度设为 1 英里（约 1.61 千米）。

根据受试者完成 1 英里测试的时间（分）预测 VO_2max，预测公式为（Fukuda，2020）：

男性：$VO_2max = (-9.06 \times 时间) + (0.38 \times 时间^2) + 98.49$

女性：$VO_2max = (-6.04 \times 时间) + (0.22 \times 时间^2) + 82.2$

备注：适用于 18 ~ 25 岁受试者。

五、基于时间的步行或跑步测试

1. 测试目的

以受试者在固定时间内完成的步行或跑步距离来评估心肺功能。

2. 测试指标

在固定时间内完成的步行或跑步距离、预测的 VO_2max。

3. 所需器材设备

秒表、皮尺、锥形筒或标志盘、田径场。

4. 测试前的准备工作

设定测试的时间（此处以 12 分钟为例），指定测试时的步行或跑步路线，并使用锥形筒或标志盘以 50 米间距在跑道上均匀摆放。

5. 测试程序

（1）对受试者说：我们要测量你在 12 分钟的时间内能够走或跑的距离。如果你准备好了，请站在起点处。

（2）向受试者发出“3——2——1——开始”的口头信号，然后记录其在规定时间内的步行或跑动距离，精确到米。

（3）预测 VO_2max（毫升 / 千克・分 $^{-1}$）。根据受试者在 12 分钟内跑动的距离（千米）预测最大有氧能力，预测公式为（Fukuda，2020）：

$VO_2max =$（22.35 × 距离）−11.28

六、次最大强度台阶测试

次最大强度台阶测试又称为皇后学院台阶测试（QCST）。由于该项测试的动作模式和消防救援工作中经常用到的动作模式相似，因此经常被用来评估消防员的心肺功能。研究发现，与标准运动服相比，当消防员穿戴个人防护装备和自给式呼吸器时，次最大强度台阶测试测得的最大有氧能力下降了约 18%（Perroni et al.，2015）。

1. 测试目的

受试者以固定的动作频率持续进行 3 分钟的次最大强度台阶测试，以心率来评估其心肺功能。

2. 测试指标

每分钟心率恢复率、预测的 VO_2max。

3. 所需器材设备

高 41.3 厘米（16.25 英寸）的台阶或跳箱、节拍器、心率表。

4. 测试前的准备工作

将节拍器设置为每分钟 88 次（每分钟上下台阶 22 次）。

5. 测试程序

（1）对受试者说：我们要测量你在 3 分钟台阶测试后的心率。如果你准备好了，请站在跳箱前。在听到“开始”的口令后，你一只脚踏上跳箱（领先脚），另一只脚随后踏上，然后再一只一只地踏下来。在测试过程中，如果感觉累了，可以换另外一只脚作为领先脚。上下台阶的动作尽可能同节拍器的节奏一致。3 分钟时间到了后我会告诉你，然后请你保持站立姿势，我会将手指放在你的颈部或者手腕部测量你的脉搏。

（2）向受试者发出“3——2——1——开始”的口头信号，令受试者按照节拍器的节奏进行上下台阶。如果受试者在语言鼓励下上下台阶仍然不能跟上节拍器的节奏，则终止测试。测试结束5秒钟后，测量受试者15秒的脉搏。

（3）预测 VO_2max（毫升 / 千克 · 分 $^{-1}$）。根据受试者在3分钟台阶测试后的心率（次 / 分钟）预测最大有氧能力，预测公式为（Fukuda，2020）：

男性：$VO_2max = 111.33 - (0.42 \times 心率)$

女性：$VO_2max = 65.81 - (0.1847 \times 心率)$

七、45秒深蹲测试

45秒深蹲测试，又称为Ruffier–Dickson测试。

1. 测试目的

受试者以固定的动作频率持续进行45秒的深蹲，以心率来评估其心肺功能（Sartor et al.，2016）。

2. 测试指标

心率恢复值、Ruffier–Dickson指数（RDI）、预测的 VO_2max。

3. 所需器材设备

秒表、节拍器、心率表、按摩床。

4. 测试前的准备工作

将节拍器设置为每分钟80次，动作节奏为1分钟完成40个深蹲。

5. 测试程序

（1）对受试者说：我们要测量你完成30个自重深蹲前后的心率。按照节拍器的节奏，你将在45秒内完成30次深蹲。如果你准备好了，请在按摩床上平躺5分钟，然后我会测量你安静时的心率。

（2）测完安静时的心率后，令受试者起立，将双臂交叉或者前平举于胸口，双足平行开立与肩同宽，保持背部挺直，双眼平视前方。在听到节拍器的“哔哔”声响起时下蹲到大腿与地面平行，脚踝、膝关节、髋关节均成90度；听到下一个“哔哔”声响起时伸髋伸膝回到起始姿势（图4–16）。

（3）提醒受试者在整个测试过程中保持正常呼吸，按照节拍器的节奏完成45秒30次深蹲后，令受试者平躺在按摩床上，15秒内尽快测量他的心率，休息1分钟后（第75秒）再次测量他的心率。

（4）预测心肺功能。

① 根据受试者安静时心率（HRrest）、测试结束后15秒心率（HR_{15s}）、测试结束后75秒心率（HR_{75s}）计算RDI。RDI的计算公式为（Fukuda，2020）：

$$RDI = [(HR_{15s} - 70) + 2 \times (HR_{75s} - HRrest)] / 10$$

图 4–16　45 秒深蹲测试动作示意

RDI 反映一般心肺功能。较低的 RDI 值代表更好的心肺适应性，较高的 RDI 值代表较差的心肺适应性。有研究认为，RDI ≤ 5 说明心肺功能良好，RDI 介于 6 ~ 10 之间说明心肺功能中等，RDI ≥ 11 说明心肺功能较差（Sartor et al.，2016）。

② 结合受试者的年龄（岁）、身高（厘米）预测 VO_2max（毫升 / 千克・分 $^{-1}$），预测公式为：

男性：VO_2max =（−0.0309 × 年龄）+（4.533 × 身高 /100）−（0.0864 × RDI）−3.228

女性：VO_2max =（−0.0309 × 年龄）+（4.533 × 身高 /100）−（0.0864 × RDI）−3.788

参考文献

[1] ABREU P, MENDES S V D, LEAL–CARDOSO J H, et al. Anaerobic threshold employed on exercise training prescription and performance assessment for laboratory rodents: a short review[J]. Life Sci. 2016, 151: 1–6.

[2] BANDYOPADHYAY A. Validity of cooper's 12–minute run test for estimation of maximum oxygen uptake in male university students[J]. Biol Sport. 2015, 32(1): 59–63.

[3] BANGSBO J, IAIA F M, KRUSTRUP P. The Yo–Yo intermittent recovery test: a useful tool for evaluation of physical performance in intermittent sports[J]. Sports Med. 2008, 38(1): 37–51.

[4] BARNES K R, KILDING A E. Running economy: measurement, norms, and determining factors[J]. Sports Med Open. 2015, 1(1): 8.

[5] CEREZUELA–ESPEJO V, COUREL–IBÁÑEZ J, MORÁN–NAVARRO R, et al. The relationship between lactate and ventilatory thresholds in runners: validity and reliability of exercise test performance parameters[J]. Front Physiol. 2018, 9: 1320.

[6] FLUECK J L, LIENERT M, SCHAUFELBERGER F, et al. Reliability of a 3–min all–out arm crank ergometer exercise test[J]. Int J Sports Med. 2015, 36(10): 809–813.

[7] GALÁN–RIOJA MÁ, GONZÁLEZ–MOHÍNO F, POOLE D C, et al. Relative proximity of critical power and metabolic/ventilatory thresholds: systematic review and meta–analysis[J]. Sports Med. 2020, 50(10): 1771–1783.

[8] GASKILL S E, RUBY B C, WALKER A J, et al. Validity and reliability of combining three methods to determine ventilatory threshold[J]. Med Sci Sports Exerc. 2001, 33(11): 1841–1848.

[9] HAFF G G, DUMKE C. Laboratory manual for exercise physiology[M]. Champaign: Human Kinetics, 2012.

[10] HOPKER J G, JOBSON S A, PANDIT J J. Controversies in the physiological basis of the 'anaerobic threshold' and their implications for clinical cardiopulmonary exercise testing[J]. Anaesthesia. 2011, 66(2): 111–123.

[11] KARSTEN B, JOBSON S A, HOPKER J, et al. Validity and reliability of critical power field testing[J]. Eur J Appl Physiol. 2015, 115(1): 197–204.

[12] LÉGER LA, MERCIER D, Gadoury C, et al. The multistage 20 metre shuttle run test for aerobic fitness. J Sports Sci. 1988, 6(2): 93–101.

[13] LUNDBY C, ROBACH P. Performance enhancement: what are the physiological limits?[J]Physiology(Bethesda). 2015, 30(4): 282–292.

[14] MAYPRGA–VEGA D, BOCANEGRA–PARRILLA R, ORNELAS M, et al. Criterion–related validity of the distance–and time–based walk/run field tests for estimating cardiorespiratory fitness: a systematic review and meta–analysis[J]. PLoS One. 2016, 11(3): e0151671.

[15] PERRONI F, GUIDETTI L, CIGNITTI L, et al. Absolute vs. Weight–related maximum oxygen uptake in firefighters: fitness evaluation with and without protective clothing and self–contained breathing apparatus among age group[J]. PLoS One. 2015, 10(3): e0119757.

[16] PETTITT R W, JAMNICK N, CLARK I E. 3–min All–out Exercise test for running[J]. Int J Sports Med. 2012, 33(6): 426–431.

[17] POOLE D C, ROSSITER H B, BROOKS G A, et al. The anaerobic threshold: 50+ years of controversy[J]. J Physiol. 2020. doi: 10. 1113/JP279963.

[18] POWERS S K, HOWLEY E T. Exercise physiology: theory and application to fitness and performance[M]. 10th ed. New York: McGraw–Hill Education, 2018.

[19] SARTOR F, BONATO M, PAPINI G, et al. A 45–second self–test for cardiorespiratory fitness: heart rate–based estimation in healthy individuals[J]. PLoS One. 2016, 11(12): e0168154.

[20] SCHEER V, RAMME K, REINSBERGER C, et al. VO_2max testing in trail runners: is there a specific exercise test protocol?[J] Int J Sports Med. 2018, 39(6): 456–461.

[21] SCOTT B K, HOUMARD J A. Peak running velocity is highly related to distance running performance[J]. Int J Sports Med. 1994, 15(8): 504–507.

[22] SULLIVAN I J O, JOGNSON M I, HIND K, et al. Are changes in running economy associated with changes in performance in runners? a systematic review and meta–analysis[J]. J Sports Sci. 2019, 37(13): 1521–1533.

[23] TANNER R K, GORE C J. Physiological tests for elite athletes[M]. Champaign: Human Kinetics, 2013.

[24] VANHATALO A, DOUST J H, BURNLEY M. Determination of critical power using a 3–min all–out cycling test[J]. Med Sci Sports Exerc. 2007, 39(3): 548–555.

[25] WALKER O. Multistage fitness (beep) test[EB/OL]. (2016-01-26)[2022-01-05]. https://www.scienceforsport.com/multistage–fitness–beep–test/#toggle–id–1.

[26] 戴维 · H. 富库达 . 运动表现测试与评估指南 [M]. 闫琪 , 赵芮 , 译 . 北京 : 人民邮电出版社 , 2020.

[27] 董德龙，王卫星，范安辉 . 临界功率（CP）: 释义与应用 [J]. 体育科学，2009，29(6): 77–84.

[28] 托德 · 米勒 . 美国国家体能协会体能测试与评估指南 [M]. 高炳宏 , 杨涛 , 译 . 北京 : 人民邮电出版社 , 2019.

[29] 曾令东 . 影响马拉松运动员跑步经济性的因素研究 [D]. 上海 : 上海体育学院，2020.

第五章 无氧耐力的测试与评估

第一节 影响无氧耐力表现的因素

随着运动强度的增加，肌纤维募集按Ⅰ型→Ⅱa型→Ⅱx型的顺序进行，这意味着运动过程中所需的ATP供应越来越依赖于无氧代谢。在这种情况下，短时间全力运动的运动表现及产生的疲劳与所执行的动作的特征有关。

一、超短时长的耐力运动表现

超短时长（< 10秒）的运动项目，如投掷类（铅球、标枪、铁饼）、跳跃类（跳高、跳远）和短跑类（50米跑、100米跑）运动项目，是高功率输出的运动项目，机体需要在超短时长内通过无氧代谢产生巨大的能量，此过程中Ⅱ型肌纤维被大量募集。

影响这类项目运动表现的因素主要是肌纤维的分布类型（Ⅰ型和Ⅱ型）和肌纤维的募集数量，其中，后者受到动机与唤醒水平的影响（图5-1）。此外，运动表现还受到专项运动技能的影响，这有赖于长期的技术训练（Powers et al.，2018）。在超短时长运动项目的比赛中，机体产生能量的多少主要由神经肌肉活动的需求决定，并且不受肌肉内能量供应的限制（Bundle et al.，2012）。

二、短时长的耐力运动表现

运动时间在10 ~ 60秒的运动项目，机体仍然主要是通过无氧代谢（> 70%）产生能量，主要募集快肌纤维。但是当运动时长延长到 180 秒时，大约 60% 的 ATP 是来自于有氧氧化供能系统。由于磷酸原供能系统只能够提供几秒钟的 ATP，绝大多数 ATP 将来自于糖酵解供能系统，这会导致乳酸的生成，使 H^+ 在肌肉和血液中累积。升高的 H^+ 影响糖酵解生成 ATP 的过程，和 / 或通过干扰肌钙蛋白与 Ca^{2+} 结合的能力来干扰肌纤维的收缩能力（图 5–2）。必须说明的是，在筋疲力竭的运动后，肌张力先于 H^+ 浓度恢复至运动前的水平，这表明了疲劳过程的复杂性（Powers et al.，2018）。为了推迟和延缓 H^+ 的堆积，有些运动员在赛前运用营养学的方法来提高机体的缓冲能力。

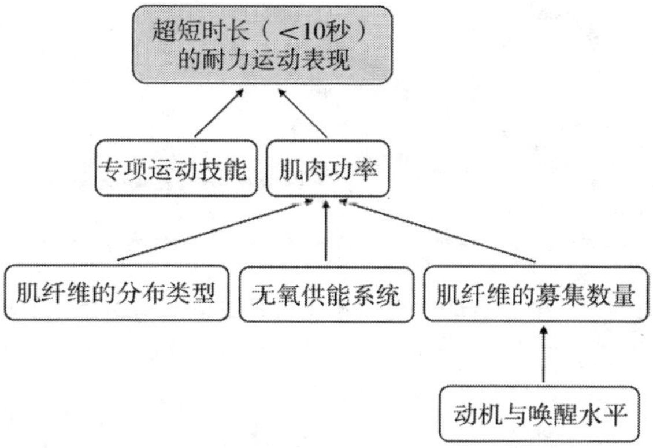

图 5–1　影响超短时长耐力运动表现的因素（Powers et al.，2018）

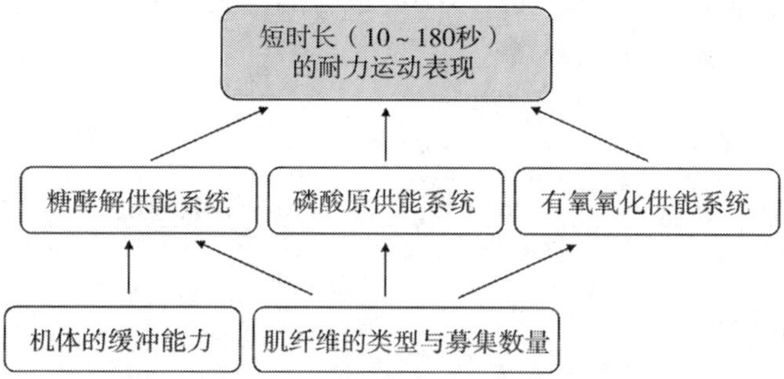

图 5–2　影响短时长耐力运动表现的因素（Powers et al.，2018）

第二节　无氧耐力的测试方法

评估无氧耐力采用的测试方法必须考虑运动员所从事的专项在解剖学和生理学中的特异性，即参与运动的肌肉群和能量代谢途径存在差异。无氧耐力是来自于无氧供能系统的总体能量，即磷酸原供能系统和糖酵解供能系统产生能量的总和。评估最大无氧耐力的测试通常分为测定磷酸原供能系统最大无氧耐力的超短时长测试，以及测定包括磷酸原供能系统和糖酵解供能系统在内的总体无氧耐力的短时长测试。持续 10 秒以下的全力运动主要动用磷酸原供能系统产生 ATP，而持续 30 ~ 60 秒的全力运动则将糖酵解供能系统作为合成 ATP 的主要途径（图 5-3）。设计用来评估运动员在特定运动中无氧耐力的测试方法时应牢记这一原则。

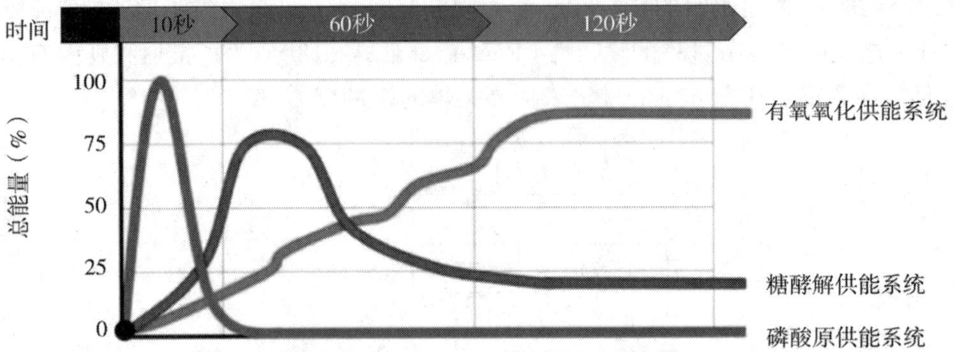

图 5-3　全力运动过程中各能量系统随时间的变化情况

一、测试类型

无氧供能系统在短时长（一般在 30 秒至几分钟之间）、高强度的活动中被高度动员。下面介绍的大多数测试都是在这个时长范围内进行的。无氧耐力测试包括单次全力测试、反复冲刺测试和反复跳跃能力测试。

（一）单次全力测试

单次全力测试要求受试者在超短时长或短时长内进行极限强度的运动，常用的单次全力测试主要有：

（1）30 秒温盖特测试（上肢、下肢）。

（2）坎宁安 – 福克纳测试。

（3）折返跑测试：如 100 码（10 × 10 码）折返跑、300 码折返跑、60 码折返跑等。

（4）中距离全力跑测试：如 300 米跑、400 米跑等。

（二）反复冲刺测试

反复冲刺能力是指运动员在 1 ~ 4 小时的比赛过程中需要反复进行的最大或接近最大运动强度（如冲刺）、伴随低强度至中等强度间歇的运动能力（Girard et al.，2011；蔡旭旦等，2017）。团队项目（如足球、橄榄球、篮球、曲棍球等）和持拍类项目（如网球、羽毛球等）的比赛中，运动员的主要运动形式为高强度、间歇性、重复性的冲刺。反复冲刺能力日益成为影响此类项目运动员比赛时体能表现的关键因素。

在这些运动项目的比赛中，冲刺的持续时间很少超过 10 秒，主要是在 6 秒以内。冲刺的特征：持续时间通常不超过10秒，同时人体一直到运动结束时能够保持最大的运动能力（如速度或功率）。对田径项目的研究发现，男子100米世界纪录保持者比赛时的跑动速度在50米以后维持在稳定的高速水平而没有出现下降，但是男子200米世界纪录保持者比赛时的跑动速度在100米以后出现了明显的下降。因此，可以认为100米跑的运动表现是一个冲刺运动，而200米跑的运动表现是一个全力运动。

高强度运动会动员无氧代谢系统参与供能，每一次短时间最大强度的运动都会通过糖酵解供能系统产生乳酸，加之没有足够的恢复时间，导致乳酸在体内堆积。有效地消除乳酸是减少肌肉疲劳、维持肌肉功率所必需的。按照有无疲劳的积累，反复冲刺可分为间歇性冲刺和重复性冲刺：间歇性冲刺是两次短时间（≤10秒）的冲刺之间有较为充分的休息时间（6～300秒），冲刺能力能够接近完全恢复；重复性冲刺是两次短时间（≤10秒）的冲刺之间有短时间（≤60秒）的休息，冲刺能力不能完全恢复。它们之间的区别在于：间歇性冲刺中仅有很小甚至几乎没有冲刺能力的下降，但是重复性冲刺中出现了较为明显的冲刺能力的下降（Girard et al.，2011；Bishop et al.，2011）。目前科研文献中主流的重复冲刺能力测试方法普遍是：①使用功率自行车测量；②通过场地跑测量，冲刺时间不超过10秒，场地冲刺距离不超过50米，每次冲刺后的恢复时间在60秒以内，冲刺次数在20次以内（Lopes-Silva et al.，2019）。

反复冲刺能力的高低取决于两方面的能力——最大冲刺能力和重复冲刺能力（最大恢复能力）。最大冲刺能力与ATP供应、爆发力、柔韧性、神经肌肉协调性等因素有关，重复冲刺能力则与磷酸肌酸再合成、氧化磷酸化以及肌肉缓冲能力有关（Girard et al.，2011；Lopes-Silva et al.，2019）。

常用的反复冲刺能力的测试方法主要有以下几种。

（1）10×20米（或35米）冲刺测试：10×20米（或35米）冲刺，每次冲刺后有20秒（或30秒）的恢复时间。

（2）冲刺疲劳测试：10×30米冲刺，每30秒进行一次冲刺（冲刺时间+恢复时间=30秒）。

（3）基于跑动的无氧冲刺测试：6×35米冲刺，每次冲刺后有10秒的恢复时间（Andrade et al.，2015）。

（4）澳式橄榄球冲刺恢复测试：6×30米冲刺，每20秒进行一次冲刺（冲刺时间+恢复时间=20秒）（Young et al.，2005）。

（5）国际足联间歇性测试1：6×40米冲刺，每次冲刺后有1分钟的恢复时间（Weston et al.，2009）。

（6）反复冲刺能力（repeat sprint ability，RSA）测试：10×20米冲刺，每20秒进行一次冲刺（冲刺时间+恢复时间=20秒）。

（7）索尼克测试：8×20米折返冲刺，每40秒进行一次冲刺（冲刺时间+恢复时间=40秒）。

（三）反复跳跃能力测试

反复跳跃能力测试通过一定时间内完成多次纵跳的次数评估受试者的下肢无氧功率。该测试的负荷可以是自重，也可以加上负重，取决于测试的目的与受试者的运动专项。这一测试通过生物力学测力台测定跳跃高度、平均功率、疲劳指数以及腾空时间、触地时间等参数来反映无氧能力。

常用的反复跳跃能力测试主要有以下两种。

（1）博斯科重复跳跃测试（Bosco repetitive jump test）：一定时间内尽可能多次重复完成下蹲（动作幅度近似于平行蹲）接最大用力的反向纵跳（countermovement jump，CMJ）。测试时间一般是 5 ~ 60 秒，通常选择 60 秒。这是因为 60 秒的连续跳跃触地时间累计约 30 秒，与温盖特测试的时间一致。

（2）2.5 分钟负重跳跃测试（2.5-minute loaded repeated jump test，LRJT）：完成 60 个负重反向纵跳（loaded countermovement jumps，LCMJ），负重杠铃的重量相当于体重的 40%，动作节奏为 2.5 秒 / 次（每次跳跃之间有短暂的暂停）。这一测试主要适用于高山滑雪运动员（Patterson et al.，2014）。

二、测试的动作模式

受试者进行无氧能力测试时的动作模式主要有功率自行车测试、上肢曲柄手摇式功率计测试、无动力曲面跑台冲刺测试、场地反复冲刺跑测试、反复跳跃测试、堪萨斯下蹲测试等。选择哪一种测试动作形式，需要考虑受试者运动专项的特点。

（一）功率自行车测试

采用功率自行车测试无氧能力，最经典的方法就是温盖特无氧功率测试（Wingate anaerobic power test，WAPT），也称温盖特测试，这是无氧功率测试的“黄金标准”。该方法由以色列温盖特研究所研发，旨在确定 30 秒的峰值无氧功率和平均功率输出。该测试具有很高的可重复性。

在测试时，受试者完成标准热身且休息 3 ~ 5 分钟后，在无阻力的情况下尽可能快地蹬踏自行车，达到最快转速之后，将功率自行车的阻力迅速增加到预定负荷，此预定负荷的大小与受试者的体重有关（表 5–1）。受试者继续尽快地蹬车，在测试的最初几秒钟内出现的最高输出功率就是峰值功率，代表了磷酸原供能系统产生 ATP 的最大速率。功率输出下降是无氧耐力的指标，反映了磷酸原供能系统和糖酵解供能系统共同产生 ATP 的最大能力。功率输出下降用峰值功率下降百分比来表示，计算公式为：

$$功率输出下降 = [（最高功率 - 最低功率）/ 最高功率] \times 100\%$$

表 5-1 根据受试者体重确定温盖特测试中设置的阻力（Powers et al.，2018）

受试者体重（千克）	功率自行车的阻力（公斤）
20.0 ~ 24.9	1.75
25.0 ~ 29.9	2.00
30.0 ~ 34.9	2.50
35.0 ~ 39.9	3.00
40.0 ~ 44.9	3.25
45.0 ~ 49.9	3.50
50.0 ~ 54.9	4.00
55.0 ~ 59.9	4.25
60.0 ~ 64.9	4.75
65.0 ~ 69.9	5.00
70.0 ~ 74.9	5.50
75.0 ~ 79.9	5.75
80.0 ~ 84.9	6.25
≥ 85.0	6.50

（二）上肢曲柄手摇功率计测试

对于那些主要依靠上肢进行短时间、高强度运动的项目，如拳击、冰壶（主要指擦冰手）和残奥会比赛项目轮椅竞速，要求运动员具备足够的上肢功率，以完成相应的技术动作。对于这些项目的运动员，可采用上肢曲柄手摇功率计进行上肢温盖特测试来评估其上肢的无氧功率（Wood，2008）。

采用上肢曲柄手摇功率计进行上肢温盖特测试时，为了能够测出最大的功率输出，需要根据受试者的训练水平和性别来设定阻力，阻力为相对负荷因子与体重的乘积。科研文献中选用的相对负荷因子范围较大，普通男性为 0.050 ~ 0.080，有训练经历的男性为 0.060 ~ 0.090，普通女性和有训练经验的女性为 0.040 ~ 0.070（Üçok et al.，2005；Jaafar et al.，2014）。对比采用各种相对负荷因子的 30 秒上肢温盖特测试的结果可以发现，峰值功率和平均功率的测定结果随着不同的相对负荷因子而不同，并且还与受试者的训练水平和性别有关。具体来说，有训练基础的男性、进行规律体育锻炼的男性、有训练基础的女性、进行规律体育锻炼的女性，其相对负荷因子分别为 0.075、0.070、0.065 和 0.060 时，5 秒的峰值功率最高；而他们的相对负荷因子分别为 0.075、0.055、0.050 和 0.050 时，30 秒的平均功率最高（Forbes et al.，2014）。

（三）无动力曲面跑台冲刺测试

运动员在传统的跑台上跑步，需要等待电机将皮带转动到一定的速度。而无动力曲面跑台（图 5–4）没有电机，运动员通过改变身体重心控制跑步速度，纯粹依靠人体自身带动跑步机运动，可以非常快地进行间歇性冲刺训练和测试。

图 5–4　无动力曲面跑台

目前，无动力曲面跑台冲刺测试已经替代了基于功率自行车冲刺的无氧功率测试方法，主要有三方面的原因。首先，受试者在无动力曲面跑台上运动，能够自己控制跑速，有助于研究和分析其在无动力曲面跑台上进行冲刺的力学特征和肌肉功率输出。其次，在无动力曲面跑台上进行冲刺的过程中，受试者的体重是需要克服的阻力（与现实生活中的情况一样），因此不需要预先设定阻力大小。第三，许多运动项目（如足球、曲棍球、篮球等）中有大量的间歇性反复冲刺运动，无动力曲面跑台与这些项目的运动形式具有较好的生态相关性。

使用无动力曲面跑台冲刺测试评估无氧功率的方法，可以采用全力冲刺 10 秒（Chia et al.，2008）或 30 秒（Gonzalez et al.，2013），以冲刺的距离、峰值速度、平均速度、峰值功率、平均功率来反映无氧能力。研究证实，30 秒无动力曲面跑台冲刺测试是可靠的，而且测定值与 30 秒温盖特测试结果具有显著的相关性（Gonzalez et al.，2013）。

（四）场地反复冲刺跑测试

基于跑动的无氧冲刺测试反映了运动员的反复冲刺能力，可以评价其在间歇性、短时间、大强度运动中的无氧能力和无氧功率，以及无氧运动后的恢复能力（Andrade et al.，2015）。这些能力与那些以跑动为基础的运动项目中要求运动员具备出色的反复高强度、间歇性运动及比赛表现有关。

尽管使用功率自行车进行的温盖特测试是测量无氧功率的“黄金标准”，但它也存在一些不足。首先，实验过程需要有足够技术能力和经验的检测人员以及昂贵的专用功率计；其次，该测试的负荷形式与那些有爆发性跑跳技术动作的项目不匹配，参与工作的肌群及其收缩形式也不相同。因此，在有快速冲刺的动作模式和体能需求的团队项目（如足球、篮球）和执拍类项目（如网球、羽毛球）中，可以将场地反复冲刺测试作为温盖特测试的替代方法。场地反复冲刺测试简单易行，需要的测试设备很少，并具有显著的测试信度和效度，还可以获得多个有价值的参数。对体能教练或研究人员来说，它通常是一个很好的测试方法。

以反复冲刺能力表现出来的间歇性无氧能力，其典型的运动现场测试是间歇性无氧冲刺测试，即反复进行短时间、高强度冲刺跑，其中穿插一定的间歇时间。在间歇时间内，受试者可以休息或进行低强度活动（如走动）。通常，反复冲刺能力测试中每次冲刺的时间在 10 秒以内，每次冲刺的距离不超过 40 米，每次冲刺后的间歇时间在 25 ～ 30 秒之间。但是这种间歇性、反复直线冲刺的测试不能完全模拟团队项目的跑动模式，尤其是缺少加速、减速、变向的环节。为了符合团队项目的专项特点，科学家又设计出最大无氧折返跑测试（Dardouri et al.，2014），如 5 米多次折返跑测试（Boddington et al.，2004）、改良式重复性灵敏测试（Jebabli et al.，2017）等。它们符合团队项目大强度、间歇性、加速 - 减速 - 变向这样的专项跑动模式，而且通过这些测试方法所得到的最大功率、平均功率都与温盖特测试结果存在很好的相关性，可以作为无氧耐力的测试方法。

反复冲刺能力测试以各次冲刺当中的最快速度、平均速度、冲刺总用时、疲劳指数来反映无氧能力。在一个 10 × 20 米反复直线冲刺测试的研究中，将各次冲刺速度的变化绘制成折线图（图 5–5）。根据折线图的变化特征，可以分析出受试者的运动能力特点（Lehnert et al.，2012）。

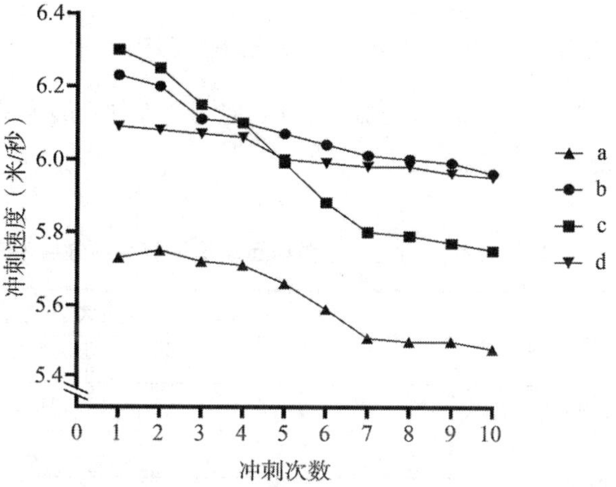

图 5–5　10 × 20 米反复直线冲刺测试中冲刺速度的变化（Lehnert et al.，2012）

• 曲线 a：运动能力不高，随着冲刺次数的增加，每次冲刺的速度下降明显，提示受试者无氧和有氧的可训练性也较低。

• 曲线 b：冲刺速度很快，恢复能力也不错，提示受试者具备很好的体能水平和机能状态。

• 曲线 c：前几次冲刺速度很快，但是随后各次冲刺速度的下降较大，提示受试者是速度 - 力量型的运动员。

• 曲线 d：冲刺速度不快，但是速度下降率较低，提示受试者是耐力型的运动员。

图 5–6 是评估美式橄榄球运动员短时间反复高功率输出能力的 10 × 40 码冲刺能力测试的结果（Powers et al.，2018）。运动员完成 10 次全力 40 码冲刺，两次冲刺之间有 25

秒间歇时间，这个时间用于模拟美式橄榄球比赛中 2 个回合之间的间隔时间。图 5–6 中，曲线 A 是训练有素的运动员的数据，曲线 B 是体能不佳的运动员的数据。曲线 A 和曲线 B 都是负斜率，即疲劳斜率，表明随着冲刺次数的增加，每次冲刺的速度逐渐在下降。与体能不佳的运动员 B 相比，训练有素的运动员 A 的疲劳斜率较小，说明其能够保持相对较快的冲刺速度。

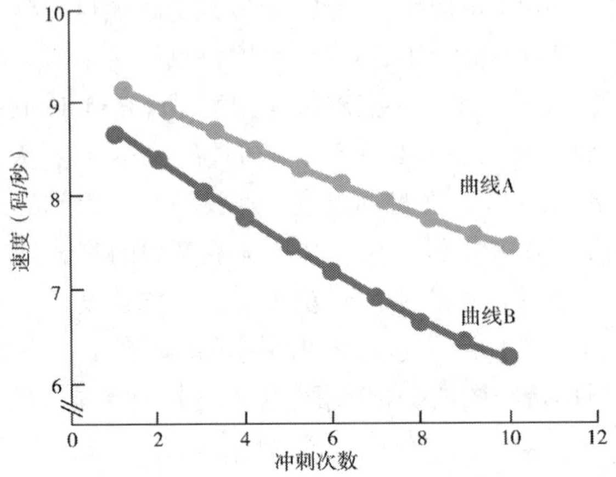

图 5–6　10 × 40 码冲刺能力测试中不同运动员的速度变化（Powers et al.，2018）

在训练实践中，体能教练根据运动员在最后 3 次冲刺中的最大速度保持百分比，可以将运动员分为四个等级（表 5–2）。

表 5–2　基于 10 × 40 码冲刺能力测试的美式橄榄球运动员体能水平分级（Powers et al.，2018）

等级	最大速度保持百分比
优秀	≥ 90%
良好	85% ～ 89%
次佳	80% ～ 84%
差	≤ 79%

注：最大速度保持百分比 =（最后 3 次冲刺速度的均值 ÷ 前 3 次冲刺速度的均值）× 100%。

（五）反复跳跃测试

温盖特测试中下肢肌肉的工作方式以向心收缩为主。与之相比，反复跳跃测试的优势在于充分地利用了下肢肌肉拉长 – 缩短循环（stretch–shortening cycle，SSC）的机制，适用于有大量跳跃动作的运动项目，如篮球、高山滑雪等。例如，在世界杯滑雪比赛中，平均大约每 1 ～ 1.5 秒就有一个转身动作；大回转滑雪比赛和超级大回转滑雪比赛中平均一次转身的时间分别为 1.5 ～ 2 秒和 2.4 ～ 3 秒（Patterson et al.，2014）。在比赛中，运动员需要完成大量的反复跳跃技术动作，并且需要有在整场比赛中保持跳跃水平不下降的能力。

无氧能力的测试过程应当尽可能模拟专项技术动作的时间和节奏。博斯科重复跳跃测试是一个典型的反复跳跃测试，通常用于评估篮球、高山滑雪、体操等项目运动员的无氧能力。该测试的典型特征是受试者执行快速下肢肌肉拉长－缩短循环的跳跃动作。但对高山滑雪项目的分析表明，高山滑雪不是一个爆发性的项目，比赛中肌肉进行的是慢速的离心收缩。结合高山滑雪中的大回转、超级大回转、滑降等项目的比赛时间、技术动作和比赛规则，测试高山滑雪运动员无氧能力的跳跃动作应该采用慢动作节奏、非连续跳跃。基于此，有学者设计了 2.5 分钟负重跳跃测试来评估该项目运动员的无氧能力。受试者需要完成的60个负重反向纵跳是模拟世界杯大回转项目中运动员绕过相同数量旗门的动作，2.5分钟的测试时间与竞速的滑降和超级大回转项目相符合（Patterson et al.，2019）。该测试长期以来也是奥地利滑雪协会使用的体能测试方法之一。

（六）堪萨斯下蹲测试

堪萨斯下蹲测试是一个通过测量受试者进行重复下蹲动作的功率来反映无氧功率的测试方法（Fry et al.，2014）。相对于温盖特测试，堪萨斯下蹲测试可以在健身房使用运动员已经熟悉的设备和技术动作进行，对于以力量训练为重点的运动员来说，这种测试方法在监测训练适应性方面比温盖特测试更实用，优势更明显。堪萨斯下蹲测试还可以用于力量训练的训练监控、评估受试者的力量表现和短时间身体做功的能力。

该测试需要测定受试者在史密斯架上完成平行蹲动作（即大腿与地面平行）的 1RM 成绩。正式测试时的负荷为70%的系统质量。系统质量是受试者的1RM成绩与其体重之和。受试者需要按照 6 秒钟完成 1 次的动作节奏（即 3-0-3）重复 15 次杠铃背蹲。通过使用绑在杠铃杆上的外部测功仪来测量每一次动作的功率。在测试过程中，受试者下蹲幅度需要达到大腿与地面平行的程度，向上蹲起过程中不能有跳跃动作，足跟也不能离开地面（Fry et al.，2014；Luebbers et al.，2015）。

有研究发现，堪萨斯下蹲测试与温盖特测试之间的最大功率和平均功率呈显著正相关（最大功率：r=0.775，$P < 0.05$。平均功率：r=0.752，$P < 0.05$），但是相对疲劳百分比无显著相关性（r=0.174，$P > 0.05$）；温盖特测试后的血乳酸高于堪萨斯下蹲（$P < 0.05$），但是两个测试之间的总做功无显著性差异（$P > 0.05$）。受试者进行堪萨斯下蹲测试期间，间歇性地执行杠铃背蹲动作，能够更好地评估来自于人体磷酸原供能系统的功率；而温盖特测试中人体在很大程度上是依赖于糖酵解供能系统（Fry et al.，2014）。堪萨斯下蹲测试可以作为经常采用杠铃深蹲作为力量训练手段的人群评估下肢无氧能力的测试方法，在缺少自行车测功仪的情况下也可以作为温盖特测试的替代方法（Luebbers et al.，2015）。

三、无氧能力测试的注意事项

（一）热身

运动前的静态拉伸可能对重复冲刺能力、变向能力、跳跃能力等相关运动能力造成消极的影响。因此，在进行无氧能力测试时，需要精心设计热身的内容与方法。目前推荐测试前采用动态热身，有时也可以考虑采用特殊的热身策略，如激活后增强效应（DeRenne，2010）。

测试前的热身还需要考虑效率的问题。有研究比较了较长时间的传统热身方式与改良的短时间热身方式对足球运动员重复冲刺能力的影响，结果显示，改良后的短时间热身在提升运动员重复冲刺运动表现上更有效率（van den Tillaar et al.，2016）。

（二）环境温度

适宜的热环境（30 摄氏度左右）能够提升运动员重复冲刺中最大功率输出和平均功率输出。不同温度环境（如 18.7 摄氏度与 30.1 摄氏度）对运动员重复冲刺能力的最大功率有影响。

（三）重复冲刺过程中的恢复措施

为了更高效地完成重复冲刺测试，提高重复冲刺测试成绩，在每一次冲刺后的间歇时间内可以采用主动恢复或被动恢复两种方法。在重复冲刺的间歇恢复过程中，如果单次全力运动时间较长（＞30 秒），机体内产生大量乳酸堆积，且间歇休息时间较长（＞3 分钟），则建议执行主动恢复，以加快体内乳酸的代谢。如果冲刺时间较短（0 ~ 15 秒），并且间歇休息时间较短（＜45 秒），则建议执行被动恢复，以加快磷酸原供能系统的恢复速率（Bishop et al.，2011）。

（四）结合专项选择测试的动作模式

评估无氧能力的主要负荷形式是功率自行车冲刺、场地冲刺、跳跃，有时也采用连续下蹲。选择哪一种负荷形式需要结合受试者所从事的专项，例如：足球和橄榄球项目通常采用反复冲刺的形式；篮球项目不仅有反复冲刺形式的测试，还有反复跳跃形式的测试。

第三节　无氧耐力的测试程序

一、单次全力测试

（一）下肢温盖特测试

1. 测试目的

下肢温盖特测试是通过全力蹬骑功率自行车冲刺 30 秒，评估受试者下肢的力量与功率。

2. 所需器材设备

（1）功率自行车。温盖特测试通常使用 Monark 功率自行车。如果使用其他品牌的功率自行车（如 Fleisch 功率自行车）则需要设定不同的负荷指标。

（2）测试专用软件。

3. 测试前的准备工作

（1）测量受试者体重，计算出测试时的阻力。阻力为 0.075 公斤 / 千克体重（Monark 功率计）。

（2）检查和校准仪器，调整自行车座椅高度。

（3）热身：受试者以正式测试时负荷的 20% 为阻力骑行 3 ～ 5 分钟，在每分钟的最后阶段全力冲刺蹬骑 5 秒，然后对股四头肌、腘绳肌和小腿肌肉进行轻微的动态拉伸。

（4）休息 3 分钟后开始正式的测试。

4. 测试程序

（1）对受试者说：我们将通过功率自行车测量你的下肢无氧功率，你需要尽全力完成 30 秒自行车冲刺。如果你准备好了，请调整到适宜的骑行姿势。

（2）向受试者发出“3——2——1——开始”的口令，令他以最快的频率冲刺 30 秒。在最初的几秒钟内，受试者首先在没有负荷的情况下全力冲刺，一旦达到最大速度（一般在开始 1 ～ 3 秒后），受试者需要在外加负荷的情况下全力蹬骑 30 秒。在外加负荷实施后，测试即开始，数据记录过程也相应开始。车轮转动次数 ×2 即是功率自行车的转速（转/分），根据车轮前 5 秒转动次数可推算出峰值功率（通常是前 5 秒的平均功率）。对于 Monark 功率自行车来说，车轮每转动一圈的距离为 1.615 米。

（3）在 30 秒全力蹬骑冲刺后，测试结束。测试结束后，建议受试者不要马上停止或从功率自行车上下来，而是在无负荷的情况下以 60 ～ 80 转 / 分的转速继续骑行 2 ～ 3 分钟。

5. 测试指标

温盖特测试系统的专用软件能够自动得出如下 6 个指标：

（1）峰值功率：指测试过程中产生的最高功率（单位：瓦特），通常出现在测试的最初 5 秒内。

（2）平均功率：指在整个测试过程中的平均功率（单位：瓦特）。

（3）最小功率：指测试过程中产生的最低功率（单位：瓦特），通常出现在测试的最后 5 秒内。

（4）总功：指在测试过程中完成的总功（单位：焦耳）。

（5）疲劳指数：指在测试期间输出功率下降的百分比。它表示通过 ATP-CP 和糖酵解供能系统产生 ATP 的总能力。该数值越高，受试者的无氧功率下降的越明显。疲劳指数 = 100 ×（峰值功率－最小功率）/ 峰值功率。

（6）无氧耐力：每个 5 秒的峰值功率的总和。

6. 注意事项

受试者的臀部在测试过程中不能离开自行车车座。

（二）上肢温盖特测试

1. 测试目的

上肢温盖特测试是通过全力手摇上肢曲柄手摇功率计 30 秒，评估受试者上肢的力量与功率。这一方法适用于赛艇、皮划艇、游泳、轮椅竞速等对上肢功率输出要求较高的运动项目。

2. 所需器材设备

上肢曲柄手摇功率计（图 5–7）、计时器。

图 5–7　上肢曲柄手摇功率计

3. 测试前的准备工作

（1）测量受试者的体重。

（2）受试者调整好身体姿势、上肢曲柄手摇功率计的高度和曲柄长度（手摇过程中，受试者的上肢能够完全伸直）。如果是下肢残障运动员，坐在轮椅上后需要将轮椅固定在地面上。其他运动员可采用站姿。

（3）设定负荷。负荷 = 相对负荷因子 × 体重。相对负荷因子的选择与性别、训练水平有关：普通男性为 0.050 ~ 0.080，有训练经历的男性为 0.060 ~ 0.090，普通女性和有训练经验的女性为 0.040 ~ 0.070（Forbes et al.，2014）。

（4）热身：以一定的负荷（功率男性为 60 瓦、女性为 30 瓦）持续手摇上肢曲柄手摇功率计 10 分钟，在第 5、第 6、第 7 分钟时分别进行 5 秒的冲刺。热身后进行 2 分钟的上肢、躯干肌群的动态拉伸。

4. 测试程序（Forbes et al.，2014）

（1）对受试者说：我们将通过上肢曲柄手摇功率计来测量你的上肢力量和功率，你需要全力手摇功率计 30 秒。如果你准备好了，请双手紧握手柄做好准备。

（2）受试者开始阶段以一定的负荷（功率男性为 60 瓦、女性为 30 瓦）手摇上肢曲柄手摇功率计 1 分钟，然后给予受试者“加快——加快——3——2——1——冲”的口令，在 3 ~ 4 秒内加到既定的负荷。达到既定负荷的同时开始计时，受试者需要克服阻力尽可能快速而有力地持续手摇上肢曲柄手摇功率计 30 秒。

（3）测试过程中给予受试者语言鼓励，但是没有视觉反馈，也不告诉受试者剩余时间。

（4）测试结束后需进行主动恢复，受试者在无阻力的情况下手摇上肢曲柄手摇功率计不超过 5 分钟。

5. 测试指标

温盖特测试系统的专用软件能够自动得出如下 6 个指标：

（1）峰值功率：指测试过程中产生的最高功率（单位：瓦特），通常出现在测试的最初 5 秒内。

（2）平均功率：指在整个测试过程中的平均功率（单位：瓦特）。

（3）最小功率：指测试过程中产生的最低功率（单位：瓦特），通常出现在测试的最后 5 秒内。

（4）总功：指在测试过程中完成的总功（单位：焦耳）。

（5）疲劳指数：指在测试期间输出功率下降的百分比。它表示通过 ATP-CP 和糖酵解供能系统产生 ATP 的总能力。该数值越高，受试者的无氧功率下降的越明显。疲劳指数 = 100 ×（峰值功率—最小功率）/ 峰值功率。

（6）无氧耐力：每个 5 秒的峰值功率的总和。

（三）坎宁安 – 福克纳测试

1. 测试目的

坎宁安 – 福克纳测试是在跑台上进行的最大努力的无氧能力测试，受试者在 12.9 千米 / 时的速度和 20% 的坡度的负荷下，尽可能坚持长时间的跑动。

2. 所需器材设备

跑台、血乳酸仪、秒表。

3. 测试前的准备工作

热身：10 分钟跑台练习，要求速度 10 ～ 12 千米 / 时、坡度 0%；然后进行 2 分钟动态拉伸。

4. 测试程序（Thomas et al.，2001）

（1）对受试者说：我们将通过跑台全力冲刺测试来测量你的无氧能力，你需要尽全力坚持跑动尽可能长的时间。如果你准备好了，我们将启动跑台。

（2）快速启动跑台，当跑台速度达到 12.9 千米 / 时，向受试者发出“3——2——1——开始”的口令，令他按照跑台的速度跑动尽可能长的时间，直到力竭。

（3）在测试过程中给予语言鼓励。

5. 测试指标

（1）跑动时间：受试者达到力竭的时间。

（2）运动后的血乳酸：运动后采集末端血测定峰值功率。

6. 注意事项

为保证安全，紧急情况下受试者可双手扶住跑台两侧并发力撑起身体，双脚跨在跑台皮带两侧，测试人员迅速按下紧急制动键。

（四）300 码折返跑测试

1. 测试目的

受试者全力完成 12 次 25 码（22.85 米）折返跑（累计 300 码），以跑动时间评估其无氧能力。这一测试适用于有多次冲刺的运动项目，如篮球、足球、橄榄球、曲棍球等。

2. 所需器材设备

标志牌、电子计时器、平整的场地。

3. 测试前的准备工作

布置好场地（图 5–8）。

标准化热身：10 分钟。

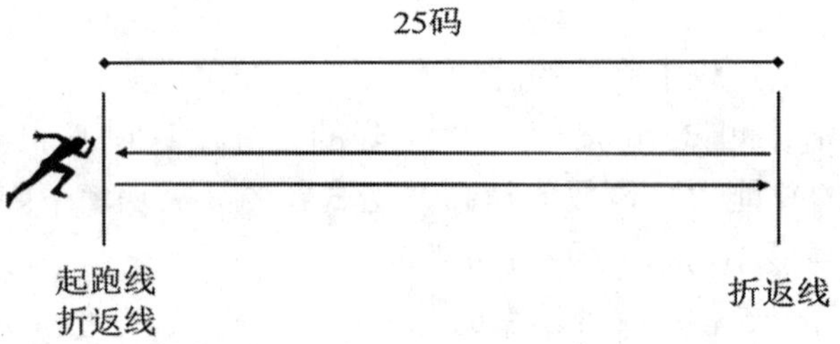

图 5–8　300 码折返跑场地示意图

4. 测试程序

（1）对受试者说：我们将通过 12 次 25 码折返跑来测量你的无氧能力，你需要全力奔跑。如果你准备好了，请站在起跑线上。

（2）向受试者发出“3——2——1——开始”的口令，受试者在距离为 25 码的两条线之间尽可能快地往返冲刺，要求一只脚必须越过或踩到折返线，才能够转身跑向另外一端。

（3）测试 2 次，每次间隔 5 分钟。

5. 测试指标

完成时间取 2 次测试中的最短时间。

6. 注意事项

这是一个最大努力程度的无氧能力测试，要求受试者全力完成各次折返跑。

（五）60 码折返跑测试

1. 测试目的

60 码（54.84 米）折返跑是一个无氧能力测试，受试者需要依次完成 5 码、10 码、15 码的折返跑，累计 60 码，折返跑过程中，有多个加速、减速和灵敏动作。这个测试是美国橄榄球运动员体能测试方案中的一项，也曾经是美国军队体能测试中的一项。

2. 所需器材设备

标志牌、电子计时器、平整的场地。

3. 测试前的准备工作

布置好场地（图 5–9）。

标准化热身：10 分钟。

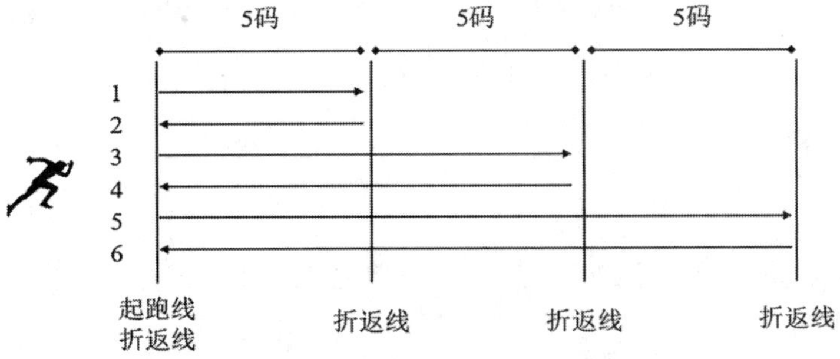

图 5–9 60 码折返跑测试场地示意图

4. 测试程序

（1）对受试者说：我们将通过 60 码折返跑来测量你的无氧能力，你需要全力奔跑。如果你准备好了，请站在起跑线上。

（2）向受试者发出“3——2——1——开始”的口令，受试者依次完成 5 码、10 码、15 码折返跑，每次折返时手要触及到折返线。

（3）重复 2 次测试，间隔 5 分钟。取最好成绩。

5. 测试指标

完成的时间。

6. 注意事项

这是一个最大努力程度的无氧能力测试，要求受试者自始至终全力完成各次折返跑。每次折返时手务必要触到折返线，否则测试无效。

（六）300 米全力跑测试

1. 测试目的

300 米全力跑是一个长距离奔跑测试，用于评估无氧能力。

2. 所需器材设备

标志牌、计时器、平整的场地。

3. 测试前的准备工作

标准化热身：10 分钟。

4. 测试程序

（1）对受试者说：我们将通过 300 米跑来测量你的无氧能力，你需要全力奔跑。如果你准备好了，请站在起跑线上。

（2）向受试者发出“3——2——1——开始”的口令，受试者全力进行 300 米冲刺，记录完成的时间。

5. 测试指标

完成的时间。

6. 注意事项

这是一个最大努力程度的无氧能力测试，要求受试者全力完成。测试前受试者需要进行充分的热身。测试中良好的跑步节奏有助于受试者取得更好的测试成绩。

（七）堪萨斯下蹲测试

1. 测试目的

通过测量受试者进行重复下蹲动作的功率来评估其下肢无氧能力。

2. 所需器材设备

史密斯杠铃架、节拍器、线性传感器。

3. 测试前的准备工作

（1）测量受试者的体重（body weight，BW）。

（2）测定在史密斯架上完成平行蹲动作（即大腿与地面平行）的 1RM 成绩。

（3）计算系统质量（system mass，SM）：SM=1RM+BW。

（4）调整好杠铃的高度，在杠铃杆上绑好外部测功仪。

（5）热身：做自由重量杠铃背蹲动作，按照 30%1RM × 5 次 × 1 组、50%1RM × 5 次 × 2 组的顺序进行。

4. 测试程序（Fry et al.，2014）

（1）对受试者说：我们将通过重复下蹲动作来测量你的下肢无氧能力，你需要按照节拍器的节奏全力完成 15 次深蹲，要求每次都蹲到大腿与地面平行。如果你准备好了，请做好背蹲的预备姿势。

（2）打开节拍器，向受试者发出“3——2——1——开始”的口令，受试者按照 6 秒钟完成 1 次的动作节奏（即 3-0-3）重复 15 次杠铃背蹲。

（3）使用绑在杠铃杆上的外部测功仪测量功率。

5. 测试指标

（1）最大功率：15 次重复平行蹲动作中的最高功率测定值（通常出现在 1 ~ 3 次重复动作中）。

（2）平均功率：15 次重复平行蹲动作功率的平均值。

（3）最小功率。

（4）疲劳指数：疲劳指数 =100 ×（最大功率 – 最小功率）/ 最大功率。

6. 注意事项

（1）下蹲的动作是平行蹲。

（2）在测试过程中，受试者不能有跳跃动作，足跟也不能离开地面。

二、反复冲刺测试

（一）10×20 米（或 35 米）冲刺测试

1. 测试目的

通过 10 次 20 米（或 35 米）全力冲刺、每次间歇 20 秒（或 30 秒）来评估受试者的反复冲刺能力。

2. 所需器材设备

标志牌、电子计时器、平整的场地。

3. 测试前的准备工作

（1）布置好场地（图 5–10）。

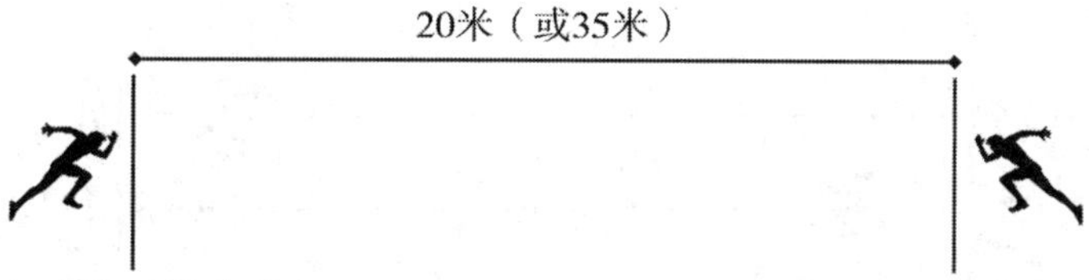

图 5–10　10×20 米（或 35 米）冲刺测试场地示意图

（2）标准化热身：10 分钟。

（3）熟悉测试：亚极限强度冲刺 20 米（或 35 米），重复 2 次，次间歇 20 秒（或 30 秒）。

（4）熟悉测试完成 3 分钟后开始正式测试。

4. 测试程序

（1）对受试者说：我们将通过 10×20 米（或 35 米）冲刺来测量你的间歇性反复冲刺能力，你需要全力完成每一次冲刺。如果你准备好了，请站在起跑线上。

（2）令受试者完成 10 次 20 米（或 35 米）全力冲刺，每次冲刺后有 20 秒（或 30 秒）的恢复时间。使用电子计时器记录每一次的冲刺时长。在间歇时间内，电子计时器以倒计时形式显示剩余时间。测试中冲刺方向依次交替。

（3）测定血乳酸：受试者完成 10 次冲刺 2 分钟后，指尖取血测定血乳酸，作为评价糖酵解供能系统动员程度的指标。

5. 测试指标（Lehnert et al.，2012）

（1）平均冲刺速度：10 次全力冲刺跑成绩的平均值，反映间歇性反复冲刺能力。

（2）疲劳指数：疲劳指数 =100×（$V_{1+2}-V_{9+10}$）/ V_{1+2}，反映速度的下降程度。其中，V_{1+2} 和 V_{9+10} 分别是前 2 次和最后 2 次冲刺成绩的平均值。

（3）最大无氧冲刺速度：前 2 次冲刺成绩的平均值。

（4）相对平均速度：相对平均速度（%）= 平均速度 / 最大冲刺速度 ×100%。该指标与疲劳指数都是反映维持间歇性反复冲刺能力的指标。

（二）冲刺疲劳测试

1. 测试目的

冲刺疲劳测试是一个无氧能力的测试，通过每 30 秒完成一个 30 米冲刺、共计 10 次冲刺来评估受试者冲刺之后的恢复能力和重复产生相同水平功率的能力。

2. 所需器材设备

标志牌、电子计时器、平整的场地。

3. 测试前的准备工作

（1）布置好场地（图 5-11）。B、C 是起跑线，B、C 之间是 30 米的冲刺区，A、B 之间和 C、D 之间是 10 米的缓冲区。

（2）标准化热身：10 分钟。

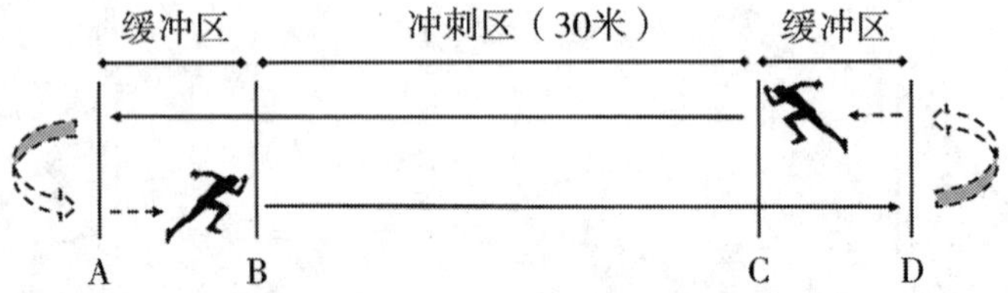

图 5-11　冲刺疲劳测试场地示意图

4. 测试程序（Wood，2008）

（1）对受试者说：我们将通过 10×30 米间歇性冲刺跑来测量你的间歇性反复冲刺能力，你需要全力完成每一次冲刺。如果你准备好了，请站在起跑线上。

（2）受试者站在起跑线 B 前，听到“3——2——1——跑”的口令后，全力快速向 C 冲刺（同时开始计时），并在不减速的情况下通过 C，到达 D 后转身，慢跑回到 C。在第一次冲刺开始后的第 30 秒进行下一次冲刺，如此反复冲刺 10 次（即在第一次冲刺开始后的第 30 秒、第 1 分钟、第 1.5 分钟、第 2 分钟等依次开始下一次冲刺）。采用自动计时设备记录每次 30 米冲刺的时间。

5. 测试指标

疲劳指数：疲劳指数 =100×（前 3 次冲刺成绩平均值 – 最后 3 次冲刺成绩平均值）/ 前 3 次冲刺成绩平均值。

（三）基于跑动的无氧冲刺测试

1. 测试目的

基于跑动的无氧冲刺测试，通过 35 米冲刺、间歇 10 秒，重复 6 次冲刺的测试来评估受试者的无氧功率（Keir et al.，2013；Andrade et al.，2015）。这一测试适用于有若干冲刺跑的大多数项目，如足球、篮球、橄榄球、曲棍球等。

2. 所需器材设备

标志牌、电子计时器、平整的场地。

3. 测试前的准备工作

（1）测量受试者的体重。

（2）布置好场地（图 5-12）。A、B 是起跑线，两线外侧是缓冲区。

（3）标准化热身：10 分钟。

4. 测试程序（Andrade et al.，2015）

（1）对受试者说：我们将通过 6×35 米间歇性冲刺跑来测量你的间歇性反复冲刺能力，你需要全力完成每一次冲刺。如果你准备好了，请站在起跑线上。

（2）受试者站在起跑线 A 前，听到“3——2——1——跑”的口令后，全力快速向 B 冲刺（同时开始计时），并在不减速的情况下通过 B。然后给受试者 10 秒的时间走回到 B 前，再向 A 全力冲刺。每次全力冲刺 35 米后，受试者有 10 秒的恢复时间。如此反复冲刺 6 次。采用自动计时设备记录每次 35 米冲刺的时间。

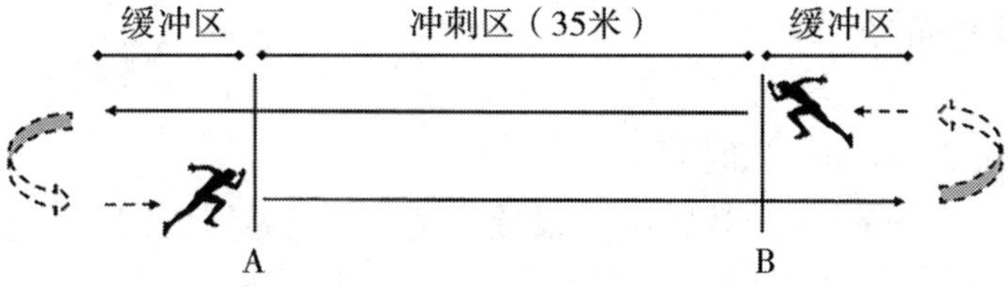

图 5-12　基于跑动的无氧冲刺测试的场地示意图

5. 测试指标（Andrade et al.，2015）

（1）记录每次 35 米冲刺的时间，算出最快速度和最慢速度。

（2）计算冲刺的功率：功率 = 体重 × 冲刺距离 ^{2} ÷ 时间 ^{3}，冲刺距离 = 35 米。

（3）疲劳指数：疲劳指数 =100×（最快速度 – 最慢速度）/ 最快速度，反映速度的下降程度。

（四）澳式橄榄球冲刺恢复测试

1. 测试目的

澳式橄榄球冲刺恢复测试通过每 20 秒完成 1 次 30 米冲刺，共计 6 次冲刺，来评估受试者冲刺之后的恢复能力和重复产生相同水平功率的能力。

2. 所需器材设备

标志牌、电子计时器、平整的场地（至少 50 米）。

3. 测试前的准备工作

（1）布置好场地（图 5-13）。A、B 是起跑线，两线外侧是缓冲区。

（2）标准化热身：10 分钟。

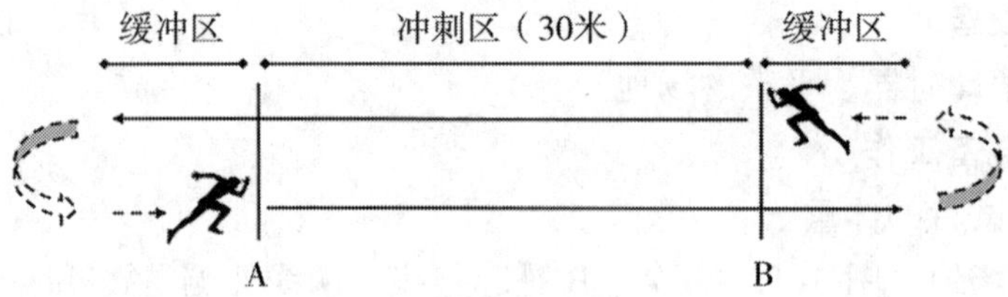

图 5-13　澳式橄榄球冲刺恢复测试场地示意图

4. 测试程序（Young et al.，2005）

（1）对受试者说：我们将通过 6×30 米间歇性冲刺跑来测量你的间歇性反复冲刺能力，你需要全力完成每一次冲刺。如果你准备好了，请站在起跑线上。

（2）受试者站在起跑线 A 前，听到“3——2——1——跑”的口令后，全力快速向 B 冲刺（同时开始计时），并在不减速的情况下通过 B，然后走回到 B 前。在第一次冲刺开始后的第 20 秒进行下一次冲刺，如此反复冲刺 6 次（即在第一次冲刺开始后的第 20 秒、第 40 秒、第 60 秒、第 1 分 20 秒、第 1 分 40 秒依次开始下一次冲刺）。采用自动计时设备记录每次 30 米冲刺的时间。

5. 测试指标

（1）记录每次 30 米冲刺的时间。

（2）疲劳指数：100×（最快速度 – 最慢速度）/ 最快速度，反映速度的下降程度。

（五）国际足联间歇性测试 1

1. 测试目的

国际足联间歇性测试 1 是针对于足球裁判员（主裁和边裁）的一个测试方法，也称为国际足联高强度体能测试或国际足联重复冲刺能力测试。该测试要求完成 6 个 40 米冲刺，每次冲刺后恢复 1 分钟，来评估足球裁判员冲刺之后的恢复能力和重复完成高强度冲刺跑的能力。这个测试也适用于篮球、橄榄球、曲棍球等项目。

2. 所需器材设备

标志牌、电子计时器、平整的跑道。

3. 测试前的准备工作

（1）布置好场地（图 5-14）。A、B 是起跑线，两线外侧是缓冲区。

（2）标准化热身：10 分钟。

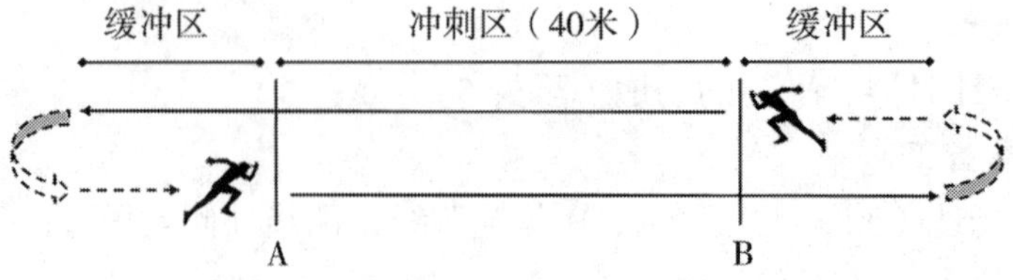

图 5-14　国际足联间歇性测试 1 场地示意图

4. 测试程序（Weston et al.，2009）

（1）对受试者说：我们将通过 6×40 米间歇性冲刺跑来测量你的间歇性反复冲刺能力，你需要全力完成每一次冲刺。如果你准备好了，请站在起跑线上。

（2）受试者站在起跑线 A 前，听到"3——2——1——跑"的口令后，全力快速向 B 冲刺（同时开始计时），并在不减速的情况下通过 B。然后给受试者 1 分钟的时间走回到 B 前，再向 A 全力冲刺。每次冲刺后有 1 分钟的恢复时间。采用自动计时设备记录每次 40 米冲刺的时间。

5. 测试指标

（1）记录每次 40 米冲刺的时间。

（2）疲劳指数：疲劳指数 =100×（最快速度 – 最慢速度）/ 最快速度，反映速度的下降程度。

（六）重复冲刺能力测试

1. 测试目的

重复冲刺能力测试通过每 20 秒完成 1 次 20 米冲刺，共计 10 次冲刺，来评估受试者冲刺之后的恢复能力和维持速度的能力（Wood，2008）。这一测试最初是针对网球项目的，现在也适用于有多次冲刺的运动项目，如足球、篮球、橄榄球、曲棍球等。

2. 所需器材设备

标志牌、电子计时器、平整的跑道。

3. 测试前的准备工作

（1）布置好场地（图 5–15）。A、B 是起跑线，两线外侧是缓冲区。

（2）标准化热身：10 分钟，包括慢跑（1 ~ 2 千米）、动态拉伸、30 ~ 40 米加速跑、10 ~ 20 米全力冲刺跑。

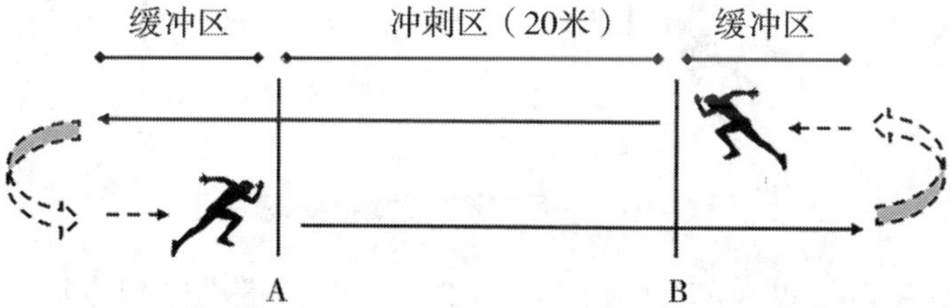

图 5–15　重复冲刺能力测试场地示意图

4. 测试程序（Wood，2008）

（1）对受试者说：我们将通过 10×20 米间歇性冲刺跑来测量你的间歇性反复冲刺能力，你需要全力完成每一次冲刺。如果你准备好了，请站在起跑线上。

（2）受试者站在起跑线 A 前，听到"3——2——1——跑"的口令后，全力快速向 B 冲刺（同时开始计时），并在不减速的情况下通过 B，然后走回到 B 前。在第一次冲刺开始后的第 20 秒进行下一次冲刺，如此反复冲刺 10 次。采用自动计时设备记录每次 20 米冲刺的时间。

5. 测试指标

（1）记录每次 20 秒冲刺的时间，找出最短时间，计算 10 次冲刺的总时间。

（2）计算速度下降率：速度下降率（%）=100%×（冲刺总时间 – 冲刺最短时间）/冲刺总时间。

（七）索尼克测试

1. 测试目的

索尼克测试通过每 40 秒完成 1 次 20 米折返冲刺，共计 8 次折返冲刺，来评估团队项目运动员（足球、五人制足球、篮球、手球、橄榄球等）折返冲刺之后的恢复能力和重复产生相同水平功率的能力。该测试有别于其他间歇性冲刺测试，因为其中有一个快速的转身折返，因而也包含了对变向速度的测试，更符合运动的实际情况。

2. 所需器材设备

标志牌、电子计时器、平整的跑道。

3. 测试前的准备工作

（1）布置好场地（图 5–16）。A、B 分别是起跑线和折返线，起跑线 A 左侧是缓冲区。

（2）标准化热身：10 分钟。

4. 测试程序（Wood，2008）

（1）对受试者说：我们将通过 8×20 米折返冲刺来测量你的间歇性反复冲刺能力，你需要全力完成每一次冲刺。如果你准备好了，请站在起跑线上。

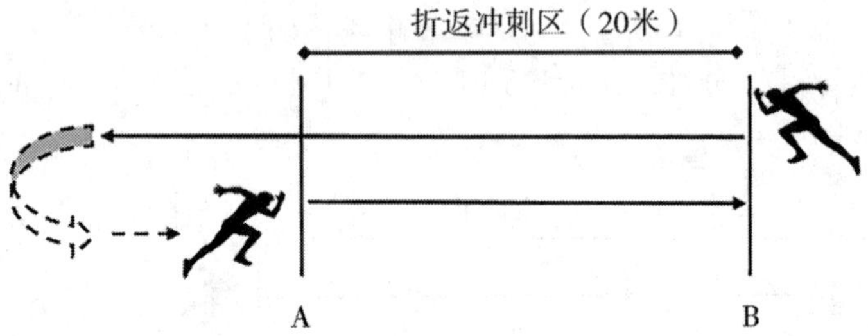

图 5–16　索尼克测试的场地示意图

（2）受试者站在起跑线 A 前，听到“3——2——1——跑”的口令后，全力向 B 冲刺（同时开始计时），一只脚踩到折返线 B 后迅速转身向起跑线 A 冲刺，并在不减速的情况下通过起跑线 A，然后走回到起跑线 A 前。在第一次 20 米折返冲刺开始后的 40 秒进行下一次折返冲刺，如此反复折返冲刺 8 次。采用自动计时设备记录每次 20 米折返冲刺的时间。

5. 测试指标（Wood，2008）

（1）记录每次冲刺的时间，找出最短时间、最长时间，计算 8 次折返冲刺的总时间和每次折返冲刺的平均时间。

（2）疲劳系数：疲劳系数 = 最长时间 – 最短时间。

（3）无氧能力指数：无氧能力指数 =320 /（平均时间 + 疲劳系数）。其中，320（米）为冲刺总距离。

三、反复跳跃能力测试

（一）博斯科重复跳跃测试

1. 测试目的

通过一定时间内完成尽可能多次重复的全力反向纵跳来评估受试者的下肢无氧能力。测试时长一般为 5 ~ 60 秒，通常选择 60 秒，这是因为 60 秒的连续跳跃触地时间累计约 30 秒，与温盖特测试中全力蹬骑的时长一致。

2. 所需器材设备

测力台、计时器。

3. 测试前的准备工作

测试前，受试者需要熟悉测试动作的要领。

4. 测试程序（Wood，2008）

（1）对受试者说：我们将通过重复多次的垂直纵跳动作来测量你的下肢无氧能力，你需要在测力台上全力连续纵跳 60 秒。如果你准备好了，请站在测力台上，双足开立、与肩同宽，双手叉腰（以消除上肢摆臂动作对纵跳表现的影响），做好跳跃的预备姿势。

（2）向受试者发出“3——2——1——开始”的口令，受试者迅速地屈髋屈膝，下蹲到屈膝角度约为 90 度的位置，紧接着垂直向上跳跃。落地时要求屈膝角度约为 90 度。

5. 测试指标

（1）腾空时间。

（2）触地时间。

（3）跳跃高度。

（4）疲劳指数：疲劳指数 = 前 15 秒平均跳跃高度 / 后 15 秒平均跳跃高度。

6. 注意事项

（1）测试过程中，受试者始终双手叉腰。

（2）每次落地时确保屈膝角度约为 90 度。

（3）起跳与落地的位置尽可能保持一致。

（二）2.5 分钟负重跳跃测试

1. 测试目的

2.5 分钟负重跳跃测试是在一定的动作节奏（2.5 秒 / 次）下连续完成 60 个负重（负荷为体重的 40%）反向纵跳动作来评估受试者的无氧能力，主要适用于高山滑雪运动员。

2. 所需器材设备

杠铃、节拍器、体重计。

3. 测试前的准备工作

（1）熟悉测试动作：受试者使用铝制杠铃杆（重 600 克）做反向纵跳动作，要求下蹲动作的屈膝角度约为 90 度，尽全力做爆发性跳跃。在此过程中应及时给予受试者反馈，直到其掌握令人满意的技术动作。

（2）测量受试者的体重，计算负重的重量。

（3）设置节拍器。

（4）热身，具体步骤如下：

①慢跑或骑功率自行车：运动强度自定，10 分钟。

②动态拉伸和灵活性练习：10 ~ 15 分钟。

③深蹲练习：8 ~ 12 次，重复 2 组。第一组使用 20 千克的负荷，第二组增加负荷至 40 千克。

④负重反向纵跳练习：以 20 千克负荷完成 3 ~ 5 次负重反向纵跳，要求下蹲时屈膝角度约为 90 度。

上述内容依次开展。

4. 测试程序（Patterson et al.，2014）

（1）对受试者说：我们将通过持续 2.5 分钟的负重蹲跳动作来测量你的下肢无氧能力。你需要按照节拍器的节奏进行跳跃动作。如果你准备好了，请做好背蹲的预备姿势。

（2）向受试者发出“3——2——1——开始”的口令，受试者按照节拍器的节奏，以 40% 体重负荷进行背蹲的反向纵跳动作：每 2.5 秒完成一次负重反向纵跳动作（测试共用时 2.5 分钟：即 2.5 秒 / 次 ×60 次）、每一次跳跃动作结束后有极短时间的暂停。

5. 测试指标

（1）峰值功率。

（2）平均功率：包括整体的平均功率和每 30 秒的平均功率。

（3）最小功率。

（4）疲劳指数：疲劳指数 =100×（峰值功率—最小功率）/ 峰值功率。

6. 注意事项

（1）严格按照节拍器的节奏进行跳跃动作。

（2）每次落地时确保屈膝角度约为 90 度。

参考文献

[1] ANDRADE V L, ZAGATTO A M, KALVA-FILHO C A, et al. Running-based anaerobic sprint test as a procedure to evaluate anaerobic power[J]. Int J Sports Med. 2015, 36(14): 1156-1162.

[2] BISHOP D, GIRARD O, MENDEZ–VILLANUEVA A. Repeated–sprint ability–part Ⅱ : recommendations for training[J]. Sports Med. 2011, 41(9): 741–756.
[3] BODDINGTON M K, LAMBERT M I, WALDECK M R. Validity of a 5–meter multiple shuttle run test for assessing fitness of women field hockey players[J]. J Strength Cond Res. 2004, 18(1): 97–100.
[4] BUNDLE M W, WEYAND P G. Sprint exercise performance: does metabolic power matter?[J]. Exerc Sport Sci Rev. 2012, 40(3): 174–182.
[5] CHIA M, LIM J M. Concurrent validity of power output derived from the non–motorised treadmill test in sedentary adults[J]. Ann Acad Med Singap. 2008, 37(4): 279–285.
[6] CLARKE ND, CAMPBELL IT, DRUST B, et al. The ingestion of combined carbohydrates does not alter metabolic responses or performance capacity during soccer–specific exercise in the heat compared to ingestion of a single carbohydrate[J]. J Sports Sci. 2012, 30(7): 699–708.
[7] DERENNE C. Effects of postactivation potentiation warm–up in male and female sport performances: a brief review[J]. Strength Cond J, 2010, 32(6): 58–64.
[8] DARDOURI W, GHARBI Z, SELMI M A, et al. Reliability and validity of a new maximal anaerobic shuttle running test[J]. Int J Sports Med. 2014, 35(4): 310–315.
[9] FORBES S C, KENNEDY M D, BOULE N B, et al. Determination of the optimal load setting for arm crank anaerobic testing in men and women[J]. Int J Sports Med. 2014, 35(10): 835–839.
[10] FRY A C, KUDRNA R A, FALVO M J, et al. Kansas squat test: a reliable indicator of short–term anaerobic power[J]. J Strength Cond Res. 2014, 28(3): 630–635.
[11] GIRARD O, MENDEZ–VILLANUEVA A, BISHOP D. Repeated–sprint ability–part Ⅰ : factors contributing to fatigue[J]. Sports Med. 2011, 41(8): 673–694.
[12] GONZALEZ A M, WELLS A J, HOFFMAN J R, et al. Reliability of the woodway curve(TM) non–motorized treadmill for assessing anaerobic performance[J]. J Sports Sci Med. 2013, 12(1): 104–108.
[13] JAAFAR H, ROUIS M, COUDRAT L, et al. Effects of load on wingate test performances and reliability[J]. J Strength Cond Res. 2014, 28(12): 3462–3468.
[14] JEBABLI N, OUERGHI N, BOUABID J, et al. Effect of caffeine on the repeated modified agility test from some cardiovascular factors, blood glucose and rating of perceived exertion in young people[J]. Iran J Public Health. 2017, 46(6): 755–761.
[15] KEIR D A, THÉRIAULT F, SERRESSE O. Evaluation of the running–based anaerobic sprint test as a measure of repeated sprint ability in collegiate–level soccer players[J]. J Strength Cond Res. 2013, 27(6): 1671–1678.
[16] LEHNERT M, PSOTTA R, JANURA M, et al. Anaerobic performance: assessment and training[M]. Palacký University Olomouc, 2012.

[17] LOPES-SILVA J P, SANTOS J F D S, ABBISS C R, et al. Measurement properties and feasibility of repeated sprint ability test: a systematic review[J]. Strength Cond J. 2019, 41(6), 41–61.

[18] LUEBBERS P E, FRY A C. The Kansas squat test: a valid and practical measure of anaerobic power for track and field power athletes[J]. J Strength Cond Res. 2015, 29(10): 2716–2722.

[19] NUMMELA A, HÄMÄLÄINEN I, RUSKO H. Comparison of maximal anaerobic running tests on a treadmill and track[J]. J Sports Sci. 2007, 25(1): 87–96.

[20] PATTERSON C, PLATZER H P, RASCHNER C. The 2 minute loaded repeated jump test: longitudinal anaerobic testing in elite alpine ski racers[J]. J Sports Sci Med. 2019, 18(1): 128–136.

[21] PATTERSON C, RASCHNER C, PLATZER H P. The 2.5–minute loaded repeated jump test: evaluating anaerobic capacity in alpine ski racers with loaded countermovement jumps[J]. J Strength Cond Res. 2014, 28(9): 2611–2620.

[22] POWERS S K, HOWLEY E T. Exercise physiology: theory and application to fitness and performance[M]. 10th ed. New York: McGraw–Hill Education, 2018.

[23] THOMAS D Q, LARSON B M, RAHIJA M R, et al. Nasal strips do not affect cardiorespiratory measures during recovery from anaerobic exercise[J]. J Strength Cond Res. 2001, 15(3): 341–343.

[24] ÜÇOK K, GÖKBEL H, OKUDAN N. The load of the wingate test: according to the body weight or lean body mass?[J]. Euro J General Medicine, 2005, 2(1): 10–13.

[25] VAN DEN TILLAAR R, VON HEIMBURG E. Comparison of two types of warm–up upon repeated–sprint performance in experienced soccer players[J]. J Strength Cond Res. 2016, 30(8): 2258–2265.

[26] WESTON M, CASTAGNA C, HELSEN W, et al. Relationships among field–test measures and physical match performance in elite–standard soccer referees[J]. J Sports Sci. 2009, 27(11): 1177–1184.

[27] YOUNG W B, NEWTON R U, DOYLE T L, et al. Physiological and anthropometric characteristics of starters and non–starters and playing positions in elite australian rules football: a case study[J]. J Sci Med Sport. 2005, 8(3): 333–345.

[28] 蔡旭旦，陈小平，周年生，等 . 团队运动重复冲刺能力研究进展——现状与展望 [J]. 体育科学，2017，37(12): 78–93.

[29] 托德・米勒 . 美国国家体能协会体能测试与评估指南 [M]. 高炳宏，杨涛，译 . 北京：人民邮电出版社，2019.

[30] 伊恩・杰弗里斯 . 美国国家体能协会速度训练指南 [M]. 沈兆喆，译 . 北京：人民邮电出版社，2019.

第六章 肌肉力量的测试与评估

第一节 肌肉力量测试的科学基础

肌肉力量是绝大多数运动形式的基础，其大小与多种运动表现如速度、灵敏、功率、加速、减速、跑步经济性等密切相关。高水平的肌肉力量有助于提高肢体接触运动项目的运动表现，减缓由于疲劳引起的运动表现降低，更有效地提高运动成绩、预防运动损伤和延长运动寿命。为运动员制订训练计划时，肌肉力量的测试是常规项目。肌肉力量测试还可以用于监控训练进度和运动损伤康复训练的进展情况（de la Motte et al.，2017；Maestroni et al.，2020）。

一、有关力量的术语

（一）动态力量

动态力量是力量评估中最常见的。在描述动态力量时，也使用等张力量这个术语。体能教练和研究人员都关注动作的向心和离心阶段的力量水平，向心力量只有在动作的向心阶段才能够测定出来（McGuigan et al.，2010）。

1. 绝对力量

绝对力量也称最大力量，是指在特定的力量动作中可以产生的总力量。重要的是，这里所说的产生的总力量在时间上是没有限制的。绝对力量可以直接测量，也可以使用次极最大强度测试来估算。

2. 相对力量

反映相对力量最常用的参数就是绝对力量除以体重，这被称作相对于体重的力量表现。对于许多运动项目，如团队项目、体操、舞蹈、格斗、跳跃和短跑，运动员拥有必要的相对力量水平至关重要，因为他们完成技术动作时首先必须克服的阻力就是自身体重。

（二）等长力量

等长力量是指肌肉进行静力性收缩时产生的力量（McGuigan et al.，2010）。体能教练和研究人员可以采用特定的动作（如等长收缩式杠铃大腿中段提拉或等长收缩式蹲起）来测量等长力量。图 6–1 是两种常见的等长力量测试动作。

等长收缩式杠铃大腿中段提拉　　等长收缩式蹲起

图 6–1　两种常见的等长力量测试方法

（三）离心力量

离心力量是指与肌肉被拉长时产生的与收缩有关的力量。虽然离心力量测试存在安全性的顾虑，但只要严格执行测试程序，就可以获得非常有用的信息。肌肉的离心力量大于向心力量。离心力量也是运动员训练方案中一个非常重要但有时容易被忽视的训练内容（Wirth et al.，2015）。

（四）反应力量

反应力量是指从离心收缩迅速转为向心收缩的能力。它还涉及肌 – 腱系统快速地从离心收缩转换为向心收缩的能力。最大力量与反应力量之间存在密切的相关性（陈小平，2001）。

（五）力量耐力

力量耐力是指在给定的负荷或施加外力的情况下，肌肉在较长时间内重复收缩的能力。许多运动项目都需要具备反复高强度力量表现和功率输出的能力。

（六）起动力量

起动力量是指在动作的早期阶段可以产生的力量，测试中通常是测量起动后 50 毫秒内的力量。

表 6-1 是不同类型力量素质的测试方法举例。

表 6-1　不同类型力量素质的测试方法举例

力量素质	测试方法举例
最大力量	1RM 测试
等长力量	等长收缩式杠铃大腿中段提拉
离心力量	离心下蹲测试
力量耐力	60%1RM 下的最多重复次数
反应力量	落下跳测试
起动力量	测量起动后 50 毫秒内的力量

二、影响力量的因素

影响力量的因素较多，主要包括生理学因素、心理学因素、力学因素和动作学习因素，还与基因、性别等因素有关。

（一）生理学因素

肌肉力量在很大程度上取决于肌肉生理横截面积，即肌纤维的数量及其横截面积（MacDougall，2020）。它们是影响肌肉力量的关键因素。

1. 肌纤维类型

肌纤维类型是肌肉力量的重要影响因子。Ⅱ型肌纤维与肌肉力量之间存在密切关系。一般而言，力量型运动员倾向于拥有更高比例的Ⅱ型肌纤维和较高的Ⅱ型肌纤维 / Ⅰ型肌纤维比值（Methenitis et al.，2019）。

2. 横截面积

肌肉力量的提高取决于肌纤维的横截面积，尤其是Ⅱ型肌纤维的横截面积的增加。一般而言，骨骼肌质量越重，肌力就越大。停训、制动和衰老会使骨骼肌横截面积减少、肌力下降。但有研究表明，肌肉横截面积的变化与肌力的变化之间不匹配，提示它们之间不是线性关系（Kanehisa et al.，1994）。

3. 骨骼肌架构

与肌肉力量相关的骨骼肌架构因素包括肌纤维的排列和肌纤维的长度（Morales-Artacho et al.，2018）。肌纤维的排列是力量产生的重要因素。羽状角是肌纤维与肌肉起止点之间连线的夹角，与力量的产生和训练适应有关。

4. 肌肉内部因素

骨骼肌细胞内的各种因子在肌肉力量和适应中发挥着作用。例如，已经证明卫星细胞和雄激素受体在肌肉内的变化对力量的产生很重要。这些因素在力量训练中被强烈激活（门杰等，2013）。

5. 肌腱刚度

肌腱刚度是指由于肌腱伸长而导致的力量传递程度，与肌肉力量大小关系密切（刘宇等，2008）。可以通过跳跃测试（如落下跳和弹跳跳跃）来评估肌腱刚度（Struzik et al.，2016）。

6. 内分泌系统

激素对于力量的贡献很大程度上取决于合成代谢类激素，包括睾酮、生长激素、儿茶酚胺、皮质醇、胰岛素样生长因子、雌激素、胰岛素和胰高血糖素。力量训练对这些激素的急性和长期影响是复杂的，涉及不同的激素通路和交互作用（Hooper et al.，2017）。

雄激素与肌肉力量的关系一直受到关注，它对力量产生的影响更多的是在受体水平变化和随后的肌肉内变化方面。肌肉力量在月经周期中的波动也是体能训练实践和研究中的关注点。目前的研究结果并不一致，因为尚不清楚是由于个体差异较大还是肌肉力量测试类型不同而产生的具体差异。此外，对训练有素的运动员进行的相关研究也很有限。

7. 结缔组织

骨骼系统是力量展现的另外一个重要成分。骨骼与肌肉力量的具体呈现有关，骨骼、肌腱、韧带、筋膜和软骨这些结缔组织对力量的具体表现反应也很重要（Nasr et al.，2020）。虽然力量测试不能将各个结缔组织及其对训练的反应和适应性分开，但对于体能教练和研究人员来说，了解这些结缔组织及其对训练的适应性而不只是单独地考虑骨骼肌的影响，对力量的训练和测试都很重要。

8. 神经方面

影响力量的神经因素有很多，包括运动单位的募集，神经冲动的频率、同步化、速率编码，肌肉间协调性和神经肌肉抑制（Gregory et al.，2017）。当进行单侧肢体的力量训练时，另外一侧肢体尽管没有进行训练，但其力量也会提高，这种现象被称为“交叉教育”（Frazer et al.，2018），其产生机制与神经系统有关。最大限度地利用运动单位（募集）的能力是表现出最大力量的关键。提高运动单位的发射速率（也称为速率编码）有助于最大限度地产生力量。

（二）心理学因素

心理学因素在肌肉力量发挥中的作用也不容忽视。认知策略包括想象、目标设定、自言自语、心理暗示等，有助于增强力量（Tod et al.，2015）。

（三）力学因素

1. 人体测量学

与生物力学有关的人体测量学指标在产生力量的过程中有着重要的影响，如身高、体重、肢体长度等，因此，在肌肉力量的测量和分析时需要考虑上述因素。研究表明，在以力量为基础的运动项目（如举重）中，人体测量学上存在的差异在运动员的运动表现中起着重要作用（Cholewa et al.，2019）。

2. 关节角度

力量曲线可以用于评估力量的产生与身体位置之间的关系。这种关系可由肌肉长度和力臂之间的交互作用来确定。关节角度和力量之间的关系对力量测试，尤其是在进行等长收缩式杠铃大腿中段提拉之类的等长测试时至关重要。等长测试时，关节角度会对力量的测定结果产生明显的影响，因此在力量测试时需要对身体姿势作出标准化的要求（Guppy et al.，2018）。

（四）动作学习因素

传统上认为，最初的力量提高是由于神经系统的适应性变化，随后才是由于肌肉的变化，如横截面积增加。最初的变化与来自于技能获得和动作学习方面的改进有关。肌肉间的协调性也是一个促成因素，因为运动需要不同肌肉的协调。双侧力量不足，即单侧力量的总和大于双侧力量，在进行力量测试时也应予以考虑。双侧力量不足的现象存在于等长和动态收缩的动作中，可能与神经肌肉因素有关（Škarabot et al.，2016）。

力量测试时，发展测试动作的动作技能也是一个关键的方面，因为测试前学习测试动作的熟悉课存在学习效应，进而影响测试结果。这个问题有时会被忽视。资料显示，为了降低学习效应对测试结果的影响，即使有抗阻训练经验的受试者也需要上 3 至 4 次的熟悉课。而无抗阻训练经验的受试者在熟悉课的次数上存在差异：10 岁男孩（n=10）需要 3 至 5 次熟悉训练，老年妇女（n=19）需要 6 至 7 次熟悉训练，身体状况良好的中年人（n=14）需要 2 至 3 次熟悉训练，未受过训练的中年人（n=14）需要至少 2 次熟悉训练（Soares-Caldeira et al.，2009）。这些差异可能与受试者的年龄、本次测试之前的抗阻训练经验、所采用的测试动作以及研究中所采用的统计分析方法不同有关。

在动作熟悉的过程中可能还会出现 1RM 增加的情况，这与受试者测试动作熟练度的提升、承受负荷的能力提高、运动单位募集增多、拮抗肌的共激活降低等因素有关。

（五）基因因素

遗传学在力量方面的研究已经广泛开展，并对一些候选基因进行了测定。遗传可能对力量上限（个体最大力量增长的极限）有潜在的贡献，并且在影响力量的不同生理和生物力学因素中发挥重要作用（Ben-Zaken et al.，2019）。

（六）性别因素

绝对力量存在显著的性别差异，但是考虑到受试者身材大小的差异之后再进行相对力量的比较，肌肉力量的性别差异就不那么明显了（Merrigan et al.，2018）。其他因素也需要考虑，如训练史、动作能力和肌肉类型可能导致数据的性别差异（Nimphius et al.，2019）。

三、选择力量测试方法的影响因素

选择力量测试方法的影响因素，包括测试场所、测试的特异性、数据获取和分析的简易性、经费成本、安全性、受试者的人数、测试的耗时等。

（一）测试场所

在传统上，运动科学将测试分为实验室测试和场地测试，两者的优缺点见表 6–2。

表 6–2　实验室测试与场地测试的优缺点

优缺点	实验室测试	场地测试
优点	● 可使用等速肌力测定法测试； ● 更可控的测试环境； ● 测试效率高； ● 更适合于个人测试	● 使用测力板进行跳跃测试； ● 生态有效性较高； ● 为受试者提供更多便利，特别是与运动员和运动项目合作时； ● 测试可以合并到训练课当中
缺点	● 评估力量和规律的测试范围广，使得对测试结果的解释变得困难	● 环境条件等因素更难控制

随着测试技术的发展，新研发出来的很多便携式设备让两种测试的分界线不再那么清晰。当前便携式测力台的使用已经非常普遍，这使过去只能在生物力学实验室完成的测试现在也能够在运动现场完成。可穿戴技术设备的出现可以使我们很方便地获得以前需要借助于昂贵仪器设备才能够收集到的测试参数。

（二）测试的特异性

力量测试的特异性，即在选择力量测试方法时，要考虑参与测试动作的肌肉、运动方式和收缩类型，以及收缩的速度（Gregory，2017）。例如，运动专项力量的测试应该使用参与活动的肌肉群。此外，测试模式应模拟运动中肌肉的动态收缩或等长收缩。如果是前者，还应进一步考虑是向心收缩还是离心收缩。

肌肉收缩的速度也是需要考虑的（Gregory，2017）。力量训练中有一定程度的速度特异性。速度和力量项目的运动员在高速度力量测试中的表现要好于低速度力量测试。因此，力量测试时肌肉收缩的速度应当与实际运动中完成动作的速度相似。

（三）测试条件的保障

在对大量运动员进行肌力测试时，诸如测试所需的方便性和时间等是重要的考虑因素。目前，许多测试仪器都与计算机分析软件设有接口，这极大地减少了力量测试和后续分析数据所需的时间。

许多商业化的力量测试设备十分昂贵，经费预算有限的体能训练中心、运动康复机构的教练、理疗师和运动科学家需要根据仪器设备的功能、用途，在预算范围内选择性价比高的产品。

有多少时间可以用于测试？这将决定测试项目的适宜数量。此外，还需要制定出备用测试方案，以防出现测试环境发生变化、测试的仪器设备故障等突发情况。

进行测试时，需要根据受试者人数和测试的项目内容确定参加测试工作的技术人员的人数。

（四）测试的安全性

力量测试时的安全性不容忽视。对受试者要做好测试全程的保护和监督，尤其是做深蹲、卧推、高翻、跳跃等大负荷和（或）高功率输出的测试动作时。应避免在测试时使用高受伤风险、非经典的力量测试动作（Gregory et al.，2017）。

四、力量的评估

（一）衡量力量水平的标准

1. 成年运动员

在进行力量评估时经常会遇到“足够的力量水平是多少”这样的问题。但到目前为止，尚无对力量水平的最低标准有一致性的意见。不过已经有体能教练从实践的角度提出建设性的意见，认为除了举重项目，对于绝大多数项目的运动员，如果达到表 6–3 所示的相对力量标准，就可以更好地投入到专项训练中，有效提高专项力量和有更好的运动表现。

表 6–3 通常的相对力量标准（Arsenault，2018）

项目	男性	女性
前蹲	1.5 倍体重，重复 3 次	1.0 倍体重，重复 3 次
硬拉	2.25 倍体重，重复 3 次	1.5 倍体重，重复 3 次
哑铃卧推	1.0 倍体重 *，重复 6 次	0.7 倍体重 *，重复 6 次
俯卧撑	50 次，不间断	50 次，不间断
引体向上（反握）	20 次，不间断	8 次，不间断

注：* 为哑铃的总重量。

对运动员的力量水平与运动表现之间的关系也有研究。肌肉横截面研究表明，强壮的运动员在一系列体能测试中的成绩均较好，研究中多采用深蹲 1RM/ 体重比值（1RM/BW ratio）这个参数。与深蹲 1RM/BW ≤ 2.0 的运动员相比，深蹲 1RM/BW > 2.0 的运动员在纵跳测试中的功率更大、速度更快、弹跳力更好、激活后增强效应出现得更早（Suchomel et al.，2016）。在美式橄榄球运动员中也发现，深蹲 1RM/BW > 2.1 的运动员，其 5 码、10 码、40 码冲刺时间均显著少于深蹲 1RM/BW < 1.9 的运动员（McBride et al.，2009）。

相对力量以相对于体重的力量表现（即绝对力量与体重的比值）来表示。有研究提供了成年运动员的相对于体重的力量表现数据，如澳大利亚七人制橄榄球甲级球队和乙级球队运动员的平行背蹲相对于体重的力量表现值分别为 1.78 和 1.64（Baker et al.，2008），半职业澳式橄榄球运动员的平行前蹲相对于体重的力量表现值在 1.15 ~ 1.26 之间（Hori et al.，2008），挪威职业男子足球运动员的半蹲相对于体重的力量表现值为 2.2 ± 0.3（Wisløff et al.，2004）。具有 4 ~ 5 年训练经验的青少年运动员平行背蹲相对于体重的力量表现值，16 ~ 19 岁为 2.0、13 ~ 15 岁为 1.5、11 ~ 12 岁为 0.7（Keiner et al.，2013）。

2. 青少年运动员

测试青少年运动员的力量时，要考虑其成熟度，因为这会影响到力量水平。在评价力量和功率时，采用时间年龄对儿童进行分类有其局限性。相比之下，采用生物学年龄评估他们的发育水平更准确一些。采用人体测量学的方法有助于准确地评价发育水平，还可以通过预测方程来评价生长情况。掌握这些信息很重要，因为它有助于体能教练和研究人员厘清运动员力量的增长是训练的适应性变化还是生长发育的自然结果。

（二）力量水平在体能训练实践中的运用

1. 作为进行某种训练的先决条件

体能训练在实践中已经开始将力量水平（基于相对力量）纳入进行某种训练的先决条件当中。例如，美国体能协会建议，进行快速伸缩复合训练前一定要考虑运动员的肌力：成年男性运动员进行下肢的快速伸缩复合训练，运动员全蹲 1RM 的能力至少是体重的 1.5 倍，或能够在 5 秒内完成 5 次强度为 60% 体重的深蹲；进行上肢的快速伸缩复合训练，体重超过 100 千克的运动员采用自由重量的卧推要达到自身体重的 1 倍，体重小于 100 千克（含）的运动员采用自由重量的卧推则需要达到自身体重的 1.5 倍，或者 5 秒内完成 5 次强度为 60% 体重的卧推，或者能够连续完成 5 次击掌俯卧撑（这是做高强度快速伸缩复合训练的最低标准）。如果运动员不具备足够的力量基础，那么快速伸缩复合训练必须延后，直到其力量达到最低标准。上述这些标准不适用于绝大多数的女性运动员和青少年运动员。对于生长发育已经成熟的高中生，进行快速伸缩复合训练前需具备的下肢最小力量标准是以自身体重为负荷完成 3 次背蹲（Haff et al.，2017）。

2. 预测运动损伤风险

从理论上分析，力量训练通过增加肌肉、韧带、肌腱、软骨和结缔组织的结构强度来降低受伤的风险。力量训练还可以通过改善肌肉募集和提高肌肉激活程度来增加关节的稳定性，这可以增加肌肉—肌腱的刚度，从而为关节提供更多的保护和支持。有研究显示，如果赛季前相对于体重的力量表现值男子运动员低于2.2，女子运动员低于1.6，赛季中下肢损伤的风险可能会更高（Case et al.，2020）。体能教练、运动康复师可以将背蹲相对力量作为康复训练过程中的监测指标，确保运动员在不具备足够的、没有恢复到损伤前水平的相对力量的情况下不会重返比赛。

尽管肌肉力量水平与运动表现、健康和损伤之间存在明确的关系，但在训练中过度地关注力量水平、任意设定力量目标是没有必要的。相反地，训练中关注的重点应该是力量的持续增长是否能够带来更好的运动表现和/或身体健康。如果在训练计划中增加了力量训练就提高了成绩，那么就应该优先考虑发展力量，但不能以牺牲其他方面的训练为代价。通过可靠、有效的力量测试有助于实现这一目标。

第二节　动态力量的测试方法

动态力量测试是评价个人力量最常用的方法。动态力量与各种运动项目中的技术动作有相似的动作结构，与运动员的运动表现紧密相关。动态力量测试通常是让有力量训练经验的受试者执行最大重复测试来直接测试出最大力量。在该测试中，受试者在特定次数的重复中举起尽可能大的重量。此外，还有通过多次重复估算最大力量，以及基于负荷-速度的关系来推算最大力量的方法。

一、最大力量的直接测试

最大力量的直接测试也称1RM测试。1RM代表能够举起1次的最大重量，即最大力量。

（一）目的与用途

最大力量可以作为设计训练计划的依据，用于确定发展不同类型的力量素质的负荷结构，以及评估力量失衡和训练计划的有效性。

通常，体能教练和研究人员根据1RM百分比（如85%×5次重复）的相对强度或者RM区间来设计训练计划。两种方法有各自的优点，体能教练可以自行选择。研究表明，使用相对强度可以更好地提高运动表现和产生肌肉适应性。无论采用哪种方法来设计训练计划，都需要使用可靠且有效的力量评估方法。

（二）优势与不足

1. 优势

1RM测试被认为是在非实验室环境中测量最大力量的“黄金标准”，其特点是简单、省时、花费少且数据可靠，因此是一种非常流行的测试方法。在文献中可见1RM测试用于测量儿童（6～12岁）、青少年运动员（15～17岁）、未经训练的健康成年人与训练有素的成年人（18～36岁）、未经训练的中年人（50～52岁）、绝经后妇女（54～60岁），以及心血管疾病患者和75岁以上的高龄老年人（Grgic et al.，2020）。尽管人们存在顾虑，但是各种1RM测试已被证明是安全可靠的。

可以进行1RM测试的动作有：高翻、硬拉、直腿硬拉、背蹲、史密斯架深蹲、箭步蹲、卧推、站姿或坐姿推胸、腿举、伸膝、屈膝、坐姿划船、绳索坐姿划船、坐姿体前下拉、肩上推举、过头举、实力推、股内收、伸髋、屈髋、屈肘、伸肘、肱三头肌下压、提踵。

从理论上讲，1RM测试适用于所有人群，但在实际应用中建议体能教练和研究人员只对有抗阻力量训练经验的受试者采用1RM测试，即他们至少有6个月的抗阻训练经验，并能够执行正确的测试动作。

需要注意的是，在进行1RM测试之前，体能教练和研究人员需要确保拟采用的测试动作已被证明符合受试者的基本情况，也具有被认可的信度和效度。例如，尽管在健康的年轻人群中已经证明了1RM背蹲测试的安全性和可靠性，但尚无研究表明这一测试对75岁及以上人群是安全可靠的。

2. 不足

直接确定1RM通常需要受试者不断地重复“试错”的流程，这种方法需要时间，其结果可能会受到疲劳的强烈影响（Haff et al.，2017）。另外，在最大重复次数测试过程中，尤其是面对训练经验不足的青少年运动员、身体存在伤病的高龄运动员、缺乏抗阻训练基础和经验的受试者，执行传统的1RM测试可能会引发运动损伤。为了将运动损伤风险降到最低，受试者应该具有一定的抗阻训练经验，并且在经验丰富且具有资质的测试人员的密切监督下测试。

（三）影响因素

在实践训练中，教练员通过进行直接测试和评估运动员的1RM，再参考美国体能协会制定的连续重复次数%1RM量表即可获知运动员不同重复次数所需的%1RM负荷（Haff et al.，2017）。然而，受到外界环境因素、训练疲劳和生活方式等因素的影响，运动员的1RM可能始终处于动态变化之中，而非恒定值。资料显示，1RM的日常波动范围甚至可以达到 ±18%（Walker，2017）。而且，由于重复动作产生疲劳造成的速度损耗或由于所选训练负荷偏小而产生较高的动作速度，也会使力量训练难以达到理想的效果。

在测定最大力量时，需要考虑如下几个因素。

1. 学习效应

最大力量测试是一项需要学习技术的测试，在测试肌肉力量时应该多次进行测试。在训练中加入测试练习的受试者将获得更可靠的测试结果。新手或未经训练的人需要在至少2到3次相似训练之后进行最大力量测试，这样测得的数据可靠性较高。

2. 受试者的能力水平

1RM 通常是基于正确的测试技术动作下能够举起 1 次的最大重量，是最大动态力量的直接测试方法。尽管 1RM 测试适用于许多人群和动作，也被证明是可靠的测试，但只有至少 6 个月抗阻训练基础的受试者才能够在 1RM 测试中产生可靠的测试结果。另外，对竞技体育运动员进行 1RM 测试，需要考虑他们的训练水平，因为训练水平对动态力量测试的可靠性和一致性存在影响。

3. 训练进程

从理论上讲，随着抗阻训练计划的推进，个体的力量将逐渐提高。在训练的初期，这种变化在新手身上愈发明显：经过几次训练课之后，动态力量的快速提高就会出现（Haff, 2017）。

4. 动作幅度

执行测试动作的幅度会影响测试结果，受试者必须具备熟练、准确地完成测试动作的技术能力和身体能力，才能够保证 1RM 测试的有效性。例如，受试者在进行背蹲测试时，必须下蹲到大腿与地面平行，而不是高于或者低于这个动作幅度（如四分之一蹲或全蹲）。

5. 测试的时间

昼夜节律对力量、功率测试结果的影响在各研究当中结果不一致，这可能与受试者的激素水平、机能状态等因素有关。因此，体能教练和研究人员在进行力量测试时，需要严格控制每次测试的时间条件，如固定测试时间段，尽可能做到标准化。

二、最大力量的间接测试

（一）目的与用途

在测试时，最大力量测试的 1RM 方法虽然在正确实施时被认为是安全的，但许多新手尤其是女性受试者，可能不愿意继续增加重量以达到个人所能够达到的最大重量。负荷的增加也可能会产生更大的损伤风险，尤其是在受试者不习惯测量的动作、不完全具备测试动作的技术能力时。无训练经验的受试者也可能会因为害怕失败而在试图举起杠铃时有恐惧心理。此外，因为要完成多次试举，以及每次递增或者递减负荷后受试者需要有规定的休息时间，正确的 1RM 测试非常耗时。

在训练实践中，体能教练既想了解运动员最大力量的水平或者变化，又希望采用简单、省时和实用的方法掌握运动员的 1RM 数值，还要求尽可能不再安排单独的测试时间，将测试作为一部分内容整合到训练课中。

从实用的角度出发，有研究采用重复至力竭的次数来确定最大力量，例如可通过使用重复试举到肌肉出现暂时性力竭的次数来估计 1RM（Hackett et al., 2017）。使用这种方法时，受试者选择一个小于其 1RM 的负荷，执行尽可能多的连续重复动作，然后将负荷或重复至力竭次数带入多个预测方程以估计 1RM。

（二）优势与不足

1. 优势

对于不熟悉力量训练或测试的受试者来说，尝试大负荷的 1RM 可能非常困难，而使用较小的负荷并重复至力竭会是一种更受欢迎的选择。重复至力竭的方法的效率也很高，因为它所需时间少，没有明显影响训练时间。在受试者适当的热身之后，只需要做 1 组动作就可以预测他的 1RM。

重复至力竭的方法让体能教练和研究人员在训练课中就可以完成测试，无需留出额外的测试时间。在训练中监测负荷和重复次数也可以作为一种追踪力量变化的方法。它还可以在无需定期进行 1RM 测试的情况下，帮助体能教练“实时”设计和调整训练计划。另外，测量训练经验较少的受试者的最大力量，这种间接测试方法也更有优势。

2. 不足

最大力量的估算方法基于研究者已经建立起来的估算方程。该估算方程尽管有一定的信度和效度，但仍然存在局限性。此外，因为奥林匹克举重的能力有赖于技术动作和神经肌肉功效，所以这种间接测试方法不太适合奥林匹克举重动作和训练有素的举重运动员。

（三）测试方法

1. 估算方程

表 6-4 是可供体能教练和研究人员估算 1RM 的常用公式。需要注意的是，其中一些公式是基于负荷与重复次数之间存在线性关系的假设，另一些公式是基于负荷与重复次数之间存在指数关系的假设。

大部分公式只允许 2 ~ 10 次重复至力竭，也有少数公式可以重复 20 次至力竭的。虽然这些公式中许多都相当准确和精确，但它们中的大多数都没有提供用于建立这些公式的受试者的信息。使用这些预测公式需要注意的这一问题，因为受试者的年龄、性别和训练状况可能会影响 1RM 估算的准确性和精确度。

表 6-4　估算 1RM 的常用公式（Mayhew et al.，2008）

公式名称	估算 1RM 的公式	举例（100 千克，重复 4 次）
Brzycki 公式（Brzycki，1993）	负荷重量 /（1.0278−0.0278 × 重复次数）	109.1 千克
Epley 公式（Epley，1985）	（负荷重量 × 重复次数 × 0.0333）+ 负荷重量	113.3 千克
Lander 公式（Lander，1984）	负荷重量 /（1.013−0.0267123 × 重复次数）	110.4 千克
Lombardi 公式（Lombardi, 1989）	负荷重量 ×（重复次数 $^{0.1}$）	114.9 千克
Mayhew 公式（Mayhew 等，1992）	负荷重量 /（$0.522 + 0.419e^{-0.055\times 重复次数}$）	116.5 千克
O’Connor 公式（O’Connor 等，1989）	负荷重量 ×（1+0.025 × 重复次数）	110.0 千克
Tucker 公式（Tucker 等，2006）	1.139 × 负荷重量 +0.352 × 重复次数 +0.243	115.6 千克

2. 预测系数

（1）基于重复次数预测 1RM 的系数。

根据表 6–4 中的 Brzycki 公式、Epley 公式和 Lander 公式，学者们还制定了基于某重量的重复力竭次数预测 1RM 的系数（Butt，2020）（表 6–5）。

表 6–5　基于重复次数预测 1RM 的系数

完成的重复次数	Brzycki 法的预测系数	Epley 法的预测系数	Lander 法的预测系数
1	1.000	1.000	1.000
2	1.029	1.066	1.042
3	1.059	1.099	1.072
4	1.091	1.132	1.104
5	1.125	1.165	1.137
6	1.161	1.198	1.173
7	1.200	1.231	1.211
8	1.242	1.264	1.251
9	1.286	1.297	1.294
10	1.330	1.330	1.341

引自：http://www.weightrainer.net/training/coefficients.html。

1RM = 能够举起的重量 × 完成的重复次数所对应的系数。

例如，100 千克的重量能够重复 4 次，表 6–5 中，Brzycki 法、Epley 法、Lander 法所对应的系数分别是 1.091、1.132 和 1.104，预测的 1RM 就分别为 109.1 千克、113.2 千克和 110.4 千克。

（2）美国体能协会预测 1RM 的系数。

美国体能协会也制定了深蹲、卧推和硬拉预测 1RM 的系数（表 6–6）。

表 6–6　美国体能协会的深蹲、卧推和硬拉预测 1RM 的系数（Butt，2020）

完成的重复次数	深蹲预测系数	卧推预测系数	硬拉预测系数
1	1.000	1.000	1.000
2	1.048	1.035	1.065
3	1.130	1.080	1.130
4	1.158	1.115	1.147
5	1.200	1.150	1.164
6	1.242	1.180	1.181
7	1.284	1.220	1.198

续表

完成的重复次数	深蹲预测系数	卧推预测系数	硬拉预测系数
8	1.326	1.255	1.220
9	1.368	1.290	1.232
10	1.410	1.325	1.240

（3）用途。

除了无需进行最大强度的 1RM 测试就能够预测 1RM 以外，预测系数的方法还有三个用途（Butt，2020）。

• 确定肌纤维的组成和 / 或神经肌肉的功效。

如果根据受试者能够完成 8 次预测出的 1RM 为 100 千克，但是受试者目前只能够以 90 千克的重量完成 8 次动作，则该受试者肌纤维中Ⅱb的比例低于平均水平（该平均水平是来自于建立估算系数的受试者，下同），或者神经肌肉系统的功效不足。

如果受试者经常以较少的重复次数（1 ~ 5 次）进行训练，但 1RM 仍然低于基于这些系数的预测值，那么受试者的Ⅱb肌纤维比例可能低于平均水平。

当然，如果受试者的 1RM 实际上比通过这些系数预测的结果高得多，则可能意味着肌肉中Ⅱb型纤维的比例高于平均水平。但需要注意的是，如果受试者规律地以少重复次数进行训练，则 1RM 可能高于预测值，因为这样的训练可以提高神经肌肉的功效，进而提高了实际的最大力量。

• 判断训练的进展情况。

循序渐进是力量训练的原则之一。在递增负荷的力量训练计划中，根据实际能够完成的重量和重复次数，可以通过估算系数的方法来反映训练的进展情况、判断运动表现的变化。例如，某受试者能够以 80 千克的重量完成 6 次卧推，经过一个阶段的训练后能够以 90 千克的重量完成 5 次卧推。如何评价该受试者卧推能力的变化？此时，可以采用估算系数的方法，估算和比较 1RM 来判断受试者能力的变化。根据表 6–5 和表 6–6 的系数列出表 6–7，就可以很方便地比较。

表 6–7　基于预测的卧推 1RM 变化情况

单位：千克

方法	训练前	训练后	变化值
Brzycki 法	80 × 1.161 = 92.88	90 × 1.125 = 101.25	8.37
Epley 法	80 × 1.198 = 95.84	90 × 1.165 = 104.85	9.01
Epley 法	80 × 1.173 = 93.84	90 × 1.137 = 102.33	8.49
美国体能协会法	80 × 1.180 = 94.40	90 × 1.150 = 103.50	9.10

• 确定受试者力量“弱链”的严重程度。

如果某受试者能够以 140 千克的重量完成 10 次深蹲，根据美国体能协会的系数，他的 1RM 估算值为 140 千克 ×1.410 =197.4 千克。由于该受试者患有腰痛，他的 1RM 实际能力只有 160 千克，表明腰成为了弱链进而影响了深蹲表现。

三、基于速度推算 1RM

由于力量与速度之间存在负荷－速度关系，所以通过运动速度来评估受试者 1RM 是可行的。随着线性位置传感器或加速度计这些能够测量动作速度的仪器设备的研发，促成了基于速度推算 1RM 方法的测试方法及其研究，目前这种基于负荷－速度关系来预测 1RM 的替代方法得到了广泛关注。

（一）目的与用途

目前已有卧推、背蹲、硬拉这三个动作的负荷－速度关系所建立起的基于速度预测 1RM 的方法。与自由重量相比，受试者在史密斯架上完成测试动作的条件更具有可控性，因此基于速度推算 1RM 的研究中都使用史密斯架。虽然在史密斯架上测得的 1RM 数值通常比使用自由重量高出 10%，但当使用这些设备时，预测的 1RM 值之间没有显著差异（Loturco et al.，2017）。此外，有研究也建立了引体向上第一次拉起动作的平均向心速度（mean concentric velocity，MCV）与引体向上最大重复次数（maximum number of pull-ups，MNPU）之间的关系（$MNPU = 26.661 + 25.556 \times MCV$，$r^2 = 0.841$）（Beckham et al.，2018）。

（二）优势

与根据固定负荷下多次重复次数来估算 1RM 的方法类似，基于速度预估 1RM 的方法的优势在于可以对 1RM 进行持续、定期的评估，而且不需要受试者进行最大负荷的测试。可以将其作为训练内容的一部分，在训练课当中就能够完成测试，便于体能教练在训练课当中实时调整训练强度。

（三）测试方法

基于速度预估 1RM 的方法，通常在 30% ～ 90%1RM 范围内使用 4 ～ 5 个负荷让受试者进行试举。选取的负荷越多，1RM 的预估越准确。但这会增加测试的耗时，尤其是样本量很大的情况下。

了解 1RM 速度对确保基于速度预估 1RM 方法的准确性很重要。1RM 速度通常指的是最小速度阈值，这在不同的动作中是不同的（Lake et al.，2017）。例如，在举重运动员中，背蹲、卧推和硬拉 1RM 的平均速度分别为 0.23 米 / 秒，0.10 米 / 秒和 0.15 米 / 秒（Helms et al.，2017）。还有研究显示，背蹲 1RM 的平均速度为 0.30 米 / 秒（Izquierdo et al.，2006），俯卧拉 1RM 的平均速度为 0.48 米 / 秒（García–Ramos et al.，2019）。

平均速度（MV）可以反映试举动作在整个向心动作中杠铃杆的移动速度（Jidovtseff et al.，2011）。平均推进速度（MPV）指从动作向心阶段的开始到制动阶段的平均速度。研究建议，最好使用平均推进速度来估算相对负荷。使用平均速度的方法可能会低估 1RM，尤其是负荷较轻时（Garcia–Ramos et al.，2018）。进一步的研究显示，卧推动作采用平均速度来估算 1RM 比采用平均推进速度估算具有更好的线性关系和可靠性，预算值也更为准确（García–Ramos et al.，2018）。

通过 Microsoft Excel 软件计算负荷 – 速度的线性关系（Jovanavic et al.，2014），在此基础上，体能教练和研究人员将其延伸到使用平均速度阈值来预估 1RM。如果已知个体试举动作实际 1RM 的最小速度阈值，预估 1RM 的准确性就会提高。否则就得使用研究文献中报道出来的数据来预估 1RM（Helms et al.，2017）。通过 Microsoft Excel 软件计算负荷 – 速度的线性关系，还可以用将负荷 – 速度的回归线延伸到 0 米 / 秒后读取截距的方法预估 1RM（Jidovtseff et al.，2011）。

由于选取多个负荷建立负荷 – 速度曲线较为耗时，后来又出现了双负荷法（Jaric et al.，2016）、两点法（García–Ramos et al.，2018）等比较节约时间、操作更简单的方法。这两种方法均只需要两个负荷强度，例如 45%1RM 和 85%1RM（García–Ramos et al.，2018）。此外，随着智能手机的发展，信度和效度较高的预估 1RM 的 APP 应用程序已经被开发出来，并在研究中开始运用（Balsalobre–Fernández et al.，2018）。

四、动态力量测试的考虑因素

（一）技术动作正确化

与 1RM 测试一样，在所有重复测量中均需保持合理的技术动作。例如，如果进行 5RM 测试，那么所有 5 次试举都需要执行正确的技术。所以，每个受试者都需要在测试之前接受技术动作的培训，直到熟悉、掌握测试动作的正确技术。终止测试也应该采用相同的标准，一旦受试者不能保持足够的技术规范，那么这次就算为该测试的最后一次。

（二）重复次数最少化

随着测试过程中不断地重复试举，受试者会出现疲劳，技术动作相应地也会发生改变。一般来说，重复次数在 10 次以上，或者负荷低于 75%1RM 的测试都是不太准确的。重复次数越少，测试的准确性越高（Gregory et al.，2017）。

（三）预估负荷精准化

测试 1RM 时，第一步的重点是需要估计所选的负荷，使其接近最大值。例如，如果尝试 5RM，则应选择估计允许执行 4 到 6 次重复的负载。如果重复次数超过 5 次，则应在充分休息一段时间（至少 3 分钟）后选择另一个负荷，否则会导致受试者出现疲劳，进而低估真实的最大重复次数值（Gregory et al.，2017）。

第三节　等长力量的测试方法

最大力量是许多运动表现和爆发性专项技术动作的基础，虽然通过 1RM 测试能够评估受试者的动态最大力量，但它是个疲劳性测试，也存在潜在的运动损伤风险，而且只能够提供受试者能够举起来的最大重量这一单一信息。面对人数较多的受试者，动态力量测试也很耗时。相比之下，等长力量测试优势明显，它不仅安全性好，疲劳感较少，测试效率高，没有 1RM 测试当中在达到最大力量之前的反复试举，而且能够反映产生力量的能力以及与时间有关的参数，如冲量和力量生成速率。

等长力量测试通常是测定受试者在某种特定身体姿势或者位置下，借助于测力板、张力计或压力传感技术，获得力－时间关系来确定力量特征．等长收缩式杠铃大腿中段提拉（isometric mid–thigh pull，IMTP）、等长收缩式蹲起（isometric squat，ISqT）是两个典型的等长力量测试（图 6–1）。

研究已经证实了等长力量与动态力量、运动表现之间存在显著的关系（图 6–2）。

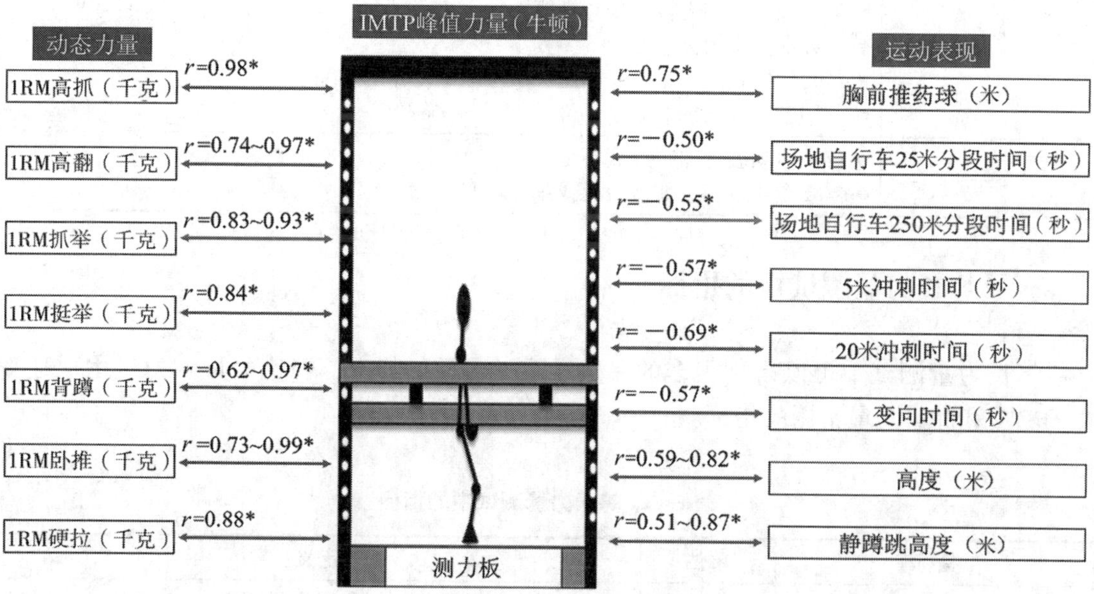

图 6–2　等长收缩式大腿中段提拉测试的峰值力量与运动表现之间的相关性（Comfort et al.，2018）

注：*　$P < 0.05$。

一、目的与用途

等长力量测试能够整体反映力量的产生能力，同时得到冲量（冲量 = 力 × 时间）和力量生成速率（rate of force development，RFD）这些反映有关力量产生方面的信息，能够评估不同运动等级运动员之间、不同专项运动员之间肌肉力量的特征、力量产生的差异，观察某种方法对肌肉力量的特征、力量产生的影响。

等长力量测试时，受试者的相关肌群进行静态收缩，动作幅度和关节活动范围不变，因此它在康复训练的监测中有很大的应用前景。

二、优势与不足

与动态力量测试相比，因为没有最大重复次数测试时的达到 1RM 前的热身试举和测量过程中的多次重复试举，等长力量测试的效率较高，尤其是在面对大样本量测试的情况下。

表 6–8 总结了等长力量测试的优点和缺点。

表 6–8　等长力量测试的优缺点

优缺点	等长力量测试
优点	● 与动态测试相比效率更高 ● 可以进行双侧或单侧测试 ● 测试非常可靠，特别是对峰值力量 ● 更容易测试的标准化 ● 与其他模式的力量测试相比，学习测试动作的时间短 ● 可用于康复训练的效果评价
缺点	● 反映运动表现的特异度不足 ● 需要专业设备，如压力板或张力计

三、等长力量测试中的指标

等长力量测试中可以得到很多的参数（表 6–9），其中，峰值力量、力量生成速率（RFD）和冲量是最常用的指标。

表 6–9　等长力量测试中的指标

指标	单位	定义
峰值力量	牛顿	测量绝对力量（牛顿）、相对力量（牛顿 / 千克）
力量	牛顿	测量在特定时间点产生的绝对力量（牛顿）、相对力量（牛顿 / 千克）（例如，在 100 毫秒时刻的力量）

续表

指标	单位	定义
力量生成速率	牛顿 / 秒	根据力 – 时间的关系，测量整体 RFD、平均 RFD、峰值 RFD 特定时间内（如 0 ～ 100 毫秒）的 RFD
冲量	牛顿 · 秒	力 × 时间

（一）峰值力量

峰值力量是等长力量测试中最常用的指标，反映了受试者的最大等长力量。峰值力量与举重、短跑、投掷、跳跃、场地自行车、冲刺加速、皮划艇、高尔夫球选手挥杆杆头速度等运动表现存在高度相关（West et al.，2011；De Witt et al.，2018；Bartolomei et al.，2019；Guppy et al.，2019；Scanlan et al.，2019；Wells et al.，2020）。

在等长力量测试期间获得的峰值力量可用于监测受试者对训练的适应、疲劳及其恢复的程度。将等长收缩式杠铃大腿中段提拉（IMTP）测试中测得的力量生成速率（RFD）与峰值力量（PF）的比值（RFD_{IMTP}/PF_{IMTP}）作为动态力量指数（DSI），对于业余男性运动员来说，DSI > 3.1 和 DSI < 2.4 分别提示需要加强最大力量训练和快速伸缩复合训练（Wilson et al.，1996）。而将静蹲跳（SJ）测试和等长收缩式杠铃大腿中段提拉（IMTP）测试的峰值力量的比值（PF_{SJ}/PF_{IMTP}）计算的 DSI 是一个可靠性非常高的参数，运动员的 PF_{SJ}/PF_{IMTP} 的测定值为 0.70 ± 0.10，如果 $PF_{SJ}/PF_{IMTP} > 0.80$，提示需要加强最大力量的训练；如果 $PF_{SJ}/PF_{IMTP} < 0.60$，则需要通过快速伸缩复合训练重点发展反应力量（Sheppard et al.，2011）。还有研究人员开始使用两个测力板和单侧 IMTP 测试来观察下肢不对称性（Thomas et al.，2017）。

（二）力量生成速率

力量生成速率（RFD）反映尽可能快地产生力量的能力。运动员在特定技术动作中可以产生力量的速度快慢与动作速度、击打、力量和短跑成绩有关（Branch et al.，2010）。但由于科学研究中采用的不同的力量生成速率测试方法，造成力量生成速率和运动表现之间的关系尚无一致的认识（Maffiuletti et al.，2016；Blazevich et al.，2020）。

计算力量生成速率的方法有多种。可以设定不同时间窗口的力量生成速率，如 0 ～ 30 毫秒、0 ～ 50 毫秒、0 ～ 100 毫秒、0 ～ 150 毫秒、0 ～ 200 毫秒和 0 ～ 250 毫秒（Haff et al.，2015），还可以选定某个时间段（如 100 ～ 200 毫秒）的峰值力量生成速率（peak RFD）（Peñailillo et al.，2015）。不同计算力量生成速率的方法，其可靠性也是不同的。使用选定的时间区间得到的力量生成速率更可靠，而平均力量生成速率不太可靠（Haff et al.，2015）。

（三）冲量

在数值上，冲量是在给定时间段内，等长收缩式杠铃大腿中段提拉的平均力量与该时间段的乘积（Folland et al.，2014），即力量—时间曲线与坐标轴围成区域的面积（图 6–3）。

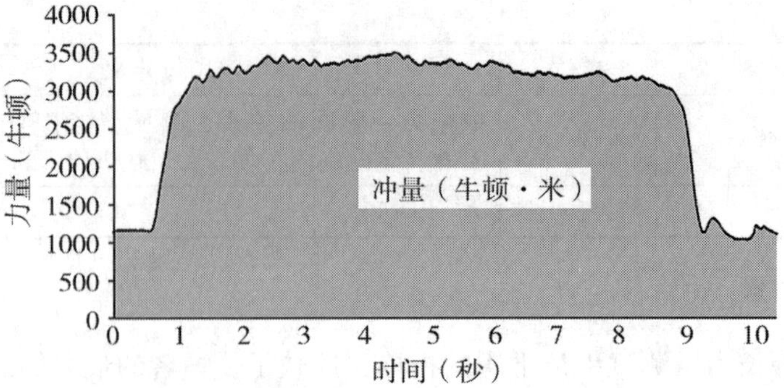

图 6-3　等长肌力测试的冲量（Guppy et al.，2018a）

四、等长力量测试方法

等长力量测试分为下肢和上肢的测试，测试的动作模式有等长收缩式杠铃大腿中段提拉、等长收缩式蹲起、等长收缩式腿举、等长收缩式卧推和等长收缩式握力等。

（一）等长收缩式杠铃大腿中段提拉

等长收缩式杠铃大腿中段提拉是最常用的等长力量测试。该测试是由哈夫（Haff）及其同事于 1997 年在举重运动员训练的动作中得到启发而研发出来的。他们发现，运动员在高翻提拉过程中第二次提拉时肌肉进行的是等长收缩，这是举重运动员在高翻和抓举中获得最大力量和速度的身体姿势（Guppy et al.，2018）。研究证实，等长收缩式杠铃大腿中段提拉测试与多种运动表现之间存在相关性（Comfort et al.，2018；Lum et al.，2020）。

1. 关节角度

关节角度和力之间的关系对力量测试具有重要意义，尤其是进行等长力量测试时。等长收缩式杠铃大腿中段提拉测试时的身体姿势对峰值力量有影响。关于等长收缩式杠铃大腿中段提拉测试时的身体位置，即“大腿中段”的术语存在一些混乱。一些研究人员和实践者将这一位置解释为大腿中点，而不是在最初的研究中使用率较高的第二次提拉时的身体姿势。根据目前的研究，受试者在第二次提拉时，躯干直立，膝关节轻微弯曲，有助于使大多数人产生最大的力量（路恒等，2020）。在实际执行等长收缩式杠铃大腿中段提拉测试之前，通过调整杠铃杆的高度来确定正确的身体姿势。等长收缩式杠铃大腿中段提拉测试时适宜的杠铃杆高度是基于高翻动作的第二次提拉时杠铃杆所处位置的基础上，向上或向下调整杠铃杆高度，以使受试者获得最佳的膝关节角度（125 ~ 145 度）和髋关节角度（140 ~ 150 度）。研究人员需要记录杠铃杆距离地面的高度和受试者的关节角度，以便在以后的重复性测试时实现标准化，同时排除后续测试结果的不同不是由于身体姿势改变的结果。在实际操作中，还需要测量并标准化受试者双手的握距和双足位置，除非受试者是青少年。因为随着生长发育，身高的增长会影响到双手的握距和双足位置，进而影响身体与杠铃杆的相对位置（Guppy et al.，2018a，2018b）。

有学者通过研究提出，每个受试者有自己喜欢的和自觉适宜的姿势，体能教练和研究人员可以允许受试者“自选”姿势。它看起来有较多优势，不仅可以最大程度地降低学习效果，而且这种姿势只要是在历次测试之间保证是标准化的前提下，数据就具有可比性，“自选”姿势甚至还有利于提高测试的效率。但是，如果受试者不能确保膝关节和髋关节处于上述建议的范围内（即膝关节 125 ~ 145 度、髋关节 140 ~ 150 度），则不建议受试者采用“自选”姿势，因为力量的产生会受到身体姿势的影响（Comfort et al.，2018）。

2. 学习效应

目前所有的等长收缩式杠铃大腿中段提拉研究中都有熟悉训练课。在确定杠铃杆的高度和身体姿势后，推荐在正式测试的 48 小时前进行一次短时间、次最大负荷的熟悉训练课，如 3×3 秒提拉，强度依次为 50%、75% 和 90% 主观最大用力（路恒等，2020）。

3. 起始动作

执行等长收缩式杠铃大腿中段提拉测试时，采集基线值时受试者需要平稳地站立，在开始提拉前不允许有反向移动的动作，否则会在曲线图上显示出来。执行正确和不正确测试动作相对应的时间—力量曲线图分别见图 6-4、图 6-5。

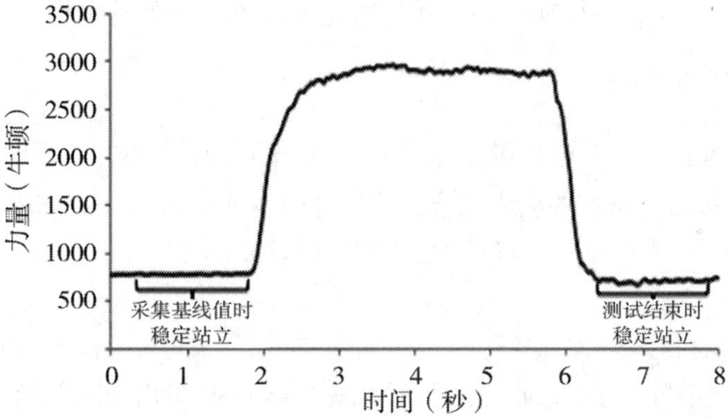

图 6-4　执行正确测试动作的测试结果（Comfort P et al.，2018）

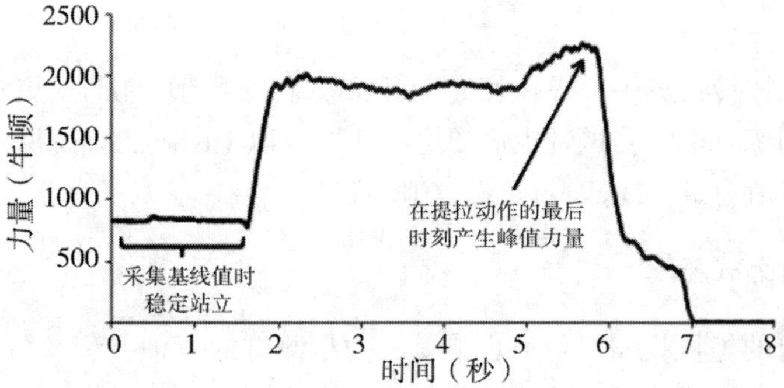

（a）峰值力过晚出现

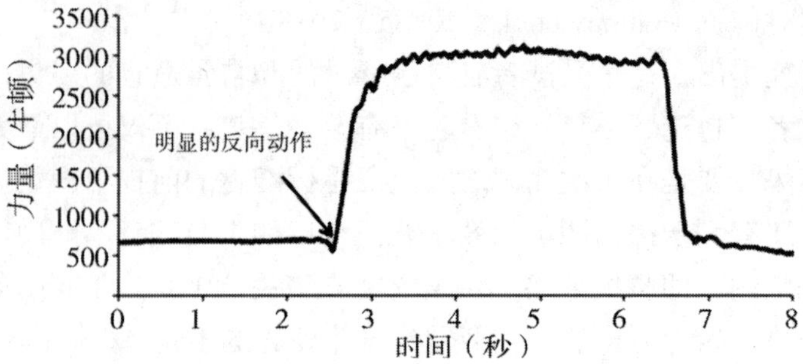

（b）有多余的反向动作

图 6–5　未能够执行正确测试动作的测试结果（Comfort P et al.，2018）

4. 测试时的指导语

强烈的口头鼓励可以对结果产生积极的影响（Belkhiria et al.，2018）。在等长收缩式杠铃大腿中段提拉测试时，体能教练和研究人员对受试者发出的典型指令是"尽可能用力和快速地提拉"（Halperin et al.，2016），或者增加指令"双足用力蹬伸，就好像将双脚插入地面，提拉杠铃远离地面"（Brady et al.，2018）。但需要注意的是，测试人员还应该注意受试者的个人偏好，因为有些人可能不会对过多的口头鼓励作出积极的反应。

（二）等长收缩式蹲起

等长收缩式蹲起（ISqt）也常被用来评估等长力量。等长收缩式蹲起峰值力量与 1RM 深蹲高度相关，也与运动员的运动表现有关（Bazyler et al.，2015）。无论是等长收缩式蹲起或等长收缩式杠铃大腿中段提拉，峰值力量的测量都是高度可靠的（Brady et al.，2018）。

1. 身体的角度

等长收缩式蹲起测试时，在各个身体姿势下的峰值力量测定值不尽相同，但都是可靠的。比较等长收缩式蹲起与等长收缩式杠铃大腿中段提拉在相同膝关节和髋关节角度下的表现，受试者在等长收缩式蹲起时会产生更大的峰值力量和冲量（0 ~ 300 毫秒）（Brady et al.，2018）。

2. 学习效应

与等长收缩式杠铃大腿中段提拉相比，等长收缩式蹲起可能需要更多的熟悉训练课去掌握测试动作。训练有素的受试者也需要进行 3 次及以上的熟悉训练课才能够产生稳定的峰值力量和相对峰值力量（Drake et al.，2018）。

（三）等长收缩式腿举

在固定器械上的等长收缩式腿举也是等长力量测试的一种方法（图 6–6），下肢关节在一系列的夹角下的测试结果都是可靠的（ICC=0.90 ~ 0.95）（Bogdanis et al.，2019）。对比其他等长力量测试，等长收缩式腿举测试在体能训练和研究中运用较少，但因为这种动作有关节角度的特异性（Harden et al.，2018），所以对半蹲发力和跳跃要求较高的运动项目（如篮球、排球等）可能有利用的价值。此外，在功能康复的训练和监测当中也有少数相关报道（Kivlan et al.，2015）。

（四）等长收缩式卧推

与等长收缩式杠铃大腿中段提拉一样，上肢的等长收缩式卧推测试，也需要一个诸如测力板之类的测力装置。受试者的身体位置与等长收缩式卧推测试结果有关。不同肘关节位置角度（60 度、90 度、120 度和 150 度）的峰值力量存在显著差异，最高峰力量产生于 120 度和 150 度（Young et al.，2014）。因此，在等长测试中应使用一致的体位，而不是交替使用不同体位。

图 6–6　等长收缩式腿举

（五）等长收缩式握力

等长收缩式握力测试因其易于使用和高可靠性，长时间以来一直是反映老年人和临床人群中身体表现的预测指标（阮晔等，2020）。近几年的研究表明，握力有助于优化棒球、攀岩、高尔夫、曲棍球、划桨、游泳、网球、举重和摔跤等项目的运动表现，并能够潜在地预防运动损伤（Cronin et al.，2017）。

与其他形式的等长测试一样，等长收缩式握力需要考虑受试者的身体位置（如站姿、坐姿）、手的优势侧等因素。测试时肘关节需要完全伸直。因为与屈肘 90 度时进行的测试相比，肘关节完全伸直可以测得的握力更大。而在肩关节屈曲 180 度（即手过头）伴随肘关节伸直姿势下的握力是最大的（Bobos et al.，2020）。

第四节　离心力量的测试方法

离心力量是运动员运动表现的重要组成部分，它不仅是变向和减速能力的关键，而且也是执行如跳跃这类快速拉长 - 缩短循环动作的关键（Tinwala et al.，2017）。离心力量在损伤预防和康复中也发挥作用。离心力量练习是跟腱炎、髌股综合征、网球肘等过度使用性运动损伤的治疗性训练方法。受伤的运动员即使完成了康复训练，但离心力量的缺陷在康复后仍然存在（苏文等，2016）。由于离心力量在减速和改变方向能力方面的重要性，增加离心力量可能有助于降低跌倒的风险和改善平衡，因此对于老年人也至关重要（Gluchowski et al.，2017）。

一、用途与特点

许多运动项目和一些技术动作要求运动员具备出色的离心力量，因此有必要了解运动员的离心力量水平，进而为设计训练计划提供参考信息。然而，由于离心力量测试的难度大于动态力量测试和等长力量测试，所以它还没有得到广泛的研究和应用（Harden et al.，2019）。

肌肉离心收缩比向心收缩表现出更大的力量，但如何安全地提供大强度的离心负荷是测试时的一个挑战，尤其是在为更强壮的运动员进行离心肌力测试时。受试者完成不习惯的离心收缩后会出现更明显的延迟性肌肉酸痛，导致力量和功率输出的减少会持续几天（邱俊强等，2019），这也需要加以考虑。离心测试的另一个困难之处是在运动过程中控制速度的能力。

目前已有多种用于离心训练的设备，如基于下蹲和弓箭步动作模式的飞轮离心训练器（图 6–7）（Petré et al.，2018），但它是基于垂直方向上的离心运动，而且不太适合进行评估（Tinwala et al.，2017）。

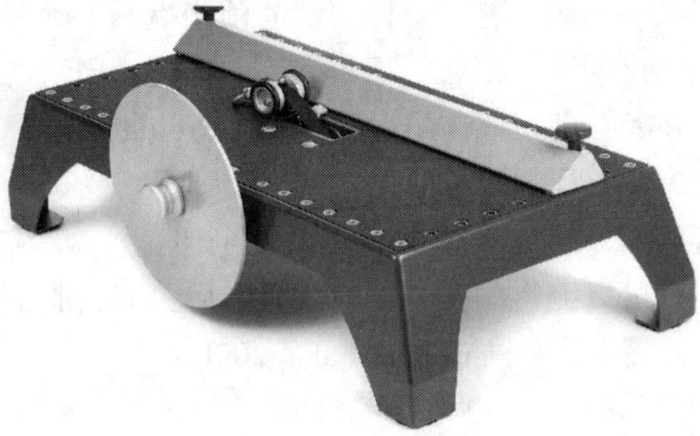

图 6–7　KBOX 飞轮离心训练器

二、离心力量测试的指标

常见的离心肌力测试指标有峰值力量、力量生成速率、冲量以及力量—速度曲线特征。

与其他测试模式一样，在离心肌力测试中，峰值力量的测量是可靠的（Harden et al.，2019）。与时间相关的变量，如力量生成速率，也可以在离心测试中测量，但可靠性较低（Nibali et al.，2015）。

目前已有研究基于北欧式腘绳肌练习（Nordic hamstring exercise，NHE）动作，将传感器与受试者的踝关节相连，开发出了腘绳肌离心力量的测试系统（图 6–8）。

纵跳测试时的离心参数是很有意义的，如反向纵跳和静蹲跳的离心冲量，它与受试者的运动级别有关，青少年滑雪运动员的减速冲量明显低于优秀运动员（Jordan et al.，

2018）。此外，观察反向纵跳、落下跳，有、无负荷的静蹲跳动作的离心和向心的力—速特征，有助于了解离心收缩力量的速度特征。

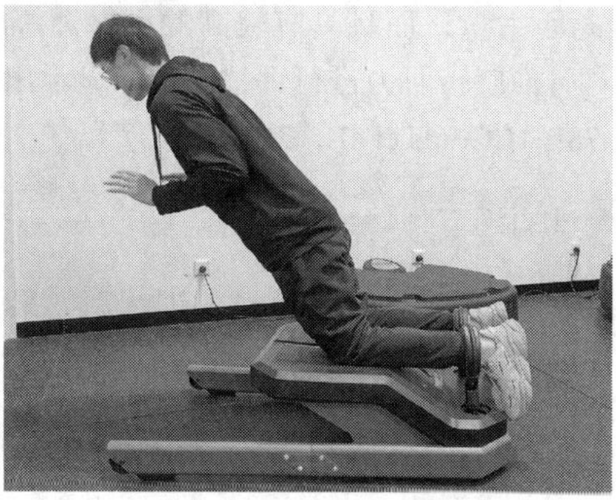

图 6-8　执行 NHE 动作过程评估腘绳肌离心力量

肌肉力量随着肌肉收缩模式或测试动作模式（动态、离心或等长）的不同而不同，因此，应避免使用从其他模式（如等长或动态测试）测定的力量结果来规定离心训练的训练负荷（Harden et al.，2019）。

三、离心肌力测试方法

（一）测试的仪器

离心力量是基于特定测试方法进行测量的，从不同的离心力量测试方法得到的结果不一定具有可比性。因此，在分析离心力量的测试结果并与以前发表的结果进行比较时，首先了解所使用的测试方法。

有多种仪器设备和测量方法被用来评估离心力量。等速设备已经被体能教练和研究人员广泛用于离心力量的测定。除此以外，恒定的动态外部阻力是另一种常用的离心力量测试方法。恒定的动态外部阻力和等速评估的优缺点如表 6-10 所示。

表 6-10　不同离心力量测试方法的优缺点

测试方法	优点	缺点
恒定的动态外部阻力	● 在测试方案中易于实施； ● 相较于商业系统更省钱	● 离心动作不好控制速度； ● 只能提供有限的离心指标； ● 需要监测员和另外的助手来增加离心负荷
等速评估	● 提供很多不同的分析指标； ● 测试更加可控； ● 完成单关节评估	● 需要昂贵的设备； ● 容易测量和控制离心阶段的速度； ● 对等速运动有效性的担忧以及缺少对特定的运动表现的针对性

近几年借助于传感器，测定北欧式腘绳肌练习动作时的腘绳肌离心力量成为离心训练和预防腘绳肌运动损伤研究的趋势（Opar et al.，2013；Vicens-Bordas et al.，2020）。此外，手持式测功器也可以测定离心力量，而且具有较高的可靠性（ICC=0.86 ~ 0.89）。使用等速测力法和手持测力法对肩袖旋转肌力进行评估的结果显示出两种测试模式之间存在很强的相关性（$r = 0.70 \sim 0.78$）（Cools et al.，2016）。

（二）最大离心力量测试的细节

（1）至少应该进行一次（或更多）熟悉测试的训练。如果受试者之前没有完成过离心训练或者测试，熟悉动作的学习就显得特别重要。进行研究时，需要进行测试—重复测试的可靠性检验，以验证受试者对离心收缩动作的熟悉和掌握程度。

（2）有效的离心力量测试的要求之一是控制速度的能力。例如，在卧推或下蹲的离心阶段，下降速度需要控制和测量。节拍器可以用来帮助保持恒定的速度。

（3）测试结束时的动作范围需要明确定义。例如，卧推测试时杠铃杆触碰胸部的标准，下蹲测试时正确的下蹲幅度或深度。

（4）离心收缩测试的持续时间至少为 3 秒。

（5）在 2 次试举之间应有 3 ~ 5 分钟的充分休息时间。

（6）受试者和监测员的安全是最重要的。确保有足够的监督，并且实验人员和监测员都明确实验流程。

第五节　动态力量的测试程序

一、最大力量的直接测试

（一）测试目的

评估在单个特定的动作模式期间动用的肌肉群的最大力量水平。

（二）测试结果

单次重复举起的最大重量（称为绝对力量）、相对于体重而言的最大重量（称为相对力量）

（三）所需器材设备

杠铃架、卧推椅或腿举器械、杠铃杆、杠铃片、安全锁扣。

（四）测试前的准备工作

体能教练或研究人员要确保受试者与保护者在测试前熟悉测试流程和步骤、掌握测试动作模式的技术要点。

进行测试的空间场地要求无杂物和闲散人员。将杠铃放置于受试者自觉适宜的高度。确认保护者拥有足够强壮的力量和适宜的身材，以能够安全保护受试者。受试者需要事先告知保护者一个词语（如“拿走”）以表示受试者无法完成该次试举动作。听到此口令后，保护者应抓住杠铃并协助受试者将杠铃放回杠铃架上。

在开始评估之前，受试者应进行标准化的热身，然后进行 3 ~ 5 分钟的休息和恢复。1RM 测试流程中规定了明确的热身环节。

（五）测试动作要领

背蹲和腿举是评估下肢力量水平的经典动作，卧推和俯卧提拉是评估上肢力量水平的经典动作。在实施测试时，体能教练或研究人员要监督受试者和保护者按照如下要求严格执行。

1. 背蹲测试

背蹲测试技术动作要领见表 6-11、图 6-9。

表 6-11 背蹲测试技术动作（Fukuda，2020）

1. 起始姿势（杠铃在杠铃架上）	2. 向下运动阶段
受试者 ● 双脚平行站立，将杠铃杆放在肩部或背部，并用手抓住（手掌向前，拇指包裹在下方）杆在肩部外的舒适位置； ● 将肘部置于杠铃之下，挺胸抬头，双眼目视前方，然后将杠铃从杠铃架上抬起并向后退一两步； ● 双脚间距重新调整到肩宽或略宽于肩，双脚尖略微外旋 **两个保护者** ● 站在杠铃杆的两端并用双手握住（拇指交叉在下方），呈杯状； ● 与受试者沟通以协助杠铃的抬起并松开手，但仍要保持与杠铃杆靠近的位置	**受试者** ● 保持背部挺直，挺胸抬头，双眼目视前方，肘部向下，保持控制住杠铃； ● 缓慢平稳地屈膝屈髋（类似于坐在椅子上），以可控的动作下蹲；脚后跟始终不离开地面，膝关节与脚尖的方向一致； ● 继续下蹲，直到大腿与地面平行，背部开始过度弯曲，或者脚后跟开始离开地面 **两个保护者** ● 双手不能触碰杠铃杆，但双手随着杠铃杆向下移动（拇指交叉在下方）； ● 保持背部挺直，杠铃下降的同时屈膝屈髋
3. 向上运动阶段	**4. 完成阶段**
受试者 ● 保持背部挺直，挺胸抬头，双眼目视前方，肘部向下；保持对杠铃的控制； ● 同时伸膝伸髋，平稳可控地向上抬起杠铃，直至到达起始位置 **两个保护者** ● 双手不能触碰杠铃杆，但双手随着杠铃杆向上移动（拇指交叉在下方）； ● 保持背部挺直，杠铃向上抬起的同时伸膝伸髋	**受试者** ● 完成预定的重复次数并返回起始位置后，向前迈步并将杠铃放回杠铃架上； ● 缓慢地屈膝，将杠铃放在杠铃架上 **两个保护者** ● 用双手握住杠铃，以帮助将杠铃放回杠铃架上

图 6-9 背蹲测试技术动作

2. 腿举测试

腿举测试技术动作要领见表 6-12、图 6-10。

表 6-12 腿举测试技术动作（Fukuda，2020）

1. 起始姿势	2. 向下运动阶段
受试者 ● 坐在腿举器械上，背部和臀部与背垫保持接触； ● 双脚间距与双髋一致，双脚尖略微外旋； ● 抓住位于座椅侧面的固定手柄并伸膝（但不要将其锁定）； ● 松开固定手柄，去掉支撑，然后重新将固定手柄锁住 两个保护者 ● 与受试者沟通，以协助器械抬起并放手，但保持双手紧密靠近	受试者 ● 背部和臀部与背垫保持接触，双手握住固定手柄、双脚踏于滑板平台上； ● 缓慢屈膝屈髋，以平稳可控的速度降低滑板； ● 继续下降，直到大腿与滑板平台平行 两个保护者 ● 在滑板平台向下运动期间保持警惕，并且如果需要，可通过滑板平台来协助受试者
3. 向上运动阶段	**4. 完成阶段**
受试者 ● 背部和臀部与背垫保持接触，双手握住固定手柄、双脚踏于滑板平台上； ● 缓慢地伸膝伸髋，逐渐抬高滑板平台，保持对整个动作范围的控制； ● 持续上升，直到滑板达到起始位置 两个保护者 ● 在滑板平台向下运动期间保持警惕，并且如果需要，可通过滑板平台来协助受试者	受试者 ● 在完成预定的重复次数并返回到起始位置后，松开固定手柄； ● 挪开双脚并离开器械座位 两个保护者 ● 通过滑板平台进行协助，直到滑板回到起始位置并且受试者已安全地离开座位

图 6-10　腿举测试技术动作

3. 卧推测试

卧推测试的技术动作要领见表 6-13、图 6-11。

表 6-13　卧推测试技术动作（Fukuda，2020）

1. 起始动作（杠铃在支架上）	2. 向下运动阶段
受试者 ● 平躺在卧推凳上，保持头部、肩部、背部与卧推凳接触，双脚平放在地面上； ● 调整身体姿势，双眼与杠铃杆对齐，双方握住杠铃杆，闭锁式正握，卧距与肩同宽或略宽于肩； ● 伸展肘关节将杠铃抬离杠铃架，并将其放置在胸部上方 **保护者** ● 站在受试者的头部前方，双手以正反式握法握住杠铃； ● 与受试者沟通以协助抬起杠铃并松开手，但仍要保持与杠铃杆靠近的位置	**受试者** ● 确保头部、肩部、背部紧贴在卧推凳上，双脚接触地面； ● 确保双臂互相平行且垂直于地面，保持手腕的位置； ● 缓慢屈肘并以平稳可控的速度降低杠铃，直至接触胸部 **保护者** ● 双手不能触碰杠铃杆，但以正反式握法随着杠铃杆向下移动； ● 保持背部挺直，杠铃下降的同时屈膝屈髋
3. 向上运动阶段	**4. 完成阶段**
受试者 ● 确保头部、肩部、背部紧贴在凳子上，双脚接触地面； ● 确保双臂互相平行且垂直于地面，保持手腕的位置； ● 伸肘，以平稳可控的速度向上抬起杠铃，直至达到起始位置 **保护者** ● 双手不能触碰杠铃杆，但随着杠铃杆向下移动； ● 保持背部挺直，杠铃向上抬起的同时伸膝伸髋	**受试者** ● 完成预定的重复次数并将杠铃放置起始位置后，松开双手即可 **保护者** ● 用双手握住杠铃，以正反式握法辅助受试者将杠铃放回支撑架上； ● 注意：受试者在完成大负荷试举时，需要增加保护者，类似于背蹲的保护方式

图 6–11　卧推测试技术动作

4. 卧拉测试

卧拉测试的技术动作要领见表 6–14、图 6–12。

表 6–14　卧拉测试技术动作（Fukuda，2020）

1. 起始动作（杠铃在支架上）	2. 向上运动阶段
受试者 ● 俯卧于长凳上，胸部和头部（或头部侧面）与长凳保持接触，双脚离开地面； ● 调整杠铃位置于胸部正下方，双手以闭锁式正握法握住杠铃杆，卧距略宽于肩； ● 抬起杠铃，以便有足够的离地间隙（必须相应地调整长凳的高度） 保护者 ● 协助受试者调整身体姿态及初次抬离杠铃杆	受试者 ● 确保胸部和头部（或头部侧面）与长凳接触，双脚离开地面且较为固定； ● 从杠悬空位置开始屈肘，直到杠铃与长凳底部接触为止（即在胸部下方的位置） 保护者 ● 确保杠铃和长凳底部接触
3. 向下运动阶段	4. 完成阶段
受试者 ● 确保胸部和头部（或头部侧面）与长凳接触，双脚离开地面且较为固定； ● 伸肘，以平稳可控的速度将杠铃降低至悬挂位置，杠铃不会触碰地面	受试者 ● 完成预定的重复次数并且杠铃放置在悬挂位置后，松开双手即可 保护者 ● 协助受试者将杠铃放回到地面上

图 6-12　卧拉测试技术动作

（六）测试流程（Haff et al.，2017）

（1）测试开始前向受试者说明：我们将通过深蹲 / 腿举 / 卧推 / 卧拉的动作测量你的力量。你准备好开始吗？如果准备好了，请按照预备姿势准备。

（2）指导受试者以正确的技术动作进行热身，重复 5 ~ 10 次，在第一组热身后休息 1 分钟。

（3）休息 1 分钟后：

- 增加 5 ~ 10 千克，适用于卧推或卧拉。
- 增加 15 ~ 20 千克，适用于背蹲或腿举。

（4）对受试者说：现在以正确的技术完成另外 2 或 3 次重复的热身，然后休息几分钟。

（5）休息 2 分钟后：

- 增加 5 ~ 10 千克，适用于卧推或卧拉。
- 增加 15 ~ 20 千克，适用于背蹲或腿举。

（6）对受试者说：现在以正确的技术完成一次重复，结束后将休息几分钟。根据你的表现，我们会增加或减少一些负荷重量，然后再试一次。

（7）休息 2 ~ 4 分钟后：

- 如果卧推或卧拉成功完成，则再增加 5 ~ 10 千克。
- 如果背蹲或腿举成功完成，则再增加 15 ~ 20 千克。
- 如果卧推或卧拉未成功完成，则减少 2.5 ~ 5 千克。
- 如果卧推或卧拉未成功完成，则减少 5 ~ 10 千克。

（8）继续试举[从步骤（7）开始重复]直到可以测出 1RM 值，最好在 5 次之内就能得出。

需要注意的是，1RM 测试期间，对于有训练经验或强壮的受试者，负荷的递增幅度可以较大；而训练经验不足或基础力量较弱的受试者，负荷的递增幅度较小。

二、最大力量的间接测定

最大力量的间接测定，其测试目的、测试结果、所需器材设备、测试前的准备工作，以及测试动作要领与直接测定法相同，只是在测试流程上有区别。

测试流程（Fukuda，2020）如下所示。

（1）测试开始前向受试者说明：我们将通过深蹲 / 腿举 / 卧推 / 卧拉的动作测量你的力量。你准备好开始吗？如果准备好了，请按照预备姿势准备。

（2）指导受试者以正确的技术动作进行热身，重复 8 ~ 10 次，在第一组热身后休息 1 分钟。

（3）休息 1 分钟后：

- 增加 2.5 ~ 5 千克，适用于卧推或卧拉。
- 增加 5 ~ 10 千克，适用于背蹲或腿举。

（4）对受试者说：现在以正确的技术完成另外 6 ~ 8 次重复的热身，然后休息几分钟。

（5）休息 2 ~ 4 分钟后：

- 增加 2.5 ~ 5 千克，适用于卧推或卧拉。
- 增加 5 ~ 10 千克，适用于背蹲或腿举。

（6）对受试者说：现在以正确的技术完成一次重复，结束后将休息几分钟。根据你的表现，我们会增加或减少一些负荷重量，然后再试一次。

（7）休息 2 ~ 4 分钟后：

- 如果卧推或卧拉成功完成，则再增加 2.5 ~ 5 千克。
- 如果背蹲或腿举成功完成，则再增加 5 ~ 10 千克。
- 如果卧推或卧拉未成功完成，则减少 1 ~ 2.5 千克。
- 如果卧推或卧拉未成功完成，则减少 2.5 ~ 5 千克。

（8）继续试举［从步骤（7）开始重复］直到可以测出 5RM 值，最好在 5 次之内就能得出。

需要注意的是，测定最大力量过程中，对于有训练经验或强壮的受试者，负荷的递增幅度可以较大；而训练经验不足或基础力量较弱的受试者，负荷的递增幅度较小。

建议进行 5RM ~ 10RM 的测试，因为与 1RM 之间密切相关，而且受肌肉耐力的影响较小。对于具有较高训练水平的受试者，3RM 测试是比较适宜的选择。

第六节　等长力量的测试程序

一、等长收缩式杠铃大腿中段提拉测试

1. 测试目的

等长收缩式杠铃大腿中段提拉测试用于评估在此特殊动作模式所动用肌群的最大等长

力量水平。

2. 测试结果

峰值力量、力量生成速率、提拉过程中的总冲量和相关时间点的冲量。

3. 所需器材设备

测力板、可调整高度且固定不动的标准力量举杠铃杆、量角器、拉力带(可选择使用)。

4. 测试前的准备工作

(1)熟悉测试动作。

进行等长收缩式杠铃大腿中段提拉测试前,受试者应进行至少 1 次熟悉训练课,以熟悉测试动作,特别是对那些几乎没有抗阻训练经验的人。

(2)在测试前,确保测力板正确校准。

(3)测试前的热身(Comfort et al.,2018)。

① 一般性热身:依次进行 5 分钟慢跑、动态拉伸、自重深蹲与弓箭步,接着依次进行低强度和中强度的动态杠铃大腿中段提拉动作。

② 专门性热身:按照正确测试动作要求依次进行 50%、75% 和 90% 主观最大用力的等长收缩式杠铃大腿中段提拉,每个主观用力程度下持续发力 3 秒、重复 3 次,间歇 60 秒。

5. 测试流程(Comfort et al.,2018)

(1)对受试者说明:我们将通过等长收缩式杠铃大腿中段提拉动作测量你的力量。你准备好开始了吗?如果准备好了,请站到测力板上,双手握住杠铃杆。

(2)指导受试者按照表 6-15 和图 6-13 的规范进行测试,并确保测试过程中始终保持正确的身体姿势和关节角度。可用腕带、胶带或粉笔做标记,以减小握力不足对测试结果的影响。

表 6-15 等长收缩式杠铃大腿中段提拉的测试动作标准(Comfort et al.,2018)

身体部位	要求
躯干	● 直立
髋关节	● 角度:140 ~ 150 度
大腿	● 与杠铃杆向接触(靠近腹股沟折痕,这与肢体长度有关)
膝关节	● 角度:120 ~ 145 度; ● 在杠铃杆下方并超过杠铃杆
踝关节	● 略微背屈
双足	● 开立,与肩同宽; ● 在杠铃杆下方
肩关节	● 肩带后缩、下沉; ● 肩部位于杠铃杆正上方或略靠后
握法	● 正握(可用拉力带或绷带)
指令	● 尽可能用力和快速地提拉,同时用力蹬地
拉力	● 在测试开始前,可以在杆上施加恒定的拉力

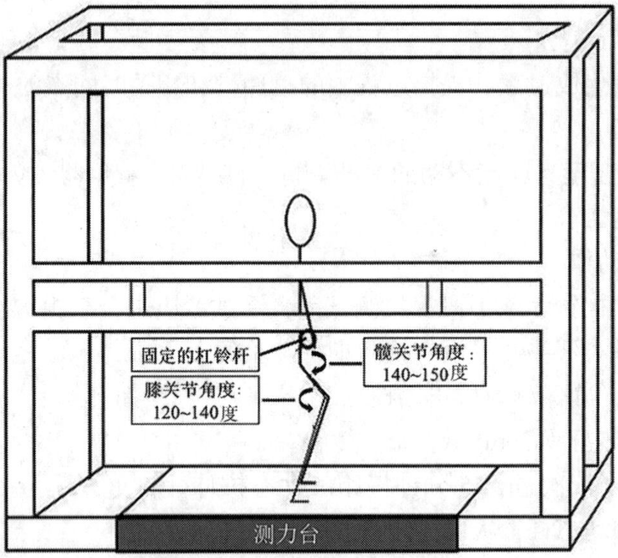

图 6-13　等长收缩式杠铃大腿中段提拉测试时正确的姿势与关节角度范围

（改编自 Bailey et al.，2013；Comfort et al.，2018）

（3）向受试者发出“在杠铃上施加恒定的拉力”的口令，使受试者在测试开始前可以产生一定程度的预拉力（通常小于 50 牛顿）。

（4）向受试者发出“3——2——1——开始”的口令，同时密切观察受试者在开始等长动作之前的动作，不允许受试者有反向动作（基于目测观察）。

（5）对受试者发出语言鼓励：双足用力蹬伸，感觉将双脚插入地面，提拉杠铃远离地面。

（6）受试者保持最大用力程度的等长收缩 3 ~ 5 秒。

（7）可以重复 2 或 3 次，每次间隔 1 ~ 2 分钟。

（8）两次测试结果相差 250 牛顿以内可以作为终止测试的标准。但如果受试者想继续测试，也是允许的［由于等长测试具有较高的组内可靠性（within-session reliability），因此不需要进行过多次数的提拉］。

二、等长收缩式蹲起测试

1. 测试目的

等长收缩式蹲起用于评估在此特殊动作模式所动用肌群的最大等长力量水平。

2. 测试结果

峰值力量、力量生成速率。

3. 所需器材设备

测力板、可调整高度且固定不动的标准力量举杠铃杆、量角器。

4. 测试前的准备工作

（1）熟悉测试动作。等长收缩式蹲起测试需要至少 3 次的熟悉训练课才能够产生稳定的峰值力量和相对峰值力量。

（2）在测试前，确保测力板正确校准。

（3）测试前的热身。

① 一般性热身：依次进行 5 分钟慢跑、动态拉伸、自重深蹲与弓箭步，接着一次进行低强度和中等强度主观最大用力的等长收缩式蹲起测试。

② 专门性热身：按照正确测试动作要求依次进行 50%、75% 和 90% 主观最大用力的等长收缩式蹲起测试，每个主观用力程度下持续发力 3 秒、重复 3 次，间歇 60 秒。

5. 测试流程（Marshall et al.，2012）

（1）对受试者说：我们将通过等长收缩式蹲起测量你的最大等长力量。你准备好开始了吗？如果准备好了，请站到测力板上，做背蹲动作。

（2）指导受试者按照表 6–16 和图 6–14 的规范进行测试，并确保测试过程中始终保持正确的身体姿势和关节角度。

（3）在测试开始之前，应在杠铃杆上施加恒定的力，但是不应超过 50 牛顿。

（4）向受试者发出“3——2——1——开始”的口令，同时密切观察受试者在开始等长动作之前的动作，不允许受试者有反向动作（基于目测观察）。

（5）对受试者发出语言鼓励：双足用力蹬伸，感觉将双脚插入地面，扛起杠铃远离地面。

（6）受试者保持最大用力程度的等长收缩 3 ~ 5 秒。

（7）可以重复 2 或 3 次，每次间隔 1 ~ 2 分钟。

表 6–16　等长收缩式蹲起的测试动作标准

身体部位	要求
躯干	直立
髋关节	角度：120 ~ 150 度
膝关节	角度：90 ~ 120 度
握法	正握
指令	尽可能用力和快速地提拉，同时用力蹬地
拉力	在测试开始前，可以在杆上施加恒定的拉力

图 6-14　等长收缩式蹲起测试的正确姿势

三、等长收缩式最大握力测试

1. 测试目的

评估前臂肌群的等长收缩力量。

2. 所需器材设备

握力计。

3. 测试前的准备

（1）验证和检查握力计的读数为零。

（2）调整测量设备的手柄，使受试者中指的中间部分呈直角（90 度），并记录手的合适位置。

（3）在开始测试评估之前，应进行标准化的热身，然后休息 3 ~ 5 分钟。

4. 测试流程（Fukuda，2020）

（1）对受试者说：我们将测量你的握力，如果你准备好了，请站立，双脚平行且与肩同宽，用一只手握住握力计。

（2）令受试者的手臂放在身体两侧，手掌心朝向大腿一侧（图 6-15）。

（3）对受试者说：当听到我发出“开始”的口令时，你的手指发力攥握，尽可能用力挤压握力计，同时你的身体保持静止状态，不能晃动。

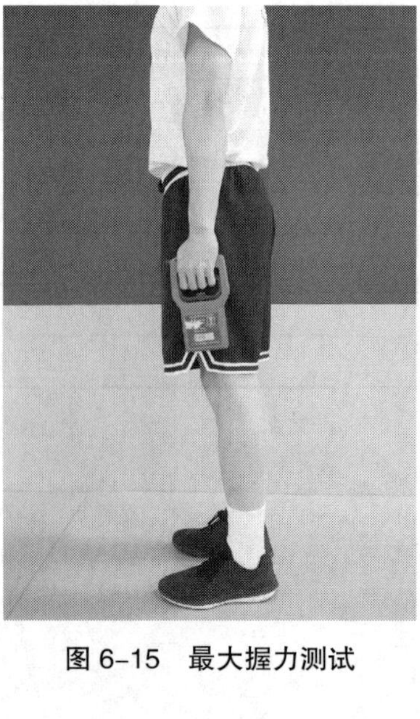

图 6-15　最大握力测试

（4）记录握力计指针显示的读数。

（5）重复 2 或 3 次，每次之间有 1 分钟的休息时间。

（6）换另一只手重复相同的测试流程。

（7）最终的记录数值是用任何一只手测得的最大力量值。

（8）评价指标：

① 单侧握力：绝对值、与体重进行标准化后的相对值；

② 总握力：两侧握力之和；

③ 平均握力：两侧握力的平均值。

第七节　离心力量的测试程序

在体能训练中，腘绳肌的离心力量测试是最常用的，本节介绍它的测试程序。

1. 测试目的

通过北欧式腘绳肌练习动作，来测量腘绳肌的离心肌力。

2. 测试结果

离心力量。

3. 所需器材设备

测力台、负荷传感器、软垫。

4. 测试前的准备工作

学习、掌握北欧式腘绳肌练习动作，在正式实验前进行测试—重复测试的可靠性检验，以验证受试者对离心收缩动作的熟悉和掌握程度。

5. 测试流程（de Oliveira et al.，2020）

（1）对受试者说：我们将测量你的腘绳肌离心力量，如果你准备好了，请双膝跪立于测力台的软榻上，保持骨盆中立位、躯干挺直。我们要将负荷传感器绑在你的踝关节处（图 6–8）。

（2）令受试者以膝关节为支点，躯干缓慢地向前倾倒，保持躯干与大腿呈一直线，髋关节和脊柱均不能屈曲。

（3）要求受试者最大程度地利用腘绳肌的离心力量来倾倒身体，避免出现躯干突然地加速下落，在即将落地的刹那间，受试者双手扶地缓冲，然后身体返回到起始位置。

（4）至少重复 3 次标准动作以获取有效的数据，每次之间休息 10 秒钟。

（5）取最高值作为后续分析之用。

参考文献

[1] ARSENAULT K. When are athletes "strong enough" ?[EB/OL]. (2018–10–18)[2022–02–12]. https://www.stack.com/a/how–strong–is–strong–enough–for–athletes.

[2] BAILEY C, SATO K, ALEXANDER R, et al. Isometric force production symmetry and jumping performance in college athletes[J]. Journal of Trainology, 2013, 2(1): 1–5.

[3] BAKER D G, NEWTON R U. Comparison of lower body strength, power, acceleration, speed, agility, and sprint momentum to describe and compare playing rank among professional rugby league players[J]. J Strength Cond Res. 2008, 22(1): 153–158.

[4] BALSALOBRE–FERNÁNDEZ C, MARCHANTE D, MUÑOZ–LÓPEZ M, et al. Validity and reliability of a novel iPhone APP for the measurement of barbell velocity and 1RM on the bench–press exercise[J]. J Sports Sci. 2018, 36(1): 64–70.

[5] BARTOLOMEI S, ROVAI C, LANZONI I M, et al. Relationships between muscle architecture, deadlift performance, and maximal isometric force produced at the midthigh and midshin pull in resistance–trained individuals[J]. J Strength Cond Res. 2022, 36(2): 299-303.

[6] BAZYLER C D, BECKHAM G K, SATO K. The use of the isometric squat as a measure of strength and explosiveness[J]. J Strength Cond Res. 2015, 29(5): 1386–1392.

[7] BECKHAM G K, OLMEDA J J, FLORES A J, et al. Relationship between maximum pull–up repetitions and first repetition mean concentric velocity[J]. J Strength Cond Res. 2018, 32(7): 1831–1837.

[8] BELKHIRIA C, DE MARCO G, DRISS T. Effects of verbal encouragement on force and electromyographic activations during exercise[J]. J Sports Med Phys Fitness. 2018, 58(5): 750–757.

[9] BEN–ZAKEN S, ELIAKIM A, NEMET D, et al. Genetic variability among power athletes: the stronger vs. the faster[J]. J Strength Cond Res. 2019, 33(6): 1505–1511.

[10] BLAZEVICH A J, WILSON C J, ALCARAZ P E, et al. Effects of resistance training movement pattern and velocity on isometric muscular rate of force development: a systematic review with meta–analysis and meta–regression[J]. Sports Med. 2020, 50(5): 943–963.

[11] BOBOS P, NAZARI G, LU Z, et al. Measurement properties of the hand grip strength assessment: a systematic review with meta–analysis[J]. Arch Phys Med Rehabil. 2020, 101(3): 553–565.

[12] BOGDANIS G C, TSOUKOS A, METHENITIS S K, et al. Effects of low volume isometric leg press complex training at two knee angles on force–angle relationship and

rate of force development[J]. Eur J Sport Sci. 2019, 19(3): 345–353.

[13] BRADY CJ, HARRISON A J, FLANAGAN E P, et al. A comparison of the isometric midthigh pull and isometric squat: intraday reliability, usefulness, and the magnitude of difference between tests[J]. Int J Sports Physiol Perform. 2018, 13(7): 844–852.

[14] BRANCH T P, MAYR H O, BROWNE J E, et al. Instrumented examination of anterior cruciate ligament injuries: minimizing flaws of the manual clinical examination[J]. Arthroscopy. 2010, 26(7): 997–1004.

[15] BUTT C. The weigh trainer: formulas and coefficients that predict your 1–rep maximum[EB/OL]. (2020–10–18)[2021–11–15]. http://www.weightrainer.net/Training/coefficients.html.

[16] CASE M J, KNUDSON D V, DOWNEY D L. Barbell squat relative strength as aniidentifier for lower extremity injury in collegiate athletes[J]. J Strength Cond Res. 2020, 34(5): 1249–1253.

[17] CHOLEWA J M, ATALAG O, ZINCHENKO A, et al. Anthropometrical determinants of deadlift variant performance[J]. J Sports Sci Med. 2019, 18(3): 448–453.

[18] COMFORT P, DOS' SANTOS T, BECKHAM G, et al. Standardization and methodological considerations for the isometric midthigh pull[J]. Strength Cond J. 2019, 41(2): 157–179.

[19] COMYNS T, KENNY I, SCALES G. Effects of a low–load gluteal warm–up on explosive jump performance[J]. J Hum Kinet. 2015, 46: 177–187.

[20] COOLS A M, VANDERSTUKKEN F, VEREECKEN F, et al. Eccentric and isometric shoulder rotator cuff strength testing using a hand–held dynamometer: reference values for overhead athletes[J]. Knee Surg Sports Traumatol Arthrosc. 2016, 24(12): 3838–3847.

[21] CRONIN J, CLAWTON T, HARRIS N, et al. A brief review of handgrip strength and sport performance[J]. J Strength Cond Res. 2017, 31(11): 3187–3217.

[22] DE LA MOTTE S J, GRIBBIN T C, LISMAN P, et al. Systematic review of the association between physical fitness and musculoskeletal injury risk: part 2–muscular endurance and muscular strength[J]. J Strength Cond Res. 2017, 31(11): 3218–3234.

[23] DE OLIVEIRA N T, MEDEIROS T M, VIANNA K B, et al. A four–week training program with the nordic hamstring exercise during preseason increases eccentric strength of male soccer players[J]. Int J Sports Phys Ther. 2020, 15(4): 571–578.

[24] DE WITT J K, ENGLISH K L, CROWELL J B, et al. Isometric midthigh pull reliability and relationship to deadlift one repetition maximum[J]. J Strength Cond Res. 2018, 32(2): 528–533.

[25] DRAKE D, KENNEDY R, WALLACE E. Familiarization, validity and smallest detectable difference of the isometric squat test in evaluating maximal strength[J]. J

Sports Sci. 2018, 36(18): 2087–2095.

[26] FOLLAND JP, BUCKTHORPE MW, HANNAH R. Human capacity for explosive force production: neural and contractile determinants[J]. Scand J Med Sci Sports. 2014, 24(6): 894–906.

[27] FRAZER A K, PEARCE A J, HOWATSON G, et al. Determining the potential sites of neural adaptation to cross–education: implications for the cross–education of muscle strength[J]. Eur J Appl Physiol. 2018, 118(9): 1751–1772.

[28] GARCÍA–RAMOS A, PESTAÑA–MELERO F L, PÉREZ–CASTILLA A, et al. Mean velocity vs. mean propulsive velocity vs. peak velocity: which variable determines bench press relative load with higher reliability?[J] J Strength Cond Res. 2018, 32(5): 1273–1279.

[29] GARCÍA–RAMOS A, ULLOA–DÍAZ D, BARBOZA–GONZÁLEZ P, et al. Assessment of the load–velocity profile in the free–weight prone bench pull exercise through different velocity variables and regression models[J]. PLoS One. 2019, 14(2): e0212085.

[30] GLUCHOWSKI A, HARRIS N, DULSON D, et al. Chronic eccentric exercise and the older adult[J]. Sports Med. 2015, 45(10): 1413–1430.

[31] GRGIC J, LAZINICA B, SCHOENFELD B J, et al. Test–retest reliability of the one–repetition maximum(1RM) strength assessment: a systematic review[J]. Sports Med Open. 2020, 6(1): 31.

[32] GUPPY S N, BRADY C J, COMFORT P, et al. The isometric mid–thigh pull: a review & methodology – part 2[J]. Professional Strength & Conditioning. 2018a, 51: 21–29.

[33] GUPPY S N, BRADY C J, KOTANI Y, et al. Effect of altering body posture and barbell position on the within–session reliability and magnitude of force–time curve characteristics in the isometric midthigh pull[J]. J Strength Cond Res. 2019, 33(12): 3252–3262.

[34] GUPPY S N, BRADY C J, KOTANI Y, et al. The effect of altering body posture and barbell position on the between–session reliability of force–time curve characteristics in the isometric mid–thigh pull[J]. Sports(Basel). 2018, 6(4): 162.

[35] HACKETT D A, SELVANAYAGAM V S, HALAKI M, et al. Associations between perceptual fatigue and accuracy of estimated repetitions to failure during resistance exercises[J]. J Funct Morphol Kinesiol. 2019, 4(3): 56.

[36] HAFF G G, RUBEN R P, LIDER J, et al. A comparison of methods for determining the rate of force development during isometric midthigh clean pulls[J]. J Strength Cond Res. 2015, 29(2): 386–395.

[37] HAFF G G, TRIPLETT N T. 肌力与体能训练 [M]. 林贵福，何仁育，林育槿，等，译 . 台北：和枫书局 , 2017.

[38] HALPERIN I, WILLIAMS K J, MARTIN D T, et al. The effects of attentional focusing instructions on force production during the isometric midthigh pull[J]. J Strength Cond Res. 2016, 30(4): 919–923.

[39] HARDEN M, WOLF A, HAFF G G, et al. Repeatability and specificity of eccentric force output and the implications for eccentric training load prescription[J]. J Strength Cond Res. 2019, 33(3): 676–683.

[40] HARDEN M, WOLF A, HICKS K, et al. Familiarisation, reproducibility, sensitivity and joint angle specificity of bilateral isometric force exertions during leg press[J]. Isokinetics and Exercise Science. 2018, 26(2): 1–8.

[41] HELMS E R, STOREY A, CROSS M R, et al. RPE and velocity relationships for the back squat, bench press, and deadlift in powerlifters[J]. J Strength Cond Res. 2017, 31(2): 292–297.

[42] HOOPER D R, KRAEMER W J, FOCHT B C, et al. Endocrinological roles for testosterone in resistance exercise responses and adaptations[J]. Sports Med. 2017, 47(9): 1709–1720.

[43] HORIN, NEWTON R U, ANDREWS W A, et al. Does performance of hang power clean differentiate performance of jumping, sprinting, and changing of direction?[J] J Strength Cond Res. 2008, 22(2): 412–418.

[44] IZQUIERDO M, GONZÁLEZ–BADILLO J J, HÄKKINEN K, et al. Effect of loading on unintentional lifting velocity declines during single sets of repetitions to failure during upper and lower extremity muscle actions[J]. Int J Sports Med. 2006, 27(9): 718–724.

[45] JARIC S. Two–load method for distinguishing between muscle force, velocity, and power–producing capacities[J]. Sports Med. 2016, 46(11): 1585–1589.

[46] JIDOVTSEFF B, HARRIS N K, CRIELAARD J M. Using the load–velocity relationship for 1RM prediction[J]. J Strength Cond Res. 2011, 25(1): 267–270.

[47] JORDAN M J, AAGAARD P, HERZOG W. A comparison of lower limb stiffness and mechanical muscle function in ACL–reconstructed, elite, and adolescent alpine ski racers/ski cross athletes[J]. J Sport Health Sci. 2018, 7(4): 416–424.

[48] JOVANAVIC M, FLANAGAN E. Researched applications of velocity based strength training[J]. J Aust Strength Cond, 2014, 22(2): 58–69.

[49] KANEHISA H, IKEGAWA S, FUKUNAGA T. Comparison of muscle cross–sectional area and strength between untrained women and men[J]. Eur J Appl Physiol Occup Physiol. 1994, 68(2): 148–154.

[50] KEINER M, SANDER A, WIRTH K, et al. Strength performance in youth: trainability of adolescents and children in the back and front squats[J]. J Strength Cond Res. 2013, 27(2): 357–362.

[51] KIVLAN B R, CARCIA C R, CLEMENTE F R, et al. The effect of astym® therapy on muscle strength: a blinded, randomized, clinically controlled trial[J]. BMC Musculoskelet Disord. 2015, 16: 325.
[52] LAKE J, NAWORYNSKY D, DUNCAN F, et al. Comparison of different minimal velocity thresholds to establish deadlift one repetition maximum[J]. Sports(Basel). 2017, 5(3): 70.
[53] LOTURCO I, KOBAL R, MORAES J E, et al. Predicting the maximum dynamic strength in bench press: the high precision of the bar velocity approach[J]. J Strength Cond Res. 2017, 31(4): 1127–1131.
[54] LUM D, HAFF G G, BARBOSA T M. The relationship between isometric force–time characteristics and dynamic performance: a systematic review[J]. Sports(Basel). 2020, 8(5): 63.
[55] MACDOUGALL D, SALE D. 高水平运动训练的生理学基础 [M]. 于亮，译 . 北京：科学出版社，2020.
[56] MAESTRONI L, READP, BISHOP C, et al. Strength and power training in rehabilitation: underpinning principles and practical strategies to return athletes to high performance[J]. Sports Med. 2020, 50(2): 239–252.
[57] MAFFIULETTI N A, AAGAARD P, BLAZEVICH A J, et al. Rate of force development: physiological and methodological considerations[J]. Eur J Appl Physiol. 2016, 116(6): 1091–1116.
[58] MARSHALL P W, ROBBINS D A, WRIGHTSON A W, et al. Acute neuromuscular and fatigue responses to the rest–pause method[J]. J Sci Med Sport. 2012, 15(2): 153–158.
[59] MAYHEW J L, JOGNSON BD, LAMONTE M J, et al. Accuracy of prediction equations for determining one repetition maximum bench press in women before and after resistance training[J]. J Strength Cond Res. 2008, 22(5): 1570–1577.
[60] MCBRIDE J M, BLOW D, KIRBY T J, et al. Relationship between maximal squat strength and five, ten, and forty yard sprint times[J]. J Strength Cond Res. 2009, 23(6): 1633–1636.
[61] MCCGUIGAN M R, NEWTON M J, WINCHESTER J B, et al. Relationship between isometric and dynamic strength in recreationally trained men[J]. J Strength Cond Res. 2010, 24(9): 2570–2573.
[62] MERRIGAN J J, WHITE J B, HU Y E, et al. Differences in elbow extensor muscle characteristics between resistance–trained men and women[J]. Eur J Appl Physiol. 2018, 118(11): 2359–2366.
[63] MORALES–ARTACHO A J, RAMOS A G, PÉREZ–CASTILLA A, et al. Associations of the force–velocity profile with isometric strength and neuromuscular factors[J]. Int J

Sports Med. 2018, 39(13): 984–994.
[64] NASR R, AL RASSY N, WATLAIN E, et al. Muscular maximal strength indices and bone variables in a group of elderly women[J]. J Clin Densitom. 2020, 23(3): 465–471.
[65] NIBALI M L, TOMBLESON T, BRADY P H, et al. Influence of familiarization and competitive level on the reliability of countermovement vertical jump kinetic and kinematic variables[J]. J Strength Cond Res. 2015, 29(10): 2827–2835.
[66] NIMPHIUS S, MCBRIDE J M, RICE P E, et al. Comparison of quadriceps and hamstring muscle activity during an isometric squat between strength–matched men and women[J]. J Sports Sci Med. 2019, 18(1): 101–108.
[67] OPAR D A, PIATKOWSKI T, WILLIAMS M D, et al. A novel device using the nordic hamstring exercise to assess eccentric knee flexor strength: a reliability and retrospective injury study[J]. J Orthop Sports Phys Ther. 2013, 43(9): 636–640.
[68] PEÑAILILLO L, BLAZEVICH A, NUMAZAWA H, et al. Rate of force development as a measure of muscle damage[J]. Scand J Med Sci Sports. 2015, 25(3): 417–427.
[69] PETRÉ H, WERNSTÅL F, MATTSSON C M. Effects of flywheel training on strength–related variables: a meta–analysis[J]. Sports Med Open. 2018, 4(1): 55.
[70] LLOYD R S, OLIVER J L. Strength and conditioning for young athletes[M]. New York: Routledge, 2019.
[71] SCANLAN A T, WEN N, GUY J H, et al. The isometric midthigh pull in basketball: an effective predictor of sprint and jump performance in male, adolescent players[J]. Int J Sports Physiol Perform. 2019, 15(3): 1–7.
[72] POWERS S K, HOELEY E T. Exercise physiology: theory and application to fitness and performance[M]. 10th ed. New York: McGraw–Hill Education, 2018.
[73] SHEPPARD J M, CHAPMAN D W, TAYLOR K L. An evaluation of a strength qulities assessment method for the lower body[J]. J Aust Strength Cond. 2011, 19(2): 4–10.
[74] ŠKARABOT J, CRONIN N, STROJNIK V. Bilateral deficit in maximal force production[J]. Eur J Appl Physiol. 2016, 116(11–12): 2057–2084.
[75] SOARES–CALDEIRA L F, ROTTI–DIAS R M, OKUNO N M, et al. Familiarization indexes in sessions of 1RM tests in adult women[J]. J Strength Cond Res. 2009, 23(7): 2039–2045.
[76] STRUZIK A, ZAWADZKI J. Application of force–length curve for determination of leg stiffness during a vertical jump[J]. Acta Bioeng Biomech. 2016, 18(2): 163–171.
[77] SUAREZ D G, MIZUGUCHI S, HORNSBY W G, et al. Phase–specific changes in rate of force development and muscle morphology throughout a block periodized training cycle in weightlifters[J]. Sports(Basel). 2019, 7(6): 129.
[78] SUCHOMEL T J, NIMPHIUS S, STONE M H. The importance of muscular strength in

athletic performance[J]. Sports Med. 2016, 46(10): 1419–1449.

[79] THOMAS C, COMFORT P, DOS'SANTOS T. Determining bilateral strength imbalances in youth basketball athletes[J]. Int J Sports Med. 2017, 38(9): 683–690.

[80] THOMAS C, JONES P A, COMFORT P. Reliability of the dynamic strength index in college athletes[J]. Int J Sports Physiol Perform. 2015, 10(5): 542–545.

[81] TINWALA F, CRONIN J, HAEMMERLE E, et al. Eccentric Strength training: a review of available technology[J]. Strength Cond J. 2017, 39(1), 32–47.

[82] TOD D, EDWARDS C, MCGUIGAN M, et al. A systematic review of the effect of cognitive strategies on strength performance[J]. Sports Med. 2015, 45(11): 1589–1602.

[83] VICENS–BORDAS J, ESTEVE E, FORT–VANMEERHAEGHE A, et al. Eccentric hamstring strength is associated with age and duration of previous season hamstring injury in male soccer players[J]. Int J Sports Phys Ther. 2020, 15(2): 246–253.

[84] WALKER O. Velocity based training[EB/OL]. (2017–08–05)[2021–11–15]. https://www.scienceforsport.com/Velocity–based–Training/#toggle–id–1.

[85] WELLS J E T, MITCHELL A C S, CHARALAMBOUS L H, et al. Relationships between highly skilled golfers' clubhead velocity and vertical ground reaction force asymmetry during vertical jumps and an isometric midthigh pull[J]. J Strength Cond Res. 2020, 34(10): 2824–2831.

[86] WEST D J, OWEN N J, JONES M R, et al. Relationships between force–time characteristics of the isometric midthigh pull and dynamic performance in professional rugby league players[J]. J Strength Cond Res. 2011, 25(11): 3070–3075.

[87] WILSON G J, MURPHY A J. Strength diagnosis: the use of test data to determine specific strength training[J]. J Sports Sci. 1996, 14(2): 167–173.

[88] WIRTH K, KEINER M, SZILVAS E, et al. Effects of eccentric strength training on different maximal strength and speed–strength parameters of the lower extremity[J]. J Strength Cond Res. 2015, 29(7): 1837–1845.

[89] WISLØFF U, CASTAGNA C, HELGERUD J, et al. Strong correlation of maximal squat strength with sprint performance and vertical jump height in elite soccer players[J]. Br J Sports Med. 2004, 38(3): 285–288.

[90] YOUNG K P, HAFF G G, NEWTON R U, et al. Reliability of a novel testing protocol to assess upper–body strength qualities in elite athletes[J]. Int J Sports Physiol Perform. 2014, 9(5): 871–875.

[91] 陈小平 . 反应力量和反应力量的训练 [J]. 体育科学，2001，21(5): 36–39.

[92] 戴维 · H. 富库达 . 运动表现测试与评估指南 [M]. 闫琪，赵芮，译 . 北京：人民邮电出版社，2020.

[93] 刘宇，魏勇 . 运动科学领域的下肢刚度研究 [J]. 上海体育学院学报，2008，32(5):

31–35, 82.

[94] 路恒，许贻林，王然 . 影响等长大腿中部拉测试信效度的方法学因素综述 [J]. 体育与科学，2020，41(6): 75–87.

[95] 门杰，李越 . 骨骼肌卫星细胞的研究进展 [J]. 吉林体育学院学报，2013，29(5): 71–74.

[96] 邱俊强，耿国强，潘阳梦柔 . 支链氨基酸联合葡萄糖补充时机对大强度离心运动后延迟性肌肉酸痛及相关指标的影响 [J]. 中国体育科技，2019，55(3): 66–72.

[97] 阮晔，施燕，郭雁飞，等 . 2009—2010 年上海市 50 岁及以上人群握力、快速步行速度与认知功能的关联性研究 [J]. 中华预防医学杂志，2020，54(12): 1414–1420.

第七章　功率的测试与评估

第一节　功率测试的科学基础

功率是力和速度的乘积。在理论上，功率可以通过发展功率中力的成分（力量）或者速度成分（某一段时间内的位移）来提高。在竞技体育领域，功率的表现有大负荷（重量）的慢速动作（如奥林匹克举重、场地自行车运动员的起动出发），也有小负荷的高速动作（如网球发球、投掷标枪）。这些需要高功率输出的运动表现与最大力量水平及力量生成速率等神经肌肉因素有关。

一、影响肌肉功率的生理学因素

功率是力量与速度的结合，因此，影响肌肉力量的因素都会对肌肉功率产生影响。

神经肌肉系统产生最大功率的能力受到一系列相关因素的影响（图 7–1），主要包括三方面：神经肌肉、人体形态学和肌肉环境。

最大肌肉功率与很多神经肌肉因素有关，包括运动单位的募集、放电频率、同步化和肌间协调性，还有肌纤维的组成、肌纤维横截面积、肌纤维的长度、羽状角和肌腱特性等。此外，最大功率还与力—速度关系和长度—张力关系有关，并受到肌肉收缩类型所涉及的因素的影响，如可用于产生力量的时间、弹性势能的储存和利用、肌肉收缩和弹性结构之间的相互作用和牵张反射。还有，由于疲劳、激素刺激（睾酮）和肌肉温度所产生的肌肉环境的急性变化也会影响最大功率的产生。

了解最大功率产生的生物学基础对于制定有效的测试方案、选择适宜的测试指标，乃至设计提高最大功率产生的训练计划都是至关重要的。

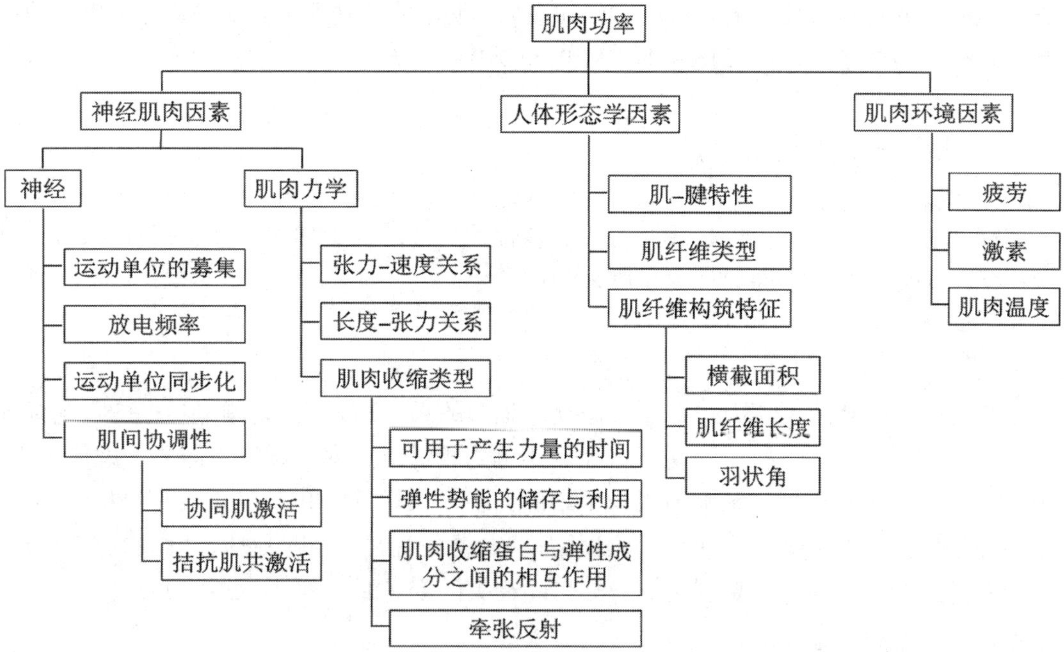

图 7-1　影响肌肉最大功率的因素（Cormie，2011）

二、功率测试的参数

功率的概念包含三方面要素，即力、时间和位移，它们是测量功率时的重点内容。

纵跳测试的腾空高度是体能教练和研究人员最常用的反映下肢功率的参数。反向纵跳和静蹲跳时的峰值功率、平均功率、冲量、力量生成速率也是评价功率相关的动力学参数。

与功率有关的参数见表 7-1。

表 7-1　与功率有关的变量

变量	单位
腾空高度	米
峰值功率	瓦特
平均功率	瓦特
峰值速度	米 / 秒
平均速度	米 / 秒
腾空时间	秒
冲量	牛顿 · 秒
触地时间	秒

与其他运动表现（如 VO_2max）相比，对功率输出进行评估时，应采用系统、整体的方法来全面地分析与其相关的各种因素，如最大力量、峰值功率、总功率、力量生成速率、冲量，并需要与体重进行标准化处理（Miller，2019）。

三、功率测试的技术手段

体能教练和研究人员可以采用测力板、线性位置传感器、加速度计、踏触垫、计时设备、可穿戴式传感器等不同的技术手段来测量功率。

（一）测力板

生物力学中一直使用测力板来测量运动过程中的功率，被认为是测量功率的黄金标准，特别是测量跳跃动作任务相关的功率。在使用测力板进行功率测试时，需要考虑使用方法上的注意事项。这包括了三轴测力板与单轴测力板、采样频率和动作开始的判断标准。建议使用的采样频率取决于正在使用的测试类型和需要的指标。测量跳跃动作的功率，建议采用 100 赫兹的采样频率，特别是测量与时间相关的变量时（刘宇，2017）。

（二）线性位置传感器

线性位置传感器可用于测量位移、速度和功率。线性位置传感器的放置位置是测试时需要考虑的一个因素。这项测量技术的局限性之一，是在奥林匹克举重动作中无法测量出杠铃杆的水平位移（Orange et al.，2020）。

（三）踏触板与计时设备

踏触板和各种计时设备可用于评估跳起时的腾空时间，可用于其他变量（如功率）的推算。基于光电池的计时设备还可以有效地用于根据触地时间来估算力—速度能力。

（四）可穿戴设备

随着技术的进步，已经有集成了加速计的可穿戴传感器，用来测量与功率相关的变量。由于与其他方法相比，这些系统的成本较低，因此在体能教练和研究人员中更受欢迎。

（五）App 应用程序

随着智能手机 App 的不断开发，已经有 My Jump、My Jump2 手机 App 可以进行反向纵跳、静蹲跳的测试，得到腾空高度、峰值功率等参数。研究也认可了这几个 App 的信效度（Yingling et al.，2018；Cruvinel–Cabral et al.，2018；Bogataj et al.，2020a、2020b）。

表 7–2 总结了可用于测量功率相关变量的不同方法及其优缺点，在进行评估时应加以考虑。

各种测量功率技术手段的信度和效度取决于多种因素。在理想情况下，体能教练和研究人员可以相信这些系统的可靠性和有效性，并根据受试者的特点进行分析。

表 7-2　常用功率测量方法

方法	用途	优点	缺点
测力板	● 测量力； ● 功率和速度的运动特性	● 黄金标准； ● 可靠； ● 有效	● 昂贵； ● 便携性差
线性位置传感器	● 测量速度和位移	● 易于便携； ● 便于运动现场测试； ● 可靠； ● 实时反馈	● 误差可能来自于水平方向上的位移
组合法	● 测量动作的力、功率和速度特征	● 可靠	● 把杠铃当作质量中心时会出现误差
踏触板和计时设备	● 测量腾空高度（根据腾空时间估算）； ● 触地时间和腾空时间	● 易携带； ● 可靠； ● 实时反馈	● 腾空时间易被高估
加速计和可穿戴传感器	● 测量腾空高度、速度和功率	● 成本低； ● 易于便携； ● 便于运动现场测试； ● 实时反馈； ● 可靠性	● 腾空高度易被高估
App 应用程序	● 测量腾空高度（根据腾空时间估算）和力—速度特征	● 成本低； ● 易于便携； ● 便于运动现场测试	● 需要添加需要额外的信息 ● 不省时

第二节　功率的测试方法

一、下肢功率测试

跳跃测试用于评估下肢功率。常用的测试方法有纵跳和水平跳跃。其中，纵跳还分为反向纵跳、静蹲跳和落下跳三种不同的形式。反向纵跳和落下跳利用了肌肉的拉长－缩短循环原理，静蹲跳是在没有反向动作的情况下进行的，反映了向心运动表现。在许多项目中，运动员有效利用拉长－缩短循环的能力是一项重要的表现指标。结合反向纵跳、静蹲跳、落下跳的表现特征可以评估运动员拉长－缩短循环的能力和效率（Stojanović et al., 2017）。

（一）反向纵跳测试

1. 测试指标

体能教练和研究人员可以根据跳跃测试中的运动学和动力学参数，如腾空高度、峰值功率、触地时间、腾空时间、起跳时间等，来评估垂直跳跃动作表现、反映运动表现和评价训练效果。起跳时间是指完成跳跃所需的时间，可以在反向纵跳和静蹲跳中测得。

反向纵跳的起跳时间 = 快速下蹲阶段的时间 + 制动阶段的时间 + 快速蹬伸阶段的时间。静蹲跳的起跳时间 = 快速蹬伸阶段的时间。

反向纵跳测试指标见表 7–3。

表 7–3 反向纵跳测试指标（Miller et al.，2019；2016；Heishman et al.，2019）

测试指标	计算方法
反应力量指数	腾空高度 / 触地时间
反应力量比值	腾空时间 / 触地时间
改良式反应力量指数	腾空时间（或腾空高度）/ 起跳时间

2. 测试的标准化

（1）测试前的热身。

在开始反向跳跃测试（或任何跳跃测试）之前，应该进行标准化的热身。热身不需要很长时间，可以包括自重练习（如深蹲、弓步蹲、罗马尼亚硬拉）和一些动态拉伸。在测试之前还应该执行几个次最大强度的跳跃（Baus et al.，2020）。

（2）测试时的指导语。

体能教练和研究人员需要考虑测试时的指导语，不同的指导语对测试结果产生不同的影响。已有研究显示，在进行反向跳跃测试时，指导语“跳得越高越好”有助于跳跃高度和峰值速度的提高，而“尽可能快地伸展腿，以最大程度地发挥爆发力”显著提高峰值力量（Talpey et al.，2016），“尽可能快地跳跃”显著提高蹬地起跳阶段的动力学参数（Pérez–Castilla et al.，2019）。

（3）测试时动作的标准化。

- 上肢摆臂。

在反向跳跃测试时，尽管有无摆臂对测试的可靠性影响极小（Heishman et al.，2020），但受试者在起跳时摆臂会有助于提高跳跃高度，幅度可达 13.6%（Mosier et al.，2019），原因在于摆臂引起下肢做功的增加，进而髋关节产生更大的推进力矩。不同的摆臂技术影响纵跳的力学特征，但对腾空高度没有影响（Gutiérrez–Dávila et al.，2014）。

当然，使用手臂摆动的跳跃测试可能适用于某些运动（如排球），并可增加测试的专项性。如要求受试者摆臂，可以采用通过系在受试者腰部卷尺的刻度来测量跳跃高度的 Abalakov 跳跃测试（Markovic et al.，2004）。所以，除非有明确的理由和必要性要在垂直跳跃测试中加入摆臂（如受试者为排球运动员），否则谨慎的做法是让受试者双手叉腰，起跳时不加摆臂，以提高数据的可靠性，使运动员反向跳跃测试的数据能够更具有可比性。如果反向跳跃测试时加入摆臂，体能教练员和研究人员需要注意的是，受试者摆臂技术的差异会导致身体重心速度和跳跃高度的变化，进而引起采用腾空时间来估算跳跃高度不准确。

- 开始姿势。

在进行反向跳跃测试之前，受试者双足与肩同宽站立（下肢处于解剖学上的中立位），双手叉腰，在采集力量—时间数据时，稳定地保持此姿势至少 1 秒钟，测力板测量受试者的体重，作为垂直方向上的平均力量。

- 反向运动技术。

从可靠性的角度来看，鼓励受试者采用自己喜欢的反向动作的深度似乎是最佳姿势，这样也有助于体能教练量化受试者后续的训练计划。

反向跳跃测试时做反向动作需要考虑动作速度与动作幅度。与受试者自然的或者自觉适宜的反向动作相比，幅度越小、速度越快的反向动作可能会产生不成比例的较大力量和较短的动作时间，进而降低来自地面向上的推动力，动作速度也随之降低；反则反之（Jidovtseff et al.，2014）。从测试的可靠性来说，鼓励受试者按照自己习惯的、适宜的动作幅度来讲是最好的，尽可能快速地进行反向动作以触发肌肉的拉长－缩短循环的效果。

- 落地位置。

如果使用腾空时间来推算跳起高度，则需要确保受试者在腾空阶段和触地瞬间屈髋、屈膝和踝背屈。反向跳跃测试时不论使用何种设备，受试者无需在落地阶段很快地完成减速。因此，体能教练和研究人员需要指导受试者学会屈髋、屈膝、踝跖屈以“吸收”落地瞬间对测力板的冲击。

（4）间歇时间。

跳跃测试需要重复多次，通常少于 5 次（Cormack et al.，2008），每次之间只需要较短的休息时间（＜ 1 分钟）（Nibali et al.，2013）。

（5）取值。

最后的成绩使用多次重复测试的平均值还是最佳值取决于不同的研究方向和测试目的。研究表明，在反映神经肌肉疲劳方面，反向纵跳高度的平均值比最佳值更敏感（Claudino et al.，2017），但在评价跳跃表现时平均值和最佳值都是有效的（Al Haddad et al.，2015）。

（二）静蹲跳测试

1. 测试指标

静蹲跳测试用于测量只含有向心收缩跳跃的运动表现，除了得到腾空高度、峰值功率、腾空时间等指标来评估垂直跳跃动作表现、反映运动表现和评价训练效果以外，还可以与反向纵跳测试的指标相结合，衍生出离心利用率和预先牵拉增强百分比两个指标，评估肌肉的拉长－缩短循环的效率（表 7–4）。

表 7-4　静蹲跳跳测试指标（Heishman et al.，2019；Miller et al.，2019）

测试指标	计算方法
离心利用率	反向纵跳 / 静蹲跳
预先牵拉增强百分比	［（反向纵跳高度 – 静蹲跳高度）/ 静蹲跳高度］×100
反应力量	反向纵跳 – 静蹲跳

2. 测试的标准化

（1）预备姿势。

静蹲跳的起始位置可以标准化，也可以由受试者自己选择，有研究结果表明，自选深度的静蹲跳测试有效性更高（Mitchell et al.，2017）。

（2）开始起跳。

为了有更好的测试成绩，受试者有可能会在跳跃动作开始前有个小幅度的反向动作。因此，在测试时体能教练和研究人员要密切监测受试者，避免受试者有“预蹲”的动作。具体操作的时候，严格要求受试者在固定的下蹲位置保持 2 ～ 3 秒，然后下肢肌群向心收缩，完成纵跳。

（三）落下跳测试

落下跳是典型的拉长 – 缩短循环动作，包括从特定高度下落的落地缓冲阶段以及快速蹬伸的起跳阶段。在这一动作过程中，肌肉先后经历离心和向心两种收缩形式，可以有效地评价反应力量、承受快速拉长 – 缩短循环动作的能力、下肢肌肉和关节刚度。

反应力量是肌肉在由离心式拉长到向心式收缩时，利用弹性能量在肌肉中的储存与再释放，以及神经反射性调节所爆发出的力量（陈小平，2001）。因为反应力量的产生在肌肉的工作方式、能量产生以及神经调节支配等方面与传统的快速力量、爆发力等力量素质不同，所以该力量被列为一种相对独立的，与最大力量、快速力量和力量耐力等同的力量素质。同时，由于反应力量主要体现在速度力量性项目中对运动成绩具有决定性作用的关键动作环节，如体操、田径以及球类项目中的起跳动作，所以近年来采用反应力量作为评价运动表现的重要指标。

1. 测试指标

在拉长 – 缩短循环类动作中，运动员需要根据专项要求努力地做出快速有力地的蹬伸动作或者尽快地达到较高的腾空高度来决定地面支撑阶段的接触时间。因此，需要同时对地面支撑阶段接触时间和腾空高度指标进行评价（臧宇等，2019）。反应力量指数和反应力量比值可以同时评价落下跳动作的触地时间和腾空高度（Flanagan et al.，2008）。

借助于测力台，体能教练和研究人员可以得到跳跃测试中的运动学和动力学指标，如腾空高度、触地时间、腾空时间、起跳时间、力量生成速率、冲量、反应力量指数、反应力量比值，以及改良式反应力量指数（表 7–5）。

表 7–5　落下跳测试指标（Suchomel et al.，2016；Heishman et al.，2019；Miller et al.，2019）

测试指标	计算方法
反应力量指数	腾空高度 / 触地时间
反应力量比值	腾空时间 / 触地时间
改良式反应力量指数	腾空时间（或腾空高度）/ 起跳时间

2. 测试的标准化

（1）测试的指导语。

在进行落下跳时，常用的测试的指导语有“从跳箱上迈出一步落下”“跳得尽可能高、尽可能快”。“想象地面是滚烫的”“你的下肢是触地就反弹的弹簧”这样的指导语有助于减少触地时间、提高落下跳动作的质量（Flanagan et al.，2008；Yokoyama et al.，2019）。

由于落下跳测试的技术要求越来越高，受试者需要一定数量的熟悉训练课以掌握测试的动作要领。在熟悉训练课过程中，也需要不断地采用这些指导语，以达到尽可能让受试者学习、掌握和表现出高质量落下跳动作的目的。

（2）跳箱的高度。

落下跳动作的强度取决于离心负荷，离心负荷来自于重力加速度的持续作用时间，因此跳箱的高度是调整落下跳动作强度的重要参数。过低的跳箱可能无法对神经肌肉系统产生超负荷进而影响测试成绩，而较高的跳箱会对人体产生较高的冲击速度和力量，如果超过了受试者所能够承受的离心负荷，不仅影响动作质量还会增加损伤的风险。

为避免出现这种情况，确定一个最佳的下落高度是最好的方法。目前的研究中所采用的下落高度有 31 厘米（Beyer et al.，2020）、40 厘米（Chelly et al.，2010；Thomas et al.，2009；李斐，2019；黄梦茹，2020）。这些高度可能超出了一些运动员的离心力量能力，或未能达到另一些运动员的适应阈值。结合反应力量指数和触地时间来确定落下跳的最佳高度是个合理、可操作性强的方法。在递增落下高度的过程中，反应力量指数随着跳箱高度的升高也增加，但在某个高度下反应力量指数明显下降，同时触地时间超过 250 毫秒（称为慢速的拉长 – 缩短循环动作），这就意味着落下跳的动作表现不是最好的，跳跃动作也不具有足够的爆发性特征（Flanagan et al.，2008）。

（四）水平跳跃测试

在冲刺跑等运动过程中，在水平方向上发力、产生位移的重要性大于垂直方向，所以水平跳跃（即跳远）测试应该优于垂直跳跃测试。

需要强调的是，立定跳远的强度大于纵跳，因此受试者需要充分地热身，训练水平较差的受试者在测试后可能出现延迟性肌肉酸痛。此外，在进行水平跳跃时，需要受试者熟悉测试动作，尤其是年龄较小的儿童少年。

此外，还可以进行单腿的水平跳跃，如单腿三步跳，来评价单腿在水平方向上的功率，以及左右两侧的差异。

（五）刚度测试

1. 概念

刚度是在一定的作用下物体抵抗变形的能力，刚度越大则变形越小，刚度越小则变形越大。根据物理学的胡克定律，弹簧的刚度是外力与弹簧产生的位移之间的比例关系。对生物体而言，刚度可增加支持组织的强度，抵抗对生物体所施加的作用力。

人体的刚度值决定于肌肉、肌腱、韧带、软骨和骨骼这些弹性组织，在跑、跳等动作中，它们被整合在一起，整个骨骼肌肉系统的活动行为像一个弹簧。因此，在生物力学的研究中，以“弹簧—质量模型”来表示人体运动过程中下肢刚度，可以很好地仿真人类下肢动作的力学特征（刘宇等，2008；魏勇等，2009）。

体育运动中许多爆发性技术动作都是源自下肢的动作，如冲刺、变向、跳跃等，所以下肢刚度的研究成为体能训练实践和研究的热点。下肢刚度包括关节刚度、垂直刚度和腿刚度（Brazier et al.，2019）。垂直刚度是运动过程中产生关节力矩后对屈曲和旋转的角位移变化的阻力，通常被认为是刚度标准的“参考值”，关节刚度和腿刚度是基于垂直刚度建立起来的（Brazier et al.，2014）。

垂直刚度指人体在利用地面反作用力后，垂直位移的阻力之和，通常被用于评估垂直方向上的双腿跳跃和单腿跳跃动作中。腿刚度指在使用内力或外力后对下肢长变化的阻力，更多地用于分析行走和跑步动作。对所有下肢参与的技术动作中，关节刚度是一个基本的指标，因为对受力关节产生的刚度反应将会在整体上影响垂直刚度和腿刚度（Brazier et al.，2014）。

2. 刚度与肌肉功率之间的关系

从运动表现的角度来说，刚度与涉及拉长－缩短循环的动作表现有关，一定水平的刚度可以有效地发挥肌肉的拉长－缩短循环功能、提高拉长－缩短循环的效率，进而在运动的着地过程中有效地释放储存在肌肉骨骼中的弹性势能。下肢刚度增加与纵跳频率、纵跳的腾空高度、跑步速度都有关，还能够改善跑步经济性。因此，如果一个运动员能够恰当地利用其较好的下肢刚度，那么他在落地时会储存更多的弹性势能，在起跳时产生更大的向心力量，这有助于提高技术动作的功率，表现在变向、跳跃、冲刺等方面（Millett et al.，2021；Brazier et al.，2019）。

3. 下肢刚度的测试方法

刚度的测试和评价主要从两个方面进行，分别是肌肉－肌腱刚度和下肢垂直刚度。两者是从不同角度对刚度进行定义的，所以在测量和计算方法上有不同之处。肌肉－肌腱刚度是从生理特性的角度实时动态观察在力的作用下肌肉－肌腱的形态学变化。下肢垂直刚度是从生物力学角度，依据运动学分析测量和动力学的测量结果来进行分析和计算的。

（1）肌肉－肌腱刚度。

运动康复在研究损伤时采用肌骨超声技术来观察肌肉细微形态学结构，通过测量单一或整体的肌肉厚度、横截面积、肌纤维长度、羽状角等肌肉形态参数，反映肌肉力学功能状态的变化（周成庭等，2020）。近几年，国外学者也开始采用这种成像技术来研究抗阻训练（Werkhausen et al.，2018）、拉伸（Konrad et al.，2020；Ikeda et al.，2021）对肌肉－肌腱刚度的影响。

（2）下肢刚度。

测试下肢刚度的方法有多种。在测力板上进行多次跳跃测试（Dalleau 等，2004）或落下跳测试（Maloney et al.，2015），以身体接触地面过程中的垂直地面反作用力峰值与身体重心的最大垂直位移作为垂直刚度。还可以借助于线性位置传感器测量离心阶段最后 50 毫秒期间杠铃速度来评估垂直刚度（Hernandez–Davo et al.，2018）。

需要指出的是，不同的计算下肢刚度的方法有可能导致结果的一些差异，因此这些不同的方法需要有明确的界定，而且在进行以不同方法对下肢刚度比较时应谨慎，以免出现可比性不足的偏差（刘宇等，2008）。

二、上肢功率测试

相比下肢功率测试，目前对上肢功率的研究较少。常见的两种测试是仰卧抛杠铃和坐姿胸前推药球。

仰卧抛杠铃通常在史密斯架上进行（图 7–2），通过建立负荷－速度关系，来评估上肢的功率。坐姿胸前推药球测试可以反映上肢功率。该测试简单易行，而且与某些项目的技术动作相似，如篮球运动员的胸前传球、拳击运动员的冲拳。坐姿胸前推药球的具体形式有多种，区别在于预备姿势，常见的有三种：席地而坐背靠墙［图 7–3（a）］、坐于卧推椅躯干中立位［图 7–3（b）］，以及坐于卧推椅躯干后倾 45 度［图 7–3（c）］。

这些测试方法都有一定的局限性。仰卧抛杠铃通常在史密斯架上进行，至少需要 2 个保护者以确保其安全，或者能够在向下阶段期间交替使用减速杠铃（Mangine 等，2008）。坐姿胸前推药测试中，药球的重量选择有 1 ~ 2 千克（Wood，2008）、5 千克（Beckham 等，2019）、女大学生 2 千克和男大学生 3 千克（Manoj 等，2020）等，各研究当中不统一。

从理论上讲，像纵跳测试一样，将拉长－缩短周期动作和只包含向心运动的动作进行比较的方法也可以用于评估上肢功率。随着生物力学测力台的出现，这个设想得以实现。有研究开发出了在测力板上进行弹震式俯卧撑或者快速伸缩复合式俯卧撑动作（图 7–4）来评价上肢功率（Hogarth et al.，2014；Wang et al.，2017；Bartolomei et al.，2018），但大部分指标的信度不足（Hogarth et al.，2014）。此外，该测试动作中各个受试者之间很难达成一致的动作幅度，进而影响了实验的标准化。另外。两手之间的宽度也影响测试结果（Nichols et al.，2019）。

图 7-2 仰卧抛杠铃

（a）席地而坐，背靠墙 （b）坐于卧推椅，躯干中立位 （c）坐于卧推椅，躯干后倾 45 度

图 7-3 坐姿胸前推药球

图 7–4　弹震式俯卧撑

三、全身整体功率测试

许多对速度、爆发力要求较高的技术动作的完成是整体功率的表现。因此，有学者也开发出了相应的测试方法。这些测试主要是在站姿情况下执行抛掷药球的测试动作，有过顶向前抛药球（Duncan et al.，2005；Marques et al.，2008；Fernandez–Fernandez et al.，2016；Marques et al.，2016）、过顶向后抛药球（Stockbrugger et al.，2001；Duncan et al.，2005、2010；Dockery et al.，2020；Trajković et al.，2020）和转体抛药球（Ikeda et al.，2007；Read et al.，2013；Stapleton et al.，2020）的测试动作（图 7–5）。

（a）过顶向前抛药球　（b）过顶向后抛药球　（c）转体抛药球

图 7–5　抛掷药球功率测试

在各个研究中采用的药球重量不统一（表 7–6）。在实际测试过程中，需要体能教练和研究人员根据自己的经验，结合受试者的能力水平、年龄、性别等因素来确定。

表 7-6　抛药球功率测试中药球重量的选择

测试动作	药球重量（千克）	研究者
过顶向前抛药球	2	Fernandez-Fernandez 等（2016）
	3	Duncan 等（2005）
	3	Marques 等（2008）
	5	Marques 等（2016）
过顶向后抛药球	3	Stockbrugger 等（2001）
	3	Duncan 等（2005）
	8	Dockery 等（2020）
转体抛药球	2.72	Stapleton 等（2020）
	3	Read 等（2013）
	4	Ikeda 等（2007）

四、功率测试的特殊考量

（一）评估内容的全面性

由于功率的表达涉及大量的解剖和生理因素，体能教练员和研究人员只有通过不同的测试项目才能够全面地了解受试者功率表现的各个方面，全面地了解绝对力量生成、力量生成速率，以及功率与体重的比值。

（二）测试方法的任务特异性

根据测试动作的生物力学特征，功率测试方法具有任务特异性。不同的测试方法不能相互替代，因为测试的结果不能达到同样的效果，更不能指导专项训练。此外，受试者在某种条件下完成测试动作的功率表现，并不一定在另外一种条件下表现出来。

第三节　功率耐力的测试方法

功率耐力与 ATP-CP 供能系统和糖酵解供能系统有关，测试动作与功率测试相同，但是测试动作连续重复次数多或持续时间长，主要评价维持几秒钟到几分钟反复性、高强度、爆发性动作的能力。

一、反复跳跃测试

跳跃能力与肌肉拉长 - 缩短循环的能力及效率有关，这也是反复跳跃测试能够反映功率耐力的机制所在，特别适合于需要重复跳跃的运动，如排球、篮球和体操（McNeal et al.，2010；Čular et al.，2018；Jurado–Lavanant et al.，2018）。

反复跳跃测试分为自重和有负重两种类型。只克服自身体重、无额外负重的反复跳跃测试有 Bosco 测试和 30 秒连续跳跃测试（Wood，2008；Dal Pupo et al.，2014）。有负重的反复跳跃测试有 2 分钟负重连续跳跃测试（Patterson et al.，2019）和 2.5 分钟负重连续跳跃测试（Patterson et al.，2014），额外负重的动作模式都为杠铃背蹲。

Bosco 测试测试时间在 5 ~ 60 秒之间，通常设定为 60 秒。2.5 分钟负重连续跳跃测试可以评估男子滑雪运动员的无氧功率，受试者需要 2.5 分钟完成 60 个以自身体重 40% 为负荷的反向纵跳，每 2.5 秒跳跃一次。该测试模拟了国际滑雪联合会男子世界杯高山速降的比赛时间，以及障碍滑雪和大回转滑雪比赛时转弯的旗门数量（Patterson et al.，2014）。2 分钟负重连续跳跃测试适用于女子滑雪运动员，受试者需要在 2 分钟时间完成 48 个以自身体重 20% 为负荷的反向纵跳，每 2.5 秒跳跃一次。该测试已用于奥地利高山女子滑雪队的训练（Patterson et al.，2019）。

在重复跳跃测试中，以疲劳指数作为评估受试者功率耐力的参数，计算公式为：疲劳指数 =100 ×（峰值功率相对值 – 平均功率相对值）/ 峰值功率相对值。有的研究也采用其他的公式来计算疲劳指数。

二、其他形式的功率耐力测试

除了反复跳跃测试，体育科研人员研发出了一些其他的方案用于评估功率耐力（表 7–7）。这些方案通常测量受试者在某一固定负荷下完成一定重复性测试动作的功率参数，然后计算疲劳指数，公式为：疲劳指数 =100 ×（峰值功率最高值 – 峰值功率最低值）/ 峰值功率最高值。

表 7–7　以固定负荷重复动作评估功率耐力的方案

测试动作	负荷结构	研究者
蹲跳	30%1RM，12 次，4 组，组间间歇 2 分钟	Hatfield（2006）
蹲跳	30%1RM，30 次	Alemany（2005）
末端释放式卧推	30%1RM，30 次	Alemany（2005）
纵跳	自重，10 次，次间歇 5 秒	Gabbett（2008）
腿举	40%1RM，21 次	Spiering（2011）
卧推	30%1RM，21 次	Spiering（2011）
卧推	40 千克，40 秒最大重复次数	Naclerio（2009）
膝关节等速肌力	180 度 / 秒，30 次	Katsiaras（2005）

第四节　功率与功率耐力的测试程序

一、反向纵跳测试

1. 测试目的

测量下肢向上用力的功率。

2. 测试指标

（1）测量指标：站立摸高、总高度。

（2）衍生指标：反向纵跳高度、功率输出。

3. 所需器材设备

有足够垂直高度的墙壁以完成安全的最大纵跳，卷尺和粉笔，或者 Vertec 纵跳摸高仪。

4. 测试前的准备工作

（1）确定受试者的惯用手。

（2）标准化的热身，包括 3 ~ 5 次中等强度的跳跃练习（强度为最大努力程度的 50%）。

（3）在开始测试前，应先休息 3 ~ 5 分钟。

5. 测试流程

（1）场地测试（Fukuda et al.，2020）。

① 对受试者说：我们要测量你的反向纵跳高度。你准备好的话，请在惯用手的指尖涂上粉笔灰。

② 指导受试者以其惯用手和同侧躯干贴近墙壁，重心平均置于两脚。

③ 对受试者说：在你做测试之前，我们需要确定你的站立摸高。确保你的脚始终稳稳地踩在地面上，然后沿着墙壁尽量把你的手臂往上伸，到达极限后用粉笔画一个记号。然后把你的手臂放回身体一侧。

④ 记录粉笔标记的最高点与地面的距离，以此为站立摸高的高度。

⑤ 测量完受试者的站立摸高高度后，告诉受试者：听到我说“开始”后，你迅速下蹲，双臂同时快速向髋关节后方摆动，然后不要有停顿向前、向上摆动双臂，立即起跳，尽可能地跳到你的最大高度，同时惯用手沿着墙尽可能往上摸。在到达最高点的那一刻，用沾上了粉笔灰的指尖触碰墙壁做个记号，然后双脚安全着地（图 7–6）。

⑥ 找到合适的观察位置，以便能清楚地看到跳跃过程。

⑦ 向受试者发出“3——2——1——开始”的口令，并确认起跳时双脚站在原地、没有垫步，运动员进行反向纵跳，尽最大努力往上跳，并以可控的方式落地。

⑧ 以最高的标记点和地面间的距离作为总高度，精确到厘米。

图 7–6 反向纵跳测试

⑨ 在受试者完成一次纵跳摸高测试后，告诉他“回到起始位置并放松”。

⑩ 受试者总共进行 3 次测试，测试间歇被动休息 2 分钟，取 3 次成绩中跳跃高度最高的一次进行后续数据分析。

⑪ 计算反向纵跳高度，公式为：反向纵跳高度 = 总高度 – 站立摸高。

⑫ 根据受试者的反向纵跳高度和体重，来推算峰值功率，公式为：

峰值功率（瓦）= 60.7 × 反向纵跳高度（厘米）+ 45.3 × 体重（千克）–2055。

（2）实验室测试（黄梦茹，2020）。

① 如图 7–7 所示，受试者站到测力台上后，双手放于髋部，身体保持直立。此为准备姿势。

图 7–7 在测力台上进行反向跳跃测试

② 当受试者做好准备姿势并且在无其他多余动作的情况下维持 2 秒后，向受试者发出“3——2——1——开始”的口令。

③ 受试者听到“开始”的口令后，迅速地进行自己选择下蹲深度的反向运动，紧接着尽可能高地向上跳，起跳后两腿自然伸直。

④ 在测试过程中需要密切观察检查受试者起跳后是否有主动屈膝屈髋动作，如果出现上述动作则视为无效测试。需要在 30 秒后重新测试一次。

⑤ 受试者共进行 3 次测试，测试间歇被动休息 2 分钟，取 3 次成绩中跳跃高度最高的一次进行后续数据分析。

二、静蹲跳测试

1. 测试目的

测量下肢向上用力的功率。

2. 测试指标

（1）测量指标：站立摸高、总高度。

（2）衍生指标：静蹲跳高度、输出功率。

3. 所需器材设备

有足够垂直高度的墙壁以完成安全的最大纵跳，卷尺和粉笔，或者 Vertec 纵跳摸高仪。

4. 测试前的准备工作

（1）确定受试者的惯用手。

（2）标准化的热身，包括 3 ～ 5 次中等强度的跳跃练习（强度为最大努力程度的 50%）。

（3）在开始测试前，应先休息 3 ～ 5 分钟。

5. 测试流程

（1）场地测试（Fukuda et al.，2020）。

① 对受试者说：我们要测量你的静蹲跳高度。你准备好的话，请在惯用手的指尖涂上粉笔灰。

② 指导受试者以其惯用手和同侧躯干贴近墙壁，重心平均置于两脚。

③ 对受试者说：在你做测试之前，我们需要确定你的站立摸高。确保你的脚始终稳稳地踩在地面上，然后沿着墙壁尽量把你的手臂往上伸，到达极限后用粉笔画一个记号。然后把你的手臂放回身体一侧。

④ 记录粉笔标记的最高点与地面的距离，以此为站立摸高的高度。

⑤ 测量完受试者的站立摸高高度后，指导受试者下蹲到指定的膝角（约 90 度，或者自选适宜角度）和手臂位置 （与躯干一致，或位于躯干后面，或自选适宜位置），在起跳之前保持一段时间（图 7–8）。

⑥ 找到合适的观察位置，以便能清楚地看到受试者跳跃过程。

⑦ 向受试者发出“3——2——1——开始”的口令，并确认起跳时受试者是直接向上跳跃而不是起跳之前有微小的反向动作，受试者尽最大努力往上跳，并以可控的方式落地。

⑧ 以最高的标记点和地面间的距离作为总高度，精确到厘米（图 7–9）。

⑨ 在受试者完成一次静蹲跳测试后，告诉他“回到起始位置并放松”。受试者共进

行 3 次测试，测试间歇被动休息 2 分钟，取 3 次成绩中跳跃高度最高的一次进行后续数据分析。

⑩ 计算静蹲跳高度，公式为：静蹲跳高度 = 总高度 – 站立摸高。

⑪ 根据受试者的静蹲跳高度和体重，来推算峰值功率，公式为：

峰值功率（瓦）= 60.7 × 静蹲跳高度（厘米）+ 45.3 × 体重（千克）–2055

图 7–8　静蹲跳准备动作

图 7–9　使用 Vertec 摸高测试仪进行纵跳测试

（2）实验室测试（黄梦茹，2020）。

① 如图 7–10 所示，受试者站到测力台上后，双手放于髋部，下蹲至膝关节夹角为 90 度为止，此为准备姿势。

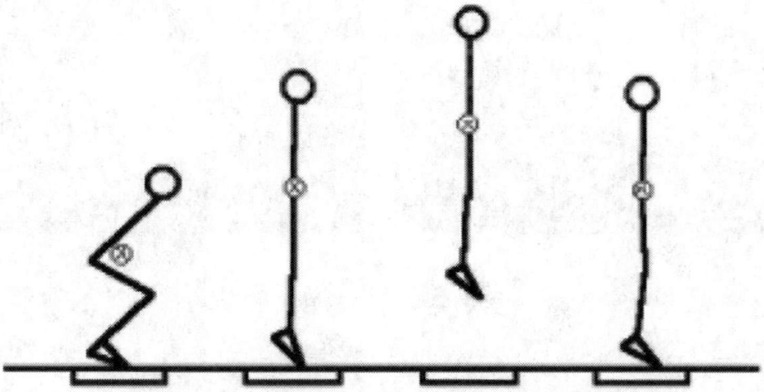

图 7–10　在测力台上进行静蹲跳测试

② 当受试者到达准备姿势并且在无其他多余动作的情况下维持 2 秒后，向受试者发出“3——2——1——开始”的口令。

③ 受试者听到“开始”的口令后，迅速地尽可能高地往上跳跃，起跳后两腿自然伸直。

④ 在测试过程中需要密切观察受试者起跳前是否有反向运动、起跳后是否主动屈膝屈髋动作。如果出现上述动作则视为无效测试。需要在 30 秒后重新测试一次。

⑤ 受试者共进行 3 次测试，测试间歇被动休息 2 分钟，取 3 次成绩中跳跃高度最高的一次进行后续数据分析。

三、落下跳测试

1. 测试目的

测试反应力量。

2. 测试指标

（1）测量指标：腾空高度、腾空时间、触地时间。

（2）衍生指标：反应力量指数、反应力量比值、改良式反应力量指数。

3. 所需器材设备

测力台、30 厘米高的跳箱。

4. 测试前的准备工作

（1）标准化的热身，包括 3 ~ 5 次中等强度的跳跃练习（强度为最大努力程度的 50%）。

（2）在开始测试前，应先休息 3 ~ 5 分钟。

5. 测试流程（黄梦茹，2020）

（1）如图 7-11 所示，受试者站到 40 厘米高的跳箱上，双手放于髋部，此为准备姿势。

图 7-11　落下跳测试

图 7-11　落下跳测试（续）

（2）受试者在准备姿势下，向前踏出一小步，但不是下蹬或者跳跃，身体从跳箱上落下，当双脚接触测力台时，尽可能快速向上跳跃。

（3）在测试过程中需要密切观察受试者向上跳起过程中是否主动屈膝屈髋动作。如果出现上述动作则视为无效测试，需要在 30 秒后重新测试一次。

（4）受试者共进行 3 次测试，测试间歇被动休息 2 分钟，取 3 次成绩中跳跃高度最高的一次进行后续数据分析。

四、立定跳远测试

1. 测试目的

测试水平方向上的功率。

2. 测试指标

水平方向跳跃距离。

3. 所需器材设备

胶带和卷尺。

4. 测试前的准备工作

（1）在地上放一根 1 米长的胶带来标记起跳线。

（2）进行标准化热身，包括 3 ～ 5 次中等强度的试跳（强度约为最大努力程度的 50%）。

（3）在开始测试前，应先休息 3 ～ 5 分钟。

5. 测试流程（Fukuda et al.，2020）

（1）对受试者说：我们要测量你立定跳远的距离。你准备好了的话，脚尖紧贴起跳线后缘站立。在听到我说“开始”的口令后，你迅速下蹲，双臂同时快速向髋关节后方摆动，紧接着向前、向上摆动双臂，尽最大努力向前跳。注意双脚安全落地并保持住这个姿势，以便你的跳跃距离可以测量（图 7–12）。

（2）测试人员找到合适的观察位置，以便能清楚地看到受试者完成测试动作的过程。

（3）向受试者发出“3——2——1——开始”的口令，并确认起跳时双脚站在原地、没有垫步，受试者预蹲后尽最大努力进行跳远，以可控的方式落地，没有额外的移动或者垫步。

（4）以落地时足跟与起跳线之间的距离作为跳远距离，精确到厘米。

（5）在受试者完成一次立定跳远测试后，告诉他“回到起始位置并放松”。受试者共进行 3 次测试，测试间歇被动休息 2 分钟，取 3 次成绩中跳远距离最远的一次进行后续数据分析。

图 7–12　立定跳远测试

五、单腿三级跳测试

1. 测试目的

测试单腿水平方向上的功率，并对比下肢在平衡、运动控制和功率方面的对称性。

2. 测试指标

单腿在水平方向跳跃距离。

3. 所需器材设备

胶带和卷尺。

4. 测试前的准备工作

（1）在地上放一根 1 米长的胶带作为起跳线的标记。

（2）进行标准化热身，包括 3 ~ 5 次中等强度的试跳（强度约为最大努力程度的 50%）。

（3）在开始测试前，应先休息 3 ~ 5 分钟。

5. 测试流程（Fukuda et al.，2020）

（1）对受试者说：我们要测量你的单腿三级跳的距离。你准备好了的话，请用你的优势腿站立，脚尖紧贴起跳线后缘站立。在听到我说“开始”的口令后，你在起跳线后尽全力向前进行单腿三级跳，摆动手臂来保持平衡，在第三跳后双足平稳落地，并保持最后的姿势不动，便于测量距离（图 7–13）。

图 7–13　单腿三级跳测试

（2）测试人员找到合适的观察位置，以便能清楚地看到受试者完成测试动作的过程。

（3）向受试者发出“3——2——1——开始”的口令，并确认起跳时单腿站在起跳线后、没有预先移动或者垫步，受试者预蹲后尽最大努力进行跳远，以可控的方式落地，没有额外的移动或者垫步。

（4）以落地时足跟与起跳线之间的距离作为跳远距离，精确到厘米。

（5）在受试者完成一次单腿三级跳测试后，告诉他“回到起始位置并放松”。受试者共进行 3 次测试，测试间歇被动休息 2 分钟，然后进行另一侧的单腿三级跳测试。取 3 次成绩中最佳成绩。

（6）根据左右两侧的测定值，计算对称指数，公式为：

对称指数 =100 × 非优势侧成绩 / 优势侧成绩

六、坐姿胸前推药球测试

1. 测试目的

评估上肢推的功率。

2. 测试指标

药球被推出去的水平距离。

3. 所需器材设备

胶带、卷尺、斜45度的椅子、药球（女6千克、男9千克）、标记物。

4. 测试前的准备工作

（1）卷尺的起点放置在测试者胸部贴近药球在地面上的投影点，向推出药球的方向延伸至少10米。

（2）进行标准化热身，包括上肢与测试动作相似的热身动作和熟悉测试动作的练习（强度约为最大努力程度的50%）。

（3）在开始测试前，应先休息3 ~ 5分钟。

5. 测试流程

（1）席地而坐背靠墙式胸前推药球（Wood，2008）。

① 对受试者说：我们要测量你的上肢向前推药球的距离，你准备好了的话，请背靠墙、席地而坐，头和躯干紧贴墙面，两腿完全伸直、双足分开60厘米；双手持药球，药球后部与胸部轻接触，前臂与地面平行。在听到我说“开始”的口令后，注意与地面成45度的夹角推出药球，这样可以达到最远的距离，注意后背与墙面保持接触［图7–3（a）］。

② 测试人员找到合适的观察位置，以便能清楚地看到受试者完成测试动作的过程。

③ 向受试者发出“3——2——1——开始”的口令，确保受试者的后背在推出药球过程中始终贴紧墙面。

④ 记录药球落地点与卷尺的起点之间的距离，精确到厘米。

⑤ 受试者完成第一次测试后，再进行至少2次测试，每次测试之间休息2 ~ 3分钟。

⑥ 最后取数次测量值中的最高值。

（2）坐于卧推椅躯干中立位式胸前推药球（Beckham et al.，2019）。

① 对受试者说：我们要测量你的上肢向前推药球的距离，你准备好了的话，请坐在卧推椅上，头和躯干紧贴卧推椅的靠背；双手持药球，药球后部与胸部轻接触，前臂与地面平行。在听到我说“开始”的口令后，注意与地面成45度的夹角推出药球，这样可以达到最远的距离，注意后背与椅背保持接触［图7–3（b）］。

② 向受试者发出“3——2——1——开始”的口令，确保受试者的后背在推出药球过程中始终贴紧椅背。

③ 记录药球落地点与卷尺的起点之间的距离，精确到厘米。

④ 受试者完成第一次测试后，再进行至少2次测试，每次测试之间休息2 ~ 3分钟。

⑤ 最后取数次测量值中的最高值。

（3）坐于卧推椅躯干后倾 45 度式胸前推药球（Miller et al.，2019）。

① 对受试者说：我们要测量你的上肢向前推药球的距离，你准备好了的话，请坐在卧推椅上，头和躯干紧贴后倾 45 度卧推椅的靠背；双手持药球，药球后部与胸部轻接触，前臂与地面平行。在听到我说“开始”的口令后，注意与地面成 45 度的夹角推出药球，这样可以达到最远的距离［图 7–3（c）］。

② 测试人员找到合适的观察位置，以便能清楚地看到受试者完成测试动作的过程。

③ 向受试者发出“3——2——1——开始”的口令，确保受试者的后背在推出药球过程中始终贴紧椅背。

④ 记录药球落地点与卷尺的起点之间的距离，精确到厘米。

⑤ 受试者完成第一次测试后，再进行至少 2 次测试，每次测试之间休息 2 ～ 3 分钟。

⑥ 最后取数次测量值中的最高值。

七、弹震式俯卧撑测试

1. 测试目的

通过弹震式俯卧撑动作，测量上肢的功率。

2. 测试指标

力、功率、速度、力量生成速率的峰值和平均值、腾空时间。

3. 所需器材设备

测力台、标记物。

4. 测试前的准备工作

（1）进行标准化热身，包括上肢与测试动作相似的热身动作和熟悉测试动作的练习（强度约为最大努力程度的 50%）。

（2）在开始测试前，应先休息 3 ～ 5 分钟。

（3）记录受试者俯卧支撑时双手之间的距离，在测力台上标记出来。

5. 测试流程（Bartolomei et al.，2018）

（1）对受试者说：我们要测量你在测力台上完成弹震式俯卧撑的功率，你准备好了的话，请双手支撑在测力台上做出标准的俯卧撑预备姿势（双臂伸直、双手指尖向前、双腿完全伸直、双足与肩同宽）。在听到我说“开始”的口令后，你迅速降低重心，直到胸部与测力台相接触，紧接着上臂快速伸直、同时推压测力台，让双手离开测力台，达到尽可能高的高度，落下时手臂轻微弯曲（图 7–4）。

（2）测试人员找到合适的观察位置，以便能清楚地看到受试者完成测试动作的过程。

（3）向受试者发出“3——2——1——开始”的口令，并确认受试者的身体快速降低重心前，手臂没有额外的动作（如轻微的屈曲—伸展），受试者最大努力快速推起躯干，并以可控的方式落下。

（4）受试者完成一次测试后离开测力台，站起来，休息1分钟之后再继续下一次测试，共重复3次。

（5）每次测试前注意双手之间的位置。

八、过顶前抛药球测试

1. 测试目的

通过前抛药球以及躯干前屈动作测试全身的功率。

2. 测试指标

药球被投出去的水平距离。

3. 所需器材设备

胶带、卷尺、药球、标记物。

4. 测试前的准备工作

（1）用1米长的胶带在地面上贴出起点线。

（2）进行标准化热身，包括上肢与测试动作相似的热身动作和熟悉测试动作的练习（强度约为最大努力程度的50%）。

（3）在开始测试前，应先休息3 ~ 5分钟。

5. 测试流程

（1）对受试者说：我们要测量你完成过顶前抛药球的距离，你准备好了的话，请双手持药球，双足与肩同宽，脚尖与起点线对齐。在听到我说“开始”的口令后，你双手持药球举起并且放在头后，站在原地不能有跨步，最大程度地前抛药球［图7-5（a）］。

（2）测试人员找到合适的观察位置，以便能清楚地看到受试者完成测试动作的过程。

（3）向受试者发出“3——2——1——开始”的口令，确保受试者双足不越过起点线。

（4）记录药球落地点与起点线之间的距离，精确到厘米。

（5）受试者完成第一次测试后，告诉受试者“回到起点休息再继续”。休息1分钟之后再继续下一次测试，直到连续两次测试结果相差不超过50厘米。

（6）最后取数次测量值中的最高值。

备注：①也可采取双足前后开立的起始姿势；②为了屏蔽下肢对投掷距离的影响，可以采取双膝跪立位的起始姿势。

九、过顶后抛药球测试

1. 测试目的

通过后抛药球以及后背过伸动作测试全身的功率。

2. 测试指标

药球被抛出去的水平距离。

3. 所需器材设备

胶带、卷尺、药球、标记物。

4. 测试前的准备工作

（1）用 1 米长的胶带在地面上贴出起点线。

（2）进行标准化热身，包括上肢与测试动作相似的热身动作和熟悉测试动作的练习（强度约为最大努力程度的 50%）。

（3）在开始测试前，应先休息 3 ~ 5 分钟。

5. 测试流程（Stockbrugger et al.，2001）

（1）对受试者说：我们要测量你过顶后抛药球的距离，你准备好了的话，请双手持药球，双足与肩同宽，足跟与起点线对齐。在听到我说“开始”的口令后，你双手持药球向前伸展，将药球举到胸前高度，然后迅速屈膝屈髋，摆动双臂，在没有停顿或停止的情况下，双足同时蹬伸起跳，尽全力地将药球向上、向后抛过你的头部。在整个动作中保持手臂伸直，并在投掷药球后注意安全落地［图 7-5（b）］。

（2）测试人员找到合适的观察位置，以便能清楚地看到受试者完成测试动作的过程。

（3）向受试者发出“3——2——1——开始”的口令，确保受试者落地后双足不越过起点线。

（4）记录药球落地点与起点线之间的距离，精确到厘米。

（5）受试者完成第一次测试后，告诉受试者“回到起点休息再继续”。休息 1 分钟之后再继续下一次测试，直到连续两次测试结果相差不超过 50 厘米。

（6）最后取数次测量值中的最高值。

备注：①一些过顶后抛药球测试要求受试者在整个投掷过程中与地面保持足部接触。这种方法更好控制，但减少了动作的爆发性，从而减少了投掷距离；②也可以采取坐姿背向投掷药球，这样可以消除下肢的影响。

十、转体抛药球测试

1. 测试目的

测试身体在旋转动作时的爆发力及功率。

2. 测试指标

药球被抛出去的水平距离。

3. 所需器材设备

胶带、卷尺、药球、标记物。

4. 测试前的准备工作

（1）用 1 米长的胶带在地面上贴出起点线。

（2）进行标准化热身，包括与测试动作相似的热身动作和熟悉测试动作的练习（强度约为最大努力程度的 50%）。

（3）在开始测试前，应先休息 3 ~ 5 分钟。

5. 测试流程

（1）对受试者说：我们要测量你转体抛药球的距离，你准备好了的话，请双手持药球，双足与肩同宽，足外侧与起点线对齐。在听到我说“开始”的口令后，你双手持药球向前伸展到胸前高度，迅速向远离起点线的方向旋转蓄力，然后旋转躯干摆动手臂将球在起点线后尽全力抛出，保持手臂伸直以及足部始终接触地面，保证身体平衡下将药球沿直线抛出［图 7–5（c）］。

（2）测试人员找到合适的观察位置，以便能清楚地看到受试者完成测试动作的过程。

（3）向受试者发出“3——2——1——开始”的口令，确保受试者落地后双足不越过起点线。

（4）记录药球落地点与起点线之间的距离，精确到厘米。

（5）受试者完成第一次测试后，告诉受试者“回到起点休息再继续”。休息 1 分钟之后再继续下一次测试，直到连续两次测试结果相差不超过 50 厘米。然后再进行另外一侧的转体抛球测试。

（6）最后取数次测量值中的最高值。

备注：也可以采取跪姿或坐姿的旋转抛药球动作，这样可以消除下肢的影响。

十一、反复跳跃测试

（一）Bosco 测试和 30 秒连续跳跃测试

1. 测试目的

在规定的时间内，以受试者最大努力程度尽可能多地重复反向纵跳动作的表现来评估功率耐力。

2. 所需设备

测力台、秒表。

3. 测试指标

（1）Bosco 测试：跳跃次数、腾空时间、触地时间、跳跃高度、平均功率、疲劳指数。

（2）30 秒连续跳跃测试：最大跳跃高度、前四次跳跃的平均跳跃高度、后四次跳跃的平均跳跃高度、30 次跳跃的平均跳跃高度。

4. 测试前的准备工作

（1）受试者需要学习、掌握测试所要求的反向纵跳动作要求，即起跳和落地瞬间膝关节需要屈曲到 90 度。

（2）标准化热身（Čular et al.，2018）：15 分钟的一般性热身，包括慢跑（强度 ＜ 50%VO_2max），穿插全身各部位的动态拉伸和灵活性练习。接着是 10 分钟的特殊热身，包括灵敏练习、2 或 3 次次最大用力的反向纵跳，每次跳跃之间间隔 1 分钟，以避免出现疲劳。被动恢复，直到心率恢复到热身前的水平，开始测试。

5. 测试程序

（1）对受试者说：我们要测量你在 60 秒内（Bosco 测试）或 30 秒内（30 秒连续跳跃测试）最大努力完成的反向纵跳次数。如果你准备好了，请站立在测力台上，双脚开立，体重平均地分布于在双脚。测试过程中始终双手叉腰。

（2）受试者在听到“3——2——1——开始”的口令后，迅速屈髋屈膝到 90 度，然后尽可能垂直跳跃，双脚同时落于测力台上，屈髋屈膝到 90 度、落地缓冲，再重复下一次垂直跳跃动作。在规定的时间内尽可能多地重复垂直跳跃动作。

（3）记录数据，计算疲劳指数：

Bosco 测试的疲劳指数 = 前 15 秒的平均跳跃高度 / 最后 15 秒内的平均跳跃高度

30 秒连续跳跃测试的疲劳指数 =（前 4 次平均跳跃高度 – 后 4 次平均跳跃高度）/ 前 4 次平均跳跃高度 ×100

（二）有额外负重的反复跳跃测试

1. 测试方法：2 分钟负重连续跳跃测试

（1）测试目的。

以 2 分钟时间内完成 48 次负重 20% 体重的反复跳跃的表现来评估功率耐力。

（2）所需设备。

杠铃、测力台、节拍器、秒表。

（3）测试指标。

垂直方向的地面反作用力、功率输出。

（4）测试前的准备工作。

① 设置节拍器，每 2.5 秒发出一次声响。

② 受试者需要学习、掌握测试所要求的负重连续跳跃动作要求，即：起跳和落地瞬间膝关节需要屈曲到 90 度（Patterson et al.，2019）。

③ 标准化热身（Čular et al.，2018）：15 分钟的一般性热身，包括慢跑（强度＜50% VO_2max），穿插全身各部位的动态拉伸和灵活性练习。接着是 10 分钟的特殊热身，包括灵敏练习、2 或 3 次最大用力的反向纵跳，每次跳跃之间间隔 1 分钟，以避免出现疲劳。被动恢复，直到心率恢复到热身前的水平，开始测试。

（5）测试程序。

① 对受试者说：我们要测量你负重情况下的反复跳跃能力，你首先完成以自身体重 20% 为外部负荷的 3 ～ 5 次反向跳跃，注意起跳和落地瞬间膝关节需要屈曲到 90 度，每跳一次休息 1 分钟。休息 5 分钟之后，按照同样的动作技术标准跳跃 2 分钟，按照节拍器的节奏进行跳跃，每一次跳跃之后有短暂的停顿，2 分钟时间共完成 48 次负重反向跳跃。

② 取相对于体重的平均功率最大值，计算 2 分钟完成 48 次负重反向纵跳动作相对体重的平均功率值（$P_{0\sim120}$），作为评估无氧耐力的指标。

③ 计算疲劳指数（FI）：

$$疲劳指数 =（Pmax-P_{0\sim120}）/Pmax \times 100$$

（6）注意事项。

受试者每完成一个测试动作，其起跳和落地瞬间膝关节需要屈曲到 90 度。在测试时，下蹲幅度小于标准下蹲幅度（即膝关节屈曲到 90 度）的负重跳跃测试数据需要剔除。

2. 测试方法：2.5 分钟负重连续跳跃测试

（1）测试目的。

以 2.5 分钟时间内完成 60 次负重 20% 体重的反复跳跃的表现来评估功率耐力。

（2）所需设备。

杠铃、测力台、节拍器、秒表。

（3）测试指标。

垂直方向的地面反作用力、功率输出。

（4）测试前的准备工作。

① 设置节拍器，每 2.5 秒发出一次声响。

② 受试者需要学习、掌握测试所要求的负重连续跳跃动作要求，即起跳和落地瞬间膝关节需要屈曲到 90 度（Patterson et al.，2014）。

③ 标准化热身（Patterson et al.，2014）。

- 10 分钟功率自行车或跑步机（强度自选）。
- 10 分钟动态拉伸和灵活性练习。
- 2 组下蹲，每组 8 ～ 12 次重复（第一组负重 20 千克、第二组负重 40 千克）。
- 负重 20 千克完成 3 ～ 5 个反向纵跳，确保起跳和落地瞬间膝关节需要屈曲到 90°，每次跳跃之间间隔 1 分钟，以避免出现疲劳。
- 被动恢复，直到心率恢复到热身前的水平，开始测试。

（5）测试程序。

① 对受试者说：我们要测量你负重情况下的反复跳跃能力，你首先完成以自身体重 40% 为外部负荷的 3 ～ 8 次反向跳跃，注意起跳和落地瞬间膝关节需要屈曲到 90 度，每跳一次休息 1 分钟。休息 5 分钟之后，按照同样的动作技术标准跳跃 2.5 分钟，按照节拍器的节奏进行跳跃，每一次跳跃之后有短暂的停顿，2.5 分钟时间共完成 60 次负重反向跳跃。

② 取相对于体重的功率最大值（Pmax），计算 2.5 分钟完成 60 次负重反向纵跳动作相对体重的平均功率值（$P_{0\sim150}$），作为评估无氧耐力的指标。

③ 计算疲劳指数（FI）：

$$疲劳指数 = [（Pmax-P_{0\sim150}）/Pmax] \times 100$$

（6）注意事项。

受试者每完成一个测试动作，其起跳和落地瞬间膝关节需要屈曲到 90 度。在测试时，下蹲幅度小于标准下蹲幅度（即膝关节屈曲到 90 度）的负重蹲跳测试数据得剔除。

参考文献

[1] AL HADDAD H, SIMPSON B M, BUCHHEIT M. Monitoring changes in jump and sprint performance: best or average values?[J]. Int J Sports Physiol Perform. 2015, 10(7): 931–934.

[2] ALEMANY J A, PANDORF C E, MONTAIN S J, et al. Reliability assessment of ballistic jump squats and bench throws[J]. J Strength Cond Res. 2005, 19(1): 33–38.

[3] BARTOLOMEI S, NIGRO F, RUGGERI S, et al. Comparison between bench press throw and ballistic push–up tests to assess upper–body power in trained individuals[J]. J Strength Cond Res. 2018, 32(6): 1503–1510.

[4] BAUS J, HARRY J R, YANG J. Jump and landing biomechanical variables and methods: a literature review[J]. Crit Rev Biomed Eng. 2020, 48(4): 211–222.

[5] BECKHAM G, LISH S, DISNEY C, et al. The reliability of the seated medicine ball throw as assessed with accelerometer instrumentation[J]. Journal of Physical Activity Research. 2019, 4(2): 108–113.

[6] BEYER E B, HALE R F, HELLEM A R, et al. Inter and intra–rater reliability of the drop vertical jump(DVJ) assessment[J]. Int J Sports Phys Ther. 2020, 15(5): 770–775.

[7] BOGATAJ S, BUCAR M, ANDRASIC S, et al. Concurrent validity and reliability of MY JUMP 2 App for measuring vertical jump height in recreationally active adults[J]. Applied Science. 2020a, 10(11): 1–11.

[8] BOGATAJ Š, PAJEK M, HADŽIĆ V, et al. Validity, reliability, and usefulness of MY JUMP 2 App for measuring vertical jump in primary school children[J]. Int J Environ Res Public Health. 2020b, 17(10): 3708.

[9] BRAZIER J, BISHOP C, CHRIS S, et al. Lower extremity stiffness: effects on performance and injury and implications for training[J]. Strength Cond J, 2014, 36(5): 103–112.

[10] BRAZIER J, MALONEY S, BISHOP C, et al. Lower extremity stiffness: considerations for testing, performance enhancement, and injury risk[J]. J Strength Cond Res. 2019, 33(4): 1156–1166.

[11] BYRNE P J, MORNA K, RANKIN P, et al. A comparison of methods used to identify 'optimal' drop height for early phase adaptations in depth jump training[J]. J Strength Cond Res. 2010, 24(8): 2050–2055.

[12] CHELLY M S, GHENEM M A, ABID K, et al. Effects of in–season short–term plyometric training program on leg power, jump– and sprint performance of soccer players[J]. J Strength Cond Res. 2010, 24(10): 2670–2676.

[13] CLARK R A, BRYANT A L, HUMPHRIES B. A comparison of force curve profiles

between the bench press and ballistic bench throws[J]. J Strength Cond Res. 2008, 22(6): 1755–1759.

[14] CLAUDINO J G, CRONIN J, MEZÊNCIO B, et al. The countermovement jump to monitor neuromuscular status: a meta–analysis[J]. J Sci Med Sport. 2017, 20(4): 397–402.

[15] CLEMONS J M, CAMPBELL B, JEANSONNE C. Validity and reliability of a new test of upper body power[J]. J Strength Cond Res. 2010, 24(6): 1559–1565.

[16] CORMACK S J, NEWTON R U, MCGUIGAN M R, et al. Reliability of measures obtained during single and repeated countermovement jumps[J]. Int J Sports Physiol Perform. 2008, 3(2): 131–144.

[17] CORMIE P, MCGUIGAN M R, NEWTON R U. Developing maximal neuromuscular power: Part 1–biological basis of maximal power production[J]. Sports Med. 2011, 41(1): 17–38.

[18] CRUVINEL–CABRAL R M, OLIVEIRA–SILVA I, MEDEIROS A R, et al. The validity and reliability of the "MY JUMP APP" for measuring jump height of the elderly[J]. PeerJ. 2018, 6: e5804.

[19] ČULAR D, IVANČEV V, ZAGATTO A M, et al. Validity and reliability of the 30–s continuous jump for anaerobic power and capacity assessment in combat sport[J]. Front Physiol. 2018, 9: 543.

[20] DAL PUPO J, GHELLER R G, DIAS J A, et al. Reliability and validity of the 30–s continuous jump test for anaerobic fitness evaluation[J]. J Sci Med Sport. 2014, 17(6): 650–655.

[21] DALLEAU G, BELLI A, VIALE F, et al. A simple method for field measurements of leg stiffness in hopping[J]. Int J Sports Med. 2004, 25(3): 170–176.

[22] DOCKERY J C, MAYHEW J, WILLIAMS TL, BRECHUE W, Mann B, BECKHAM G. Relationship between power snatch throw and backward overhead medicine ball throw in college football players[J]. Journal of Trainology. 2020, 9(2): 50–53.

[23] DUNCAN M J, Al–NAKEEB Y, NEVILL A M. Influence of familiarization on a backward, overhead medicine ball explosive power test[J]. Res Sports Med. 2005, 13(4): 345–352.

[24] DUNCAN M J, JOANNE H. Concurrent validity of the backwards overhead medicine ball throw as a test of explosive power in adolescents[J]. Medicina Sportiva. 2010, 14(3): 102–107.

[25] FERNANDEZ–FERNANDEZ J, SAEZ DE VILLARREAL E, SANZ–RIVAS D, et al. The effects of 8–week plyometric training on physical performance in young tennis players[J]. Pediatr Exerc Sci. 2016, 28(1): 77–86.

[26] FLANAGAN E P, COMYNS T. The use of contact time and the reactive strength index to optimize fast stretch–shortening cycle training[J]. Strength Cond J. 2008, 30(5): 32–38.

[27] FLANAGAN E P, EBBEN W P, JENSEN R L. Reliability of the reactive strength index and time to stabilization during depth jumps[J]. J Strength Cond Res. 2008, 22(5): 1677–1682.

[28] GABBETT T J, JPHNS J, RIEMANN M. Performance changes following training in junior rugby league players[J]. J Strength Cond Res. 2008, 22(3): 910–917.

[29] GUTIÉRREZ–DÁVILA M, AMARO F J, GARRIDO J M, et al. An analysis of two styles of arm action in the vertical countermovement jump[J]. Sports Biomech. 2014, 13(2): 135–143.

[30] HATFIELD D L, KRAEMER W J, VOLEK J S, et al. The effects of carbohydrate loading on repetitive jump squat power performance[J]. J Strength Cond Res. 2006, 20(1): 167–171.

[31] HEALY R, KENNY I C, HARRISON A J. Assessing reactive strength measures in jumping and hopping using the optojump™ system[J]. J Hum Kinet. 2016, 54: 23–32.

[32] HEISHMAN A, BROWN B, DAUB B, et al. The influence of countermovement jump protocol on reactive strength index modified and flight time: contraction time in collegiate basketball players[J]. Sports(Basel). 2019, 7(2): 37.

[33] HEISHMAN A D, DAUB B D, MILLER R M, et al. Countermovement jump reliability performed with and without an arm swing in ncaa division 1 intercollegiate basketball players[J]. J Strength Cond Res. 2020, 34(2): 546–558.

[34] HERNÁNDEZ–DAVÓ J L, SABIDO R, BEHM D G, et al. Effects of resistance training using known vs unknown loads on eccentric–phase adaptations and concentric velocity[J]. Scand J Med Sci Sports. 2018, 28(2): 407–417.

[35] HOGARTH L W, DEAKIN G, SINCLAIR W. Are plyometric push–ups a reliable power assessment tool?[J]Journal of Australian Strength and Conditioning. 2014, 21(1), 67–69.

[36] IKEDA N, YONEZU T, KAWAKAMI Y. Minute oscillation stretching: a novel modality for reducing musculo–tendinous stiffness and maintaining muscle strength[J]. Scand J Med Sci Sports. 2021, 31(1): 104–114.

[37] IKEDA Y, KIJIMA K, KAWABATA K, et al. Relationship between side medicine–ball throw performance and physical ability for male and female athletes[J]. Eur J Appl Physiol. 2007, 99(1): 47–55.

[38] JIDOVTSEFF B, QUIEVRE J, HARRIS NK, et al. Influence of jumping strategy on kinetic and kinematic variables[J]. J Sports Med Phys Fitness. 2014, 54(2): 129–138.

[39] JURADO–LAVANANT A, ALVERO–CRUZ J R, PAREJA–BLANCO F, et al. The effects of aquatic plyometric training on repeated jumps, drop jumps and muscle

Damage[J]. Int J Sports Med. 2018, 39(10): 764–772.

[40] KATSIARAS A, NEWMAN A B, KRISKA A, et al. Skeletal muscle fatigue, strength, and quality in the elderly: the health ABC study[J]. J Appl Physiol(1985). 2005, 99(1): 210–216.

[41] KONRAD A, TILP M. The time course of Muscle–Tendon unit function and structure following three minutes of static stretching[J]. J Sports Sci Med. 2020, 24;19(1): 52–58.

[42] MALONEY S J, FLETCHER I M, RICHARDS J. Reliability of unilateral vertical leg stiffness measures assessed during bilateral hopping[J]. J Appl Biomech. 2015, 31(5): 285–291.

[43] MANGINE G T, RATAMESS N A, HOFFMAN J R, et al. The effects of combined ballistic and heavy resistance training on maximal lower– and upper–body strength in recreationally trained men[J]. J Strength Cond Res. 2008, 22(1): 132–139.

[44] MANOJ T I, ARUN C N. The seated medicine ball throw as a test of upper body strength in undergraduate students[J]. International Journal of Physiology, Nutrition and Physical Education. 2020, 5(2): 01–04.

[45] MARKOVIC G, DIZDAR D, JUKIC I, et al. Reliability and factorial validity of squat and countermovement jump tests[J]. J Strength Cond Res. 2004, 18(3): 551–555.

[46] MARQUES M C, IZQUIERDO M, GABBETT T J, et al. Physical Fitness profile of competitive young soccer players: determination of positional differences[J]. Int J Sports Sci Coa. 2016, 11: 693–701.

[47] MARQUES M C, TILLAAR RV, VESCOVI J D, et al. Changes in strength and power performance in elite senior female professional volleyball players during the in–season: a case study[J]. J Strength Cond Res. 2008, 22(4): 1147–1155.

[48] MCNEAL J R, SANDS W A, STONE M H. Effects of fatigue on kinetic and kinematic variables during a 60–second repeated jumps test[J]. Int J Sports Physiol Perform. 2010, 5(2): 218–229.

[49] MILLETT E L, MORESI M P, WATSFORD M L, et al. Variations in lower body stiffness during sports–specific tasks in well–trained female athletes[J]. Sports Biomech. 2021, 20(1): 22–37.

[50] MITCHELL L J, ARGUS C K, TAYLOR K Let al. The effect of initial knee angle on concentric–only squat jump performance[J]. Res Q Exerc Sport. 2017, 88(2): 184–192.

[51] MOIR G L, MUNFORD S N, MOROSKI L L, et al. The effects of ballistic and nonballistic bench press on mechanical variables[J]. J Strength Cond Res. 2018, 32(12): 3333–3339.

[52] MOSIER E M, FRY A C, LANE M T. Kinetic contributions of the upper limbs during counter–movement vertical jumps with and without arm swing[J]. J Strength Cond Res.

2019, 33(8): 2066–2073.

[53] NACLERIO F J, COLADO J C, RHEA M R, et al. The influence of strength and power on muscle endurance test performance[J]. J Strength Cond Res. 2009, 23(5): 1482–1488.

[54] NIBALI M L, CHAPMAN D W, ROBERGS R A, et al. Influence of rest interval duration on muscular power production in the lower–body power profile[J]. J Strength Cond Res. 2013, 27(10): 2723–2729.

[55] NICHOLS I A, SZIVAK T K. Effects of different hand widths on plyometric push–up performance[J]. J Strength Cond Res. 2019, Epub ahead of print.

[56] ORANGE S T, METCALFE J W, MARSHALL P, et al. Test–retest reliability of a commercial linear position transducer(gymaware powertool) to measure velocity and power in the back squat and bench press[J]. J Strength Cond Res. 2020, 34(3): 728–737.

[57] PATTERSON C, PLATZER H P, RASCHNER C. The 2 minute loaded repeated jump test: longitudinal anaerobic testing in elite alpine ski racers[J]. J Sports Sci Med. 2019, 18(1): 128–136.

[58] PATTERSON C, RASCHNER C, PLATZER H P. The 2.5–minute loaded repeated jump test: evaluating anaerobic capacity in alpine ski racers with loaded countermovement jumps[J]. J Strength Cond Res. 2014, 28(9): 2611–2620.

[59] PÉREZ–CASTILLA A, ROJAS F J, GÓMEZ–MARTÍNEZ F, et al. Vertical jump performance is affected by the velocity and depth of the countermovement[J]. Sports Biomech. 2019, 30: 1–16.

[60] READ P J, LLOYD R S, CROIX M D S, Oliver J L. Relationships between field–based measures of strength and power and golf club head speed[J]. J Strength Cond Res. 2013, 27(10): 2708–2713.

[61] SPIERING B A, LEE S M, MULAVARA A P, et al. Test battery designed to quickly and safely assess diverse indices of neuromuscular function after unweighting[J]. J Strength Cond Res. 2011, 25(2): 545–555.

[62] STAPLETON D T, BOERGERS R J, RODRIGUEZ J, et al. The relationship between functional movement, dynamic stability, and athletic performance assessments in baseball and softball athletes[J]. J Strength Cond Res. 2021, 35(suppl12): S42–S50.

[63] STOCKBRUGGER B A, HAENNEL R G. Validity and reliability of a medicine ball explosive power test[J]. J Strength Cond Res. 2001, 15(4): 431–438.

[64] STOJANOVIĆ E, RISTIĆ V, MCMASTER D T, et al. Effect of plyometric training on vertical jump performance in female athletes: a systematic review and meta–analysis[J]. Sports Med. 2017, 47(5): 975–986.

[65] SUCHOMEL T J, SOLE C J, STONE M H. Comparison of methods that assess lower–body stretch–shortening cycle utilization[J]. J Strength Cond Res. 2016, 30(2): 547–554.

[66] TALPEY S W, YOUNG W B, BESELER B. Effect of instructions on selected jump squat variables[J]. J Strength Cond Res[J]. 2016, 30(9): 2508–2513.

[67] THOMAS K, FRENCH D, HAYES P R. The effect of two plyometric training techniques on muscular power and agility in youth soccer players[J]. J Strength Cond Res. 2009, 23(1): 332–335.

[68] TRAJKOVIĆ N, MADIĆ D M, MILANOVIĆ Z, et al. Eight months of school–based soccer improves physical fitness and reduces aggression in high–school children[J]. Biol Sport. 2020, 37(2): 185–193.

[69] VAN HOORNE B, TERATSIAS P, HODSON–TOLE E F. Ultrasound imaging to assess skeletal muscle architecture during movements: a systematic review of methods, reliability, and challenges[J]. J Appl Physiol(1985). 2020, 128(4): 978–999.

[70] WANG R, HOFFMAN J R, SADRES E, et al. Evaluating upper–body strength and power from a single test: the ballistic push–up[J]. J Strength Cond Res. 2017, 31(5): 1338–1345.

[71] WERKHAUSEN A, ALBRACHT K, CRONIN N J, et al. Effect of Training–induced changes in achilles tendon stiffness on muscle–tendon behavior during landing[J]. Front Physiol. 2018, 9: 794.

[72] WRIGHT V, RADIN E L. Mechanics of human joints: physiology: pathophysiology, and treatment[M]. Boca Raton: CRC Press, 2020.

[73] YINGLING V R, CASTRO D A, DUONG J T, et al. The reliability of vertical jump tests between the vertec and MY JUMP phone application[J]. PeerJ. 2018, 6: e4669.

[74] YOKOYAMA H, ODA A, MAKINO M, et al. Effects of different oral instructions on kinematic and kinetic parameters during drop vertical jump[J]. J Phys Ther Sci. 2019, 31(8): 670–674.

[75] 陈小平 . 反应力量和反应力量的训练 [J]. 体育科学，2001，21(5): 36–39.

[76] 戴维 · H. 富库达 . 运动表现测试与评估指南 [M]. 闫琪，赵芮，译 . 北京：人民邮电出版社，2020.

[77] 黄梦茹 . 神经肌肉训练对青年业余运动员下肢刚度影响的实验研究 [D]. 上海：上海体育学院，2020.

[78] 李斐 . 复合力量训练对不同水平跑者骨骼肌肉机能、跑步经济性和耐力运动成绩的影响研究 [D]. 上海：上海体育学院，2019.

[79] 刘宇，魏勇 . 运动科学领域的下肢刚度研究 [J]. 上海体育学院学报，2008，32(5): 31–35, 82.

[80] 刘宇 . 人体运动生物力学 [M]. 上海：上海交通大学出版社，2017.

[81] 托德 · 米勒 . 美国体能协会体能测试与评估指南 [M]. 高炳宏，杨涛，译 . 北京：人民邮电出版社，2019.

[82] 魏勇，刘宇 . 运动中下肢刚度变化及其机制研究进展 [J]. 中国运动医学杂志，

2009，28(2): 222–225.
[83] 臧宇，许贻林，殷飞，等 . 落地高度对高水平短跑运动员跳深动作下肢生物力学和反应性力量的影响 [J]. 体育与科学，2019，40(6): 101–110.
[84] 周成庭，马晓娟，潘琳，等 . 肌骨超声在握力评估中的可行性研究 [J]. 影像研究与医学应用，2020，4(21): 253–255.

第八章　直线速度的测试与评估

第一节　速度测试的科学基础

一、速度的概念

这里的速度是指人体做出运动反应、执行应答动作、产生位移、完成动作的快慢。在不考虑方向因素的情况下，速度与速率是相同的，但是在完成一定距离的全程冲刺的过程中，速度不是一直不变的。虽然体育活动往往要求多方向移动，但是直线速度的发展为通用、高效的动作技术奠定了基础。

二、速度的分类

根据速度在运动中的表现，可分为反应速度、动作速度和周期性运动的位移速度（田麦久，2017）。

（一）反应速度

反应速度是指人体对来自外界的视觉信号、听觉信号或触觉信号快速感知、快速应答的能力。反应速度与运动员对外界信号的熟悉程度、运动等级等有关。

（二）动作速度

动作速度是指人体某一部分完成特定动作的移动速度。身体组成部分的动作速度既可以相对于身体外部的参考体而言，也可以相对于身体其他部位而言。既可以是线速度，也可以是角速度。动作速度的快慢，主要取决于中枢神经系统的功能，以及引起该部位运动的肌肉力量的大小。

（三）周期性运动的位移速度

位移速度是运动员在特定方向上快速移动的能力，以单位时间内人体位移的距离为评定指标。周期性运动的位移速度主要取决于动作频率以及每一个动作周期在特定运动方向上的位移幅度。位移速度又包括加速度和最大速度。

三、直线速度的影响因素

直线速度，又称线速度，是指尽可能快地让身体向一个预定方向移动的能力（Jeffery，2019）。在竞技体育中，挑战人类极限、充分展现直线速度表现的运动项目就是百米赛跑，图 8-1 是尤塞恩·博尔特（Usain Bolt）在 2012 年伦敦奥运会百米决赛的速度变化曲线（Krzysztof et al.，2013），可以划分为四部分（Debaere et al.，2013）：起动阶段、加速阶段、最大速度阶段和减速阶段。对于任何人，只要是从静止状态开始最大冲刺，速度—时间的曲线形状基本上是相同的，不同的只是每个人的速度测定值的快慢（Lockie，2013）。

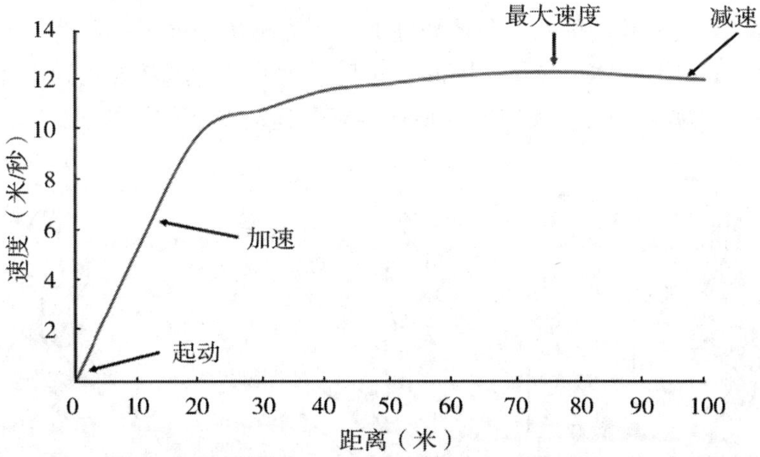

图 8-1　博尔特 100 米比赛的速度曲线（Krzysztof et al.，2013）

直线速度快慢取决于步频与步幅（图 8-2）。步频是指每秒跑的步数，步幅是指每跑一步的距离。通常认为，提高步频或者步幅，或者两者同时都提高，跑速就会提高。因此这成为速度训练和测试评估的重要方面。速度表现还包括加速度、最大速度和速度耐力（即保持高速运动的能力）。

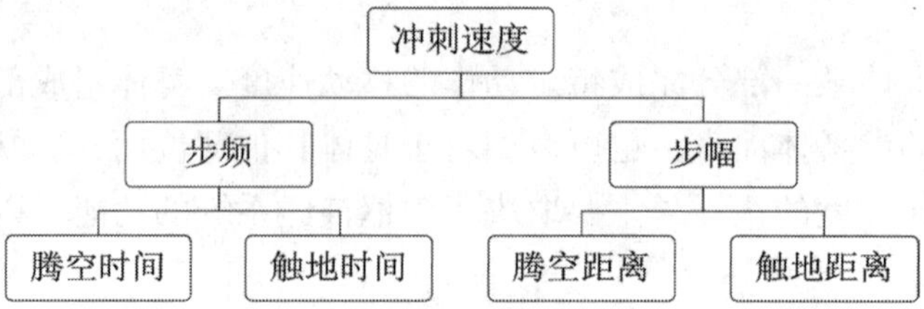

图 8–2　决定冲刺速度的因素

（一）步频与步幅

1. 步频

步频与触地时间（每一步停留在地面的时间）和腾空时间（每一步停留在空中的时间）密切相关。只有脚与地面接触时才能推动身体前进，所以支撑阶段是发展速度的训练重点。相比之下，触地时间对步频的影响更大，通过提高动作效率及力量生成速率来缩短触地时间，进而有助于步频的提高是发展速度的重要途径（Jeffery，2019）。

2. 步幅

步幅是每一步身体所产生的距离（图 8–3），与腾空距离和触地距离密切相关。增加身体对地面的作用力可以增加步幅。步幅与步频应该彼此协调，以产生最佳的速度表现。试图以牺牲其中一方面为代价来提高另外一方面会适得其反。所以，尝试通过每步跨越更长的距离来增加步幅通常会导致"跨步过大"（图 8–4，即足部接触地面的位置在身体前方较远之处），从而产生制动力，这种姿势反倒阻碍了运动员产生力的能力，最终降低了跑速。相反，有效的步幅是通过运动员向地面施加作用力推离地面，从而推动身体向前运动，而不是向前伸腿，试图把身体往前拉。因此，实现最大冲刺速度就要找到步幅和步频的最佳关系。有资料表明，实现最大直线速度的最佳步幅是运动员下肢长的 2.3 ~ 2.5 倍（Harrast et al.，2016）。

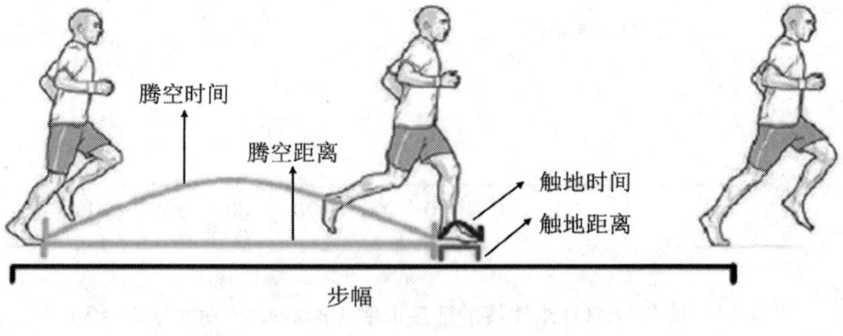

图 8–3　跑步周期（Gonzales，2018）

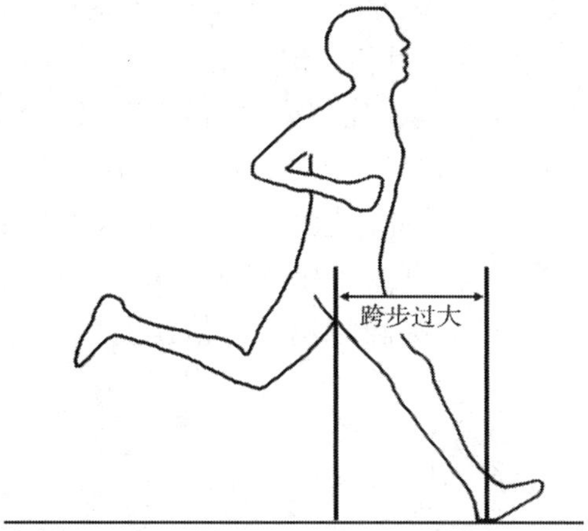

图 8-4　冲刺过程中跨步过大导致产生制动力影响冲刺速度（Fellrnr，2013）

步幅很大程度上与离地过程中产生的冲量与速度有关。决定步幅的关键技术因素是运动员的身体重心在连续奔跑过程中尽可能没有上下方向和左右方向上的变化，但是在运动训练的实践中，通过技术训练的方法来发展腾空阶段身体在空中的直线移动距离，其作用是有限的，训练的重点应该关注于运动员在接触地面时产生的冲量和速度。

3. 步频与步幅之间的关系

虽然速度 = 步频 × 步幅这样的方程表述很直观，而且从理论上分析，提高步频或者步幅，或者两者同时都提高，跑速就会提高。但在训练实践中，步幅和步频之间在最大努力程度下是成反比关系的（Salo et al.，2011），一个参数的增加可能会导致另外一个参数的下降，这是由于步幅和步频在相互结合的过程中是负性的交互作用，只有达到两者之间最佳比例关系才可能产生最大冲刺速度（Hunter et al.，2004）。对于训练有素的短跑运动员来说，依靠步频或步幅来实现和保持高速冲刺的能力是高度个体化的（Salo et al.，2011）。此外，冲刺速度还存在明显的性别差异，如对 2003 年巴黎世锦赛的 109 名男子和 79 名女子优秀短跑运动员的数据分析结果显示，步频是女性短跑运动员成绩的最重要参数，步幅是男性短跑运动员成绩的最重要参数（Paruzel-Dyja et al.，2006）。因此在制定速度训练方案、分析速度表现结果时，应该考虑到上述这些差异因素。

（二）加速度

加速度是速度的变化率。在体育运动中，运动员从静态起跑或动态起跑后前 5 米或者前 10 米的速度就是典型的加速度。加速度是运动员试图达到最大速度的一个过程，在初始阶段，运动员的速度低，加速的空间很大，这是纯加速阶段，在径赛项目中被称为是推进阶段。随着冲刺距离的增加，运动员逐渐达到其最大速度，这称为过渡加速阶段。

（三）最大速度

最大速度是在运动中能够达到的最高速度。奥运会级别的百米短跑运动员其最大速度能够超过 12 米 / 秒，通常在 100 米比赛中的 40 ～ 60 米这段距离内达到最大速度。除了短跑项目，其他的个人项目或团队项目和持拍类项目，由于存在专项特征、对手的防守、争夺球权，以及球场面积等因素影响，比赛中鲜有 40 米以上的加速跑距离。足球、橄榄球比赛中，运动员直线冲刺的平均时间为 2 秒，对绝大多数男性和女性运动员来说，冲刺 2 秒大致有 10 米的距离。运动员在如此之短的冲刺时间和距离内往往达不到其峰值速度，特别是从静止状态下起动。为了发挥自身的速度优势，运动员应该最大限度地进行加速，团队项目运动员在全力冲刺约 30 米后可以达到峰值速度。因此，在设计速度测试方法时需要考虑这一个要素。

（四）速度耐力

速度耐力包括抗疲劳和速度没有明显下降情况下维持高强度运动的能力。在百米比赛中，抗减速能力被认为是速度耐力，即在最大速度阶段之后，以最低程度减速情况下维持速度的能力。百米赛跑中，减速阶段通常发生在 60 米之后，所以该项目的速度耐力通常是指 60 ～ 100 米之间最小减速下保持速度的能力。

第二节　速度测试的仪器设备

有效、可靠的速度表现评估在很大程度上依赖于测试的标准化程序和精确设备。运动员经过系统的训练，成绩达到一定的水平后出现平台期，需要数年的训练时间才有可能在短跑成绩上提高零点几秒（Haugen et al.，2014）。然而，测量的技术手段和一些未考虑的外部变量则可能对速度表现产生直接的影响。因此，体能教练和研究人员需要采用高度严格的方法，尤其是测量的技术手段排除“干扰”来检测速度表现的“真正”变化。

目前有许多速度测试仪器设备供体能教练或研究人员使用，如秒表（图 8–5）、雷达枪（或激光设备）（图 8–6）、光电池计时门（图 8–7）、红外感应系统（图 8–8）等，它们各有特点。

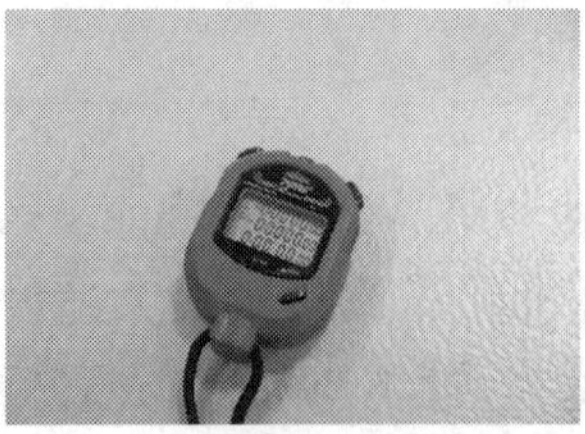

图 8–5　秒表

图 8–6　雷达枪

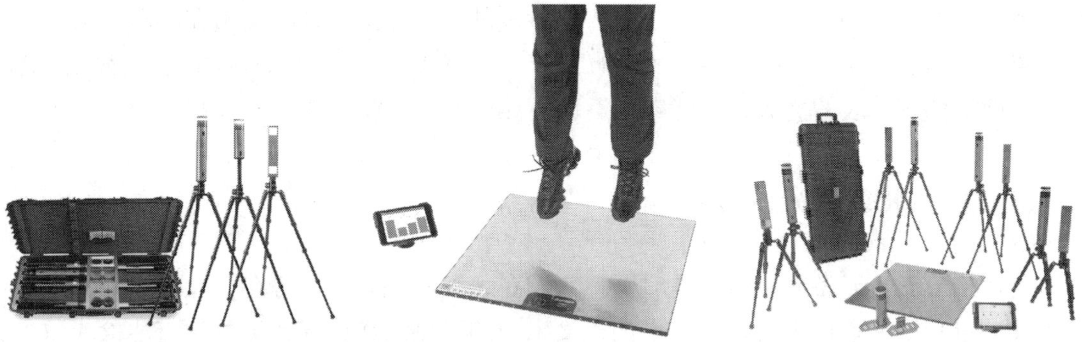

（a）Brower 计时系统　　（b）SWIFT 计时系统　　（c）Fusion 计时系统

图 8-7　光电池计时门

图 8-8　Optojump 红外感应系统

一、秒表

秒表是最简单、最常用的手动式计时器。从理论上讲，手动式计时器和全自动计时器之间的时间差，是由计时员的个人反应时间造成的，因为他们必须对发令枪的烟雾或者声音作出反应。所以与其他电子计时系统相比，使用手动式计时器的误差较大，尤其是计时员没有经验时。但是有经验的计时员能够利用手动式计时器测定到可靠的冲刺时间（Mayhew et al.，2010；Mann et al.，2015）。有几项研究表明，采用手动式秒表与电子计时设备测量的时间之间存在显著性差异，测量距离超过 36.60 米时所花费的冲刺时间时，手动计时成绩要明显快于电子计时（Ebben et al.，2009；Mayhew et al.，2010；Mann et al.，2015）。曾有研究为了将使用秒表与使用电子计时测量的时间进行比较，取 0.20 作为秒表记录成绩的修正因子，即：电子计时成绩 = 秒表计时成绩 +0.20（Fry et al.，1991）。

如果在速度测试时受条件所限不得不使用秒表采取手动计时，测试的组织者应该在操作细节方面进行统一，如：手持秒表和操作秒表的正确方法、计时员站在起跑线与终点线的位置、开始和结束计时的时机等（Hetzler et al.，2008）。从训练实践的角度来看，在速度训练课上使用秒表的优势在于能够为运动员提供即时反馈。

二、雷达枪或激光设备

雷达枪或激光设备属于电子计时器。它们在速度测试时的优势在于能够追踪受试者在整个冲刺过程中的速度表现，了解最大速度出现的时刻。在速度测试时，雷达枪或激光设备要固定于三脚架上，距离地面 1 米高，且在受试者身后约 2 米远，测试人员可以手动瞄准受试者（Chelly et al.，2001；Harrison et al.，2005）（图 8–9）。

图 8–9　使用雷达枪进行速度测试

使用雷达枪或激光设备进行速度测试有一定的局限性。测试员必须固定雷达枪或激光设备的位置，而且需要不断地进行手动操作以始终瞄准冲刺的受试者。在开始全力冲刺的最初 5 米，由于受试者在加速时候躯干姿势出现不同的变化，激光设备会产生较大的随机误差（Bezodis et al.，2012）。因此，如果加速能力是速度测试的重点，其他的电子计时系统（如计时门）要优于雷达枪或激光设备。如果只测定最大速度，则可以使用雷达枪或激光设备。

三、光电池计时门

光电池计时门系统是速度测试中非常流行的仪器设备。计时门由光源（或发射器）和光源接收器（或反射器）组成，它们相对放置，形成一个可以穿过的门，发射器发出的光束击中光源接收器并反射回发射器。当受试者快速通过沿着跑道放置的若干计时门时，数据就可以马上传输到手持平板电脑或电脑上。检测员手持智能终端，必须靠近第一个计时门站立，确保在信号传输的有限范围内，同时也便于监测受试者的起跑姿势（图 8–10）。

光电池计时门有单光束光电池计时门和双光束光电池计时门。采用单光束光电池计时门测量速度表现时，受试者抬起膝关节或者摆动的手臂会提前触发光束，这是其不足之处。在理想情况下，单光束光电池计时门摆放在身体只有一个部位能打破光束的高度，即头部高度。但在实际操作中，当受试者以直立姿势冲刺时，前额和胸部的水平位置并没有实际区别。双光束光电池计时门要求两个光源发射器摆放不同的高度，两束光必须都被打破才能够确保触发计时系统。所以，双光束光电池计时门的准确性高于单光束光电池计时门。

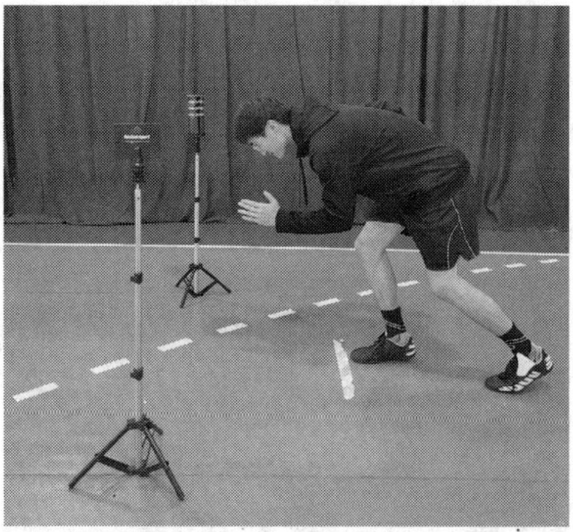

图 8-10　使用计时门进行速度测试（受试者站在起跑线后 0.5 米）

在纵向对比研究中，为了达到测试的标准化，需要统一计时门的高度。因为不同高度的计时门所记录的数据是不可相互交换的。

光电池计时门系统也有一定的不足。为了能够测定多个分段速度，就需要增加计时门的数量，会增加经费成本。计时门系统只能够测定分段速度，如果需要全程冲刺的平均速度，还需要使用其他的计时系统，如雷达枪或激光设备。

下面介绍三个目前常用的计时门系统：Brower 计时系统、Swift 闪光管和 SmartSpeed 系统。

（一）Brower 计时系统

产自美国的 Brower 计时系统是单光束光电池计时门系统。图 8-11 是采用 Brower 计时系统进行 20 米冲刺测试的场地布置示意图。

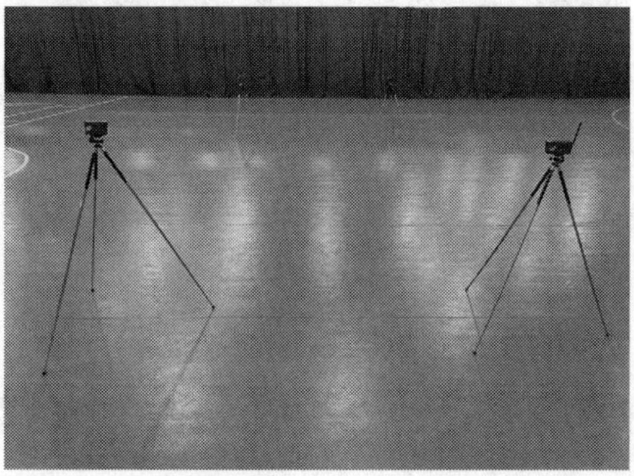

图 8-11　用 Brower 计时系统进行 20 米冲刺测试

在测试时候，如果不是受试者的躯干而是上肢或下肢打破计时门之间的红外线，计时门记录的是错误的信号。这就对计时门摆放的高度提出来严格的要求，以减小摆动臂打破红外线的可能。研究表明，单光束计时门系统测量的数据具有足够的可靠性（Carr，2015；Mann et al.，2015；Darrall–Jones et al.，2016）。

（二）Swift 闪光管计时系统

产自澳大利亚的 Swift 闪光管是双光束光电池计时门系统。双光束意味着光束位于两个高度上（图 8–12），只有两个光束均被打破，系统才开始计时。研究表明，双光束光电池计时门系统测量的数据具有足够的可靠性（Lim et al.，2013；Scanlan et al.，2015）。

图 8–12　用 Swift 闪光束计时系统进行 20 米冲刺测试

（三）SmartSpeed 系统

产自澳大利亚的 SmartSpeed 系统是单光束光电池计时门系统（图 8–13），具有错误检测和信号数据后处理的功能，其算法是将最长的触发时间定为真实时间。这种带有错误信号处理的计时系统被认为是测量冲刺时间的最佳技术手段（Earp et al.，2012）。研究表明，SmartSpeed 系统测量的数据具有足够的可靠性（Lockie et al.，2013；Stanton et al.，2016）。

图 8–13　用 SmartSpeed 计时系统进行 20 米冲刺测试

四、红外感应系统

采用红外线光束技术的红外感应系统 Optojump 是一个模块化的光学采集系统。它由两个平行的 1 米长的光电管组成，一个发射红外光束，另一个接收光束。发射红外光束的光电管相距 30 厘米、离地高度 30 厘米，这些光电管与笔记本电脑相连（图 8–14）。

图 8–14　用 Optojump 计时系统进行冲刺测试

Optojump 系统的优势是能够获得包括冲刺技术在内的很多参数，如步频、步幅、触地时间、腾空时间。但是其也有局限性，为了获得整个冲刺跑过程中的参数，需要多个光电管，如测量 40 米冲刺距离速度及其技术表现，就得需要 80 个 1 米长的光电管，这是一大笔经费支出。在整个测试过程中，冲刺技术在起动、加速、最大速度各个阶段均不一样，即使在高速跑动速度下，受试者的下肢技术动作也可能不是对称的，这会影响运动学参数的精确度。

第三节　直线冲刺速度的测试方法

根据直线速度的构成，通常的直线冲刺速度测试方法有 10 码、20 码、30 码和 40 码冲刺，见表 8–1。图 8–15 是一个典型的直线冲刺速度测试方案。

表 8–1　直线冲刺速度测试方法

方法		目的
10 码冲刺		评估快速反应能力和加速能力
20 码冲刺		评估快速反应能力和加速能力
30 码冲刺	0 ~ 10 码分段速度	评估快速加速能力
	10 ~ 30 码分段速度	评估最大速度
40 码冲刺		评估快速反应能力和最大速度

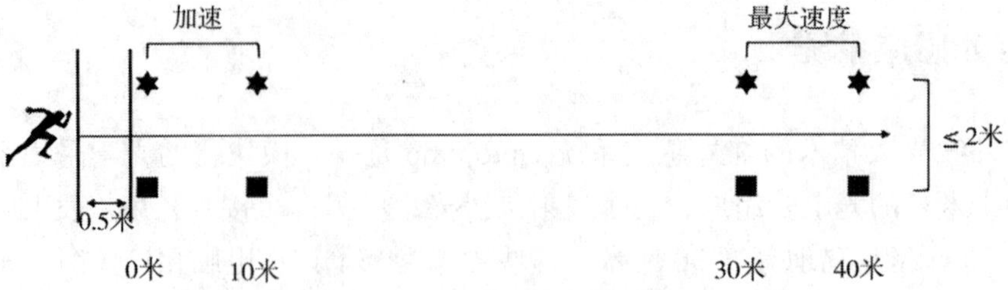

图 8-15　40 米分段速度冲刺测试

✸：发射器　■：反射器

直线冲刺速度结果有很多的影响因素，包括起跑、计时、天气条件、场地条件，以及运动员的装备和生物节律（图 8-16）。因此，进行测试时，需要严格控制实验条件，尽可能最大程度地做到标准化。

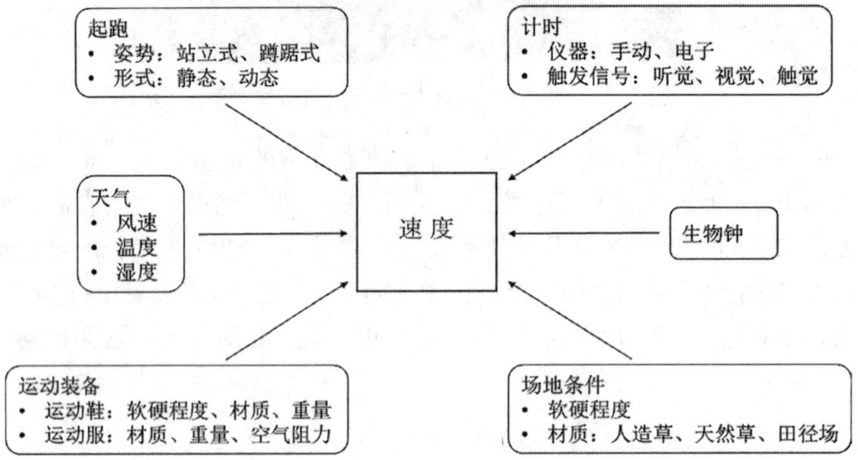

图 8-16　影响速度测试结果的因素

一、起跑姿势

速度测试时最常用的起跑姿势是站立式起跑和蹲踞式起跑（图 8-17）。站立式起跑姿势对绝大多数运动员和受试者来说都是适用的。在一些特定的速度测试中会指定采用蹲踞式起跑姿势，如美国橄榄球运动员的 40 码冲刺测试。

在进行速度测试时，给予受试者的测试指导语必须是一致的。为了确保测试的一致性，提高测试的标准化程度，对站立式起跑姿势的指导可以采用如下要求（Winkelman et al., 2017）。

- 双脚与髋同宽，站在起跑线上。
- 以自己习惯和适宜的方式后撤一条腿，变成一个典型的两点支撑站立式起跑姿势。

- 双臂做好相应的摆臂预备姿势。
- 身体重心前移到前面一条腿上，做好起动冲刺的准备。

（a）站立式起跑

（b）蹲踞式起跑

图 8-17　速度测试时的起跑姿势

二、身体距离起跑线的距离

速度测试时，受试者站在起跑线后做起跑的预备动作。在体能测试的研究文献中，使用电子计时门的情况下，受试者站在起跑线后 0.3 ～ 1.0 米处（Altmann et al.，2015）；使用激光计时系统，该距离可取 0.3 米（Poulos et al.，2010）、0.5 米（Comfort et al.，2011）或者 1.0 米（Bullock et al.，2008）。但是受试者站在起跑线后无疑增加了实际冲刺的距离。

尽管有学者比较了受试者在距离起跑线 0.3 米、0.5 米和 1.0 米三种情况下 0 ～ 5 米速度的差异后推荐 0.3 米的距离（Altmann et al.，2015），但是该距离也有一定的局限性。因为身材高大的受试者站在距离起跑线 0.3 米处，起跑时身体前倾的角度会受到限制；如果按照自己自觉适宜的身体前倾角度，可能无意间会触碰到第一个计时门的光柱（图 8-18）。为了避免这种情况，身材高大的受试者可以考虑 0.5 米的距离（图 8-10）。这样能够确保即便受试者身材高大，采取站立式起跑姿势时也不会触发第一个计时门的信号。已有研究采取 0.5 米的距离对一些项目的运动员进行速度测试，如男足、女足、美式橄榄球、板球的大学生运动员、高中生运动员。在对同一批受试者进行纵向速度测试时，应该采用一致的起跑距离。

图 8–18　受试者由于太靠近起跑线而错误地触发了计时门的信号

现在有与计时门相配套的起跑触发器，受试者的手或足按压在起跑触发器上，身体一启动就会自动触发计时门开始计时。为了防止在起跑前无意间错误地触发计时门，要求受试者在起跑线需要减少有意识或无意识控制身体的动作。受试者采取蹲踞式起跑姿势，在起跑瞬间手先于足离开地面，如果要测量从触发动作开始的冲刺能力，最好的做法是令受试者的手放置于起跑触发器上。这也要求受试者需要熟悉蹲踞式起跑姿势。如果不熟悉这种起跑姿势，则采用标准的站立式起跑，身体距离起跑线 0.3 ～ 0.5 米。

三、重复冲刺的次数

速度测试时受试者重复进行冲刺的次数取决于时间条件，尤其是进行大样本量测试的情况下。对田径运动员进行 40 米冲刺测试的结果显示，80% 的人在 2 次冲刺之内就能够达到其最好成绩（Haugen et al.，2012）。如果测试的时间允许，尽管 2 次的重复冲刺已经足够，我们还是建议允许受试者进行 3 次的重复。

四、起跑形式

在速度测试时，常见的起跑形式有静态起跑与行进间或动态起跑。应该结合受试者的专项来选择适宜的起跑形式。

采用图 8–16 所示的静态起跑姿势开始冲刺是最常见。静态起跑的 40 米冲刺测试可以评估运动员的加速能力和最大速度。

行进间或动态起跑就是在开始计时测试速度之前，运动员先有一段距离的加速，通常用于测试优秀短跑运动员的最大速度。他距离起跑线有足够长度的一段距离用于加速，能够在起跑线之前就达到最大速度，当身体超过起跑线时开始计时，在冲过终点线时停止计时。

五、冲刺距离

加速和最大速度是不同的速度素质，加速能力出色的运动员并不一定有很快的最大速度，同样，最大速度较高的运动员加速能力并不一定出色。为了能够提高测试的效率，测试的设计者应当结合受试者的运动专项特点，选择合适的冲刺距离和计时仪器设备，以能够同时获得加速和最大速度的数据。对绝大多数运动员来说，从静止状态下起跑，20 米以内的冲刺速度反映的是加速能力，超过 30 ~ 40 米距离的冲刺速度代表最大速度。最后 10 米冲刺距离的时间被称为后程冲刺时间，用于评估最大速度（Young et al.，2008）。

如果两名运动员 40 米冲刺速度一样，教练员如何进一步分析他们的速度能力差异，进而设计针对性的训练方法？这种情况下，可以通过分段速度来区别运动员的速度特点，更加充分地了解运动员的能力。如果其中一名运动员 10 米、20 米速度较快，但是 30 米、40 米的冲刺成绩一般，说明他加速能力较强，而保持高速的能力一般。如果另外一名运动员 10 米、20 米的冲刺成绩一般，但是 30 米、40 米冲刺的表现突出，则说明他的加速能力一般，但是有很强的保持高速度的能力。

六、场地条件

进行速度测试的测试场地条件会影响测试成绩，包括场地质地的软硬、材质，如：塑胶跑道、手球、篮球或者排球项目的木质地板、草皮足球场，等等。直线速度测试通常在田径跑道上完成，有时也根据受试者的专项，安排在专项场地上进行。

七、天气条件

在进行冲刺速度测试时，需要考虑测试日当天的天气条件。

如果是在室外进行速度测试，需要考虑天气条件，特别是温度和风速对测试成绩的影响。100 米和 200 米的世界纪录都是在 25 摄氏度以上的温度下产生的（Guy et al.，2015），但是再高的环境温度会使受试者进行多次冲刺跑后提前出现疲劳反应（Girard et al.，2015）。因此，受试者在热身阶段和测试阶段进行多次的冲刺，这可能会影响最后的速度表现。

研究表明，风速超过 2 米 / 秒的室外速度测试，100 米冲刺成绩会快 0.10 ~ 0.12 秒（Linthorne et al.，1994）。因此，速度测试最好是安排在室内进行，这样可以控制环境条件或者保持一致。

八、运动装备

运动鞋的材质、重量，甚至鞋带的松紧度都会影响到速度表现。因此，速度测试时通常要求受试者穿自己感觉适宜的运动鞋。对于运动员，可以穿比赛的专业鞋到专项场地上进行速度测试，如足球、橄榄球、篮球运动员分别穿比赛专用鞋到专项场地上进行速度测试。

同样，运动服的材质、重量及空气阻力对速度表现也有影响。

九、昼夜节律

运动表现会受到昼夜节律的影响（Lok et al.，2020），因此纵向的速度测试，测试时间应当安排在测试日的固定时间段。

十、对速度测试数据的解读

最大速度和平均速度都是反映速度表现有价值并可靠的指标。有学者建议，为了评价运动员的冲刺表现是否随着时间发生了变化，体能教练和研究人员应该考虑速度测试时各次重复冲刺的速度平均值和标准差，它们意味着运动员的速度表现是否与前一阶段的测试发生了变化。

为了观察竞技运动表现是否出现了变化，体能教练或研究人员可以采用数据级数推断的分析方法（Haugen et al.，2016），这就需要考虑运动表现的变化、典型的测量误差、最小的有意义的变化值。

速度测试最小的有意义的变化值有两种预估方法。第一种方法是基于对运动表现提高的直接观察，通过训练产生的运动表现的变化可以在比赛中表示出来（Haugen et al.，2016）。例如，有学者研究提出，足球运动员在 20 米冲刺过程中 0.04 ~ 0.06 秒通过的距离大约为 0.30 ~ 0.50 米，它足以在比赛中对对手产生压倒性的优势（Haugen et al.，2014）。因此，这种变化幅度的运动表现是有意义的。另外一种估计最小的有意义的变化值的方法，需要通过统计学的计算，即将运动员之间的标准差乘以 0.2 ~ 0.3（小 ~ 中等效应）作为最小的有意义的变化值。如果最小的有意义的变化值大于典型的测量误差，则认为运动表现出现了实际变化（Hopkins et al.，2009）。

另外，速度测试时 0 ~ 5 米区间的最小的有意义的变化值在 1.5% 以内，10 米以上距离的最小的有意义的变化值在 1.0% 以内；受试者的同质性也会影响这些参数的计算，因此建议研究人员需要考虑如何将冲刺时间的变化转变为实际的距离（Haugen et al.，2016）。这有助于在竞技体育实践中更好地利用速度测试数据的变化值，并将这些变化值转移到比赛中。

第四节　直线冲刺速度的测试程序

一、10 码（或 20 码）直线冲刺测试

1. 测试目的

10 码（或 20 码）短距离直线冲刺可以评估快速反应能力和加速度。

2. 所需器材设备

锥桶或标志物、胶带或场地涂料、皮尺、电子计时器（如计时门、雷达枪）。

3. 测试前的准备工作

布置好测试的场地（图 8–19）。

标准化热身后休息 3 ～ 5 分钟进行测试。

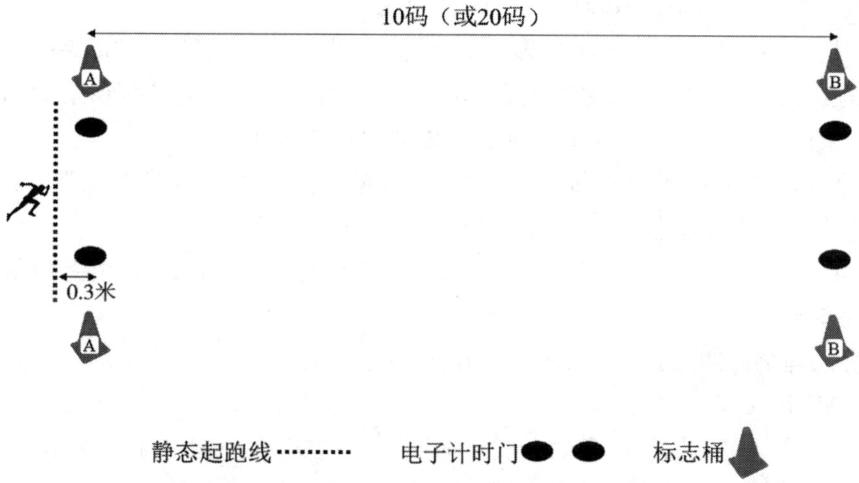

图 8–19　10 码（或 20 码）直线冲刺测试的场地示意图

4. 测试程序（Fukuda，2020）

（1）对受试者说：我们要测量你的 10 码（或 20 码）直线冲刺速度表现，你需要从 A 标志桶后 30 厘米处的起跑线上以静态起跑方式迅速起动、加速，全力向前冲刺通过 B 标志桶处的终点线。如果你准备好了，请站在 A 标志桶处的起跑线后面。

（2）令受试者站在 A 标志桶处后 30 厘米处的起跑线处，以静态起跑方式，感觉自己准备好了就可以开始起跑。按照规定的冲刺路线完成测试。

（3）可以重复 2 或 3 次，每次之间间隔 3 ～ 5 分钟。取 3 次测试中最短的时间。

5. 测试指标

从 A 标志桶全力冲刺到 B 标志桶所用的时间。

6. 注意事项

（1）起跑姿势可根据受试者的专项来选择站立式或蹲踞式静态起跑姿势。

（2）全力冲刺，不减速通过终点的计时门。

二、30 码直线冲刺测试

1. 测试目的

30 码直线冲刺可以评估加速度和最大速度。

2. 所需器材设备

锥桶或标志物、胶带或场地涂料、皮尺、电子计时器（如计时门、雷达枪）。

3. 测试前的准备工作

布置好测试的场地（图 8–20）。

标准化热身后休息 3 ～ 5 分钟进行测试。

4. 测试程序（Fukuda，2020）

（1）对受试者说：我们要测量你的 30 码直线冲刺速度表现，你需要从 A 标志桶后 30 厘米处的起跑线上以静态起跑方式迅速起动、加速，全力向前冲刺通过 D 标志桶处的终点线。如果你准备好了，请站在 A 标志桶处的起跑线后面。

（2）令受试者站在 A 标志桶处后 30 厘米处的起跑线处，以静态起跑方式，感觉自己准备好了就可以开始起跑。按照规定的冲刺路线完成测试。

（3）可以重复 2 或 3 次，每次之间间隔 3 ～ 5 分钟。取 3 次测试中最短的时间。

5. 测试指标

从 A 标志桶全力冲刺到 D 标志桶所用的时间。

6. 注意事项

（1）起跑姿势可根据受试者的专项来选择站立式或蹲踞式静态起跑姿势。

（2）全力冲刺，不减速通过终点的计时门。

7. 变化点

30 码直线冲刺测试时，分别在 10 码、20 码处放置一个计时门（图 8–20），获得 0 ～ 10 码、20 ～ 30 码的分段速度，分别反映各段加速度和最大速度。

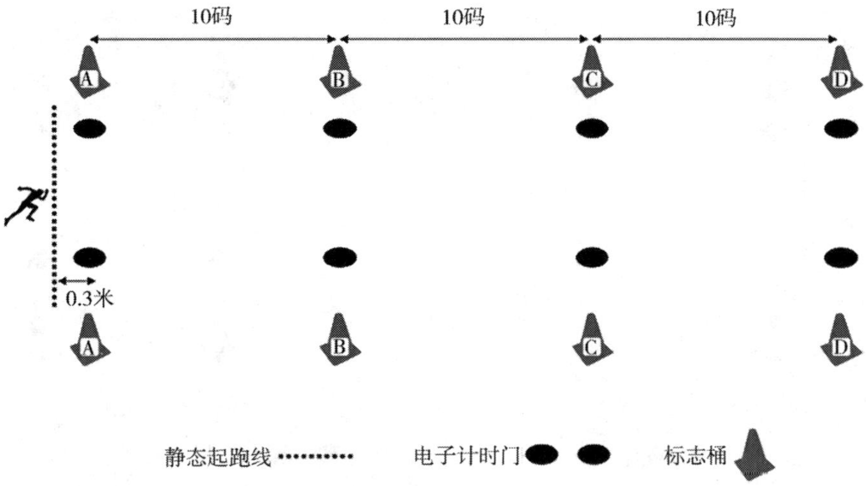

图 8–20　30 码分段速度测试的场地示意图

三、40 码直线冲刺测试

1. 测试目的

40 码直线冲刺可以评估加速度和最大速度。

2. 所需器材设备

锥桶或标志物、胶带或场地涂料、皮尺、电子计时器（如计时门、雷达枪）。

3. 测试前的准备工作

布置好测试的场地（图 8–21）。

标准化热身后休息 3 ～ 5 分钟进行测试。

4. 测试程序（Fukuda，2020）

（1）对受试者说：我们要测量你的 40 码直线冲刺速度表现，你需要从 A 标志桶后 30 厘米处的起跑线上以静态起跑方式迅速起动、加速，全力向前冲刺通过 D 标志桶处的终点线。如果你准备好了，请站在 A 标志桶处的起跑线后面。

（1）令受试者站在 A 标志桶处后 30 厘米处的起跑线处，以静态起跑方式，感觉自己准备好了就可以开始起跑。按照规定的冲刺路线完成测试。

（2）可以重复 2 或 3 次，每次之间间隔 3 ～ 5 分钟。取 3 次测试中最短的时间。

5. 测试指标

从 A 标志桶全力冲刺到 D 标志桶所用的时间。

6. 注意事项

（1）起跑姿势可根据受试者的专项来选择站立式或蹲踞式静态起跑姿势。

（2）全力冲刺，不减速通过终点的计时门。

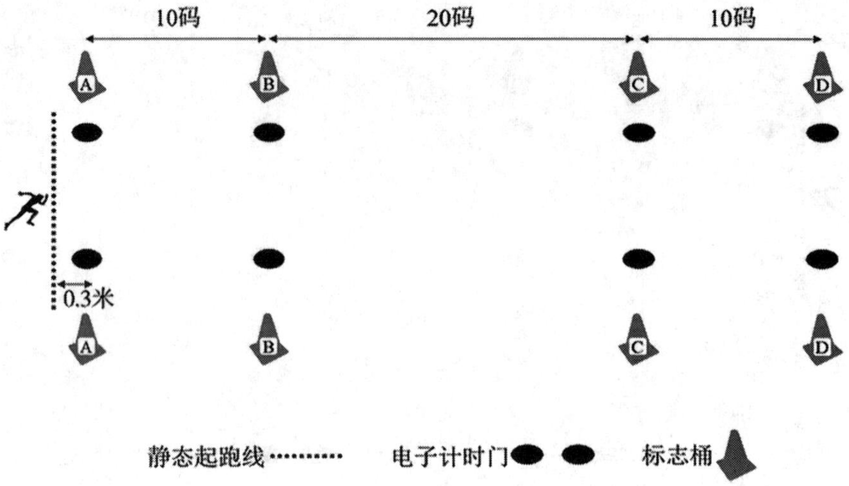

图 8-21　40 码分段速度测试的场地示意图

7. 变化点

40 码直线冲刺测试时，分别在 10 码、30 码处放置一个计时门（图 8-21），获得各分段速度，分别反映加速度和最大速度。

参考文献

［1］ALTMANN S, HOFFMANN M, KURZ G, et al. Different starting distances affect 5-m sprint times[J]. J Strength Cond Res. 2015, 29(8): 2361–2366.

［2］BEZODIS N E, SALO A I, TREWARTHA G. Measurement error in estimates of sprint velocity from a laser displacement measurement device[J]. Int J Sports Med. 2012, 33(6): 439–444.

［3］BULLOCK N, MARTIN D T, ROSS A, et al. Acute effect of whole-body vibration on sprint and jumping performance in elite skeleton athletes[J]. J Strength Cond Res. 2008, 22(4): 1371–1374.

［4］CARR C, MCMAHON J J, COMFORT P. Relationships between jump and sprint performance in first-class county cricketers[J]. Journal of Trainology, 2015, 4(1): 1–5.

［5］CHELLY S M, DENIS C. Leg Power and hopping stiffness: relationship with sprint running performance[J]. Med Sci Sports Exerc. 2001, 33(2): 326–333.

［6］COMFORT P, GRAHAM-SMITH P, MATTHEWS M J, et al. Strength and power characteristics in english elite rugby league players[J]. J Strength Cond Res. 2011, 25(5): 1374–1384.

［7］DAEEALL-JONES J D, JONES B, ROE G, et al. Reliability and usefulness of linear sprint testing in adolescent rugby union and league players[J]. J Strength Cond Res. 2016,

30(5): 1359–1364.

[8] DEBAERE S, JONKERS I, DELECLUSE C. The contribution of step characteristics to sprint running performance in high–level male and female athletes[J]. J Strength Cond Res. 2013, 27(1): 116–124.

[9] EARP J E, NEWTON R U. Advances in electronic timing systems: considerations for selecting an appropriate timing system[J]. J Strength Cond Res. 2012, 26(5): 1245–1248.

[10] EBBEN P W, PETUSHEK J E, CLEWEIN R. A comparison of manual and electronic timing during 20 and 40 yards sprints[J]. JEPonline. 2009, 12(5): 34–38.

[11] FRY A C, KRAEMER W J. Physical performance characteristics of american collegiate football players[J]. Journal of Applied Sport Science Research. 1991, 5: 126–138.

[12] GIRARD O, BROCHERIE F, BISHOP D J. Sprint performance under heat stress: a review[J]. Scand J Med Sci Sports. 2015, 25 Suppl 1: 79–89.

[13] GONZALES F K. Comparison of stride length and stride frequency patterns of sprint performance in overground vs motorized treadmill sprinting[D]. University of Texas at El Paso, 2018.

[14] GUY J H, DEAKIN G B, EDWARDS A M, et al. Adaptation to hot environmental conditions: an exploration of the performance basis, procedures and future directions to optimise opportunities for elite athletes[J]. Sports Med. 2015, 45(3): 303–311.

[15] HARRAST A M, FINNOFF T J. Sports medicine: study guide and review for boards[M]. New York: Demos Medical Publishing, 2016.

[16] HARRISON A J, JENSEN R L, DONOGHUE O A. Comparison of laser and video techniques for determining displacement and velocity during running[J]. Measurement in Physical Education and Exercise Science. 2005, 9(4): 219–231.

[17] HAUGEN T A, TØNNESSEN E, SEILER S K. The difference is in the start: impact of timing and start procedure on sprint running performance[J]. J Strength Cond Res. 2012, 26(2): 473–479.

[18] HAUGEN T, BUCHHEIT M. Sprint running performance monitoring: methodological and practical considerations[J]. Sports Med. 2016, 46(5): 641–656.

[19] HAUGEN T, TØNNESSEN E, HISDAL J, et al. The role and development of sprinting speed in soccer[J]. Int J Sports Physiol Perform. 2014, 9(3): 432–441.

[20] HAUGEN T, TØNNESSEN E, SEILER S. 9. 58 and 10. 49: Nearing the Citius End for 100 m?[J]. Int J Sports Physiol Perform. 2015, 10(2): 269–272.

[21] HETZLER R K, STICKLEY C D, LUNDQUIST K M, et al. Reliability and accuracy of handheld stopwatches compared with electronic timing in measuring sprint performance[J]. J Strength Cond Res. 2008, 22(6): 1969–1976.

[22] HOPKINS W G, MARSHALL S W, BATTERHAM A M, et al. Progressive statistics for

studies in sports medicine and exercise science[J]. Med Sci Sports Exerc. 2009, 41(1): 3–13.

[23] HUNTER J P, MARSHALL R N, MCNAIR P J. Interaction of step length and step rate during sprint running[J]. Med Sci Sports Exerc. 2004, 36(2): 261–271.

[24] JEFFERYS I. 速度训练指南 [M]. 沈兆喆，译 . 北京：人民邮电出版社，2019.

[25] KRZYSZTOF M, MERO A. A kinematics analysis of three best 100 m performances ever[J]. J Hum Kinet. 2013, 36: 149–160。

[26] LIM J J, KONG P W. Effects of isometric and dynamic postactivation potentiation protocols on maximal sprint performance[J]. J Strength Cond Res. 2013, 27(10): 2730–2736.

[27] LINTHORNE N P. The effect of wind on 100–m sprint times[J]. J Appl Biomech. 1994, 10: 110–131.

[28] LOCKIE R G, SCHULTZ A B, CALLAGHAN S J, et al. Reliability and validity of a new test of change–of–direction speed for field–based sports: the change–of–direction and acceleration test(CODAT)[J]. J Sports Sci Med. 2013, 12(1): 88–96.

[29] LOK R, ZERBINI G, GORDIJN M C M, et al. Gold, silver or bronze: circadian variation strongly affects performance in olympic athletes[J]. Sci Rep, 2020, 10(1): 16088.

[30] MANN J B, IVEY P J, BRECHUE W F, et al. Validity and reliability of hand and electronic timing for 40–yd sprint in college football players[J]. J Strength Cond Res. 2015, 29(6): 1509–1514.

[31] MAYHEW J L, HOUSER J J, BRINEY B B, et al. Comparison between hand and electronic timing of 40–yd dash performance in college football players[J]. J Strength Cond Res. 2010, 24(2): 447–451.

[32] PARUZEL–DYJA M, WALASZCZYK A, ISKRA J. Elite male and female sprinters' body build, stride length and stride frequency[J]. Studies in Physical Culture and Tourism. 2006, 13(1): 33–37.

[33] POULOS N, KUITUNENS, BUCHHEIT M. Effect of preload squatting on sprint performance in adolescent athletes[J]. New Studies in Athletics, 2010, 25: 95–103.

[34] SALO A I, BEZODIS I N, BATTERHAM A M, et al. Elite sprinting: are athletes individually step–frequency or step–length reliant?[J]. Med Sci Sports Exerc. 2011, 43(6): 1055–1062.

[35] SCANLAN A T, DASCOMBE B J, REABURN P R. Development of the basketball exercise simulation test: a match–specific basketball fitness test[J]. Journal of Human Sport and Exercise. 2015, 9: 700–712.

[36] STANTON R, HAYMAN M, HUMPHRIS N, et al. Validity of a smartphone–based application for determining sprinting performance[J]. J Sports Med(Hindawi Publ Corp).

2016: 7476820.

[37] WINKELMAN N C, CLARK K P, RYAN L J. Experience level influences the effect of attentional focus on sprint performance[J]. Hum Mov Sci. 2017, 52: 84–95.

[38] YOUNG W, RESSELL A, BURGE P, et al. The use of sprint tests for assessment of speed qualities of elite australian rules footballers[J]. Int J Sports Physiol Perform. 2008, 3(2): 199–206.

[39] 戴维·H. 富库达 . 运动表现测试与评估指南 [M]. 闫琪，赵芮，译 . 北京 : 人民邮电出版社 , 2020.

[40] 田麦久 , 运动训练学 [M]. 北京 : 高等教育出版社 , 2017.

第九章　灵敏的测试与评估

第一节　灵敏测试的科学基础

一、灵敏的概念

灵敏是指在各种突然变换的条件下，运动员能迅速、准确、协调改变身体运动的空间位置和运动方向，以适应外界变化着的环境的能力（Dawes，2016；田麦久，2017）。到目前为止，“灵敏”这个术语已经有了很大的演变，决定了灵敏表现的主要组成部分也在发生变化。

关于灵敏表现的组成，目前有三个公认的理论模型。传统理论模型（图 9–1）认为，灵敏表现与变向速度和感知 – 决策两方面有关（Young et al.，2002）。基于反应性灵敏的约束理论模型（图 9–2）提出，反应性灵敏与感知、认知、体能、动作控制，以及动作任务和环境因素有关（Jeffreys，2011）。同场对抗团队项目灵敏表现的模型（图 9–3）认为，认知、体能和技术三方面制约着灵敏表现（Young et al.，2002）。

在每个模型当中，每个方面又有许多因素构成。不论是哪一种模型，都可以归纳为体能层面的变向速度和认知层面的感知 – 决策两方面。

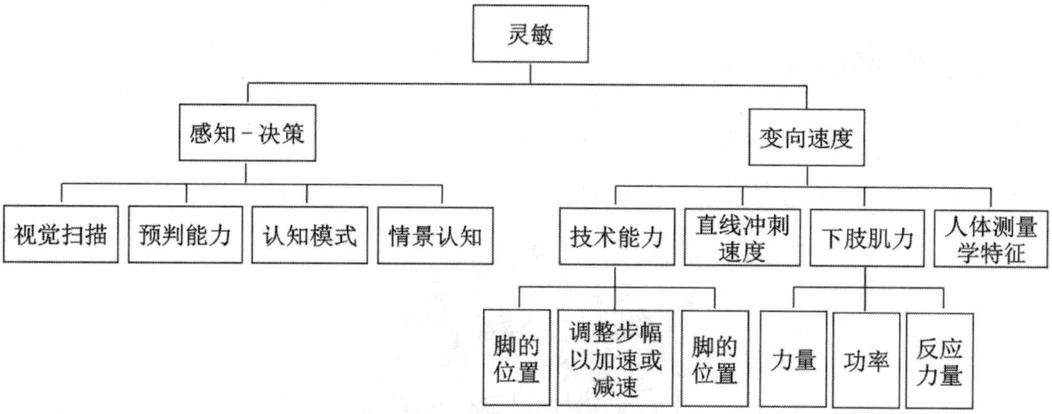

图 9-1　灵敏表现的传统理论模型（Young et al.，2002）

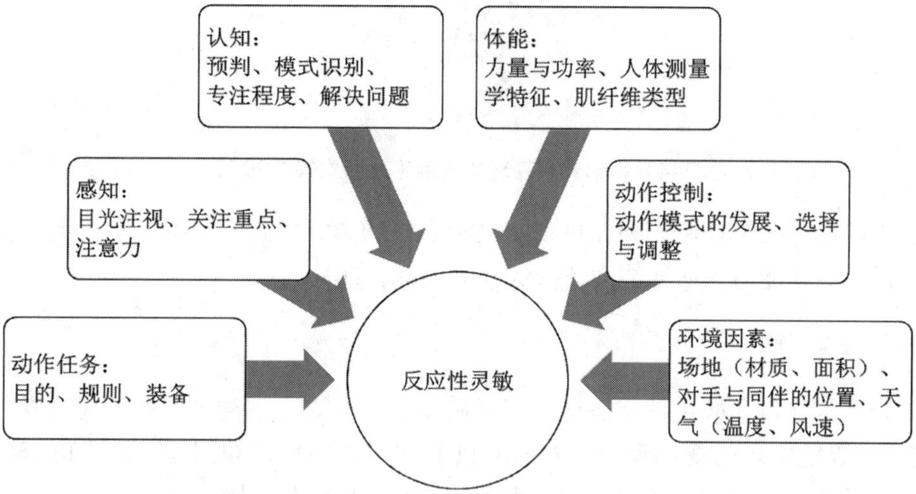

图 9-2　基于反应性灵敏的约束理论模型（Jeffreys，2011）

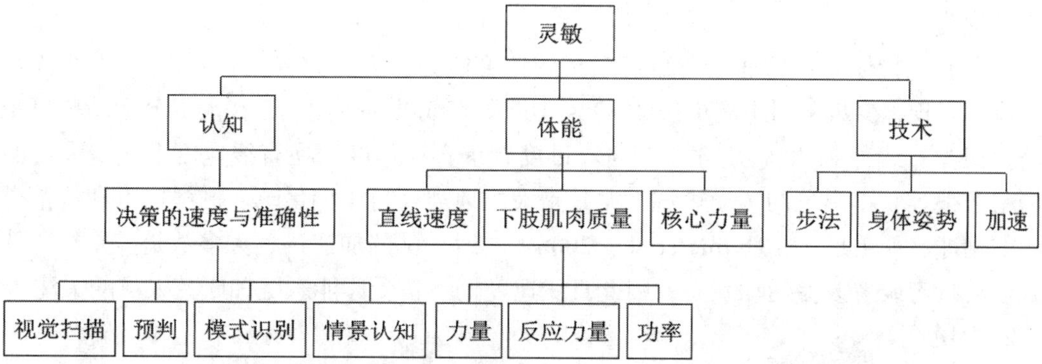

图 9-3　同场对抗团队项目灵敏表现的理论模型（Young et al.，2015）

二、影响灵敏表现的因素

灵敏的影响因素很多，有力量、功率、速度、协调性、动态平衡、核心稳定性、供能系统的代谢能力和一些生物力学因素（图 9–4）（赵西堂等，2015）。

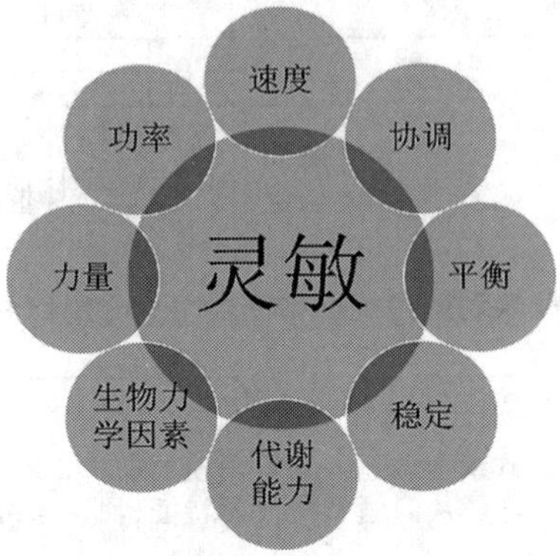

图 9–4　影响灵敏表现的要素（赵西堂等，2015）

综合灵敏表现三个理论模型，可以将灵敏表现的影响因素，归类为动作灵敏与反应灵敏两部分，即身体能力和认知能力（Sheppard et al.，2014）。

（一）动作灵敏

大部分团队项目，如足球、篮球、美式橄榄球，都需要运动员能够瞬间完成加速、减速以及在 10 码范围内的变向动作。隔网对抗的球场类项目，如网球、排球也需要运动员进行多方向的快速起动以及在 4 ~ 11 码范围内的快速变向。构成灵敏表现的动作灵敏，受到运动员的速度、力量、爆发力、技术以及下肢肌肉质量的影响。

1. 速度

大多数竞技体育项目非常看重运动员的速度能力，大多数采用 0 ~ 40 码直线冲刺来评价速度表现，少数采用距离更长的 40 ~ 100 码直线冲刺。然而，在大部分运动项目中，运动员很少直线冲刺 40 码后才有变向。过度看重直线速度、在直线速度上花费大量的时间和精力很难获得出色的运动表现，尤其是大场地类项目（如足球、橄榄球）和持拍类项目（如网球、羽毛球）（Duthie et al.，2006）。运动员的加速过程大多数是需要经历从静止到运动状态或者改变运动状态，因此直线速度仍然备受体能教练和研究人员的关注。

2. 力量

力量对动作灵敏很重要，是竞技成功的关键因素。但由于移动速度的原因，运动员在大多数爆发性的技术动作中都不能发挥出他们最佳的力量水平。在发展动作灵敏时，增加能够使身体更快移动的推动力与运动员的力量素质有关。因此，相对力量比绝对力量重要。

在考虑影响动作灵敏表现的力量因素时，向心收缩力量、离心收缩力量和静力性力量都应当考虑，它们发挥着不同的作用。

（1）向心收缩力量。

运动员在起动和加速阶段，下肢伸肌进行向心收缩，驱动髋、膝、踝三个关节做出爆发性的三联伸动作能够迅速地克服重力、产生向前的推动力，有效地完成冲刺、跳跃或切入动作。因此，发展向心收缩力量水平是提高动作灵敏的基础。

（2）离心收缩力量。

良好的离心收缩力量有助于快速而高效地使身体减速，并在变向过程中保持动态平衡。这是影响运动快速变速能力的另一个重要因素。离心收缩力量不足会使减速过程变慢从而降低快速变向能力。

（3）静力性力量。

在动作灵敏的技术动作中，关节的稳定性是影响有效发力的极其重要但往往被忽视的因素。动作灵敏要求躯干稳定和下肢关节稳固。如变向切入动作，运动员足触地时，地面反作用力自下而上依次传递到足踝、膝、髋直到躯干。如果躯干和下肢关节不稳定，那么很大一部分力量将在这些运动环节消耗，从而减慢肌肉由离心收缩到向心收缩转变的过程，造成动作缓慢、无力、低效。

3. 功率

功率即做功的速率，是一个反映动作灵敏非常重要的方面和影响运动表现的主要决定因素。功率 = 力量 × 速度，因此，发展肌肉力量或动作速度均能够提高功率，从而促进动作灵敏表现。

（1）力量生成速率。

力量生成速率是反映肌肉功率输出的一个参数，在冲刺、加速、变向、跳跃、投掷等爆发性技术动作中，力量生成速率比所能够产生的最大力量更重要。

在高速冲刺过程中，运动员的触地时间、跳跃、切入这样的动作用时在 250 毫秒以内，而表现出最大力量却需要 300 毫秒以上的时间。因此，尽管运动员拥有出色的最大力量，但是快速产生力量的能力比力量水平更为重要，具体表现为起动力量和爆发性力量。通常，动作开始时（在动作的 0 ~ 50 毫秒阶段）的力量生成速率被称为起动力量，在动作的 50 ~ 200 毫秒阶段出现的峰值力量生成速率被称为爆发性力量。

（2）拉长缩短循环。

减速 – 变向 – 加速是动作灵敏中的重要环节，有效地利用拉长 – 缩短循环能够提高动作灵敏的效率。评估和发展拉长 – 缩短循环的工作能力及其效率，是变向速度评估和训练中的一个重要因素。通过反向纵跳和静蹲跳的跳跃高度，可以衍生出评估拉长 – 缩短循环能力和效率的参数，如反应力量指数、预拉伸增强百分比、离心利用率。

4. 其他因素

影响动作灵敏的其他因素，主要有人体测量学特征和运动员的技术能力。

影响灵敏表现的人体测量学参数，主要包括有身高、体重、体脂率、四肢长度、躯干围度。

动作灵敏是一系列单独的动作任务串联在一起而形成的，因此，在加速－减速－变向－再加速这样的动作组合中，运动员必须将不同的动作模式以适当的顺序并在正确的时间内联合在一起。因此，良好的技术能力能够最大限度地提高动作灵敏表现。

（二）反应灵敏

感知决策因素影响着运动员的反应能力，同样影响着动作灵敏。

1. 信息处理

运动员在移动之前，首先必须判断是否需要或者如何对环境情景作出反应。运动员通过听觉系统、视觉系统和躯体感觉系统感知、收集外界的刺激信号，从而做出相应的技术动作。在这个过程中，对外界信息的收集与加工处理能力与速度影响着灵敏表现，具体包括刺激的清晰度、强度、方式以及运动员的经验。

刺激信号的清晰度指刺激信号是否能够被容易确认与识别，并且清晰明了。刺激强度与刺激程度有关，如声音的大小、灯光的明暗程度等等。来自于外界环境的这些刺激信号越清晰或刺激强度越大，运动员处理这些信息的速度就越快。

刺激信号的方式或类型也影响着反应速度，对视觉信号产生反应的时间（大约为180 ~ 200 毫秒）长于对听觉信号产生反应的时间（大约为 140 ~ 160 毫秒），而动觉反应时间最快（平均为 120 ~ 140 毫秒）（Dawes，2016）。

运动员对刺激信号的预判能力与他们阅读比赛的能力和解读对手动作的能力有关，很大程度上都是在长期不断重复的训练和比赛中获得的。

2. 了解情景

对专项运动场景的了解有助于运动员对刺激信号作出更快的反应。运动员在视觉搜索策略上显著有别于非运动员，运动员能够更快地发现并关注相关的信息线索。

通过长期系统的训练、比赛，增强运动员识别和了解比赛场景中出现相关信息的能力，就会增强对特定刺激作出更快、更准确的反应。随着对运动中各种场景了解的增多，运动员会越来越熟悉如何对刺激信号作出正确的动作应答，同时也会缩短反应时、提高反应灵敏。

3. 决策能力

运动员在训练和比赛中，一旦感知和收集到刺激信息时，他必须迅速而准确地作出最有利于获得成功的动作决策。因此，作出决策的速度和准确性，影响着反应灵敏。

运动场景中出现的刺激信号数量和应对动作的总数在很大程度上决定了运动员能否作出正确的反应。反应通常分为简单反应和选择性反应。简单反应是指只有一个正确反应的刺激，如短跑比赛中用发令枪来表示开始起跑。选择性反应要求运动员选择正确的反应以应对其中一个无法预测的刺激信号（Dawes，2016）。选择性反应对于一些不可预测性的无序的动作来说很重要，它要求运动员对其他运动员的移动作出正确的反应。例如，团队项目的比赛中，运动员必须根据对手、同伴的位置、跑动、球的运行轨迹等信号进行全面的观察，这样才能够采取最适合的动作，作出最佳的决策。

生理学的分析认为，简单反应时主要取决于基因和中枢神经系统的反应速度，训练对它的影响程度极小。但长期的运动训练、足够的经验积累会显著缩短选择反应的时间。

4. 预判能力

如果运动员能够准确地对运动场景、对手的动作进行预判并提前做出技术动作，就会明显提高灵敏表现。随着运动技能的不断提高与巩固，以及训练经验的不断积累，在某种运动场景下对手的动作意图，运动员需要在时间和空间上同时作出预判。能够作出准确预判的运动员更具有竞争优势。因此，在评估和训练运动员的预判能力时，主要目标是同时提高反应的准确性和速度。

对体能教练或研究人员来说，目前关于感知决策的研究结果支持采用针对专项运动的场景进行测试和训练，这有助于了解运动员的视觉搜索策略、反应速度及其准确性、模式识别能力，进而针对性地设计和实施训练策略。

5. 唤醒水平

唤醒水平，或称中枢神经系统整体兴奋水平和激活程度，对快速、准确地完成技术动作起到重要作用。倒 U 形理论认为适宜的唤醒水平与取得优异的运动成绩有关，唤醒水平太低或太高，均不利于运动表现的发挥（Haff et al.，2017）。

第二节　灵敏测试的方法

灵敏是对刺激信号做出应答，快速而准确地产生变速、变向、动作模式变化的全身性动作。变向速度和感知－决策能力构成了灵敏表现。变向速度通常与减速、反向或改变动作反向并再次加速的能力有关。

完整的灵敏测试除了需要评估变向速度，还应该包括受试者的感知－决策能力，即对刺激信号的反应，结合两方面的信息，这样才可以确保灵敏测试的结果能够全面地包括知觉－运动能力的决策因素与变向、变速的身体因素（Paul et al.，2016）。因此，灵敏测试的方法分为变向速度能力测试和感知－决策能力测试两部分。

一、变向速度能力测试

长期以来，由于对灵敏的理解不全面，把 505 测试、T– 测试、伊利诺斯灵敏测试、L– 跑等这些经常使用的测试当作是经典的灵敏测试方法。随着对灵敏表现理解的进步，这些测试目前被认为是变向速度测试。这些测试需要使用计时门、雷达枪等电子计时器，相关的内容参看速度测试的章节。

（一）变向速度测试的共性

表 9–1 是常用变向速度测试方法特征的汇总，各测试方法的变向次数、测试用时、移

动的距离、变向角度、身体移动方式均不同，因此，很难比较不同测试方法的结果（Nimphius et al.，2018）。这些测试方法的体能需求特征也不尽相同，有些测试的用时和距离较长，无氧代谢能力成为变向速度能力的关键因素，因此很难确定测试成绩的提高是由于变向速度的提高还是无氧代谢能力的改善。此外，不同的变向速度测试有不同的肌肉工作方式（向心收缩、离心收缩、等长收缩）和技术要求（为保持速度的曲线跑动模式、要求快速减速的变向）。目前许多变向速度测试有这种情况，本身就说明了对如何测量变向速度尚无共识。

表 9-1　常用变向速度测试方法的特征（Nimphius et al.，2018）

测试名称	变向次数	测试用时（秒）	总移动距离（米）	变向角度（度）
505 测试	1	1.5 ~ 3	10	180
改良式 505 测试	1	2 ~ 3	10	180
变向速度测试	1	1.5 ~ 2	8	45
Y- 灵敏测试	1	2 ~ 3	10	45
10 码折返跑	2	2.5 ~ 3.5	9.14	180
10 米折返跑	2	2 ~ 4	10	180
20 码折返跑	2	4.5 ~ 5.5	18.29	180
Pro- 灵敏测试	2	4.0 ~ 5.5	18.28	180
Zig-zag 测试	3	5 ~ 6	≈ 20	100
4 × 5 米冲刺	3	4.5 ~ 6.0	20	90、180
T- 测试	4	7.5 ~ 13.0	36.56	90
改良式 T- 测试	4	3 ~ 7	11 ~ 20	90
变向与加速测试	4	5.5 ~ 6.5	≈ 24	45、90
180 度转身的 9-3-6-3-9 米冲刺测试	4	6 ~ 8	33	180
L- 跑	5	4.5 ~ 7.0	≈ 20 ~ 27	90、180
伊利诺斯灵敏测试	11	13 ~ 19	≈ 60	90、180
六边形测试	18	8 ~ 16	10	60
10 × 5 米折返跑	20	18 ~ 22	50	180

（二）变向速度的测试方法

1. 505 测试

如图 9-5 所示，505 测试可以评估变向速度，广泛地用于足球、橄榄球、板球、垒球等项目。505 测试有传统式和改良式两个版本，区别在于起跑方式和到达折返线前的冲刺距离不同，传统 505 测试采用行进间起跑，到达折返线前有 15 米的冲刺距离；而改良式 505 测试采用静态起跑姿势，到达折返线前的冲刺距离只有 5 米。它们均具有很好的可靠性，测试前的熟悉训练课只需要 2 或 3 次。

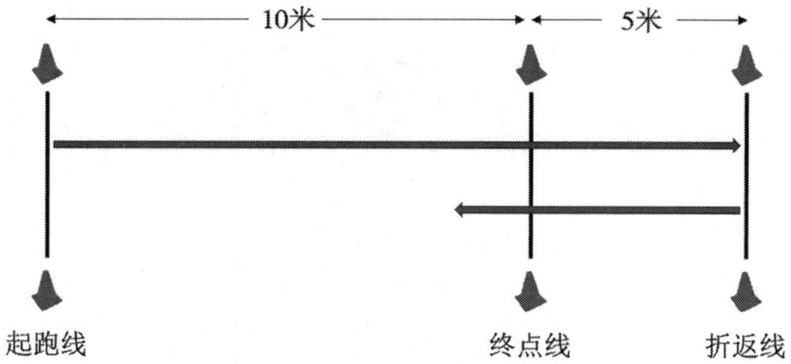

图 9-5　505 测试

2. T- 测试

如图 9-6 所示，T- 测试将向前跑、侧滑步、倒退跑整合在一起来评估变向速度，非常符合足球项目后卫球员的动作模式。T- 测试具有很好的可靠性，测试前的熟悉训练课只需要 1 次。

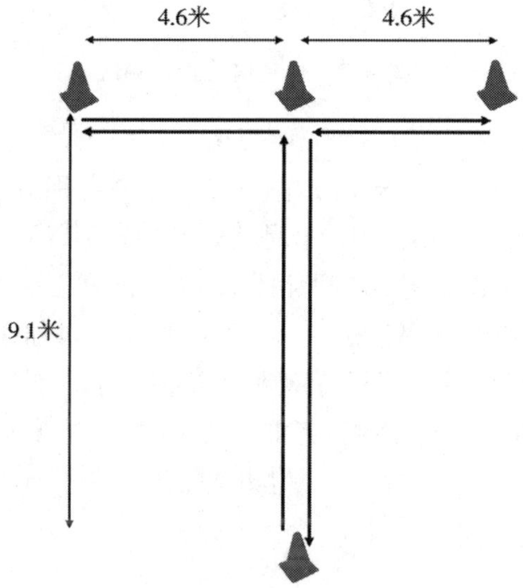

图 9-6　T- 测试

3. 伊利诺斯灵敏测试

如图 9-7 所示，伊利诺斯测试多用于篮球、足球、长曲棍球等项目，有很好的可靠性。尽管该测试包括一些比赛中出现的技术动作（如：短距离冲刺、180 度转身），但是在绕过各个标志桶时的曲线跑与体育中的动作要求之间不存在任何有意义的关联性。此外，测试要求完成的跑动距离和直线冲刺的数量，最终的测试表现是无氧代谢能力与直线冲刺能力的综合能力，很难区分各个受试者的变向速度能力。

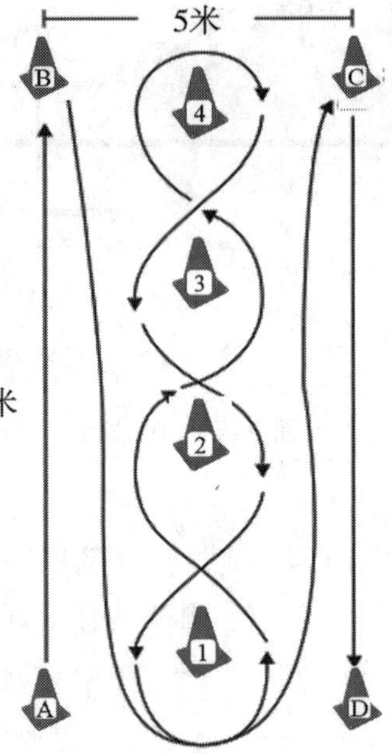

图 9-7　伊利诺斯灵敏测试

4.Pro- 灵敏测试与 L- 跑测试

Pro- 灵敏测试与 L- 跑测试分别如图 9-8、图 9-9 所示。Pro- 灵敏测试（Haff，2017）与 L- 跑测试（Porter et al.，2010）是美式橄榄球运动员选拔性体能测试中的内容。Pro- 灵敏测试包括 2 个 180 度转身，期间穿插 10 码（9.1 米）冲刺，用于美式橄榄球、足球。

Pro- 灵敏测试与 L- 跑测试都包括减速、反向移动和再加速的变向移动中的常见动作模式，区别在于 L- 跑测试中有为了保持跑速的曲线跑动作。

如图 9-10 所示，4 × 5 米折返跑测试是 L- 跑测试的一个变化，多用于足球项目（Sporis et al.，2010）。4 × 5 米折返跑测试和 L- 跑测试的优势在于有 180 度转身伴随双侧下肢的 90 度切入动作，这常见于足球比赛中。

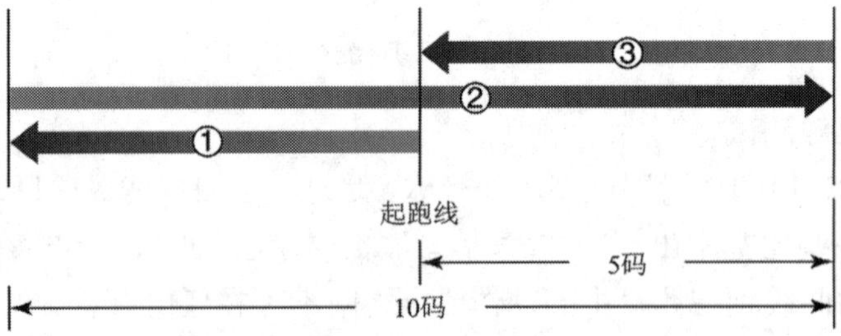

图 9-8　Pro- 灵敏测试（Haff，2017）

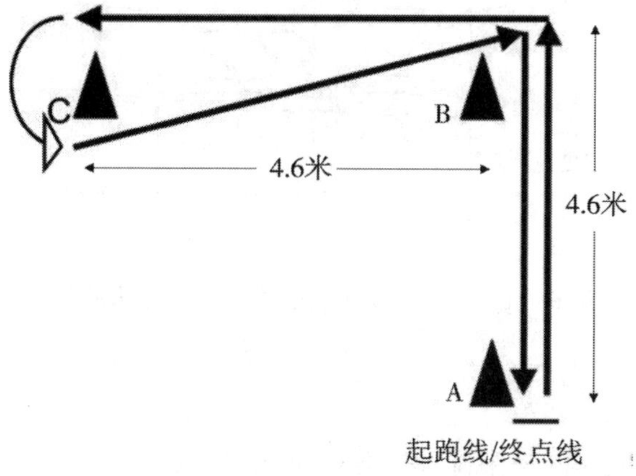

图 9-9　L- 跑测试（Porter et al.，2010）

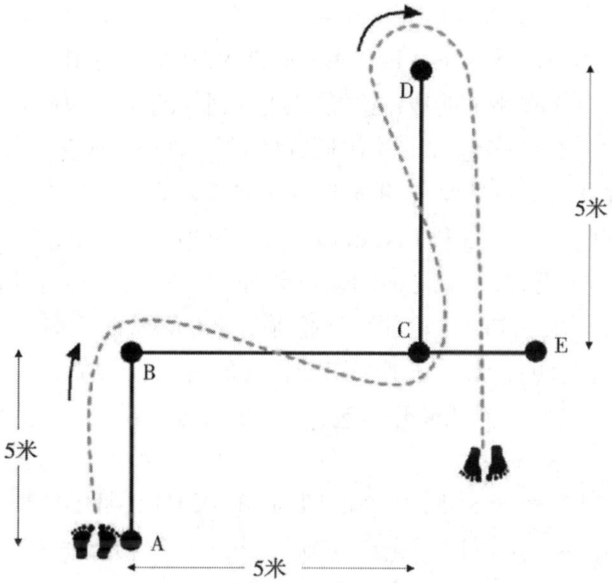

图 9-10　4×5 米折返跑测试（Sporis et al.，2010）

5.180 度转身的 9-3-6-3-9 米冲刺测试

如图 9-11 所示，180 度转身的 9-3-6-3-9 米冲刺测试（Mielgo-Ayuso 等，2014）是一个包含有多个 180 度转身的测试，受试者依次进行 9 米、3 米、6 米、3 米和 9 米的冲刺，每个冲刺之间是 180 度的转身动作。这个测试也可以采用倒退跑、向前跑的形式。

基于位置职责的差异分析，180 度转身的 9-3-6-3-9 米冲刺测试主要针对于足球的中场位置球员，4×5 米折返跑测试更适合于足球的前锋球员。然而，这些测试的持续时间超过 6 秒，会动员机体无氧代谢供能系统，无法精确地评估一个阶段的训练后灵敏表现的提高是变向速度提高了，还是无氧能力改善了，还是两者都有提高。

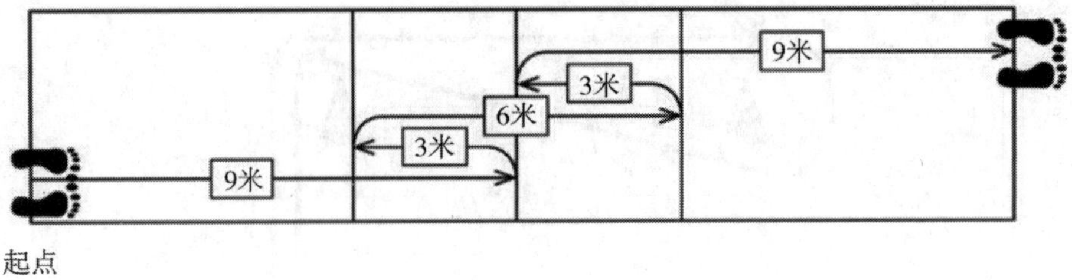

图 9-11　180 度转身的 9-3-6-3-9 米冲刺测试

（三）变向速度测试的不足

变向速度测试最明显的局限性在于其测试的时长。变向速度测试应该在短时间内完成。如果测试用时过长，对变向速度的强调就显得不足，由于变向动作之间较多的时间用于冲刺跑，测试成绩会更多反映出无氧能力和冲刺能力。例如，T- 测试、伊利诺伊灵敏测试和 L- 跑和 Pro- 灵敏测试的用时通常分别为 7.5 ～ 13.0 秒、13 ～ 19 秒、4.5 ～ 7.0 秒、4.0 ～ 5.5 秒。4×5 米测试的用时为 6.5 ～ 6.0 秒，9-3-6-3-9 米测试的用时为 6 ～ 8 秒（Nimphius et al.，2018）。因此，这些测试的成绩会更多地受到代谢能力和冲刺能力的影响，而非变向能力。上述测试中，有许多包含了动作模式的过渡动作（如 T- 测试）或曲线跑（如 L 形跑和伊利诺伊灵敏测试），这些动作更强调对身体移动能力的测试，而非单纯的变向能力。

505 测试的用时只有 1.5 ～ 3 秒（Nimphius et al.，2018），因此很好地避免了上述问题。505 测试没有其他变向速度测试中复杂的动作任务，只有一个转身动作，特别是在传统的 505 测试中，强调在变向之前的减速能力。但是，505 测试的用时可能并不能完全反映变向能力。生物力学研究表明，505 测试中用于转身的时间仅占测试总用时的 19.5% ～ 20%（Jones et al.，2016）。由于测试最开始包括了 10 米的冲刺，因此直线冲刺能力也会影响到 505 测试的成绩。

由于直线冲刺速度会对 505 测试成绩产生影响。因此，从 505 测试成绩中减去变向动作之前 10 米冲刺的用时，可以避开直线冲刺的影响，单纯地对变向能力进行评估，克服了由于直线冲刺速度能力影响 505 测试结果。该差值被称为“变向赤字”，它的数值越小，表明变向能力就越强；数值越大，表明运动员将会从改善变向能力的技术训练中获益（Nimphius et al.，2016；Jennifer et al.，2018）。有研究也表明，变向赤字与 505 测试成绩存在较高的相关性（r=0.74 ～ 0.81），与 10 米冲刺成绩的相关性很低（r=0.11），但 505 测试成绩与冲刺时间却存在关联（r=0.52 ～ 0.70）（Nimphius et al.，2016）。表明变向赤字独立于直线速度，能够针对性地评估变向能力。

仅仅评估运动员完成变向动作任务的用时对于评价变向能力来说过于简单。在有条件的情况下，还可以利用 3D 动作分析仪、测力台或高速摄像机来提供不同运动阶段的数据，如减速、触地时间和再加速阶段。通过这种方法可以从运动学和动力学方面评估运动员的减速和再加速能力，但这种研究的费用会较高。

二、感知 – 认知能力测试

尽管在运动科学的文献中，灵敏与变向速度有交替使用的情况，但在实际的体育活动中，改变方向通常是为了响应不可预测的视觉刺激（如：对手、同伴、球等）。因此，很大一部分真正的符合运动专项要求的灵敏表现依赖于对特定运动场景的刺激作出快速而正确的反应。而前面所述的变向速度测试，受试者只需要程序化地快速完成事先计划出来的冲刺方向与距离、变向角度、方向与数量，是一种闭合性的能力测试。

运动科学认为，灵敏与变向速度是不同的能力。灵敏表现中的感知 – 决策因素对运动成绩很重要，灵敏测试比变向速度测试能够更好地区分运动员的等级和能力。有研究显示，力量素质的发展有助于提高变向速度，但对反应性灵敏尚未表现出积极的作用，表明身体素质对变向速度的重要性大于对灵敏的重要性。提示体能教练和研究人员，在灵敏的测试、训练和研究中应包括有反应性因素。

变向速度测试只能够区分动作的快慢，而结合感知 – 决策能力和快速移动能力来评价运动员的灵敏表现才是全面的灵敏测试。根据灵敏测试的表现，可以将运动员分为“思维快、动作快”“思维快、动作慢”“思维慢、动作慢”“思维慢、动作快”四种类型（Gabbett et al.，2008）。

（一）灵敏测试的共性

灵敏测试表现是感知 – 决策能力与身体表现之间交互作用的体现。尽管如此，所有灵敏测试都以相似的方式评估完成一项任务的总时间，从而同样具有先前在变向速度测试中讨论过的潜在的局限性。表 9–2 是常用灵敏测试方法特征的汇总，这些测试用时较短，因此能够将变向速度表现相分离，并减少了无氧代谢需求相关的混杂影响。目前使用的许多灵敏测试的变向角度都限制在一定范围内，大部分灵敏测试的变向角度为 45 度，或者呈现“Y”形。

表 9–2　常用灵敏测试方法的特征（Nimphius et al.，2018）

测试名称	变向次数	测试用时（秒）	总移动距离（米）	变向角度（度）
反应性灵敏测试	1	1.5 ~ 3.0	8	45
反应性灵敏速度测试	1	2.0 ~ 2.5	10	45
视频反应性灵敏测试	1	2.0 ~ 2.5	11	45
灯光反应性灵敏测试	1	2.0 ~ 2.5	11	45
橄榄球反应性灵敏测试	1	1.5 ~ 2.5	10	45
Y– 反应性灵敏测试	1	1.5 ~ 2.0	10	45
篮球专项反应性灵敏测试	2	4.0 ~ 5.5	13.5	45

续表

测试名称	变向次数	测试用时(秒)	总移动距离(米)	变向角度(度)
澳式足球反应性灵敏测试	2	1.5 ~ 2.0	12	45
网球专项折返测试	3	6.0 ~ 9.0	28.85	45
视觉刺激反应性灵敏测试	8	16 ~ 20	51	180
急停–起动（Stop “n” go）式反应性灵敏测试	15	10 ~ 12	32	45、90、180

（二）灵敏测试的方法

完整的灵敏测试，包括变向速度与感知–决策能力两方面的评估。为了能够评价灵敏表现中的感知–决策能力，可以通过某种刺激信号（视觉、听觉）的方式，让受试者根据不同的刺激对运动形式做出瞬间的判断，这更加接近实际比赛情景。这样的测试被称为“反应性灵敏测试”。它更具有挑战性、刺激性和趣味性。

目前有三类灵敏测试的方法，区别在于刺激信号的不同，有灯光信号、视频信号和真人信号。它们的特点如表 9–3 所示。

表 9–3　不同灵敏测试的特点（Paul et al.，2016）

测试类型	测量指标	信度	效度	使用场所	作为训练的工具
灯光刺激	● 简单反应时 ● 应答准确性	中等	低	实验室和运动现场	推荐
视频刺激	● 视觉搜索 ● 作出决策的时间 ● 完成动作的时间 ● 应答准确性	中等	中等	实验室	不推荐
真人刺激	● 作出决策的时间 ● 完成动作的时间 ● 应答准确性	中等	高	实验室或运动现场	较少推荐

1. 基于灯光信号的灵敏测试

目前随着商用设备的出现，体能测试与训练实践中广泛地使用基于光学刺激的测试与训练系统，体育科研人员也研发出来了基于灯光信号的灵敏测试。

如图 9–12 所示，在测试时，受试者快速向前冲刺，红外线感应器、微控制器、某一个信号灯瞬间依次被启动，受试者迅速地跑向某一个闪亮的信号灯，并且用手去触摸，然后快速倒退回起跑线。图 9–12（a）是针对手球运动员的测试，要求受试者从起跑线开始向前冲刺到 X 点，侧滑步到闪亮的信号灯（①或②），再侧滑步回到 X 点，最后倒退跑回到起跑线（Spasic et al.，2015）。而在足球、篮球、手球、网球项目中，运动员必须反复进行“急停–起动”（stop “n” go）的变向动作，频繁地在转身、跑动、侧滑步、向前跑、倒退跑等动作模式之间转换，所以，图 9–12（a）的测试中，“7”字形的跑动路线没有体现出这些项目中关键的“急停 – 起动”的特征。而如图 9–12（b）所示的急停 – 起动式反应性灵敏测试解决了此问题（Sekulic et al.，2014）。急停 – 起动式反应性灵敏测试要求受试者从起跑线开始向前冲刺到 X 点，根据信号灯的指示来迅速地改变方向，快速朝闪亮的信号灯移动（从 X 点到向信号灯①或④之间是侧滑步；从 X 点到信号灯②或③是直线冲刺接倒退跑），再回到 X 点，最后倒退跑回到起跑线。如果受试者事先不知道跑动路线，需要根据信号灯进行变向，这种是反应性灵敏测试；反之，如果运动员事先知道跑动路线，它就是变向速度测试。通过计算反应性灵敏和变向速度测试成绩的比值，可以更加清楚运动员的感知 – 反应能力（Spasic et al.，2015）。反应性灵敏与变向速度越接近，运动员越接近其最佳灵敏表现。

将简单的基于光或方向指示器的刺激信号与各种动作相结合，虽然本质上是反应性的，但是这些方案的生态有效性不足，因为刺激信号不仅与在运动场上通常遇到的不同，而且采用灯光作为信号源的灵敏测试不足以对受试者的认知功能产生一定的刺激（Henry et al.，2011）。运动员对静态光源快速地产生动作应答与其专项运动场景，尤其是团队项目或持拍类项目比赛的动态视觉场景中处理复杂运动非常不同。灯光仅仅简单地闪亮或者熄灭，只是评估个体处理信息的能力，而无法体现出作为一名高水平运动员有效地利用其高超的运动技能优势作出有效预判的能力。即采用光学信号源的测试系统不能评价如图 9–3 所示的灵敏中的“预判（感知 – 认知）技能”要素，如视觉扫描、模式识别和对场景的了解。

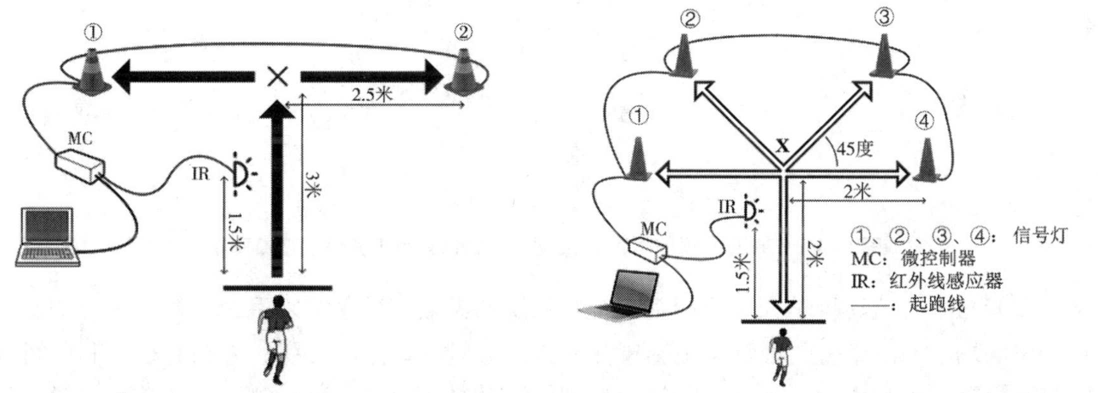

（a）手球专项变向速度与反应性灵敏测试　　（b）急停 – 起动反应性灵敏测试

MC：微控制器；IR：红外线感应器；①、②、③、④：信号灯

图 9–12　基于灯光信号的灵敏测试（Sekulic et al.，2014）

随着商用设备如 SmartSpeed 单光束计时系统、Swift 闪光管计时系统的出现，基于灯光信号的灵敏测试设备成为体能测试和研究中流行的工具。这类专门设计的测试设备便携程度高、易于使用、测试精度高，具有一定的优势。

2. 基于视频信号的灵敏测试

为了提高灵敏测试模拟比赛真实性的程度，科学家研发出了基于视频的反应性灵敏测试的设备和方法(Farrow et al., 2005; Henry et al., 2011),可以评估与灵敏表现有关的感知－认知能力。这种测试系统使用的视频是事先编辑好的，内容密切结合专项，有些甚至来自于真实的比赛录像，具有专项化和不可预测性的特点，运动员根据某个视频所反映出来的信息快速地做出应答动作，非常贴切运动实践，能够评价与灵敏表现相关的知觉－认知能力。研究表明，这种测试方法能够区分运动员的运动技能水平，而程序化的变向速度测试结果则不能很好地区分运动员的运动等级（Paul et al.，2016）。

图 9–13 是一个典型的基于视频的反应性灵敏测试方法(Sheppard et al.,2006a)。在测试时，受试者快速向前冲刺，A 点处的感应器、视频投影机瞬间依次被启动，受试者从 A 点向 X 点冲刺过程中，根据大屏幕上的视频信息，决定向 1 号还是 2 号终点计时门冲刺过去。

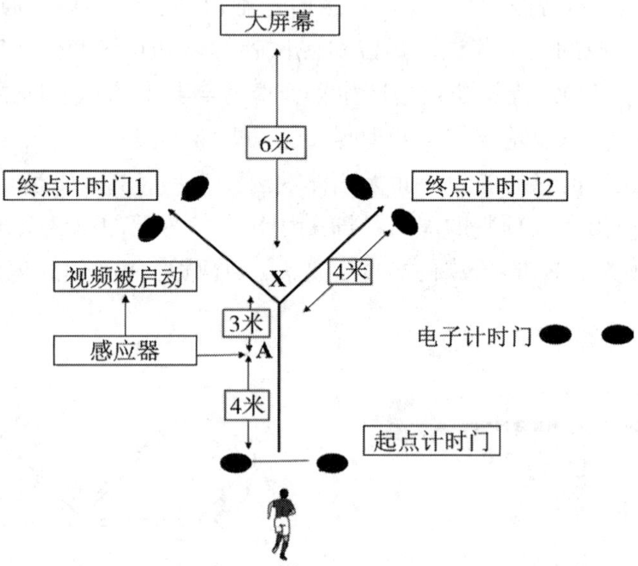

图 9–13 基于视频信号的灵敏测试（Sheppard et al.，2006a）

体能教练、运动科学家在使用基于视频系统的灵敏测试系统之后，发现这种方法也存在一定的局限性。第一，设计与更新视频库需要大量的时间与经费，要精心挑选和剪辑视频以“设计”出真正的“比赛式”场景呈现给运动员。第二，这种测试系统造价昂贵，且还得有非常精通专项体能训练的专业人士不断地开发新的测试。第三，在大屏幕上以真人大小的图像播放视频时，图像是以 2D 形式呈现的，运动员对视频信号作出反应的提示会受到限制，包括提示的数量和特异性（Farrow et al.，2005）。与 3D 的视频刺激相比，这可能不影响反应时，但会改变用于完成动作任务的视觉搜索策略（Lee et al.，2013）。第四，呈现给运动员的不同视频场景是随机的，运动员对视频中出现的不同场景做出的应答也存在很大的不同，这会影响到测试程序的可靠性。对这种测试方案可靠性的研究结果不一致，原因可能与测试系统的采样频率有关，提高采样频率有助于提高测试的可靠性。第五，这种基于视频系统的灵敏测试目前仅仅限于实验室环境，影响了其实用性。

总的来看，基于视频的反应性灵敏测试能够评估受试者的感知 – 决策能力进而提高了变向速度测试的生态有效性，特别是能够通过测量出受试者的感知 – 应答时间来针对性地评估感知 – 决策能力。在设计可靠性强的测试程序时，体能教练和研究人员需要仔细考虑视频片段的编辑、需要受试者完成的动作任务，以及对感知 – 应答时间的测量。

3. 基于人的刺激的灵敏测试

为了更加真实地结合运动专项来综合评估运动员的感知 – 决策能力和变向速度能力，有研究以真人动作为刺激信号源，开发出了基于真人刺激的灵敏测试（Sheppard et al., 2006b），模拟同场对抗团队项目（如足球、橄榄球、篮球、澳式足球等）防守球员面对进攻球员的技术动作而快速地做出动作应答的场景。

图 9–14 是一个为足球运动员设计的基于真人刺激信号的灵敏测试（Jordan et al., 2014）。在测试时，受试者站在起跑线前，密切观察前方真人（此处称为“模特”）的肢体动作，按照事先规定的动作作出应答。

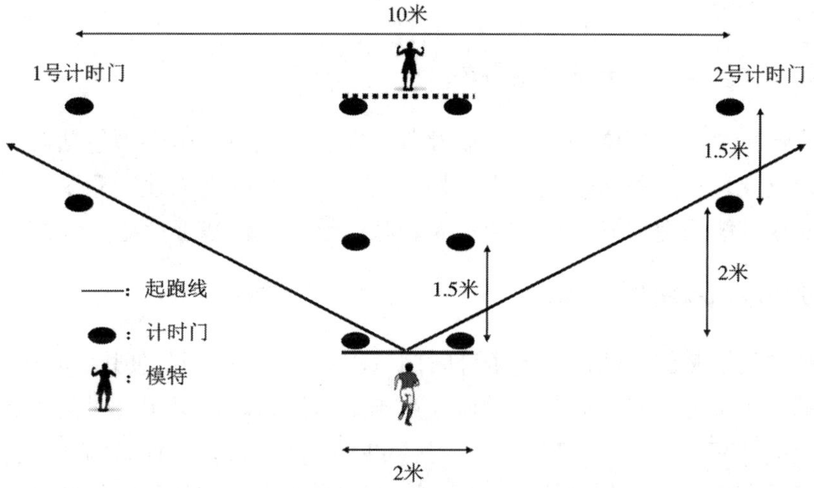

图 9–14　基于真人动作信号的灵敏测试（Jordan et al., 2014）

相比基于视频的灵敏测试，基于真人动作信号的灵敏测试不需要较长的准备时间，只需要电子计时门，也更加简单易行，目前用这种测试方法已经开展了篮球（Scanlan et al., 2014）、橄榄球（Gabbett et al., 2011）、澳式橄榄球（Veale et al., 2010）、足球（Trajković et al., 2020）等项目运动员的研究。

这种方法也有一定的局限性。首先，模特需要非常有经验，能够熟练、迅速、随机性地做出示意动作；在测试前，受试者需要有足够的练习和熟悉训练课。其次，这种方法不能评估受试者的预判能力，也不能精准地测量受试者的反应时间（即从模特开始做出示意动作到受试者开始做出应答动作这段时间）。因此，如果体育科研人员将一台高速摄像机置于受试者身后，就可以得到两个非常有价值的参数。

- 受试者的应答时间，即从模特做出变向动作的开始，到受试者开始做出变向动作这段时间。

● 受试者的应答 – 动作时间，即从受试者开始做出变向动作，到冲刺穿过计时门这段时间。

三、选择灵敏测试方法的考量

（一）以动作模式为基础

选择适宜的灵敏测试很大程度上取决于专项的动作模式。例如，180 度转身变向若是专项中常见或者关键的动作，那么可以选择 505 测试、Pro– 灵敏测试或 9–3–6–3–9 米冲刺测试。如果专项中有许多侧滑步、倒退跑的动作模式，则 T– 测试是最适合的。此外，还要考虑测试与评估的目的是什么，如模拟专项的动作模式，评价竞技能力中某一方面的能力水平，评估伤后重返赛场或者在伤后康复期开始进行开放性、难度更大的练习前的评估自信心和身体能力。

（二）以感知 – 决策为重点考察内容

感知 – 决策是灵敏表现中的关键组成部分，完整的灵敏测试必须包括对感知 – 决策能力的考察，缺乏此环节的测试，是预先计划性的、闭合性的变向速度测试，而非真正的灵敏测试。因此尽可能采用灯光、视频和真人刺激信号，进行基于视觉信号的灵敏测试。

（三）实验程序标准化

变向速度与灵敏测试普遍使用电子计时门。对于电子计时门的使用，可参看第八章“速度测试”中的相应部分。除此以外，变向速度与灵敏测试时，电子计时门的摆放高度大约与受试者的髋关节高度一致，以确保只有身体的某一部分触碰到计时门的光柱。其次，要求各个受试者采用标准化的起跑技术，且起跑之前身体不能有任何额外的动作，以免计时门被无意间启动。最后，受试者位于第一个计时门后 0.3 ～ 0.5 米处，如果超过这个距离，则有可能会出现行进间起动的情况。

第三节　灵敏测试的程序

一、变向速度测试

（一）505 测试

1. 测试目的

505 测试可以评估转身 180 度的变向速度，广泛地用于足球、橄榄球、板球、垒球。

2. 所需器材设备

锥桶或标志物、胶带或场地涂料、皮尺、电子计时器（本章中为电子计时门）。

3. 测试前的准备工作

布置好测试的场地（图 9–15）。

标准化热身后休息 3 ～ 5 分钟进行测试。

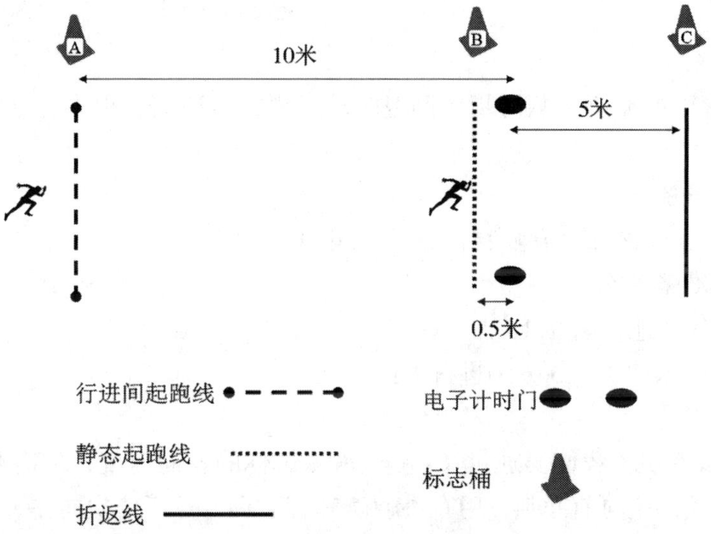

图 9–15　505 测试的场地示意图

4. 测试程序

（1）对受试者说，我们要通过 505 测试来测量你的变向速度，你需要从 A 标志桶处以行进间起跑方式快速向 C 标志桶处的折返线冲刺，在折返线处快速切步并 180 度转身，全力冲刺通过 B 标志桶。如果你准备好了，请站在 A 标志桶处的起跑线后面。

（2）令受试者站在 A 标志桶处的起跑线后，以行进间的动态起跑方式，感觉自己准备好了就可以开始起跑。

（3）起跑后快速向 C 标志桶处的折返线冲刺，在折返线处快速切步、180 度转身，全力冲刺通过 B 标志桶。

（4）受试者可以重复 2 或 3 次，取最好成绩。每次测试之间间隔 3 ~ 5 分钟。

（5）改良式 505 测试：受试者从 B 标志桶处以静态起跑方式起动，全力向前冲刺通过 B 标志桶，到达 C 标志桶处折返线时，在折返线处快速切步、180° 转身，再全力冲刺通过 B 标志桶。

5. 测试指标

（1）变向速度。变向速度为受试者在 B 和 C 标志桶之间的折返冲刺速度。

（2）变向赤字。变向赤字 = 传统 505 测定的速度 –10 米直线冲刺速度。变向赤字可单独反应运动员的变向能力。

6. 注意事项

（1）测试前需要有 2 或 3 次的熟悉训练课。

（2）受试者需要全力从起跑线 / 终点线冲刺至折返线。

（3）若受试者未达到或通过折返线，则不会起动计时门，该次测试失败。在休息 3 ~ 5 分钟后重新开始下一次测试。

（二）T– 测试

1. 测试目的

T– 测试包含向前冲刺、侧滑步、倒退跑动作模式，适用于很多运动项目的变向速度能力测试。

2. 所需器材设备

锥桶或标志物、胶带或场地涂料、皮尺、电子计时器。

3. 测试前的准备工作

布置好测试的场地（图 9–16）。

标准化热身后休息 3 ~ 5 分钟进行测试。

4. 测试程序

（1）对受试者说：我们要通过 T– 测试来测试你的变向速度，你需要从 A 标志桶处以静态起跑的方式快速向前冲刺，用右手触摸 B 标志桶，然后依次向左、向右再向左以侧滑步依次快速触摸 C、D、B 标志桶，最后在 B 标志桶处倒退跑通过 A 标志桶。如果你准备好了，请站在 A 标志桶处的起跑线后面。

（2）令受试者站在 A 标志桶处的起跑线后，以静态起跑的方式，感觉自己准备好了就可以开始起跑。受试者按照规定的路线快速跑动。

（3）受试者可以重复 2 或 3 次，取最好成绩。每次测试之间间隔 3 ~ 5 分钟。

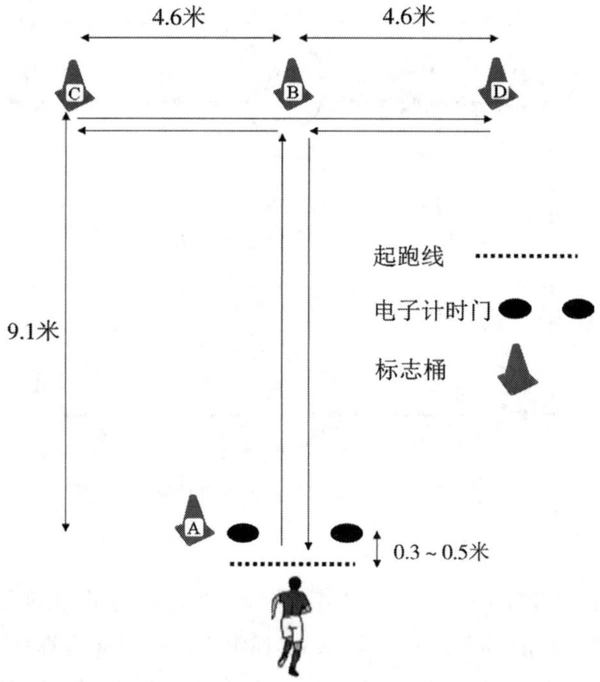

图 9–16　T– 测试的场地示意图

5. 测试指标

变向速度。为受试者从 A 标志桶出发到回到 A 标志桶的用时。

6. 注意事项

（1）测试前需要有 2 或 3 次的熟悉训练课。

（2）如果受试者没有触摸到标志桶，或在侧滑步时交叉双脚，或不能继续保持面向前方，停止计时并重新测试。

（三）伊利诺斯灵敏测试

1. 测试目的

伊利诺斯灵敏测试能够评价转身 180 度的变向速度，广泛用于各运动项目变向速度的测试。

2. 所需器材设备

锥桶或标志物、胶带或场地涂料、皮尺、电子计时器。

3. 测试前的准备工作

布置好测试的场地（图 9–17）。

标准化热身后休息 3 ~ 5 分钟进行测试。

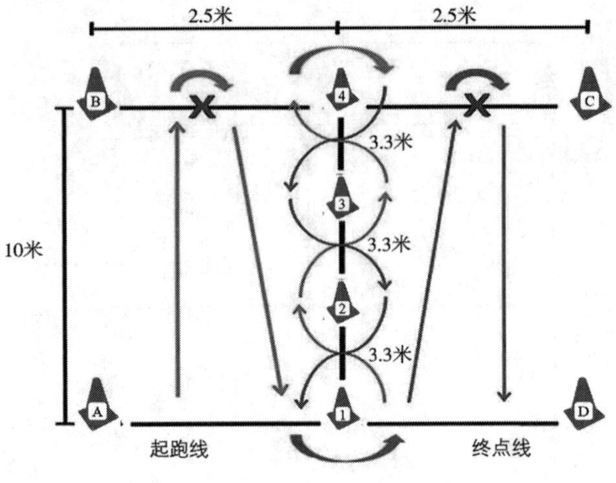

图 9-17　伊利诺斯灵敏测试的场地示意图

4. 测试程序

（1）对受试者说：我们要通过伊利诺斯灵敏测试来测量你的变向速度，你需要从起跑线处俯身起动，快速向前冲刺，在折返线处 180 度转身，向起跑线冲刺，再次转身之后，向终点线方向以 S 形穿过中间的 4 个标志桶，然后再回到起点。在该点处再次转身冲刺至终点，然后返回起点。如果你准备好了，请在起跑线处以俯身准备。

（2）受试者俯卧位，令其额头与起跑线对齐，前臂于肘关节处屈曲，双手与肩同宽，自己感觉准备好了就开始起动，按照规定的冲刺路线和变向角度完成测试。

（3）受试者可以重复 2 或 3 次，取最好成绩。每次测试之间间隔 3 ～ 5 分钟。

5. 测试指标

完成整个测试的用时。

6. 注意事项

（1）测试前需要有 2 或 3 次的熟悉训练课。

（2）受试者必须做出标准的俯卧位起跑姿势。

（四）Pro- 灵敏测试

1. 测试目的

Pro- 灵敏测试，也叫作 5-10-5（码）测试，用于评估多方向的速度和程序化变向能力。

2. 所需器材设备

锥桶或标志物、胶带或场地涂料、皮尺、电子计时器。

3. 测试前的准备工作

布置好测试的场地（图 9-18）。

标准化热身后休息 3 ～ 5 分钟进行测试。

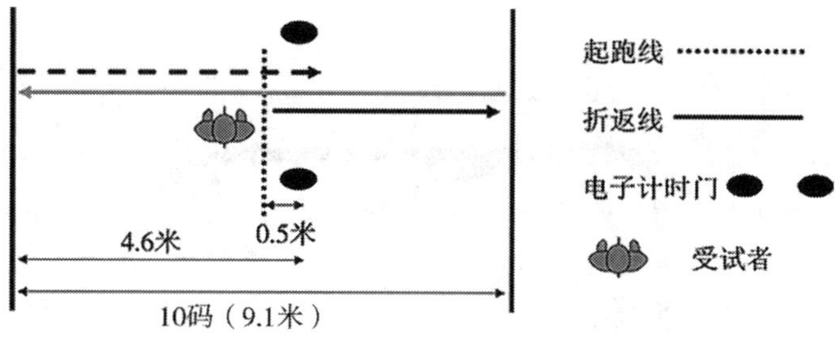

图 9-18 Pro- 灵敏测试的场地示意图

4. 测试程序

（1）对受试者说：我们要通过 Pro- 灵敏测试来测量你的变向速度，你需要站立在起跑线左侧，与冲刺方向成 90 度。感觉自己准备好之后，迅速向右转身 90 度并向前冲刺，在折返线处快速切步、180 度转身，然后向对侧折返线冲刺，在折返线处再快速切步、180 度转身，全速冲过起跑线。如果你准备好了，请站在起跑线左侧。

（2）受试者站立在起跑线左侧，与冲刺方向成 90 度。感觉自己准备好之后，按照规定的冲刺路线和变向角度完成测试。

（3）受试者可以重复 2 或 3 次，取最好成绩。每次测试之间间隔 3 ～ 5 分钟。

5. 测试指标

完成整个测试的用时。

6. 注意事项

（1）测试前需要有 2 或 3 次的熟悉训练课。

（2）若受试者未达到或通过折返线，则不会起动计时门，该次测试失败。在休息 3 ～ 5 分钟后重新开始下一次测试。

（五）L- 跑测试

1. 测试目的

L- 跑测试用于评估 90 度、180 度变向速度。

2. 所需器材设备

锥桶或标志物、胶带或场地涂料、皮尺、电子计时器。

3. 测试前的准备工作

布置好测试的场地（图 9-19）。

标准化热身后休息 3 ～ 5 分钟进行测试。

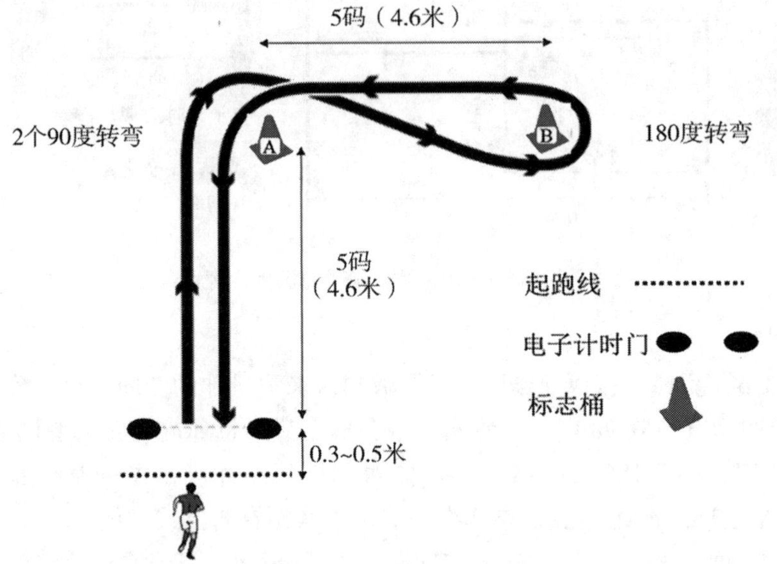

图 9-19　L- 跑测试的场地示意图

4. 测试程序（Porter et al.，2010）

（1）对受试者说：我们要通过 L- 跑测试来测量你的变向速度。你需向前冲刺，绕过 A 标志桶并迅速 90 度转身，接着向 B 标志桶冲刺，绕过 B 标志桶并迅速 180 度转身，再冲刺绕过 A 标志桶，全力冲过起跑线。如果你准备好了，请站在起跑线后面。

（2）受试者以静态起跑方式做好准备，感觉自己准好了就迅速起动。按照规定的冲刺路线和变向角度完成测试。

（3）受试者可以重复 2 或 3 次，取最好成绩。每次测试之间间隔 3 ～ 5 分钟。

5. 测试指标

完成整个测试的用时。

6. 注意事项

测试前需要有 2 或 3 次的熟悉训练课。

（六）180 度转身的 9–3–6–3–9 米冲刺测试

1. 测试目的

180 度转身的 9–3–6–3–9 米冲刺测试是一个评估 9 米、3 米、6 米、3 米和 9 米冲刺，伴随多个 180 度转身的变向速度测试。多用于足球运动员，更适合于中场位置的球员。

2. 所需器材设备

锥桶或标志物、胶带或场地涂料、皮尺、电子计时器。

3. 测试前的准备工作

布置好测试的场地（图 9–20）。

标准化热身后休息 3 ～ 5 分钟进行测试。

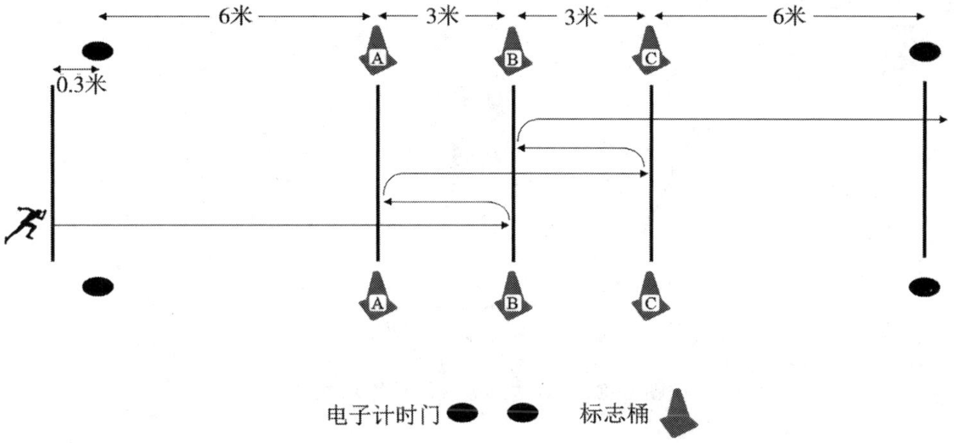

图 9-20　180 度转身的 9-3-6-3-9 米冲刺测试的场地示意图

4. 测试程序（Mielgo-Ayuso et al.，2014）

（1）对受试者说：我们要通过 9-3-6-3-9 米冲刺来测量你的变向速度，你需要全力向前冲刺通过 A 标志桶，在 B 标志桶处快速切步并 180 度转身向 A 标志桶冲刺，在 A 标志桶处快速切步并 180 度转身向 C 标志桶冲刺，再在 C 标志桶处快速切步并 180 度转身向 B 标志桶冲刺，最后在 B 标志桶处快速切步并 180 度转身向终点线冲刺。如果你准备好了，请站在起跑线左侧。

（2）受试者以静态起跑方式做好准备，感觉自己准备好了就迅速起动。按照规定的冲刺路线和变向角度完成测试。

（3）受试者可以重复 2 或 3 次，取最好成绩。每次测试之间间隔 3 ～ 5 分钟。

5. 测试指标

完成整个测试的用时。

6. 注意事项

（1）测试前需要有 2 或 3 次的熟悉训练课。

（2）受试者需要全力完成快速切步和 180 度转身动作。

（七）六边形测试

1. 测试目的

六边形测试用于评估跳跃过程中多方向速度和预设的变向能力。

2. 所需器材设备

胶带或场地涂料、皮尺、秒表。

3. 测试前的准备工作

布置好测试的场地（图 9-21）。

标准化热身后休息 3 ～ 5 分钟进行测试。

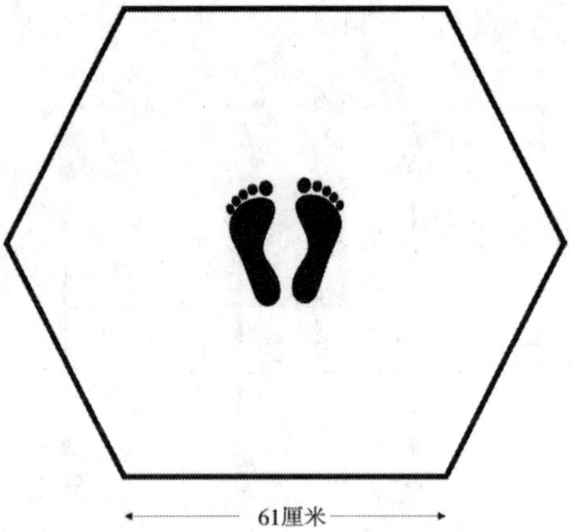

图 9-21　六边形测试的场地示意图

4. 测试程序

（1）对受试者说：我们要通过六边形测试来测量你双脚触地跳的变向速度，你听到口令后要按照顺时针方向，围绕六边形框双脚连续跳 3 圈（即共跳 18 次），每次跳跃都是由中心跳至每一边上再跳回中心，最后跳回到中心点。如果你准备好了，请站在六边形的中心。

（2）向受试者发出“3——2——1——开始”的口令，令他以最快的频率按照规定的顺序和次数完成双脚跳。

（3）记录受试者完成 18 次跳跃动作的时间。

（4）重复 3 次测试，取最好成绩。每次测试之间间隔 3 ～ 5 分钟。

5. 测试指标

完成整个测试的用时。

6. 注意事项

（1）测试前需要有 2 或 3 次的熟悉训练课。

（2）如果受试者测试过程中没有完全过线、身体失去平衡、多踩一脚或者改变方向，则需要重新测试。

7. 变化点

由双腿跳改为单腿跳，对比两侧的对称性。通过询问受试者哪一条腿用来踢球或者哪一条腿踢球的技术更好，来识别其优势侧。

（八）反复变向能力测试

1. 测试目的

变向能力是许多运动项目中的一项重要技能，鉴于变向动作在整个比赛中反复出现，尤其是足球、橄榄球等团队项目的比赛中，经常会出现有球和无球状态下运动员完成反复变向动作，因此，反复变向测试成为这些项目体能测试的一个重要组成部分。反复变向测试可以评估在最小恢复期内进行多次冲刺和转身变向的能力。反复变向能力与反复冲刺能力是两种独立的运动能力（Wong et al.，2012、2015）。

2. 所需器材设备

锥桶或标志物、胶带或场地涂料、皮尺、角度计或量角器、电子计时器、秒表。

3. 测试前的准备工作

布置好测试的场地（图 9–22）。

标准化热身后休息 3 ～ 5 分钟进行测试。

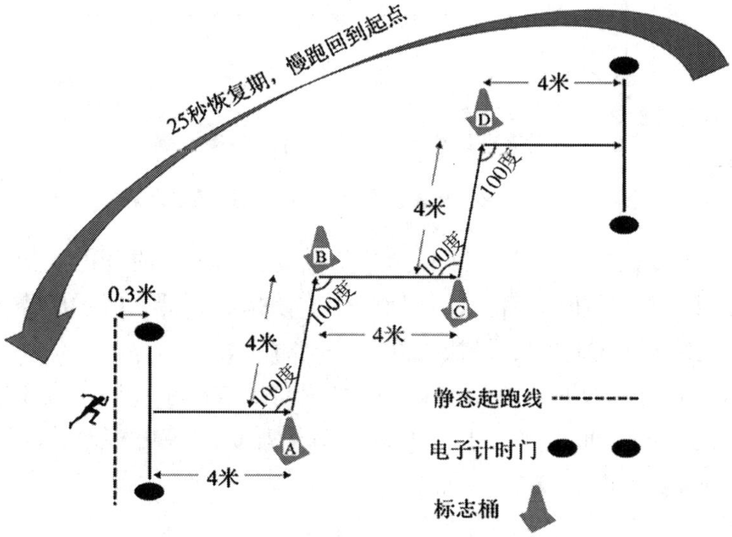

图 9–22　反复变向能力测试的场地示意图

4. 测试程序（Wong et al.，2012）

（1）对受试者说：我们要测量你的反复变向能力，你需要从起跑线处以静态起跑方式冲刺，依次在 A、B、C、D 标志桶处迅速变向，最后全力冲刺通过终点。如果你准备好了，请在起跑线后做好起跑准备。

（2）令受试者站在起跑线后取静态起跑姿势，感觉自己准备好了就可以开始起跑。快速起动向 A 标志桶冲刺并向 B 标志桶变向，然后依次在 C、D 标志桶处快速变向，最后全力冲刺通过终点。

（3）共进行 6 次测试，每次测试间隔 25 秒（时间由测试人员手持秒表控制）。受试者在 25 秒内慢跑回到起跑线，准备下一次冲刺。

5. 测试指标

（1）总时间：6 次反复变向测试用时的总和。

（2）最快时间：6 次反复变向测试用时中最短的时间。

（3）平均时间：6 次反复变向测试用时的平均值。

（4）速度下降分值（percentage decrement score，DEC）：DEC =［100× 总时间 /（6 ×

最快时间）]–100

重复冲刺能力测试采取 6 × 20 米直线冲刺测试，除了冲刺形式为直线外，其余与反复变向测试相同，即：6 次 20 米直线冲刺、每次冲刺后间歇 25 秒（图 9–23）。

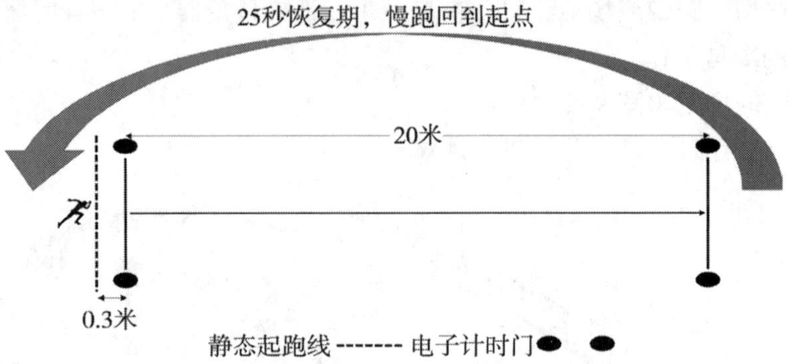

图 9–23　6 × 20 米直线重复冲刺测试的场地示意图

重复冲刺 / 反复变向指数：重复冲刺测试与反复变向测试时间的比值，该时间可以是总时间、最快时间、平均时间三者中的任何一个。该指数越低，提示越需要加强重复冲刺训练，以缩短重复冲刺的总时间、最快时间、平均时间。

对足球运动员的研究表明，重复冲刺 / 反复变向指数小于 0.59，应该更多地关注于提高反复变向能力的训练，而指数大于 0.59 的足球运动员应该更多地关注于提高重复冲刺的能力的发展（Wong et al.，2012）。

6. 注意事项

（1）测试前需要有 2 或 3 次的熟悉训练课。

（2）在反复变向测试中，受试者需要全力完成快速切步和变向动作。

二、反应性灵敏测试

（一）基于灯光信号的 Y– 灵敏测试

1. 测试目的

基于灯光信号的 Y– 灵敏测试，是通过受试者对灯光信号做出应答和快速变向，评价感知 – 决策能力与变向速度能力。

2. 所需器材设备

锥桶或标志物、胶带或场地涂料、皮尺、电子计时器（如计时门、雷达枪）、灯光信号源。

3. 测试前的准备工作

布置好测试的场地（图 9–24）。

标准化热身后休息 3 ～ 5 分钟进行测试。

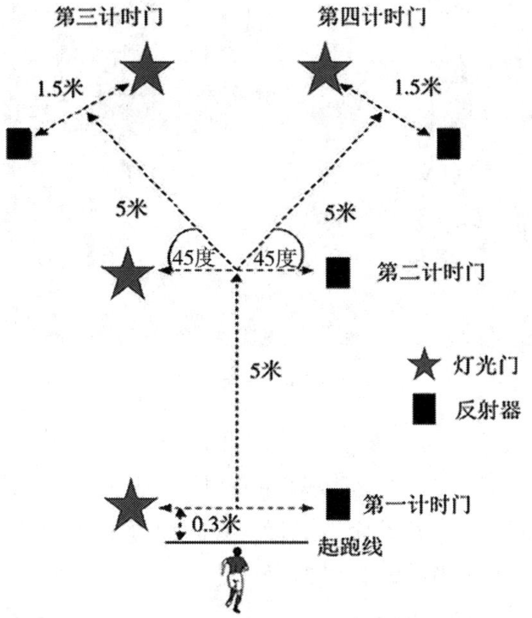

图 9-24　基于灯光信号的 Y- 灵敏测试场地示意图

4. 测试程序

（1）对受试者说：我们要通过基于灯光信号的 Y- 灵敏测试来测量你的灵敏表现，你需要全力向正前方冲刺，在快速冲过第二计时门的瞬间，斜前方第三或第四计时门的灯光会闪亮，你迅速变向，朝闪亮灯光的计时门全力冲刺。如果你准备好了，请站在起跑线后面。

（2）令受试者以静态起跑方式做好准备，感觉自己准好了就迅速起动。受试者快速起动向前冲刺，在通过第二计时门瞬间，受试者需要快速地进行视觉扫描，观察前方哪一个灯光闪亮，然后朝闪亮灯光的计时门全力冲刺。

（3）受试者在通过第二个计时门的瞬间，需要做一个开步动作（图 9-25），再根据灯光信号进行快速变向冲刺。开步是一个很小的纵跳动作，是变向动作前的准备动作。增加开步动作的目的在于尽可能减少受试者猜测哪一侧的灯光会闪亮，通过足下应对动作确保受试者的脚不会提前往哪一侧发力而有助于变向。

（4）如果受试者有猜测的行为（如没有做开步动作，或向未闪亮的灯光冲刺过去），则取消该次测试的成绩。

（5）受试者一共完成 6 次测试（3 次向第三计时门变向冲刺、3 次向第四计时门变向冲刺），每次测试之间间隔 3 ～ 5 分钟。取最好成绩。每名受试者的变向冲刺的顺序都是由计算机测试软件随机设定的。

图 9-25　开步动作

5. 测试指标

让受试者在有灯光信号和无灯光信号两种情况下分别进行测试，分别获得反应性灵敏测试和变向速度能力的测定值，以反应性灵敏 / 变向速度的比值评估感知 – 反应能力。

需要注意的是，变向速度测试时，没有开步的动作。

6. 注意事项

（1）测试前需要有 2 或 3 次的熟悉训练课。

（2）受试者需要全力完成快速切步和变向动作。

（二）基于视频或基于真人动作信号的灵敏测试

1. 测试目的

基于视频或基于真人动作信号的灵敏测试，是通过受试者对视频中的相关信息或模特的专项技术动作、肢体动作迅速做出应答并快速变向，评价感觉—认知能力与变向速度能力。

2. 所需器材设备

锥桶或标志物、胶带或场地涂料、皮尺、电子计时器、大屏幕、投影机、视频录像或模特。

3. 测试前的准备工作

布置好测试的场地（图 9–13、图 9–14）。

标准化热身后休息 3 ～ 5 分钟进行测试。

4. 测试程序

（1）基于视频信号的反应性灵敏测试（Sheppard et al.，2006a）

● 对受试者说：我们要通过基于视频信号的灵敏测试来测量你的灵敏表现。你需要全力向正前方的 X 点冲刺，在此期间红外线感应器会被触发，到达 X 点后迅速变向，朝闪亮灯的方向冲刺。如果你准备好了，请站在起跑线后面。

● 令受试者以静态起跑方式做好准备，感觉自己准备好了就迅速起动。受试者快速向前冲刺，红外线感应器、微控制器、某一个信号灯瞬间依次被启动，受试者迅速地跑向闪亮的信号灯，并且用手去触摸，然后快速倒退回起跑线。

（2）基于真人信号的反应性灵敏测试（Jordan et al.，2014）

• 对受试者说：我们要通过基于真人信号的灵敏测试来测量你的灵敏表现。你站在起跑线后，密切观察前方模特的肢体动作。如果你观察到模特向前迈出左腿（左腿需要快速穿过计时门，开始计时）向 1 号计时门方向，你就全力向 1 号计时门冲刺；如果你观察到模特向前迈出右腿（右腿穿过计时门，开始计时）向 2 号计时门方向，你就全力向 2 号计时门冲刺。

• 令受试者以静态起跑方式做好准备，密切注视正前方模特的肢体动作。根据测试要求完成动作。

5. 测试指标

完成测试的总时间、感知 - 应答时间、应答 - 动作时间。

6. 注意事项

（1）测试前需要有 2 或 3 次的熟悉训练课。

（2）受试者需要全力完成快速切步和变向动作。

参考文献

［1］DUTHIE G M, PYNE D B, MARSH D J, et al. Sprint patterns in rugby union players during competition[J]. J Strength Cond Res. 2006, 20(1): 208–214.

［2］DAWES J, ROOZEN M. 灵敏训练 [M]. , 钟秉枢 , 周建梅 , 译 . 北京 : 北京体育大学出版社 , 2016.

［3］FARROW D, YOUNG W, BRUCE L. The development of a test of reactive agility for netball: a new methodology[J]. J Sci Med Sport. 2005, 8(1): 52–60.

［4］GABBETT T J, JENKINS D G, ABERNETHY B. Relationships between physiological, anthropometric, and skill qualities and playing performance in professional rugby league players[J]. J Sports Sci. 2011, 29(15): 1655–1664.

［5］GABBETT T J, KELLY J N, SHEPPARD J M. Speed, change of direction speed, and reactive agility of rugby league players[J]. J Strength Cond Res. 2008, 22(1): 174–181.

［6］HAFF G G, TRIPLETT N T. 肌力与体能训练 [M]. 林贵福，何仁育，林育槿 , 等 , 译 . 台北 : 和枫书局 , 2017.

［7］HENRY G, DAWSON B, LAY B, et al. Validity of a reactive agility test for australian football[J]. Int J Sports Physiol Perform. 2011, 6(4): 534–545.

［8］JEFFREYS I. A task–based approach to developing context–specific agility[J]. Strength Cond J. 2011, 33(4): 52–59.

［9］JENNIFER F, ANGUS C, ALYCIA F Y, et al. Change of direction speed deficit in adolescent athletes[J]. Journal of Australian Strength and Conditioning. 2018, 26(6): 28.

［10］JONES P A, HERRINGTON L, GRAHAM–SMITH P. Braking characteristics during cutting and pivoting in female soccer players[J]. J Electromyogr Kinesiol. 2016, 30: 46–54.

[11] JORDAN J B, KPRGAOKAR A, FARLEY R S, et al. Caffeine supplementation and reactive agility in elite youth soccer players[J]. Pediatr Exerc Sci. 2014, 26(2): 168–176.

[12] LEE M J, TIDMAN S J, LAY B S, et al. Visual search differs but not reaction time when intercepting a 3D versus 2D videoed opponent[J]. J Mot Behav. 2013;45(2): 107–115.

[13] MIELGO-AYUSO J, CALLEJA-GONZÁLEZ J, CLEMENTE-SUÁREZ V J, et al. Influence of anthropometric profile on physical performance in elite female volleyballers in relation to playing position[J]. Nutr Hosp. 2014, 31(2): 849–857.

[14] NIMPHIUS S, CALLAGHAN S J, BEZODIS N E, et al. Change of direction and agility tests: challenging our current measures of performance[J]. Strength Cond J. 2018, 40(1): 26–38.

[15] NIMPHIUS S, CALLAGHAN S J, SPITERI T, et al. Change of direction deficit: a more isolated measure of change of direction performance than total 505 time[J]. J Strength Cond Res. 2016, 30(11): 3024–3032.

[16] PAUL D J, GABBETT T J, NASSIS G P. Agility in team sports: testing, training and factors affecting performance[J]. Sports Med. 2016, 46(3): 421–442.

[17] PORTER J M, NOLAN R P, OSTROWSKI E J, et al. Directing attention externally enhances agility performance: a qualitative and quantitative analysis of the efficacy of using verbal instructions to focus attention[J]. Front Psychol. 2010, 1: 216.

[18] SCANLAN A, HUMPHRIES B, TUCKER P S, et al. The influence of physical and cognitive factors on reactive agility performance in men basketball players[J]. J Sports Sci. 2014, 32(4): 367–374.

[19] SEKULIC D, KROLO A, SPASIC M, et al. The development of a new stop'n'go reactive-agility test[J]. J Strength Cond Res. 2014, 28(11): 3306–3312.

[20] SHEPPARD J M, DAWES J J, JEFFREYS I, et al. Broadening the view of agility: a scientific review of the literature[J]. Journal of Australian Strength and Conditioning. 2014, 2(3): 6–25.

[21] SHEPPARD J M, YOUNG W B, DOYLE T L, et al. An evaluation of a new test of reactive agility and its relationship to sprint speed and change of direction speed[J]. J Sci Med Sport. 2006a, 9(4): 342–349.

[22] SHEPPARD J M, YOUNG W B. Agility literature review: classifications, training and testing[J]. J Sports Sci. 2006b, 24(9): 919–932.

[23] SPASIC M, KROLO A, ZENIC N, et al. Reactive agility performance in handball; development and evaluation of a sport-specific measurement protocol[J]. J Sports Sci Med. 2015, 14(3): 501–506.

[24] SPORIS G, JUKIC I, MILANOVIC L, et al. Reliability and factorial validity of agility tests for soccer players[J]. J Strength Cond Res. 2010, 24(3): 679–686.

[25] TRAJKOVIĆ N, SPORIŠ G, KRISTIČEVIĆ T, et al. The importance of reactive agility tests in differentiating adolescent soccer players[J]. Int J Environ Res Public Health. 2020, 17(11): 3839.

[26] VEALE J P, PEARCE A J, CARLSON JS. Reliability and validity of a reactive agility test for australian football[J]. Int J Sports Physiol Perform. 2010, 5(2): 239–248.

[27] WONG D P, CHAN G S, SMITH A W. Repeated–sprint and change–of–direction abilities in physically active individuals and soccer players: training and testing implications[J]. J Strength Cond Res. 2012, 26(9): 2324–2330.

[28] WONG D P, HJELDE G H, CHENG C F, et al. Use of the RSA/RCOD index to identify training priority in soccer players[J]. J Strength Cond Res. 2015, 29(10): 2787–2793.

[29] YOUNG W B, JAMES R, MONTGOMERY I. Is Muscle power related to running speed with changes of direction?[J]. J Sports Med Phys Fitness. 2002, 42(3): 282–288.

[30] YOUNG W B, MILLER I R, TALPEY S W. Physical qualities predict change–of–direction speed but not defensive agility in australian rules football[J]. J Strength Cond Res. 2015, 29(1): 206–212.

[31] 田麦久 . 运动训练学 [M]. 北京 : 高等教育出版社 , 2017.

[32] 赵西堂 , 张玉宝 , 葛春林 . 运动灵敏素质理论与方法研究进展 [J]. 首都体育学院学报 , 2015, 27(3): 249–256.

第十章　核心稳定性的测试与评估

第一节　核心稳定性测试的科学基础

一、核心稳定性的概念

核心稳定性起源于解剖学和生理学，最初主要用于康复医学领域。自 2000 年以来，核心稳定性逐渐成为体育领域中运动表现、运动康复的训练和研究热点。许多文献支持了核心稳定性在预防运动损伤（Cope et al.，2019；De Blaiser et al.，2018、2019、2021）和提高运动表现（Nesser et al.，2008；Sharrock et al.，2011；Reed et al.，2012；郭梁等，2018；高捷等，2019；魏宏文等，2019；Karpiński et al.，2020）等方面具有潜在的积极作用，因而被体能教练和康复师当作重要的训练内容之一。

在核心稳定性发展的不同时期，国内外不同领域的学者对其的定义各不相同。在运动医学领域，核心是由腰椎 – 骨盆 – 髋关节复合体所形成的一个整体，具体是肩关节以下、髋关节以上，包括骨盆在内的区域，所包含的肌群有背部、腹部和构成骨盆部的所有肌群。进而，威斯贝（Wisbey）认为核心稳定性是指腰椎 – 骨盆 – 髋关节复合体预防脊柱弯曲的能力，以及躯干在受到干扰后恢复稳定和平衡的能力（Wisbey et al.，2005）。美国国家运动医学学会提出，核心作为一个整体功能单元，能够使整个腰椎 – 骨盆 – 髋关节复合体及附着在上面的肌筋膜协调工作，向心收缩产生作用力，离心收缩使作用力减速，等长收缩保持稳定以对抗压力、扭矩和剪切力。执行高效的动作过程中，核心的每个组成部分都承担重量与负荷，吸收作用力并传递地面反作用力，让运动员的重心始终保持在支撑面上（McGill，2020）。核心稳定性是由局部或节段间稳定性（局部稳定系统）、整体稳定性（整体稳定系统）和整体灵活性组成。通过“加劲”（bracing）和“回缩”（drawing-in）两种方式，腰椎－骨盆－髋关节复合体才能够在动态活动中高效地发挥作用，确保理想的脊柱稳定性（图 10–1）。加劲是同时收缩腹肌、腰背肌、盆底肌。回缩是通过把肚脐拉向脊柱的方式来募集和动员局部稳定肌。

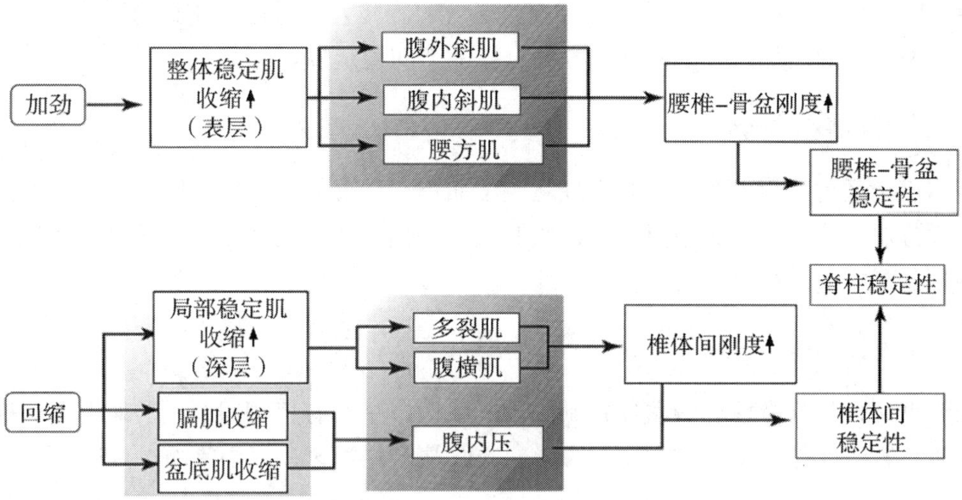

图 10–1 实现脊柱稳定性的方式（McGill，2020）

基布勒（Kibler）首先将核心稳定性概念引入竞技体育，他将核心稳定性定义为在一个完整的运动链中，为保证将速度和力量最大限度高效率地产生、控制并传递至四肢末端所应具备的控制躯干姿势和平衡的能力（Kibler et al.，2006）。该定义为核心稳定性在竞技体育中的应用奠定了基础，指出了核心部位在运动中具有产生力量、传递力量和控制力量的主要功能。我国学者陈小平认为，核心稳定性是在运动中具有控制骨盆和躯干部位的稳定姿势，为上下肢运动创造支点，并协调上下肢的发力，使力量的产生、传递和控制达到最佳化的能力，而且核心稳定性的优劣取决于核心部位的肌筋膜及其它们之间的协作，即核心力量（陈小平，2007）。

核心力量是一种以稳定人体核心部位、控制重心运动、传递上下肢力量为主要目的力量能力，它不仅是核心稳定性形成的主要能力，而且在竞技运动中它还能够主动发力，是人体运动的一个“发力源”。因此，核心稳定性是核心力量训练的一个结果，核心力量是一种与上肢、下肢力量并列的、以人体解剖部位为分类标准的力量能力（黎涌明等，2008）。

二、核心的解剖生理学特征

核心肌肉组织分为局部稳定系统、整体稳定系统和动作系统。为保持核心稳定性，需要局部稳定系统、整体稳定系统和动作系统的整合性神经肌肉控制，确保它们在适当的时间以适当的力量，依次有序而协调地被激活。

（一）局部稳定系统

局部稳定系统是直接附着在椎骨上的肌肉，主要有膈肌、腹横肌、腹内斜肌、多裂肌、盆底肌。这些肌肉主要由 I 型肌纤维构成，具有高密度的肌梭。它们负责椎间和节段间的稳定性，限制脊柱节段之间过大的压力、剪切力和旋转力，通过增加腹内压、产生胸腰筋膜中的张力，从而增加脊柱的刚度，提高脊柱的节间稳定性。

（二）整体稳定系统

整体稳定系统是附着于骨盆与脊柱之间的肌肉，主要有腹直肌、腹外斜肌、部分腹内斜肌、腰方肌、腰大肌、臀中肌和股内收肌群。它们的作用是在上、下肢之间传递力量，并维持骨盆和脊柱的稳定。

（三）动作系统

动作系统包括将脊柱和骨盆连接到四肢的肌肉，主要有背阔肌、屈髋肌群、股四头肌和腘绳肌。它们的作用是在动态动作中，向心收缩产生加速、离心收缩以减速。

三、核心稳定性的机制

核心稳定性的机制有两方面，即胸腰稳定机制和腹内压机制。

（一）胸腰稳定机制

胸腰稳定机制通过非收缩性的筋膜网络实现。许多肌肉附着在非收缩性的胸腰筋膜上（图 10–2），胸腰筋膜分为前、中、后三层，中层与深层竖脊肌、多裂肌、背阔肌、腰方肌相连，共同激活并收缩，使胸腰筋膜产生张力，提高了节间稳定性。

（二）腹内压机制

腹内压机制是指腹肌收缩，推动内脏向上、向下。腹内压增加使膈肌被抬高、盆底肌收缩，同时为腰椎 – 骨盆 – 髋关节复合体提供节段间稳定性（Cholewicki et al.，1999）（图 10–3）。

人体在完成基本的技术动作，如冲刺、跳跃、踢、投掷、挥杆等，都要求身体的躯干保持稳定，同时产生足够的功率并通过核心将其传递到四肢。核心稳定性的提高有助于改善技术动作的表现和效率。如果四肢肌肉强壮但核心稳定性不足、核心力量薄弱，那么在整个人体动作系统中将不会有足够的力量传递，无法完成高效的动作（黎涌明等，2008；Wirth et al.，2017；Gilmer et al.，2019；De Blaiser et al.，2021）。

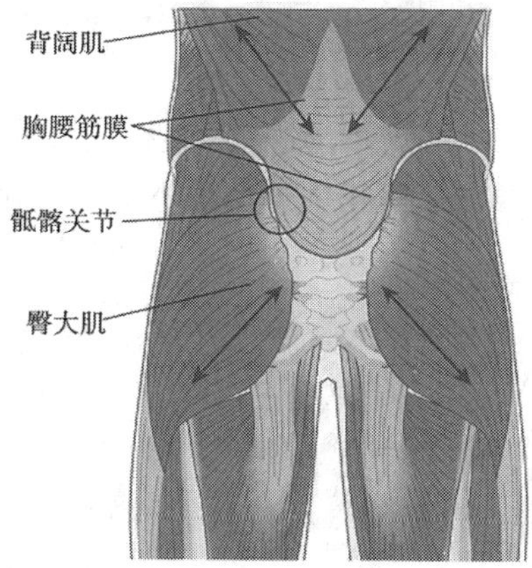

图 10-2　胸腰稳定机制（McGill，2020）

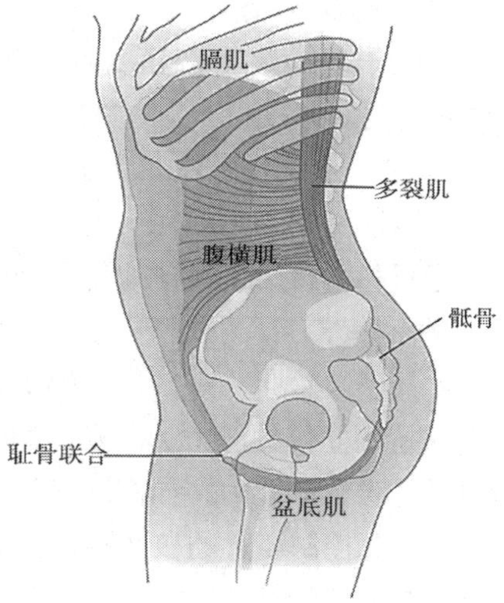

图 10-3　腹内压机制（McGill，2020）

第二节　核心稳定性的测试方法

自 2000 年以来，很多研究人员研发出了很多不同的实验室或者运动现场的测试方法，但这些测试的特征和测量的参数是非常不同的，如躯干 / 脊柱刚度（Vera-Garcia et al.，2006、2007）、压力中心的波动（van Dieen et al.，2010；Barbado et al.，2016）、骨盆 - 腰椎位移（Stanton，2004；Krause et al.，2005）、视觉 / 定性得分（Kibler et al.，2006）、肌耐力（Leetun et al.，2004；Nesser et al.，2008；Chuter et al.，2015），造成不同的测试方法得出的结果难以进行比较，阻碍了这些研究中所采用的方法以及研究结果的推广运用。

虽然核心稳定性与损伤风险、某些运动表现存在一定的相关性，但核心训练在体能训练和运动康复中的功效存在争论（Silfies et al.，2015；De Blaiser et al.，2018）。而上述核心稳定性测试的各种方法，有的是基于核心稳定性的生物力学方面进行测试，有的测量的是与核心稳定性相关的肌肉耐力和力量，因此不便于进行各种方法之间测量结果的比较。尽管成本低廉且易于使用，但其中一些运动现场测试在方法学上有局限性，即可靠性低、敏感度差，造成解读数据更加困难（Weir et al.，2010）。另外，尽管有研究认为最重要的脊柱稳定肌群是特定于动作任务的，但现有的测试方法没有很好地针对主要的脊柱稳定肌（Vera-Garcia et al.，2019）。

运动专项训练会产生核心稳定性的适应性改变，只有通过特定的测试才能够揭示出这种适应性（Barbado et al.，2016）。核心稳定性的测试结果不能一概而论，它高度依赖于测试方法的测试条件（动态还是静态、一维还是二维等）以及受试者的特征（如年龄、健康状况、体能水平、运动专项）（Vera-Garcia et al.，2019）。

目前有多种评估核心稳定性的测试方法，根据它们的特点，可以分为四类。

- 躯干肌肉耐力测试：通常测量躯干肌肉等长收缩的耐力，如比林－索伦森测试（Biering–Sorensen test）、麦吉儿躯干肌肉耐力测试（McGill's torso muscular endurance test）、矮板凳测试（Bunkie test）。
- 根据基布勒（Kibler，2006）提出核心稳定性的定义（即：控制躯干的姿势和运动以便通过核心将力量最佳地传递到四肢远端的能力），研发出在单腿支撑情况下进行测试，如三平面核心力量测试和星形偏移平衡测试。
- 基于米尔斯（Mills，2005）提出的脊柱稳定 / 不稳定的临床概念（即：控制腰椎和骨盆保持中立位的能力）研发出的腰椎骨盆姿势控制测试，和测量仰卧位状态下保持既定腰椎骨盆位置的能力，如双腿落下测试和萨尔曼核心稳定性测试。
- 需要控制姿势的核心稳定性测试：以完成单腿下蹲、腹桥、背桥、侧桥的动作质量来评估核心稳定性。

除此以外，还有两种抛药球的测试方法，分别是跪姿和坐姿情况下投掷药球测试来评估核心力量。

一、躯干肌肉等长收缩耐力测试

测试受试者在俯卧位和仰卧位时躯干肌肉等长收缩的耐力是评估核心稳定性最常用的方法。这类的测试不是通过测力计或测功仪进行的。其中，有的测试方法会涉及局部核心肌群（如腹横肌和多裂肌），因为这些肌肉对于较大的整体核心肌群达到最适宜的激活非常重要。有的测试方法能够评估若干整体核心肌群（如腹外斜肌、腰方肌和竖脊肌）等长收缩的耐力，因为下背部的损伤和疼痛与这些肌肉耐力的下降相关联。这类测试中，典型的方法有比林－索伦森测试、麦吉儿躯干肌肉耐力测试、矮板凳测试。

（一）比林－索伦森测试

比林－索伦森测试是目前评估躯干伸肌群耐力最广泛使用的方法。该测试需要受试者俯卧于按摩床，骨盆对齐按摩床外沿，骨盆、腘窝和踝关节处被帆布带固定，记录受试者能够保持双臂交叉于胸前、躯干与地板平行的时间（Latimer et al.，1999）（图 10–4）。

比林－索伦森测试还可以改良为动态动作的测试，即“拱起测试”，用于评估躯干伸肌群的动态肌耐力（Demoulin et al.，2012）。测试时受试者需要从躯干屈曲 30 度的位置抬起到水平，测量 1 分钟内重复尽可能多的次数。这类不借助于仪器设备的测试方法多用于临床和研究机构。

（二）麦吉儿躯干肌肉耐力测试

麦吉儿躯干肌肉耐力测试有 3 个测试动作（图 10–5），包括躯干屈肌耐力测试、躯干侧方肌群耐力测试和躯干伸肌耐力测试，它们分别反映深层核心肌群（腹横肌、腰方肌、竖脊肌）、侧方核心肌群（腹横肌、腹斜肌、腰方肌、竖脊肌），以及躯干伸肌（竖脊肌、最长肌、髂肋肌、多裂肌）的等长收缩肌力。

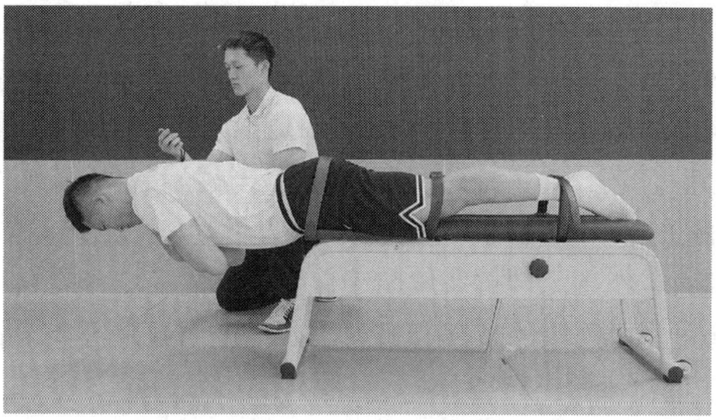

图 10-4　比林 - 索伦森测试

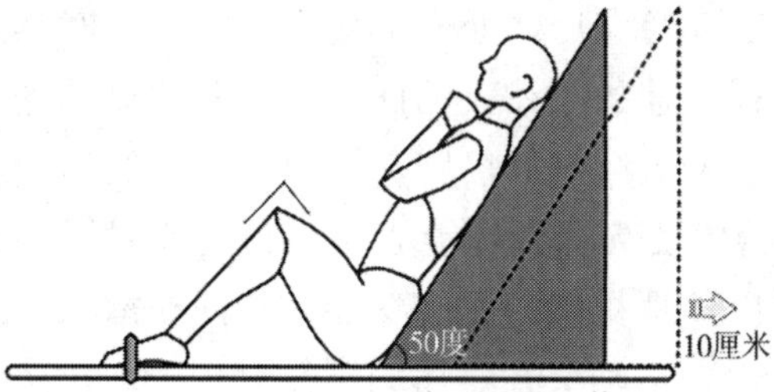

（a）躯干屈肌耐力测试

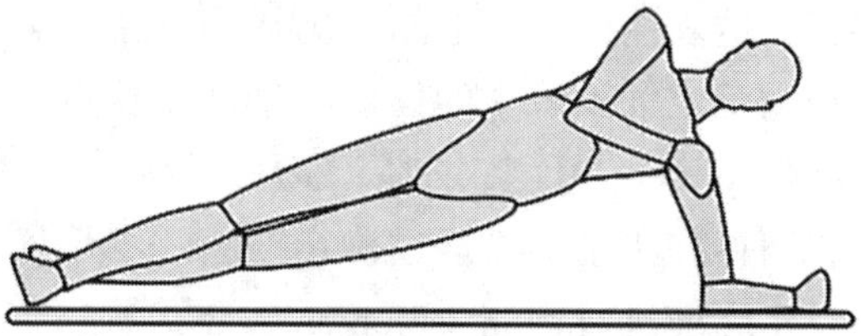

（b）躯干侧方肌群耐力测试

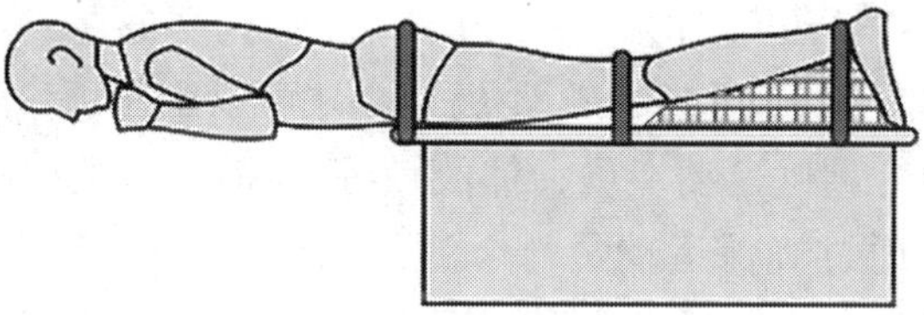

（c）躯干伸肌耐力测试

图 10-5　麦吉儿躯干肌肉耐力测试（Dejanovic et al.，2014）

麦吉儿躯干肌肉耐力测试推荐以各测试动作的时间比值作为评价躯干肌肉耐力合理比例的标准，见表 10-1。

表 10-1　基于麦吉儿躯干肌肉耐力测试结果评价躯干肌肉耐力的平衡关系（McGill，2015）

比值	躯干各肌群之间良好关系的标准
屈肌：伸肌	＜ 1.0
右侧侧桥：左侧侧桥	1.0 为平衡，波动范围在 0.05 之间（即：0.95 ~ 1.05）
侧桥（每一侧）：伸肌	＜ 0.75

（三）矮板凳测试

矮板凳测试（Bunkie test）中的“Bunkie”一词来自于南非荷兰语，意为“矮板凳”。它是由南非的物理治疗师贝尼特·德维特（Benita deWitt）研发，用于评估核心的肌肉耐力并确定筋膜线中潜在的功能障碍（de Witt et al.，2009）。

正常的功能性筋膜结构连同相关的肌肉将身体保持在中立位置。但人体有一些肌肉倾向于缩短绷紧或“激活过度”，而另外一些肌肉倾向于被拉长、薄弱或“激活不足”（Myers，2016）。当评估运动员的肌肉长度时，重复进行爆发性动作的肌肉（协同肌）倾向于缩短，而在运动过程中起到稳定作用的拮抗肌倾向于保持正常的长度或者被过度拉长。一个部位肌筋膜的缩短会引起对侧肌筋膜的拉长和过度牵拉，进而导致薄弱部位稳定性不足、动作效率低下，甚至损伤（A.Clark，2019）。

基于肌筋膜的研究，矮板凳测试的研发者贝尼特·德维特（Benita deWitt）按照功能将筋膜线分为前动力链、后动力链、后稳定链、外侧稳定链、内侧稳定链（图 10–6 至图 10–10）（de Witt et al.，2008）。他提出，如果受试者将身体处于平板支撑的位置时感到疼痛，这表明筋膜线上的肌肉受到抑制，无法进行最佳的收缩。因此，矮板凳测试首先可以帮助确定筋膜线中的任何不平衡或弱点。如果沿着被测线的筋膜功能正常，则受试者应能够保持姿势 40 秒。如果无法保持测试的特殊身体姿势，则可能表明与特定筋膜线相关的肌肉存在不平衡。通过确定筋膜线不平衡，可以识别受损的肌肉功能，从而在潜在的损伤发生之前进行预测（Pletzen et al.，2012）。其次，运动员在伤后的康复过程中，每次康复训练前都需要进行矮板凳测试。只有 10 个测试动作均可以保持达到 40 秒且无痛，运动员才能够以很好的工作效率进行训练。否则，不能进行高强度、专项化的训练（de Witt et al.，2009）。最后，如果已经发生损伤，矮板凳测试可以用作评估安全地重返赛场的工具。

为了安全地使运动员重返运动专项，体能教练员和理疗师必须确保运动员的肌肉功能正常，且无筋膜受限。通过确保运动员每个测试动作可以保持至少 40 秒，可以假定没有筋膜线的功能限制。一旦在测试过程中受试者出现肌肉疼痛、抽筋、烧灼感或拉紧，被测筋膜线的活动性就会减弱，因此应在该点终止测试。受试者需要一直坚持测试动作，直到身体不能维持正确的姿势。受试者通常能够保持 20 ~ 40 秒，耐力运动员需要保持 40 秒。如果受试者在测试时一抬起身体马上就感觉到疼痛，提示该区域的肌筋膜被抑制，不能执行完整的收缩功能，通常会导致损伤。受试者进而会旋转身体或不能保持正确的测试动作，这是因为身体处于中立位时会出现无力或者疼痛。这种情况下测试成绩记为 0 秒（de Witt et al.，2009）。

在测试中，使用的矮板凳高度在 25 ~ 30 厘米之间，以匹配受试者的上臂长度。当受试者处于测试位置时，脚在矮板凳上、上半身由肘部支撑，肩膀和足应成一直线。如果对儿童或身材较小的受试者进行测试，矮板凳的高度需要更低一些，以匹配他们的身材。使用秒表以秒为单位记录能够保持正确测试位置的时间。当受试者由于疲劳无法坚持或无法保持正确的测试动作和体姿时，终止测试。可以允许受试者纠正自己的动作。当受试者在经过口头提示后仍然无法保持正确的姿势和测试动作，则停止测试。各个测试动作之间休息至少 1 分钟，通常 1 ~ 2 分钟。如果测试的目的是评估是否存在筋膜功能障碍，更短的休息时间可能更合适；而如果要评估肌肉耐力，则相应延长休息时间，但不超过 2 分钟（O'Neill 等，2020）。

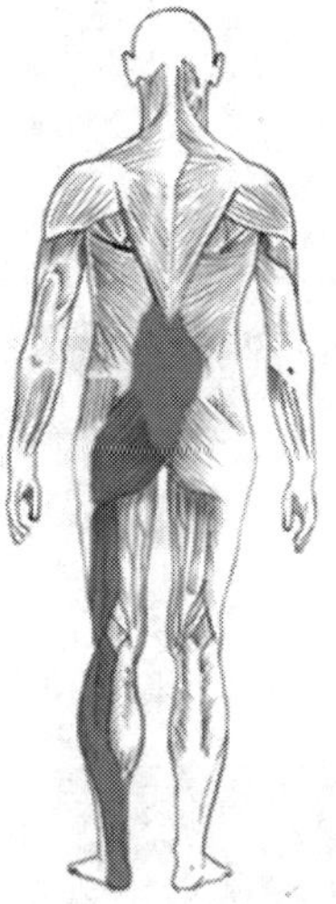
（a）筋膜链

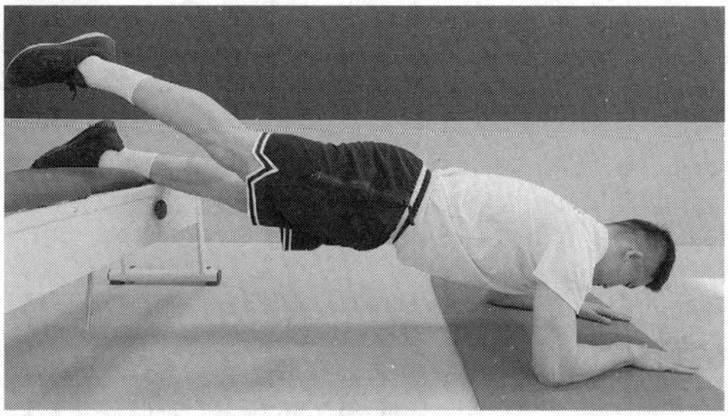
（b）测试动作

图 10-6　前动力链

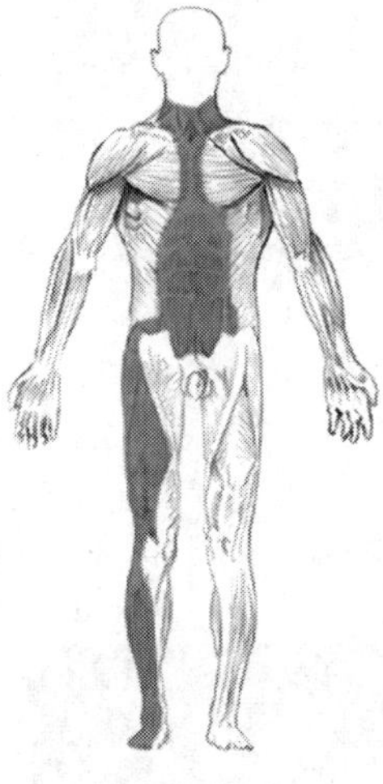
（a）筋膜链

（b）测试动作

图 10-7　后动力链

（a）筋膜链　　（b）测试动作

图 10-8　后稳定链

（a）筋膜链　　（b）测试动作

图 10-9　外侧稳定链

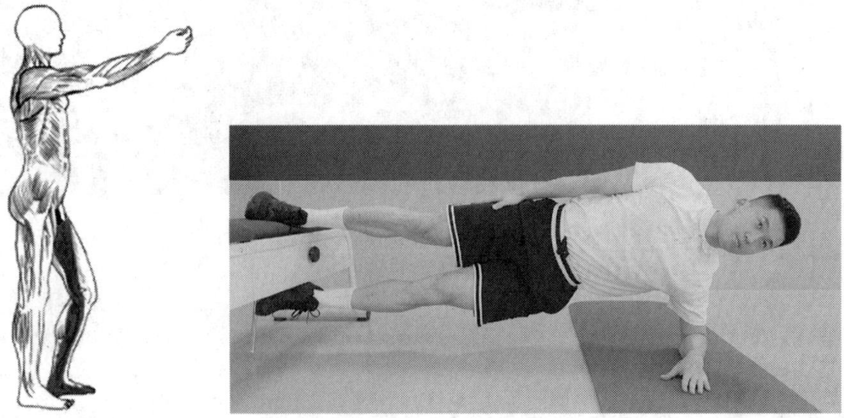

（a）筋膜链　　（b）测试动作

图 10-10　内侧稳定链

二、保持腰椎骨盆位置的能力

这类测试方法主要是评估受试者在仰卧位状态下保持既定腰椎骨盆位置的能力，常用的测试方法有双腿落下测试和萨尔曼核心稳定性测试。

（一）双腿落下测试

双腿落下测试用于评估受试者在仰卧位双腿并拢直膝屈髋 90 度情况下，腹壁肌肉能够对抗双腿缓慢放下过程中产生的外部负荷，以使骨盆稳定在后倾位置的能力。由于双腿下落过程中，腿作为一个长的杠杆臂，加之身体以躯干和上肢作为狭窄的支撑面，需要很高水平的肌肉激活程度以及躯干内部稳定性（Krause et al.，2005）。

在测试时，受试者仰卧在平板床上，将关节角度仪的轴心对准股骨大转子。首先将一个血压计的袖带放在受试者下背部，将压力充气到 40 毫米汞柱，并且教会受试者如何将骨盆后倾至下背部紧贴床面。直到受试者可以进行正确的骨盆后倾才开始测试。在测试时，口头提示受试者需要在整个测试过程中保持对血压计有 40 毫米汞柱的压力。检测员将受试者的双腿被动抬高至屈髋 90 度位置，然后让受试者主动地缓慢地放下双腿，同时保持骨盆后倾和对血压计有 40 毫米汞柱的压力。如果受试者无法保持骨盆后倾，则他的下背部会离开床面，并且血压计的读数会下降。当血压计下降到 40 毫米汞柱以下时（在提醒受试者后他仍然无法做到恢复血压计为 40 毫米汞柱的压力），研究人员将胳膊放在受试者的腿下以停止其双腿继续下降，用关节角度仪测量大腿与水平面之间的角度。如果受试者错误地执行了测试动作，则成绩无效，需要受试者休息 4 分钟后重新测试。研究表明，无下背痛的 18 ~ 29 岁受试者双腿落下测试的平均成绩（双腿与地面的夹角），男性为 15.4 ± 2.3 度（0 ~ 71 度），女性为 36.9 ± 3.4 度（0 ~ 77 度），存在性别差异（Krause et al.，2005）。

在具体测试的过程中，受试者可能不能稳定、持续地对血压计产生 40mmHg 的压力，影响测试的准确性。因此在实际测试的时候，可以不需要血压计，但是得有 2 名检测员配合（图 10–11），检测员 1 将四指并拢、手掌平放到受试者腰椎与瑜伽垫之间，目的是监测受试者的骨盆始终保持后倾的位置。要求受试者的腰部始终紧贴检测员 1 的手掌，同时缓慢地从垂直位到水平位落下双腿，这个过程控制在 10 秒完成，由节拍器控制双腿落下的速度。检测员 1 一旦发现受试者的腰部失去了与其手掌的接触，马上向检测员 2 发出指令，检测员 2 用关节角度仪测量大腿与水平面之间的角度（Vera–Garcia et al.，2019）。

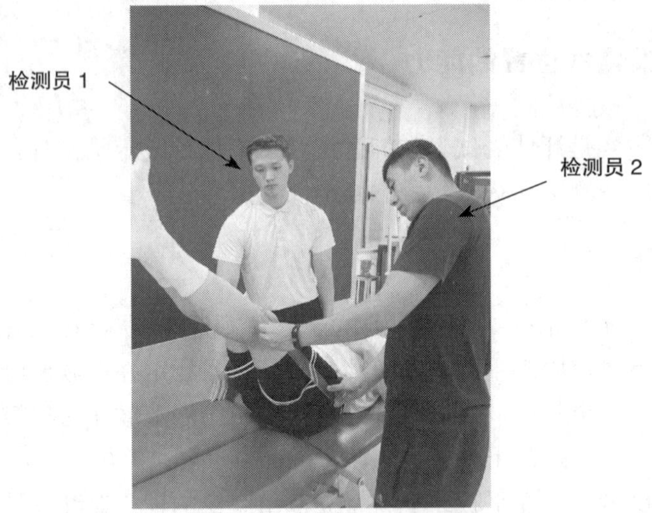

图 10-11　两名检测员配合进行双腿落下测试

（二）萨尔曼核心稳定性测试

萨尔曼核心稳定性测试是在下肢运动过程中借助于压力生物反馈传感器（pressure biofeedback unit，PBU）来评估受试者的核心稳定性。受试者在仰卧位姿势下，通过完成 5 个不同难度的下肢动作（1 ~ 5 级）来循序渐进地增加测试动作的难度（Chan et al.，2020）。研究发现，萨尔曼核心稳定性测试与腹桥测试之间存在显著相关（Aggarwal et al.，2011），表明这两个测试都专门评估矢状面上的核心稳定性。

受试者呈仰卧位，屈髋屈膝，将 PBU 置于受试者第 4 和第 5 腰椎的生理弯曲处，将 PBU 充气到 40 毫米汞柱。受试者通过增加 PBU 的压力刻度盘上的压力值（增加 10 毫米汞柱）来激活腹部深层肌肉（腹横肌和多裂肌），并被要求以进阶性的方式执行动作任务。允许 PBU 的压力值上下浮动不超过 10 毫米汞柱。在压力变化不大于 10 毫米汞柱的情况下，以受试者完成的动作级别作为测试成绩。如果超过 10 毫米汞柱的波动，则表明深层核心稳定肌的稳定作用已经丧失。在确保受试者有效地激活核心稳定肌的前提下，依次完成如下 5 级动作（表 10–2），每级之间休息 2 分钟，以减少肌肉激活后的增强效应（Aggarwal et al.，2011；Chan et al.，2020）。

表 10–2　萨尔曼核心稳定性测试的 5 级进阶测试动作

级别	动作描述	起始姿势	中间位置	结束位置
1 级	受试者慢慢地将一条腿抬起至屈髋屈膝各 90 度的位置。然后，受试者将另一条腿也屈髋屈膝到相同的角度位置	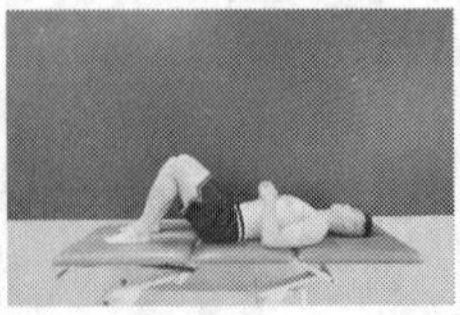	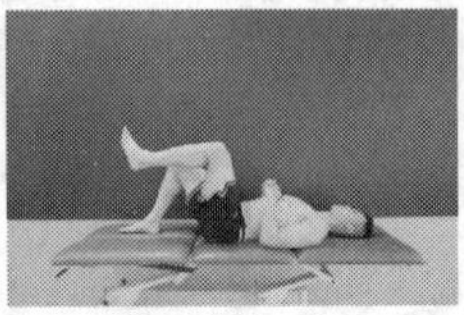	

续表

级别	动作描述	起始姿势	中间位置	结束位置
2 级	从 1 级的结束位置开始，受试者缓慢地放下一条腿，足跟接触地面，然后向前滑行，直到膝关节完全伸直			
3 级	从 1 级的结束位置开始，受试者缓慢地放下一条腿，使足跟距离地面 12 厘米，然后向前滑行，直到膝关节完全伸直	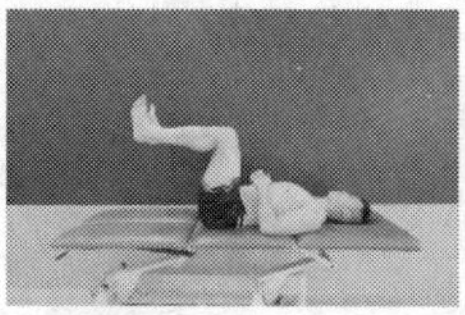	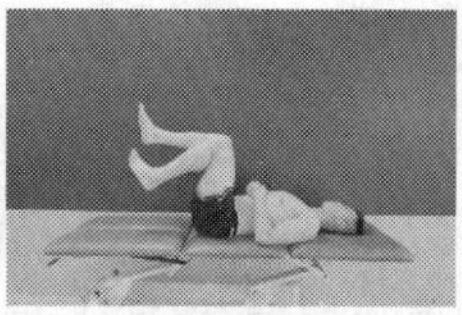	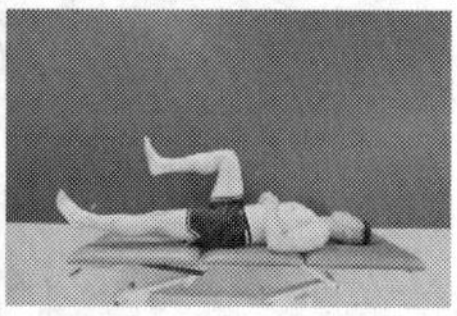
4 级	从 1 级的结束位置开始，受试者缓慢地放下双腿，足跟接触地面，然后向前滑行，直到膝关节完全伸直		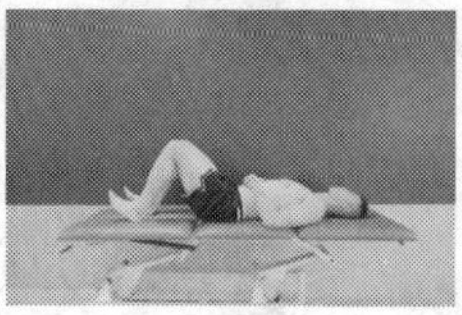	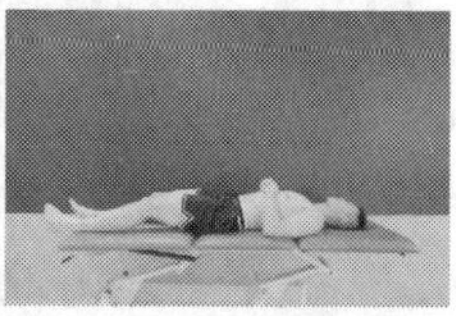
5 级	从 1 级的结束位置开始，受试者缓慢地放下双腿，使足跟距离地面 12 厘米，然后向前滑行，直到膝关节完全伸直	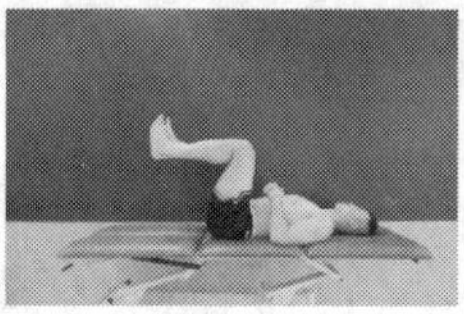	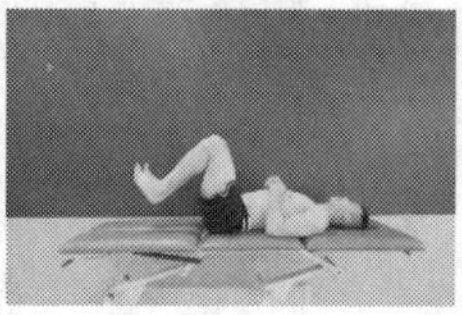	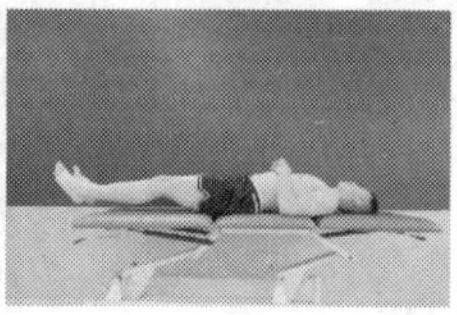

三、全身稳定性测试

全身稳定性测试主要是评估控制躯干的位置和运动，以便通过核心将能量最佳地传递到四肢的能力。通常在单腿支撑情况下进行测试，如三平面核心力量测试和星形偏移平衡测试。

（一）三平面核心力量测试

如图 10–12 所示，受试者以优势侧单腿站立，肩关节距离墙面 8 厘米，缓慢地在额状面［图 10–12（a）］、矢状面［图 10–12（b）］和水平面［图 10–12（c）、图 10–12（d）］靠近墙面，身体接触到墙面后再恢复到起始姿势。要求受试者在三个平面内重复动作时头颈和骨盆保持中立位（Vera–Garcia et al.，2019）。

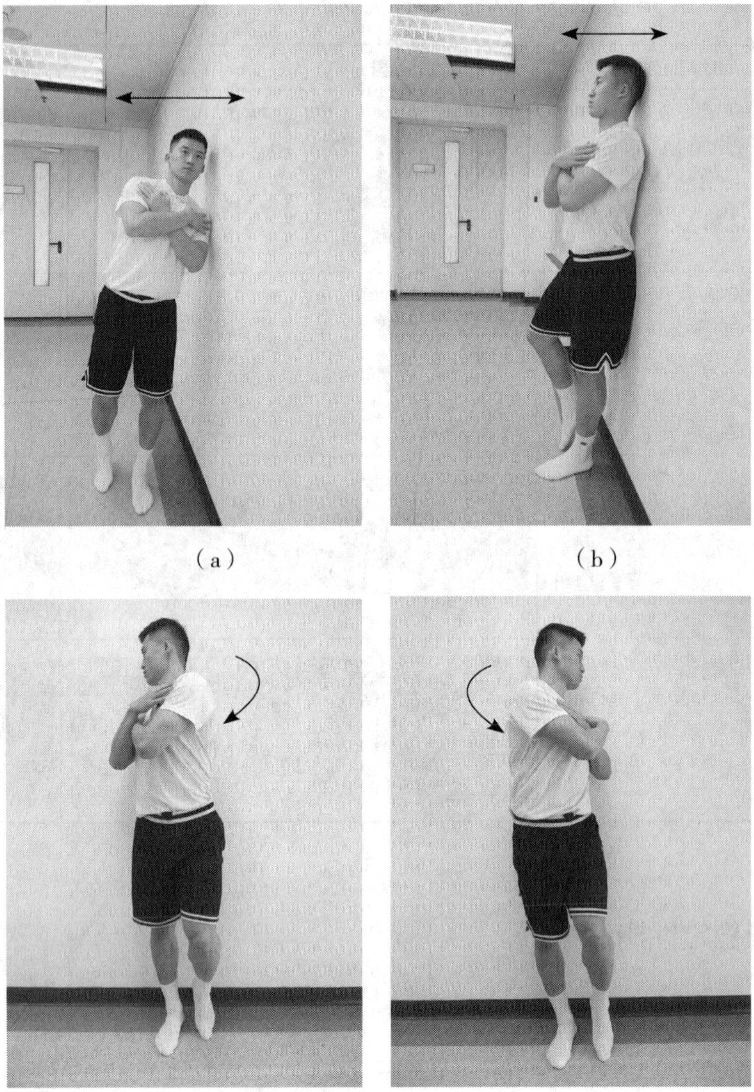

（a）　（b）　（c）　（d）

图 10-12　三平面核心力量测试

根据表 10-3 中所列的动作标准进行评分。

表 10-3　三平面核心力量测试的动作评分标准（Chemielewski et al.，2007）

符号	分值	标准
O	0	没有偏离中立位的骨性力线排列
I	5	小幅度或几乎没有可以观察到的偏离中立位的动作，和 / 或低频率的身体某部位的颤动
√	10	中等程度或明显地出现偏离中立位的动作，和 / 或中等频率的身体某部位的颤动
×	15	过多或大幅度地偏离中立位的动作，和 / 或高频率的身体某部位的颤动

（二）星形偏移平衡测试

具体内容见第三章运动损伤风险的筛查测试与评估。

四、基于姿势控制的核心稳定性测试

基于姿势控制的核心稳定性测试来源于训练实践，以发展核心力量和神经肌肉控制能力为目的，将简单易行且不需要额外仪器设备的练习动作作为核心稳定性的测试方法，包括单腿下蹲、腹桥、侧桥、背桥（图 10–13），它们的动作要领见表 10–4。肌电图分析表明，这 4 个动作能够有效地激活核心肌肉（Zeller et al.，2003；Ekstrom et al.，2007；Boudreau et al.，2009；Crossley et al.，2011）。根据完成动作的表现来评分，评分标准见表 10–5。

（a）单腿下蹲　　（b）腹桥　　（c）侧桥　　（d）背桥

图 10–13　基于姿势控制的核心稳定性测试

表 10–4　基于姿势控制的核心稳定性测试动作要领（Friedrich et al.，2017）

测试动作	动作要领
单腿下蹲	受试者双手叉腰、单足站立 如果能够保持平衡 5 秒，则令其缓慢下蹲约至屈膝 45 度，然后缓慢地恢复站立
腹桥	受试者仰卧，以前臂和足趾支撑起身体，达到背部平直 如果能够保持此姿势 5 秒，则抬起一条腿保持 5 秒，然后双腿交替，再坚持 5 秒，最后回到开始的位置

续表

测试动作	动作要领
侧桥	受试者侧卧，屈膝、双足并拢，以前臂支撑，另外一手叉腰。摆好预备姿势后，令其抬起骨盆，后背保持平直，以膝和前臂作为支撑 如果能够保持此姿势 5 秒，则令其双腿伸直并抬起骨盆、背部保持平直 如果能够保持此姿势 5 秒，则令其上面的腿抬起约 30 度，保持 5 秒钟，然后回到起始位置
背桥	受试者俯卧、屈髋屈膝、双足呈中立位平放于地板上，双臂置于体侧 抬起骨盆，直到背部与大腿呈一直线，保持 5 秒 如果能够保持此姿势 5 秒，则令其抬起一条腿（要求伸膝）保持 5 秒，交替双腿再保持 5 秒，然后回到起始的双足支撑的背桥动作

表 10-5　基于姿势控制核心稳定性测试的评分标准（Friedrich et al.，2017）

测试动作	得分	标准
单腿下蹲	0	单腿站立保持平衡的时间< 5 秒
	1	无法完成 45 度的单腿下蹲
	2	可以完成单腿下蹲动作，但是动作质量不佳，出现躯干、骨盆或股骨的过度代偿动作
	3	能够高质量地完成单腿下蹲动作（可以保持平衡，控制躯干、骨盆和大腿）
腹桥、背桥、侧桥	0	在各测试动作中保持脊柱中立位的时间< 5 秒
	1	由于肌肉疲劳而中断测试
	2	能够完成动作，但是骨盆旋转或下坠大约超过 3 厘米
	3	高质量地完成动作，脊柱与骨盆自始至终保持中立位

第三节　核心力量的测试方法

核心力量测试的是能够完成规定动作的重复次数，或者保持中立、稳定姿势的时间。实验室测试通常利用等长或等动测力计。等长力量测试被认为是反映完成动作任务的能力，然而在评估动态动作时会低估施加在脊柱上的负荷。在人们的日常生活中，肌肉不会有等动收缩工作方式，等动收缩也不符合运动专项的要求。核心区肌组织形成功能性动力链，在运动专项技术动作中起到传递力量的作用。动力链上的任何失效都会影响运动表现、增加损伤风险。因此，在评价核心力量时需要考虑到运动链上的所有关节和肌肉。尽管如此，有研究采用 Biodex 多关节测试和康复系统，测量躯干屈曲、伸展和双侧旋转的等速肌力来反映核心力量（Guilhem et al.，2014；Zouita et al.，2020）。

此外，抛掷药球测试，通过前抛、后抛与侧抛药球的距离来评估核心力量（Cowley et al.，2008；Sell 等，2015）是运动现场的测试方法。受试者可取跪姿或坐姿，采用跪姿或者坐姿是因为可以屏蔽下肢的借力作用，尽可能展现躯干的运动表现。而站姿情况下投掷药球，是全身整体功率的体现。

一、跪姿抛掷药球测试

跪姿抛掷药球测试，有向前、向后和侧方三个方向的抛球动作。

（一）跪姿过头前抛药球测试

跪姿过头前抛药球是针对腹部前壁肌肉和躯干屈肌力量的测试（Sell et al.，2015）。如图 10–14 所示，受试者屈膝 90 度跪立，双腿自然分开、与肩同宽，躯干中立位，双手持球。身体后伸紧接向前抛出药球。

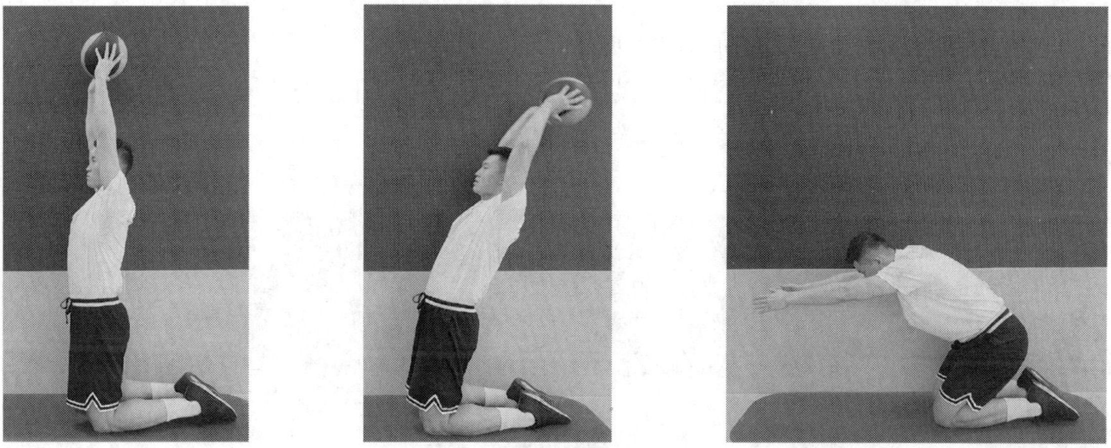

（a）预备姿势　（b）抛出药球前髋关节和腰椎伸展　（c）腹肌强有力地收缩向前抛出药球

图 10–14　跪姿过头前抛药球测试

（二）跪姿过头后抛药球测试

跪姿过头后抛药球用于评估核心肌组织完成躯干后伸动作相关的力量（Sell et al.，2015）。如图 10–15 所示，受试者屈膝 90 度跪立，双腿自然分开、与肩同宽，躯干中立位，双手持球。身体前屈紧接向后抛出药球。

（a）预备姿势　（b）抛出药球前髋关节和腰椎屈曲　（c）躯干肌群强有力地收缩向后抛出药球

图 10–15　跪姿过头后抛药球测试

（三）跪姿侧抛药球测试

跪姿侧抛药球分为向左和向右旋转两种情况。

如图 10–16 所示，受试者屈膝 90 度跪立，双腿自然分开、与肩同宽，躯干中立位，双手持球。身体向一侧旋转紧接反向旋转抛出药球。

（a）预备姿势　（b）抛出药球前旋转躯干　（c）躯干强有力地旋转抛出药球

图 10–16　跪姿侧抛药球测试

二、坐姿抛掷药球测试

坐姿抛掷药球是借助于快速伸缩复合动作，评估核心的功率（Cowley et al.，2008）。目前有两个测试：腹前抛球测试和腹侧抛球测试。该测试要求受试者以手臂作为杠杆来抛掷药球，通过核心肌肉组织的爆发性同心收缩，用抛药球的距离来评估核心力量。

（一）腹前抛球测试

如图 10–17 所示，受试者呈仰卧位，屈膝 90 度，双臂伸直并过头，双手持球。突然进行屈髋肌群动作，将双臂作为杠杆，直臂将药球在膝关节上方向前方抛出去。

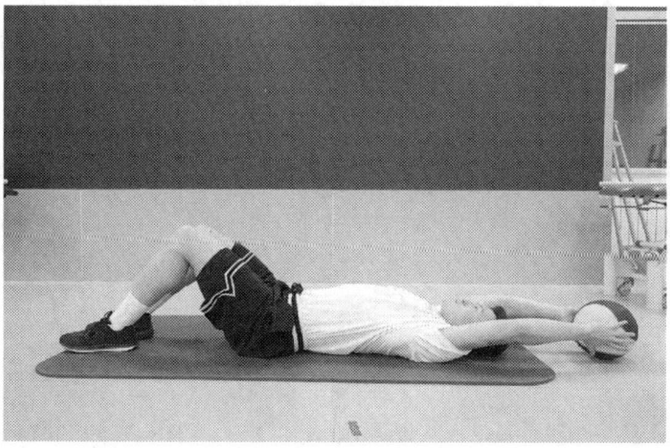

（a）起始姿势

（b）结束姿势（在膝关节正上方完成出球动作）

图 10–17　腹前抛球测试

（二）腹侧抛球测试

如图 10–18 所示，受试者坐姿，屈膝屈髋各 90 度，直臂双手持球向右转体 90 度，然后爆发性向心收缩，以双臂为杠杆在左膝上方抛出药球。

（a）起始姿势

（b）躯干向右旋转

（c）结束姿势
（在左膝正上方完成出球动作）

图 10–18　腹侧抛球测试

第四节　核心稳定性、核心力量的测试程序

一、比林 – 索伦森测试

1. 测试目的

比林 – 索伦森测试通评估受试者的躯干在无支撑情况下躯干伸肌群的等长耐力，用于预测非特异性下背痛风险。

2. 所需器材设备

按摩床、帆布带、倾角仪、秒表、椅子。

3. 测试前的准备工作

详细地向受试者说明测试动作的步骤和要求。

受试者俯卧位于按摩床上，将髂嵴以上的躯干伸出按摩床，双手先支撑在椅子上。骨盆（股骨大转子上方）、腘窝、踝关节被三条帆布带固定在按摩床上。

4. 测试步骤（Latimer et al.，1999）

（1）对受试者说：我们要将测量你的背肌耐力。如果你准备好了，请在听到“3—2—1—开始”的口令后，抬高躯干、保持中立位、双手交叉于胸前。

（2）观察放在受试者肩胛骨之间的倾角仪，当受试者的躯干处于水平时开始计时。

（3）记录受试者能够保持躯干与地面平行的时间。

（4）终止测试的标准：①受试者过度疲劳；②受试者出现疼痛或者其他症状；③受试者不能够保持躯干处于中立位。

5. 测试指标

维持躯干水平的时间。

6. 注意事项

头部保持中立位。

二、麦吉儿躯干肌肉耐力测试

1. 测试目的

麦吉儿躯干肌肉耐力测试包括躯干屈肌耐力测试、躯干侧方肌群耐力测试和躯干伸肌耐力测试，它们分别反映深层核心肌群（腹横肌、腰方肌、竖脊肌）、侧方核心肌群（腹横肌、腹斜肌、腰方肌、竖脊肌），以及躯干伸肌（竖脊肌、最长肌、髂肋肌、多裂肌）的等长收缩肌力。

2. 所需器材设备

按摩床、瑜伽垫、角度仪、木板、秒表。

3. 测试前的准备工作

详细地向受试者说明测试动作的步骤和要求。

受试者进行标准化热身，休息 3 分钟后开始测试。

4. 测试程序（McGill，2015）

（1）躯干屈肌耐力测试。

① 对受试者说：我们要测量你的躯干肌肉耐力。如果你准备好了，请坐在瑜伽垫上。

② 受试者坐姿，屈髋屈膝 90 度。双臂交叉于胸前，手置于对侧肩部，躯干靠在倾角为 60 度的木板上，确保双肩与木板相接触，并使头部保持中立［图 10-19（a）］。

③ 受试者保持该姿势，测试人员将木板后撤 10 厘米［图 10-19（b）］，同时开始计时，记录受试者能够保持此姿势的时间。

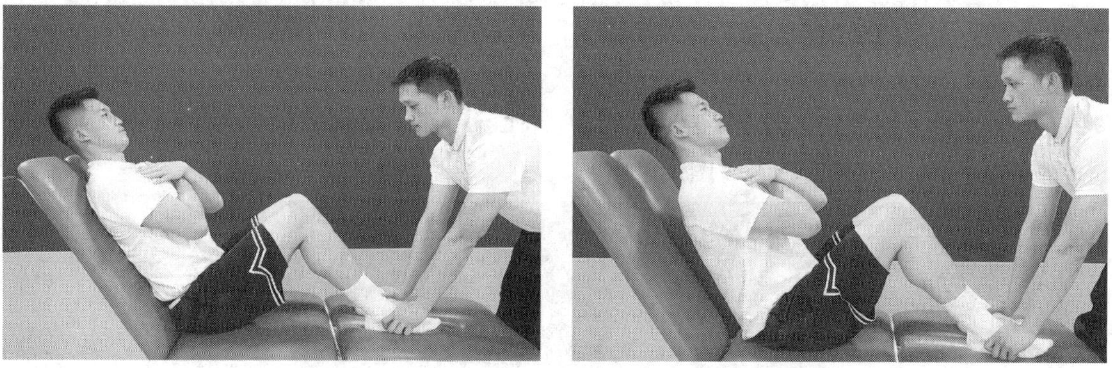

（a）　　（b）

图 10-19　躯干屈肌耐力测试

④ 终止测试的标准：当躯干的位置出现明显的改变时，即脊柱不能保持中立位，如出现肩膀向前的“圆肩”，或者下背部屈度增加；后背部与木板相接触。

⑤ 受试者在测试期间核心收紧，头部保持中立位，不允许背部弯曲（即驼背）。

（2）躯干侧方肌群耐力测试。

该测试又称为侧桥测试。

① 对受试者说：我们要测量你的躯干侧方肌群耐力。如果你准备好了，请在瑜伽垫上做标准的侧桥动作，双腿伸直并拢，或者下面一条腿的脚尖与上面一条腿的足跟相接触。

② 受试者以右前臂支撑做侧桥动作，肘关节在肩关节正下方、前臂朝外（也可将手掌放于地面上以保持平衡和稳定），左臂伸直置于体侧或交叉于胸前、置于对侧肩部；双腿伸直，双足的侧面与地面相接触。

③ 髋部抬离地面，身体应笔直、对齐，即头、颈部、躯干、髋部、下肢呈正常的力线排列。记录受试者能够保持此姿势的时间（图 10-20）。

图 10-20　侧桥测试

④ 终止测试的标准：当躯干的位置出现明显的改变时，即脊柱不能保持中立位（髋部出现下坠）；为了保持平衡与稳定髋部向前或向后移动。

⑤ 3 分钟之后进行左前臂支撑的侧桥测试动作。

（3）躯干伸肌耐力测试。

① 对受试者说：我们要测量你的躯干伸肌耐力。如果你准备好了，请俯卧于按摩床上，将髂嵴以上的躯干伸出按摩床，双手支撑于按摩床前的椅子上，你的下肢会被帆布带固定在按摩床上（如果没有帆布带，需要让测试人员按住受试者的双踝）。

② 受试者听到“3——2——1——开始”的口令后，抬高躯干、保持中立位、双手交叉于胸前，测试人员开始计时（图 10-21）。

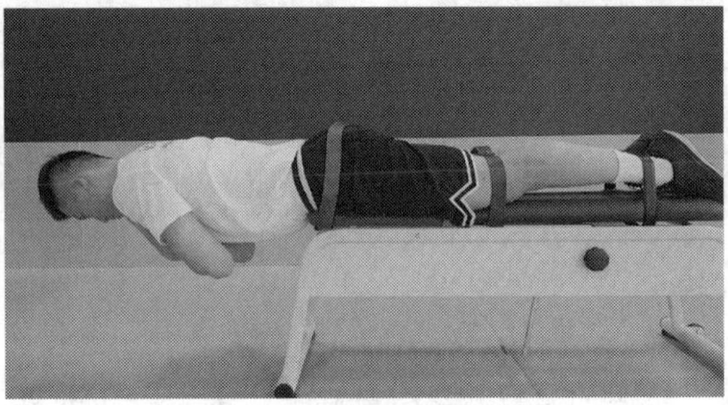

图 10-21　躯干伸肌耐力测试

③ 记录受试者能够保持躯干与地面平行的时间。

④ 终止测试的标准：受试者不能够保持躯干处于中立位。

三、矮板凳测试

1. 测试目的

评价身体主要动力链的稳定和控制能力。前动力链测试主要评估腹直肌、髂腰肌、股直肌和胫骨前肌的功能与耐力。后动力链主要评估脊柱伸肌群（髂肋肌、最长肌）、胸背筋膜、臀大肌、股二头肌、腓肠肌外侧和比目鱼肌外侧的功能与耐力。后稳定性链主要评估斜方肌、半膜肌、半腱肌、缝匠肌、股薄肌、腓肠肌内侧和比目鱼肌的功能与耐力。外侧稳定链主要评估胸锁乳突肌、上斜方肌、背阔肌、前锯肌、腹内外斜肌、臀中肌、阔筋膜张肌、股外侧肌、腓肠肌外侧和比目鱼肌、腓骨长肌、腓骨短肌和第三腓骨肌的功能与耐力。内侧稳定链主要评估长内收肌、股薄肌、缝匠肌、耻骨肌、腓肠肌内侧和比目鱼肌的功能与耐力。

2. 所需器材设备

防滑瑜伽垫、25 ~ 30 厘米高的板凳、秒表。

3. 测试前的准备工作

详细地向受试者说明测试动作的步骤和要求。

4. 测试步骤（de Witt et al.，2009；Ronai，2015）

对受试者说：我们要测量你的核心肌肉耐力并确定筋膜线中潜在的功能障碍。如果你准备好了，请在瑜伽垫上依次进行前臂和单足支撑的各种“桥”式动作。

（1）前动力链（图 10–6）。

① 预备姿势：受试者呈俯卧位，两腿伸直、并拢，将足背面和胫骨远端支撑在矮板凳上，两前臂和双手支撑于瑜伽垫上。肘关节与前臂平行且与肩同宽。肘关节在肩关节正下方，头、颈与臀部、足跟呈一条直线。

② 动作：腹直肌、髂腰肌、股直肌和胫骨前肌共同收缩以抬起身体，左腿离开矮板凳，右腿支撑体重。左腿一离开矮板凳就开始计时，受试者尽可能在一动不动情况下坚持 40 秒。一旦出现身体失去直线排列或出现疼痛，则终止测试。30 秒休息之后重复另一侧的测试。

（2）后动力链（图 10–7）。

① 预备姿势：受试者呈仰卧位，两腿伸直、并拢，两脚足跟放置于矮板凳上，两前臂和双手平行，支撑于瑜伽垫上，且位于髋关节两侧。肘关节与前臂平行且与肩同宽。肘关节在肩关节正下方。颈部放松，耳朵与肩关节对齐。

② 动作：髂肋肌、最长肌、胸背筋膜、臀大肌、股二头肌、腓肠肌外侧、比目鱼肌外侧共同收缩，同时足跟下压矮板凳以抬起身体，保持膝关节伸直。左腿离开矮板凳，右腿支撑体重。左腿一离开矮板凳就开始计时，受试者尽可能在一动不动情况下坚持 40 秒。一旦出现身体失去直线排列或出现疼痛，则终止测试。30 秒休息之后重复另一侧的测试。

（3）后稳定链（图 10–8）。

① 预备姿势：受试者呈仰卧位，膝关节屈曲 60 ~ 90 度之间且相互平行。两脚足跟放置于矮板凳上，两前臂和双手平行，支撑于瑜伽垫上，且位于髋关节两侧。肘关节与前臂平行且与肩同宽。颈部放松，耳朵与肩关节对齐。

② 动作：斜方肌、半膜肌、半腱肌、缝匠肌、股薄肌、腓肠肌内侧和比目鱼肌共同收缩，以抬起身体，膝关节角度仍然保持在 60 ~ 90 度之间。左腿离开矮板凳，右腿支撑体重。左腿一离开矮板凳就开始计时，受试者尽可能在一动不动情况下坚持 40 秒。一旦出现身体失去直线排列或出现疼痛，则终止测试。30 秒休息之后重复另一侧的测试。

（4）外侧稳定链（图 10–9）。

① 预备姿势：受试者取左侧卧位，膝关节伸直，左足外侧放置于矮板凳上，左侧肘

关节和前臂支撑于瑜伽垫上，肘关节屈曲 90 度且位于肩关节正下方。头颈保持中立位，左侧的肩、髋、膝和踝必须同足和矮板凳的最高点保持在一个水平面上。右上肢和手可以放在右大腿外侧，也可以放在左肩上。身体不得旋转或下坠到低于矮板凳的高度。

② 动作：胸锁乳突肌、上斜方肌、背阔肌、前锯肌、腹内外斜肌、臀中肌、阔筋膜张肌、股外侧肌、腓肠肌外侧和比目鱼肌、腓骨长肌、腓骨短肌和第三腓骨肌共同收缩，同时下压左侧足踝和肘部以抬起身体。然后抬起右腿，以左腿支撑体重。左腿一离开矮板凳就开始计时，受试者尽可能在一动不动情况下坚持 40 秒。一旦出现身体失去直线排列或出现疼痛，则终止测试。30 秒休息之后重复另一侧的测试。

（5）内侧稳定链（图 10–10）。

① 预备姿势：受试者取左侧卧位，膝关节伸直，右腿内侧足踝放置于矮板凳上，左腿伸直放于凳子下方，左侧肘关节和前臂支撑于瑜伽垫上，肘关节屈曲 90 度且位于肩关节正下方。头颈保持中立位，左侧的肩、髋、膝和踝必须同足和矮板凳的最高点保持在一个水平面上。右上肢和手可以放在右大腿外侧，也可以放在左肩上。身体不得旋转或下坠到低于矮板凳的高度。

② 动作：长内收肌、股薄肌、缝匠肌、耻骨肌、腓肠肌内侧和比目鱼肌共同收缩，同时下压右侧足踝和左部左腿离开地面，贴住矮板凳。左腿一离开矮板凳就开始计时，受试者尽可能在一动不动情况下坚持 40 秒。一旦出现身体失去直线排列或出现疼痛，则终止测试。30 秒休息之后重复另一侧的测试。

5. 测试指标

维持正常动作的时间。

6. 注意事项

（1）头部保持中立位。

（2）每个测试动作的顺序为“先右后左”，即：右腿先支撑在矮板凳上，测试结束后休息 30 秒，再把左腿支撑在矮板凳上。

（3）受试者保持正常的呼吸，禁止憋气。

（4）停止测试的标准：

① 受试者不能够保持标准的动作，如出现关节的旋转。

② 测试过程中受试者感觉到任何的不适，如烧灼感、抽筋或关节、肌肉疼痛。

③ 受试者疲劳，经过语言提示仍然不能够保持正确的身体姿势。

四、双腿落下测试

1. 测试目的

评估腹部肌肉进行功能性离心收缩和控制腰椎—骨盆复合体的能力，以及将骨盆控制在后倾位置的能力。

2. 所需器材设备

平整的治疗床或防滑瑜伽垫、血压计、关节角度仪。

3. 测试前的准备工作

详细地向受试者说明测试动作的步骤和要求。

受试者呈仰卧位，双腿伸直并拢，上肢伸直放于体侧。将血压计的袖带放于第 4 ~第 5 腰椎位置，袖带内压力为 40 毫米汞柱（图 10–11）。

4. 测试步骤

（1）对受试者说：我们要测量你的腹部肌肉力量与核心力量。如果你准备好了，请保持双腿伸直、并拢，缓慢抬起与躯干垂直。

（2）使用血压计：令受试者保持肚脐“回缩”动作（即将肚脐吸向脊柱），同时保持腰椎与血压计的袖带相互接触，维持 40 毫米汞柱的压力。受试者缓慢放下双腿，同时保持“回缩”动作。当血压计下降 10 毫米汞柱，而且经过语言提醒，但受试者仍然无法恢复血压计为 40 毫米汞柱的压力，则终止测试，测量髋关节角度。

（3）也可以不使用血压计进行该项测试。起始姿势相同，1 名检测员将手指放于第 4 ~ 5 腰椎位置，在受试者缓慢放下双腿过程中，检测员感到失去了受试者的腰椎对其手指的压力，则终止测试，由另外一名检测员测量受试者的髋关节角度。

5. 测试指标

躯干与大腿之间的角度。

五、萨赫曼核心稳定性测试

1. 测试目的

该测试由难度逐渐降低的不同的下肢动作组成，评估核心肌肉稳定脊柱的能力。

2. 所需器材设备

平整的治疗床或防滑瑜伽垫、充气式压力生物反馈装置（pressure biofeedback unit，PBU）或血压计、关节角度仪。

3. 测试前的准备工作

详细地向受试者说明测试动作的步骤和要求。

受试者仰卧位，双腿伸直并拢，上肢伸直放于体侧，将 PBU 放置于受试者第 4 ~第 5 腰椎下方，将 PBU 充气到 40 毫米汞柱的压力值。

4. 测试程序（Aggarwal et al.，2011；Chan et al.，2020）

（1）对受试者说：我们要测量你的核心稳定性。如果你准备好了，以肚脐“回缩”的方式保持 PBU 40 毫米汞柱的压力。

（2）令受试者完成肚脐回缩以避免压力值波动幅度超过 10 毫米汞柱的同时（压力值偏差超过 10 毫米汞柱表明稳定肌失去了稳定脊柱的作用），完成萨赫曼核心稳定性测试的 5 级动作（表 10–2），在压力变化不大于 10 毫米汞柱的情况下，以受试者完成的动作级别作为测试成绩。

（3）每个级别的动作重复完成 3 次、次间歇 1 分钟。在完成每个级别的动作后受试者有 2 分钟的休息时间，以减少肌肉激活后潜在的残留效应。

（4）以 3 次测试的平均值作为最终成绩。

5. 测试指标

完成测试动作的级别。

六、三平面核心力量测试

1. 测试目的

评估受试者的核心力量。

2. 所需器材设备

平整的地面、墙面、皮尺、胶带。

3. 测试前的准备工作

详细地向受试者说明测试动作的步骤和要求。

在距离墙面 8 厘米处用胶带做标记。

4. 测试程序（Vera-Garcia et al.，2019）

（1）对受试者说：我们要测量你的核心力量。你需要以优势腿做单足站立，身体缓慢地向前面倾斜，然后恢复到起始姿势。

（2）令受试者脱鞋（赤足或穿袜），以优势侧单腿站立，肩关节距离墙面 8 厘米，缓慢地在额状面［图 10-12（a）］、矢状面［图 10-12（b）］和水平面［图 10-12（c）、图 10-12（d）］靠近墙面，身体接触到墙面后再恢复到起始姿势。

（3）每个平面内重复 2 次动作。始终要求受试者在三个平面内重复动作时保持头颈和骨盆保持中立位（Vera-Garcia et al.，2019）。

（4）根据表 10-3 中所列的动作标准进行评分。

5. 测试指标

完成测试动作级别所对应的分值（表 10-3）。

七、基于姿势控制的核心稳定性测试

1. 测试目的

评估受试者的核心稳定性。

2. 所需器材设备

平整的地面、平整的治疗床或防滑瑜伽垫。

3. 测试前的准备工作

详细地向受试者说明测试动作的步骤和要求。

受试者脱鞋。

4. 测试程序（Friedrich et al.，2017）

（1）对受试者说：我们要测量你的核心力量。你需要依次完成单腿下蹲、腹桥、背桥和侧桥 4 个测试动作。

（2）令受试者按照表 10–4 所示的动作要求完成测试动作。

（3）以表 10–5 所示的评分标准进行评分。

5. 测试指标

按照完成测试动作的质量进行评分（表 10–5）。

八、跪姿抛掷药球测试

1. 测试目的

通过跪姿向前、向后和侧方抛球动作，用抛掷药球的距离分别评估腹部前壁肌肉和躯干屈肌、躯干后伸肌群、躯干旋转肌群的力量。

2. 所需器材设备

3 千克药球、皮尺、防滑瑜伽垫。

3. 测试前的准备工作

详细地向受试者说明测试动作的步骤和要求。

标准化热身。

4. 测试程序（Sell et al.，2015）

（1）对受试者说：我们要测量你的核心力量。你需要依次完成跪姿向前、向后和侧方抛球动作。

（2）测试步骤。

① 跪姿过头前抛药球测试。

如图 10–14 所示，受试者跪立在防滑瑜伽垫上，躯干直立且保持中立位，小腿前部和足背均与瑜伽垫相接触。双膝与瑜伽垫前端的胶带对齐，双手持球、手掌朝内，直臂与躯干后伸，然后如同标准的卷腹动作一样，当腰椎和臀部恢复到中立位置时，受试者用足够大的力抛掷药球，以使药球被抛出尽可能远的距离。如有必要，允许受试者顺势向前扑倒，双手触地缓冲。

② 跪姿过头后抛药球测试。

如图 10–15 所示，受试者屈膝 90 度跪立在防滑瑜伽垫上，躯干直立且保持中立位，小腿前部和足背均与瑜伽垫相接触。双膝与瑜伽垫前端的胶带对齐，双手持球、手掌朝内。开始投掷时，受试者的髋关节和躯干同时屈曲以降低臀部，臀部与跟骨相接触。然后，受试者在保持手臂初始位置的同时，伸展臀部和髋关节到达中立位时，受试者用足够大的力抛掷药球，以使药球被抛出尽可能远的距离。

③ 跪姿侧抛药球测试。

如图 10–16 所示，受试者屈膝 90 度跪立在防滑瑜伽垫上，躯干直立且保持中立位，小腿前部和足背均与瑜伽垫相接触。双膝与瑜伽垫前端的胶带对齐，双肩取中立位、双肘屈曲 90 度、双手保持中立位于身前持球、手掌朝内。开始投掷时，受试者在腰椎处旋转躯干（向左或向右），然后以相反的方向快速旋转躯干，当躯干回到中立位时，双手抛球，以使药球被抛出尽可能远的距离，受试者的躯干顺势旋转（向左或向右）。

5. 测试指标

药球被抛出的距离（如果有数字化的药球，还可以获得速度、功率等参数）。

九、坐姿抛掷药球测试

1. 测试目的

通过坐姿向前和侧方抛球动作，用抛掷药球的距离来评估核心力量。

2. 所需器材设备

2 千克药球，皮尺，防滑瑜伽垫，至少 10 米长、3 米宽的空场地、

3. 测试前的准备工作

详细地向受试者说明测试动作的步骤和要求。

标准化热身。

4. 测试程序（Cowley et al.，2008）

（1）对受试者说：我们要测量你的核心力量。你需要依次完成跪姿向前、向后和侧方抛球动作。

（2）测试步骤。

① 腹前抛球测试。

如图 10–17 所示，受试者在防滑瑜伽垫上呈仰卧位，屈膝 90 度，脚尖与瑜伽垫末端对齐，双足与肩同宽；双臂伸直并过头，双手持药球，双手拇指相对接。受试者腹肌突然屈髋肌群同时收缩，将双臂作为杠杆，直臂将药球在膝关节上方向前方抛出去，注意上臂不能超过膝关节、足与臀部不能离开地面。测量药球落脚点与脚尖之间的距离。重复 3 次测试，取平均值进行数据分析。

② 腹侧抛球测试。

如图 10–18 所示，受试者坐在防滑瑜伽垫上，屈膝屈髋各 90 度，受试者脚尖与瑜伽垫前端对齐、左脚与瑜伽垫边缘对齐、双足与肩同宽。受试者直臂双手持药球向右转体 90 度，然后进行躯干爆发性向心收缩，以双臂为杠杆在左膝上方抛出药球。测量药球落点与足尖之间的距离。重复 3 次测试，取平均值进行数据分析。

5. 测试指标

药球被抛出的距离（如果有数字化的药球，还可以获得速度、功率等参数）。

参考文献

[1] AGGARWAL A, KUMAR S, MADAN R, et al. Relationship among different tests of evaluating low back core stability[J]. J Musculoskelet Res 2011, 14(2): 1250004–1250014.

[2] BARBADO D, BARBADO L C, ELVIRA J L L, et al. Sports–related testing protocols are required to reveal trunk stability adaptations in high–level athletes[J]. Gait Posture. 2016, 49: 90–96.

[3] BORGHUIS J, HOF A L, LEMMINK K A. The importance of sensory–motor control in providing core stability: implications for measurement and training[J]. Sports Med. 2008, 38(11): 893–916.

[4] BOUDREAU S N, DWYER M K, MATTACOLA C G, et al. Hip–muscle activation during the lunge, single–leg squat, and step–up–and–over exercises[J]. J Sport Rehabil. 2009, 18(1): 91–103.

[5] CHAN E W M, HAMID M S A, NADZALAN A M, et al. Abdominal muscle activation: an EMG study of the sahrmann five–level core stability test[J]. Hong Kong Physiother J. 2020, 40(2): 89–97.

[6] CHMIELEWSKI T L, HODGES M J, HORODYSKI M, et al. Investigation of clinician agreement in evaluating movement quality during unilateral lower extremity functional tasks: a comparison of 2 rating methods[J]. J Orthop Sports Phys Ther. 2007, 37(3): 122–129.

[7] CHOLEWICHI J, JULURU K, MCGILL SM. Intra–abdominal pressure mechanism for stabilizing the lumbar spine[J]. J Biomech. 1999, 32(1): 13–17.

[8] CHUTER V H, DE JONGE X A K J, THOMPSON B M, et al. The efficacy of a supervised and a home–based core strengthening programme in adults with poor core stability: a three–arm randomised controlled trial[J]. Br J Sports Med. 2015;49(6): 395–399.

[9] COPE T, WECHTER S, STUCKY M, et al. The impact of lumbopelvic control on overhead performance and shoulder injury in overhead athletes: a systematic review[J]. Int J Sports Phys Ther. 2019, 14(4): 500–513.

[10] COWLEY P M, SWENSEN T C. Development and reliability of two core stability field tests[J]. J Strength Cond Res. 2008, 22(2): 619–624.

[11] CROSSLEY K M, ZHNAG W J, SCHACHE A G, et al. Performance on the single–leg squat task indicates hip abductor muscle function[J]. Am J Sports Med. 2011, 39(4): 866–873.

[12] CLARK M A, LUCETT S C. NASM–CES美国国家运动医学学会纠正性训练指南[M]. 王雄，译. 北京：人民邮电出版社，2019.

[13] DE BLAISER C, DE RIDDER R, WILLEMS T, et al. Impaired core stability as a risk factor for the development of lower extremity overuse injuries: a prospective cohort study[J]. Am J Sports Med. 2019, 47(7): 1713–1721.

[14] DE BLAISER C, ROOSEN P, WILLEMS T, et al. Is core stability a risk factor for lower extremity injuries in an athletic population? a systematic review[J]. Phys Ther Sport. 2018, 30: 48–56.

[15] DE BLAISER C, ROOSEN P, WILLEMS T, et al. The role of core stability in the development of non–contact acute lower extremity injuries in an athletic population: a prospective study[J]. Phys Ther Sport. 2021, 47: 165–172.

[16] DE WITT B, VENTER R. The 'bunkie' test: assessing functional strength to restore function through fascia manipulation[J]. J Bodyw Mov Ther. 2009, 13(1): 81–88.

[17] DEJANOVIC A, CAMBRIDGE E D, MCGILL S. Isometric torso muscle endurance profiles in adolescents aged 15–18: normative values for age and gender differences[J]. Ann Hum Biol. 2014, 41(2): 153–158.

[18] DEMOULIN C, GROSDENT S, SMEETS R, et al. Muscular performance assessment of trunk extensors: a critical appraisal of the literature[J]. In Ali Asghar Norasteh. Low back pain[M]. InTech, 2016.

[19] EKSTROM R A, DONATELLI R A, CARP K C. Electromyographic analysis of core trunk, hip, and thigh muscles during 9 rehabilitation exercises[J]. J Orthop Sports Phys Ther. 2007, 37(12): 754–762.

[20] FRIEDRICH J, BRAKKE R, AKUTHOTA V, et al. Reliability and practicality of the core score: four dynamic core stability tests performed in a physician office setting[J]. Clin J Sport Med. 2017, 27(4): 409–414.

[21] GILMER G G, WASHINGTON J K, DUGAS J R, et al. The role of lumbopelvic–hip complex stability in softball throwing mechanics[J]. J Sport Rehabil. 2019, 28(2): 196–204.

[22] GUILHEM G, GIROUX C, COUTURIER A, et al. Validity of trunk extensor and flexor torque measurements using isokinetic dynamometry[J]. J Electromyogr Kinesiol. 2014, 24(6): 986–993.

[23] KARPIŃSKI J, REJDYCH W, BRZOZOWSKA D, et al. The effects of a 6–week core exercises on swimming performance of national level swimmers[J]. PLoS One. 2020, 15(8): e0227394.

[24] KIBLER W B, PRESS J, SCIASCIA A. The role of core stability in athletic function[J]. Sports Med. 2006;36(3): 189–198.

[25] KRAUSE D A, YOUDAS J W, HOLLMAN J H, et al. Abdominal muscle performance as measured by the double leg–lowering test[J]. Arch Phys Med Rehabil. 2005, 86(7): 1345–

1348.
[26] LATIMER J, MAHER C G, REFSHAUGE K, et al. The reliability and validity of the biering-sorensen test in asymptomatic subjects and subjects reporting current or previous nonspecific low back pain[J]. Spine(Phila Pa 1976). 1999, 24(20): 2085-2089.
[27] LEETUN D T, IRELAND M L, WILLSON J D, et al. Core stability measures as risk factors for lower extremity injury in athletes[J]. Med Sci Sports Exerc. 2004, 36(6): 926-934.
[28] MCGILL S. Low back disorders[M]. Champaign: Human Kinetics, 2015.
[29] MCGILL E A, MONTEL I. NASM-PES 美国国家运动医学学会运动表现训练指南[M]. 2 版 . 崔雪原 , 译 . 北京 : 人民邮电出版社 , 2020.
[30] MYERS T. 解剖列车 [M]. 关玲 , 周维金 , 瓮长水 , 译 . 北京 : 北京科学技术出版社 , 2016.
[31] MILLS J D, TAUNTON J E, MILLS W A. The effect of a 10-week training regimen on lumbo-pelvic stability and athletic performance in female athletes: a randomized-controlled trial[J]. Phys Ther Sport. 2005, 6(2): 60-66.
[32] NESSER T W, HUXEL K C, TINCHER J L, et al. The relationship between core stability and performance in division I football players[J]. J Strength Cond Res. 2008, 22(6): 1750-1754.
[33] O'NEILL E, TAMJID N, DEREVERE J, et al. Assessment and application of the bunkie test in college students[J]. J Bodyw Mov Ther. 2020, 24(1): 165-169.
[34] PLETZEN D V, VENTER R E. The relationship between the bunkie-test and physical performance in rugby union players[J]. Int. J. Sports Sci. Coach. 2012, 7(3), 543-553.
[35] REED C A, FORD K R, MYER G D, et al. The effects of isolated and integrated 'core stability' training on athletic performance measures: a systematic review[J]. Sports Med. 2012, 42(8): 697-706.
[36] REEVES N P, NARENDRA K S, CHOLEWICKI J. Spine stability: the six blind men and the elephant[J]. Clin Biomech. 2007, 22(3): 266-274.
[37] RONAI P. The bunkie test[J]. Strength Cond J. 2015, 37(3): 89-92.
[38] SELL M A, ABT J P, SELL T C, et al. Reliability and validity of medicine ball toss tests as clinical measures of core strength[J]. Isokinetics and Exercise Science. 2015, 23(3): 151-160.
[39] SHARROCK C, CROPPER J, MOSTAD J, et al. A pilot study of core stability and athletic performance: is there a relationship?[J]. Int J Sports Phys Ther. 2011, 6(2): 63-74.
[40] SILFIES S P, EBAUGH D, PONTILLO M, et al. Critical review of the impact of core stability on upper extremity athletic injury and performance[J]. Braz J Phys Ther. 2015, 19(5): 360-368.

[41] STANTON R, REABURN P R, HUMPHRIES B. The effect of short-term swiss ball training on core stability and running economy[J]. J Strength Cond Res. 2004, 18(3): 522–528.

[42] STEVENS V K, BOUCHE K G, MAHIEU N N, et al. Trunk muscle activity in healthy subjects during bridging stabilization exercises[J]. BMC Musculoskelet Disord. 2006, 20, 7: 75.

[43] VAN DIEEN J H, KOPPES L L, TWISK J W. Postural sway parameters in seated balancing; their reliability and relationship with balancing performance[J]. Gait Posture. 2010, 31(1): 42–46.

[44] VERA-GARCIA F J, BROWN S H, GRAY J R, et al. Effects of different levels of torso coactivation on trunk muscular and kinematic responses to posteriorly applied sudden loads[J]. Clin Biomech. 2006, 21(5): 443–455.

[45] VERA-GARCIA F J, ELVIRA J L, BROWN S H, et al. Effects of abdominal stabilization maneuvers on the control of spine motion and stability against sudden trunk perturbations[J]. J Electromyogr Kinesiol. 2007, 17(5): 556–567.

[46] VERA-GARCIA F J, LÓPEZ-PLAZA D, JUAN-RECIO C, et al. Tests to measure core stability in laboratory and field settings: reliability and correlation analyses[J]. J Appl Biomech. 2019, 35(3): 223–231.

[47] WEIR A, DARBY J, INKLAAR H, et al. Core stability: inter- and intraobserver reliability of 6 clinical tests[J]. Clin J Sport Med. 2010, 20(1): 34–38.

[48] WILLSON J D, DOUGHERTY C P, IRELAND M L, et al. Core stability and its relationship to lower extremity function and injury[J]. J Am Acad Orthop Surg. 2005, 13(5): 316–325.

[49] WIRTH K, HARTMANN H, MICKEL C, et al. Core stability in athletes: a critical analysis of current guidelines[J]. Sports Med. 2017, 47(3): 401–414.

[50] ZAZULAK B, CHOLEWICKI J, REEVES N P. Neuromuscular control of trunk stability: clinical implications for sports injury prevention[J]. J Am Acad Orthop Surg. 2008, 16(9): 497–505.

[51] ZELLER B L, MCCRORY J L, KIBLER W B, et al. Differences in kinematics and electromyographic activity between men and women during the single-legged squat[J]. Am J Sports Med. 2003, 31(3): 449–456.

[52] ZOUITA B M A, ZOUITA S, BEN S F, et al. Isokinetic trunk strength, validity, reliability, normative data and relation to physical performance and low back pain: a review of the literature[J]. Int J Sports Phys Ther. 2020, 15(1): 160–174.

[53] 陈小平，黎涌明 . 核心稳定力量的训练 [J]. 体育科学，2007(9): 97.

[54] 高捷，刘旭蕊，鲍凯，等 . 水中瑞士球训练对优秀游泳运动员核心稳定性与运动表

现的影响 [C]// 中国体育科学学会 . 第十一届全国体育科学大会论文摘要汇编 . 北京：中国体育科学学会，2019: 1950-1951.
[55] 郭梁，LI L，吴瑛 . 核心稳定性相关测试与摆臂和不摆臂下蹲跳高度的关系 [J]. 体育科学，2018，38(4): 67–72.
[56] 黎涌明，于洪军，资薇，等 . 论核心力量及其在竞技体育中的训练——起源·问题·发展 [J]. 体育科学，2008(4): 19–29.
[57] 魏宏文，翟海亭 . 腹式呼吸练习与核心训练对优秀射箭运动员固势撒放稳定性的影响 [C]// 中国体育科学学会 . 第十一届全国体育科学大会论文摘要汇编 . 北京：中国体育科学学会，2019: 2747-2749.

第十一章　柔韧性的测试与评估

第一节　柔韧性测试的科学基础

一、柔韧性的概念

柔韧性是指在没有任何关节伤害的情况下最大的关节活动范围（range of motion，ROM）。柔韧性分为静态柔韧性和动态柔韧性。静态柔韧性指一个关节及其周围肌肉在被动拉伸时达到的最大动作幅度。动态柔韧性指运动过程中关节的可活动范围代表运动中有效的活动幅度，需要肌肉的主动活动（Heyward et al.，2013）。动态柔韧性通常大于静态柔韧性。

二、影响柔韧性的因素

有许多相互作用的因素决定了人体的柔韧性。这些因素可以分为肌动学因素和生理学因素（Hoffman，2013）。

（一）肌动学因素

从研究人体运动力学特征的人体肌动学角度来说，柔韧性与关节结构、肌肉起止点、肌肉横截面积、结缔组织的弹性有关。

1. 关节结构与肌肉起止点

一般认为，关节结构与肌肉起止点对关节活动范围影响很大。关节活动范围高度依赖于关节的类型，以及该关节周围的肌肉、肌腱和韧带。在所有三个平面（额状面、矢状面和水平面）都有活动的关节，如球窝关节，通常有最大的活动范围。肩关节和髋关节是球窝关节，与肘关节或膝关节等铰链关节相比，它们的活动范围相对较大（表 11–1）。

表 11–1　健康成年人的关节活动范围平均值（Hoffman，2013）

关节	动作	ROM（度）	关节	动作	ROM（度）
肩关节	屈	150 ~ 180	胸椎 – 腰椎	屈	60 ~ 80
	伸	50 ~ 60		伸	20 ~ 30
	外展	180		侧屈	25 ~ 35
	内旋	70 ~ 90		旋转	30 ~ 45
	外旋	90	髋关节	屈	100 ~ 120
肘关节	屈	140 ~ 150		伸	30
	伸	0		外展	40 ~ 45
桡尺关节	旋前	80		内收	20 ~ 30
	旋后	80		内旋	40 ~ 45
腕关节	屈	60 ~ 80		外旋	45 ~ 50
	伸	60 ~ 70	膝关节	屈	135 ~ 150
	手桡侧倾	20		伸	0 ~ 10
	手尺侧倾	30	踝关节	背屈	20
颈椎	屈	45 ~ 60		跖屈	40 ~ 50
	伸	45 ~ 75	距下关节	内翻	30 ~ 35
	侧屈	45		外翻	15 ~ 20
	旋转	60 ~ 80	—	—	—

2. 肌肉起止点

肌肉的起止点也可能影响运动范围。虽然解剖学教材在描述肌肉的起点和止点方面很精确，但每个个体的实际位置可能会不同。个体差异的程度，肌肉与骨骼、与关节结构的关系，都可能对关节的活动度有很大的正面或负面影响。

3. 结缔组织的弹性

结缔组织在决定关节活动范围方面也起着很大的作用。结缔组织由胶原蛋白或弹性组织组成。当结缔组织主要由胶原蛋白组成时，它的拉伸能力是有限的。相反，当它主要由弹性组织构成时，其运动范围具有很高的潜力。在整个关节的刚度中，韧带占 47%、肌腱占 10%、皮肤占 2%。筋膜包括包裹单个肌肉、肌纤维和肌束的膜，由于它主要由弹性组织组成，具有最大的拉伸潜力。肌腱和韧带弹性较差，胶原蛋白含量较高，它们的适应能力较弱。过度拉伸这些结缔组织可能导致关节松弛并增加肌肉、骨骼损伤的风险。

4. 肌肉横截面积

横截面积大的肌肉的柔韧性可能不如横截面积小的肌肉。尽管抗阻训练对肌肉的柔韧性并无损害，但对于那些体型较大的个体（无论是因为通过抗阻训练导致或因为肥胖导致），关节活动范围可能会下降。这可能会影响个人进行某些练习或运动的能力。例如，肱二头肌和三角肌较大的人在进行高翻或前蹲练习时可能会遇到困难。

考虑到一些结构异常是自然发生的，遗传成分在很大程度上可能会限制一个人的灵活性。然而，即使一个人的柔韧性差，也可以通过针对性训练提高柔韧性。

（二）生理学因素

1. 年龄

随着年龄的增长，肌肉的弹性降低，导致关节活动范围下降。弹性降低是由于代替退化肌肉纤维的纤维软骨增加、肌肉内黏连和交织增加以及钙沉积增加造成的。然而，柔韧性训练在老年人群中仍然是有益的，长期规律性的拉伸训练能够改善老年人的关节活动范围。

2. 性别

在所有年龄段，女性的柔韧性通常都好于男性，这主要与影响结缔组织松弛度的骨盆结构和激素的性别差异有关。性别对关节活动范围的影响因素有关节特异性和动作特异性。女性往往比同龄男性有更多的屈髋和脊柱侧屈幅度。另一方面，男性在伸髋和胸腰椎区域的脊柱屈曲和伸展方面有更大的关节活动范围。

3. 身体活动水平

身体活动水平是柔韧性的一个重要影响因素，因为经常运动的人柔韧性往往优于久坐不动的人。体力活动不足会导致不活动的肌肉收紧或收缩。人久坐后感觉身体僵硬，这是很容易理解的。长期体力活动不足或者由于损伤而出现骨骼肌肉的废用、固定与制动，会使肌肉和结缔组织挛缩，进而限制了柔韧性。

第二节　柔韧性的测试方法

根据测量指标的表示形式，柔韧性的测试方法分为长度测量法和角度测量法（吴梦，2018）。

长度测量法是用长度值来间接评价柔韧性的一种测量方法，最常用就是坐位体前屈、立位体前屈和俯卧抬臂测验等。这类方法用长度间接表示关节活动角度大小，测试值容易产生更大的误差，导致测试值效度相对较低。但是长度测量法操作简便，测试工具成本低廉，因此被广泛应用于国民体质测试、大样本的测试中，以及运动现场的测试当中。

角度测量法是用角度测量工具或拍摄工具对被测关节部位的伸展角度值进行测量。常用的角度测量法有角度尺测量法、角度计算法、光学拍摄法和X线照相法等。角度测量法一直被认为是最直接的柔韧性测试方法。许多实验均将角度测量法测量值作为对比检验其他测量方法效度高低的校标。但由于角度测量法操作复杂，对人员操作水平要求较高，因此不适合在国民体质监测或大样本实验中广泛采用。

一、静态柔韧性的直接测量

直接测量静态柔韧性，需要用到角度计、曲度计和倾角仪。

（一）角度仪

角度仪类似于量角器，可以测量关节活动范围两端的关节角度。角度仪有2个塑料或钢材质的测试臂，分别称为固定臂和活动臂，它们之间的夹角可作为评估静态柔韧性的指标（图11–1）。

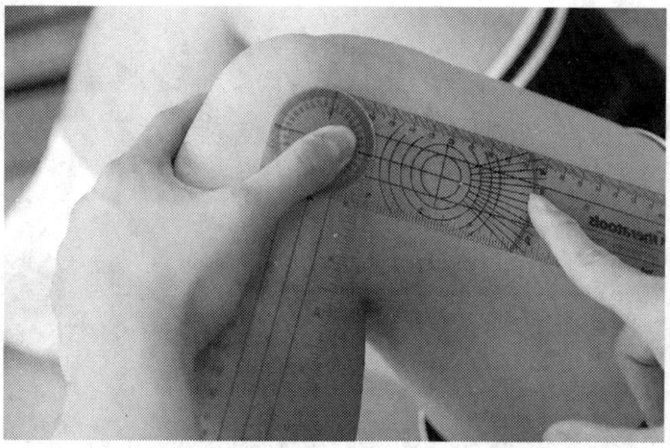

图11–1　用角度仪测量屈膝角度

（二）曲率计

曲率计由刻度盘和指针组成（图11–2）。在测试时，曲率计需要绑在受试者的肢体上，并将指针与关节活动范围的起始角度对齐，受试者执行某个动作能够达到的动作幅度直接从刻度盘上读出。

（三）倾角仪

倾角仪是利用重力原理的测角仪。在测试时，将倾角仪放在身体节段的远端。倾角仪测量移动段的长轴与重力线之间的角度。在测量脊柱灵活性时，美国医学会协会推荐使用两个倾角仪（图11–3）。

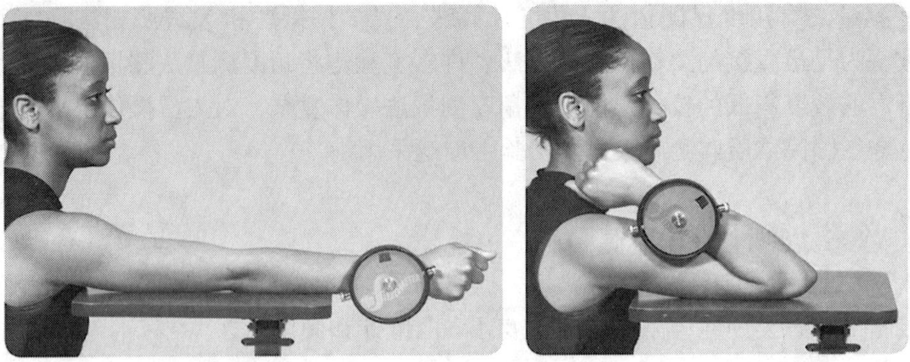

图 11-2　使用曲率仪测定肘关节关节活动范围（Heyward et al.，2013）

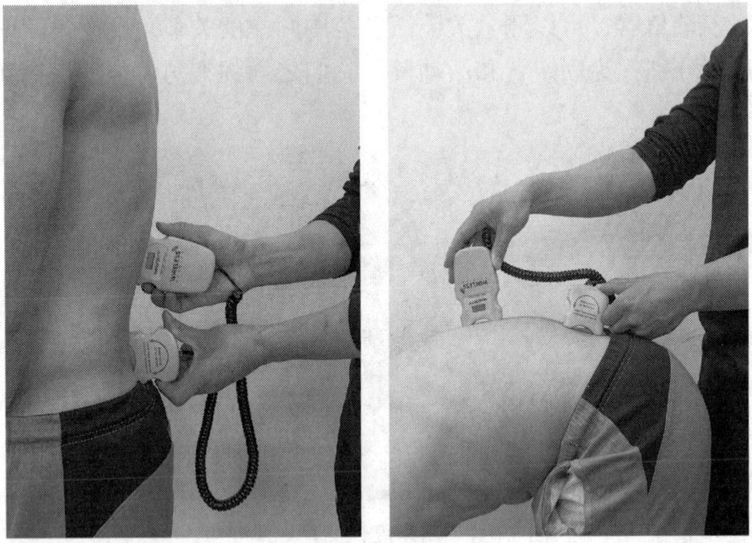

图 11-3　使用双倾角仪测定腰骶部屈曲角度（Heyward et al.，2013）

二、静态柔韧性的间接测量

运动科学的研究认为柔韧性不足与腰痛、肌肉骨骼损伤有关（de la Motte et al., 2019），因此，大多数与健康相关的体能测试方案中都包括坐位体前屈测试，用来评估下背部和腘绳肌的静态柔韧性。

坐位体前屈测试可以测量髋部和下背部的柔韧性，目前有标准的坐位体前屈测试、改良式坐位体前屈测试、V 形坐位体前屈测试、背部保护坐位体前屈测试和改良式背部保护坐位体前屈测试几种形式。

（一）标准坐位体前屈测试

美国运动医学学会推荐采用标准坐位体前屈测试来测试评价髋部和腘绳肌的柔韧性。

如图 11–4 所示，该测试使用坐位伸展箱，受试者坐在地板上，双膝伸直，足底贴住箱子的边缘，双臂沿着箱子顶部缓慢地尽可能向前伸展，手掌平行前移，保持此姿势约 2 秒。受试者可以低头以最大程度地增加向前伸够的距离。该测试方法程序简单、易于实施。

图 11–4　标准坐位体前屈测试

（二）改良式坐位体前屈测试

为了解释由于四肢长度的差异而产生的潜在偏差（即在进行标准的坐位体前屈测试时，相对于躯干和手臂，腿较短的个体可能具有优势），赫格尔（Hoeger，1989）设计改良式坐位体前屈测试，他考虑到了手指末端到坐位体前屈测试箱的距离，并以手到测试箱的距离作为相对零点。受试者坐在地板上，臀、肩和头部与墙壁接触，膝关节伸直，脚底紧贴测试箱，一只手向前伸，另一只手放在前伸的手上，指尖始终与滑尺相接触（图 11–5）。

比较标准和改良式体前屈测试的结果，在标准的体前屈测试中，手臂相对较长而腿相对较短（俗称“胳膊长、腿短”）个体（即手指到测试箱距离较短）的测试成绩明显高于那些手指到测试箱距离较长的个体（陆大江，2002；Heyward et al.，2013），而改良式坐位体前屈测试成绩无明显差异。但改良式坐位体前屈测试在评估下背部和腘绳肌柔韧性的有效性不及标准的坐位体前屈测试（Heyward et al.，2013）。

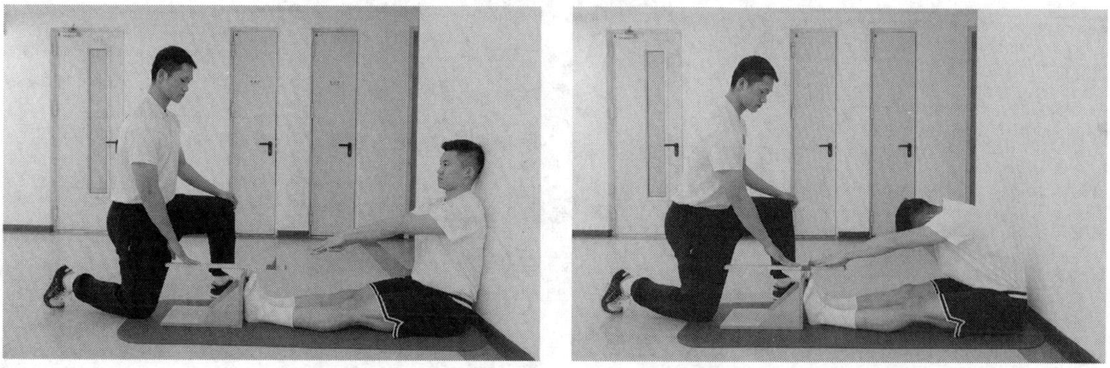

图 11–5　改良式坐位体前屈测试

（三）V 形坐位体前屈测试

如图 11–6 所示，V 形坐位体前屈测试，又称为 YMCA 坐位体前屈测试，以尺子来替代标准坐位体前屈测试中的箱子。受试者坐在地板上，双腿分开 30 厘米。受试者始终双膝伸直，双臂均匀向前伸展，手掌平行（指尖可能重叠）尽可能向前伸展，保持此姿势约 2 秒（Hui et al.，2000）。

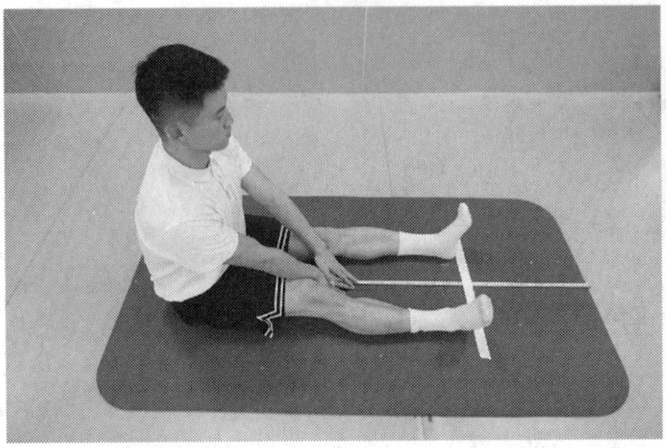

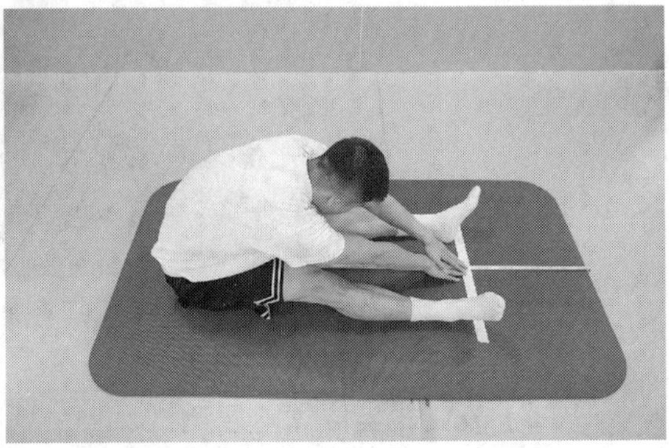

图 11–6　V 形坐位体前屈测试

（四）背部保护坐位体前屈测试

与 V 形坐位体前屈测试要求相同，受试者同时伸直双膝、两侧腘绳肌同时被牵拉。受试者在向前伸展的过程中，腰椎前部会受到挤压，产生不适感。测试时将双腿同时伸直改为单腿伸直，另一条腿屈曲，只测量一侧腘绳肌的柔韧性可以减轻这种不适感（图 11–7）。这种测试被称为背部保护坐位体前屈测试（López–Miñarro et al.，2009）。

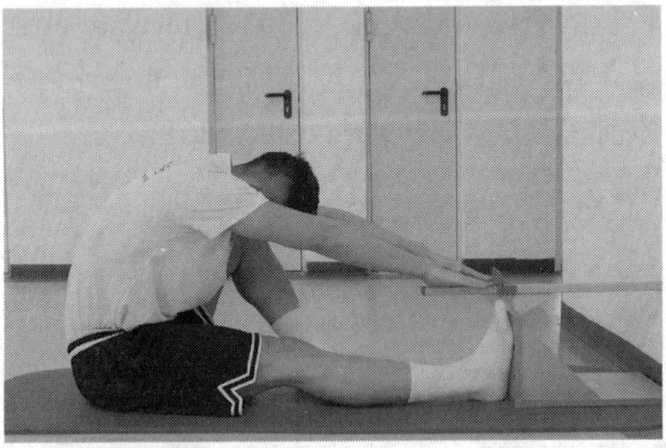

图 11–7　背部保护坐位体前屈测试

（五）改良式背部保护坐位体前屈测试

在进行背部保护坐位体前屈测试时受试者可能主诉非测试腿有不适感，因此，将背部保护坐位体前屈测试时受试者坐于地板上，改为坐在 12 英寸（相当于 30.5 厘米）高的板凳上进行单腿坐姿和伸展动作（图 11–8），这种方法称为改良式背部保护坐位体前屈测试（Hui et al.，2000）。与其他测试方案相比，改良式单腿坐位体前屈测试是最舒适的测试方案（Heyward et al.，2013）。

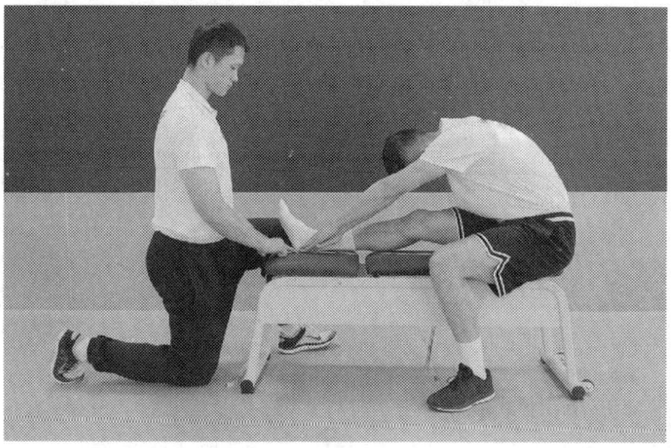

图 11–8　改良式背部保护坐位体前屈测试

（六）简化版皮肤牵拉测试

简化版皮肤牵拉测试是评估下背部柔韧性的可靠方法，并且与脊柱屈曲和伸展的放射学测量结果有很好的一致性。在测试时，受试者站立，在腰椎中线与连接左右髂后上棘水平线的交叉处定为 0 的标记，上方 15 厘米处作为第二个标记。当受试者弯腰时，这两个标记点会彼此远离，使用皮尺测量两个标记之间的新距离（图 11–9）。新距离测定值减去 15，称为腰椎屈曲分数。同理，让受试者腰部向后伸展并测量两个标记点之间的长度，15 减去此长度值称为腰椎伸展分数（Heyward et al.，2013）。

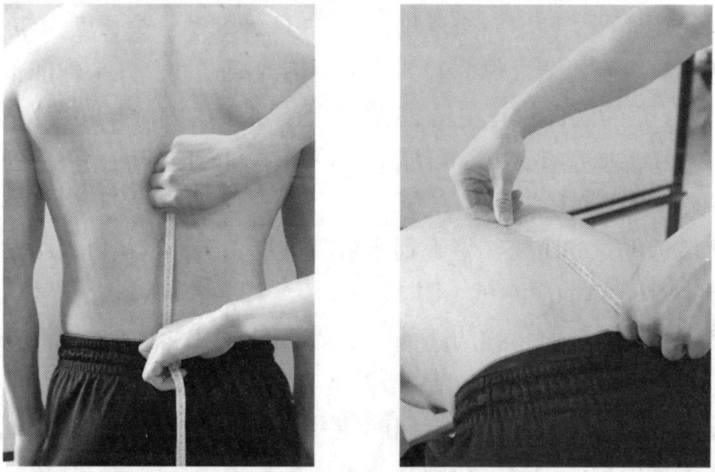

图 11–9　简化版皮肤牵拉测试

第三节　柔韧性的测试程序

一、坐位体前屈测试

1. 测试目的

测量髋部和下背部的柔韧性。

2. 所需器材设备

皮尺、胶带、坐位体前屈测试箱。

3. 测试前的准备工作

进行标准化的动态热身。

4. 测试程序

（1）标准坐位体前屈测试（图 11–4）。

① 对受试者说：我们要测量你的髋部和下背部的柔韧性。如果你准备好了，请脱鞋，取坐姿，然后将双膝伸直，双足并拢并与坐位体前屈测试箱完全接触。

② 双臂沿着箱子顶部缓慢地尽可能向前伸展，手掌平行前够，保持此姿势约 2 秒。受试者可以低头以最大程度地增加向前伸够的距离。

③ 记录到达最远位置的距离，精确到厘米。重复 3 次，取最好成绩。

（2）V 形坐位体前屈（图 11–6）。

① 布置场地：在地板上固定一个皮尺，在 23 厘米处贴一个长度为 30 厘米的胶带。

② 对受试者说：我们要测量你的髋部和下背部的柔韧性。如果你准备好了，请脱鞋，然后将双膝伸直，足跟的底部对齐皮尺 23 厘米处、足跟内侧对齐胶带外沿。

③ 受试者双手和手指重叠，并尽可能沿着皮尺慢慢向前伸展，一旦到达最远触碰处，需要在这个位置保持至少 2 秒。

④ 记录到达最远位置的距离，精确到厘米。重复 3 次，取最好成绩。

（3）背部保护坐位体前屈测试（图 11–7）。

① 对受试者说：我们要测量你的髋部和下背部的柔韧性。如果你准备好了，请脱鞋，然后将左膝伸直，左足与测试箱完全接触。

② 双臂沿着箱子顶部缓慢地尽可能向前伸展，手掌平行前够，保持此姿势约 2 秒。

③ 记录到达最远位置的距离，精确到厘米。重复 3 次，取最好成绩。

（4）改良式背部保护坐位体前屈测试（图 11–8）。

① 对受试者说：我们要测量你的髋部和下背部的柔韧性。如果你准备好了，请脱鞋，坐在长条凳上，将右膝伸直，左足完全置于地板上，左膝屈曲 90 度。

② 双臂均匀向前伸展，缓慢地尽可能向前伸展，手掌平行前够，保持此姿势约 2 秒。

③ 记录到达最远位置的距离，精确到厘米。重复 3 次，取最好成绩。

5. 测试指标

坐位体前屈伸展的距离。

二、仰卧直腿上抬

1. 测试目的

仰卧直腿上抬可以评估腘绳肌的柔韧性。

2. 所需器材设备

角度仪、瑜伽垫、墙面。

3. 测试前的准备工作

将瑜伽垫紧贴墙面摆好。

受试者标准化热身后休息 3 ~ 5 分钟进行测试。

4. 测试程序（Bozic et al.，2010）

（1）受试者平躺在瑜伽垫上，右腿（非测试腿）的足跟、小腿和大腿始终贴紧瑜伽垫的情况下，主动直膝抬起左腿（测试腿）直到最大幅度。

（2）测试员将受试者的左腿进一步抬起，直到受试者感觉到强烈但可以忍受的伸展感觉时，就达到了最大被动运动位置。

（3）记录左腿外踝所达到的位置，用角度仪测量左脚外踝和股骨大转子的连线与右脚外踝和股骨大转子之间的连线的夹角。

（4）重复 2 次，中间间隔 2 分钟。

（5）左腿测试结束后休息 5 分钟，开始进行右腿的测试。

5. 测试指标

以两腿之间的夹角作为腘绳肌柔韧性的指标（图 11–10）。

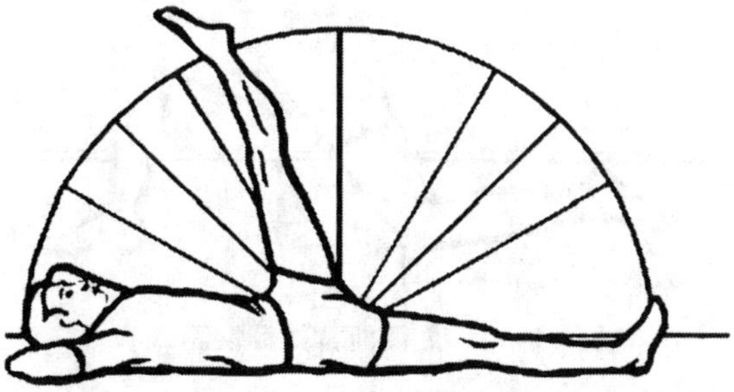

图 11–10　腘绳肌柔韧性测试

6. 注意事项

（1）受试者双膝必须始终伸直。

（2）非测试腿始终与瑜伽垫保持接触。

（3）如果采用三维运动学测量技术，荧光标记点为测试腿的内踝、非测试腿的股骨大转子和外踝。

三、单腿屈膝测试

1. 测试目的

单腿屈膝测试可以评估屈髋肌群的柔韧性。

2. 所需器材设备

人体测量仪、光滑的地板、椅子、墙面。

3. 测试前的准备工作

受试者标准化热身后休息 3 ~ 5 分钟进行测试。

4. 测试程序（Bozic et al.，2010）

（1）受试者右腿单膝跪立式弓箭步，左腿在前且屈膝 90 度。在这个位置左手扶住椅子、右手叉腰，躯干保持正直（与墙面上画出的垂直线对齐），髋关节不能有旋转动作，右膝尽可能向后滑动。

（2）分别测量耻骨联合与地面的距离（h）、耻骨联合投影点与右膝连线的长度（a）（图 11–11）。

（3）重复 2 次，中间间隔 2 分钟。

（4）结束后休息 5 分钟，左右腿交换位置，开始进行对侧下肢的测试。

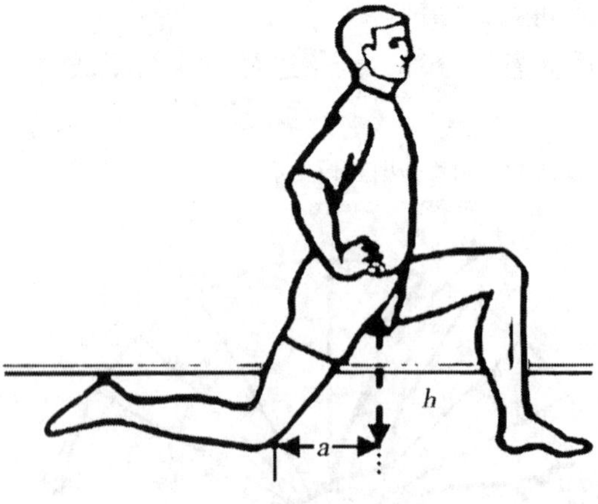

图 11–11　屈髋肌群柔韧性测试

5. 测试指标

以髋关节伸展角度（α）反映屈髋肌群的柔韧性，$\alpha = \arctan(a/h)$。

6. 注意事项

（1）左腿始终屈膝 90 度。

（2）躯干始终保持正直，臀部不能有任何旋转动作。

（3）如果采用三维运动学测量技术，荧光标记点为耻骨联合及其在地面上的投影点、身后一条腿的股骨外侧髁。

四、后足外旋纵向分腿测试

1. 测试目的

后足外旋纵向分腿测试可以评估位于身前腿的腘绳肌和身后腿的股内收肌的整体柔韧性。

2. 所需器材设备

人体测量仪、光滑的地板、椅子、墙面。

3. 测试前的准备工作

受试者标准化热身后休息 3 ~ 5 分钟进行测试。

4. 测试程序（Bozic et al.，2010）

（1）受试者左手扶住椅子、右手叉腰。位于身后的右足外翻，与身前的左足成 90 度，然后缓慢地将双足分开。躯干保持正直（与墙面上画出的垂直线对齐）、髋关节不能有旋转。

（2）分别测量耻骨联合与地面的距离（h），耻骨联合投影点与左足跟连线的长度（a）和与右足跟连线的长度（b）（图 11–12）。

（3）重复 2 次，中间间隔 2 分钟。

（4）结束后休息 5 分钟，左右腿交换位置，开始进行对侧下肢的测试。

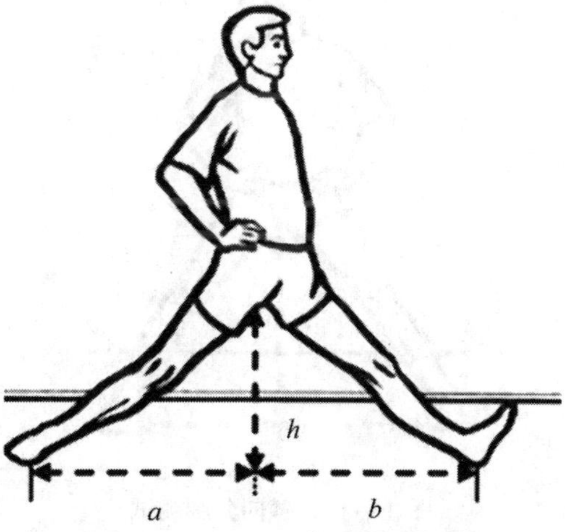

图 11–12　后足外旋纵向分腿测试

5. 测试指标

以双腿形成的角度（α）来反映身前腿的腘绳肌和身后腿的股内收肌的柔韧性，$\alpha = \arctan(a/h) + \arctan(b/h)$。

6. 注意事项

（1）右足始终外翻，与左足成 90 度。

（2）躯干始终保持正直，髋关节不能有任何旋转动作。

（3）如果采用三维运动学测量技术，荧光标记点为内踝、耻骨联合。

五、横向分腿测试

1. 测试目的

横向分腿测试可以评估股内收肌的柔韧性。

2. 所需器材设备

人体测量仪、光滑的地板、墙面。

3. 测试前的准备工作

受试者标准化热身后休息 3 ~ 5 分钟进行测试。

4. 测试程序（Bozic et al.，2010）

（1）令受试者双手叉腰，双足平行开立，缓慢地分开双足，同时躯干保持正直（与墙面上画出的垂直线对齐）。

（2）分别测量耻骨联合与地面的距离（h），耻骨联合投影点与左足跟连线长度（a）和与右足跟连线长度（b）（图 11–13）。

（3）重复 2 次，中间间隔 2 分钟。

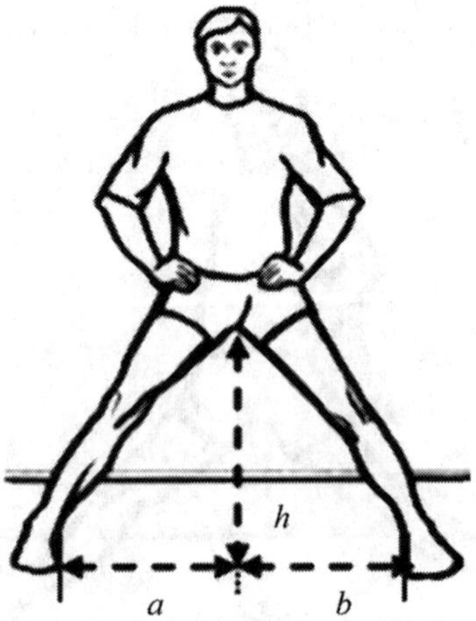

图 11–13　横向分腿测试

5. 测试指标

以双腿形成的角度（α）来评估股内收肌的柔韧性，$\alpha = \arctan(a/h) + \arctan(b/h)$。

6. 注意事项

（1）双足始终保持中立位。

（2）躯干始终保持正直，髋关节不能有任何旋转动作。

（3）如果采用三维运动学测量技术，荧光标记点为内踝、耻骨联合。

六、纵向分腿测试

1. 测试目的

纵向分腿测试可以评估身前腿的腘绳肌和身后腿的股四头肌的柔韧性。

2. 所需器材设备

人体测量仪、光滑的地板、椅子、墙面。

3. 测试前的准备工作

受试者标准化热身后休息 3 ～ 5 分钟进行测试。

4. 测试程序（Bozic et al.，2010）

（1）令受试者左手扶住椅子、右手叉腰，右膝跪立，左腿缓慢伸直向前滑动，髋关节不能有旋转动作。

（2）分别测量耻骨联合与地面的距离（h），耻骨联合投影点与右膝连线长度（a）和与左足跟连线长度（b）（图 11–14）。

（3）重复 2 次，中间间隔 2 分钟。

（4）结束后休息 5 分钟，左右腿交换位置，开始进行对侧下肢的测试。

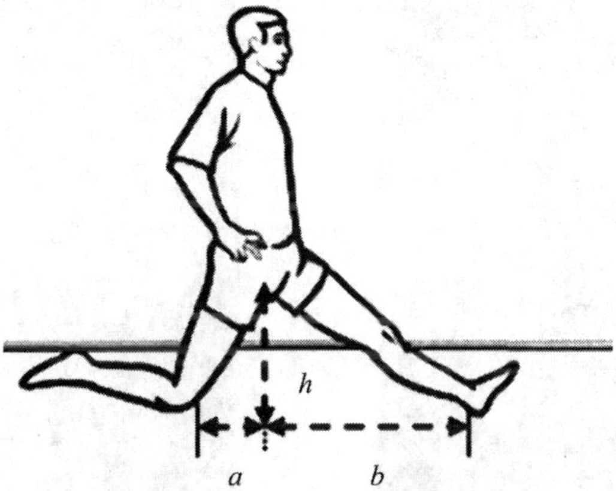

图 11–14　纵向分腿测试

5. 测试指标

以双腿形成的角度（α）来整体评估身前的腘绳肌和身后的股四头肌的柔韧性，α= arctan（a/h）+ arctan（b/h）。

6. 注意事项

（1）躯干始终保持正直，髋关节不能有任何旋转动作。

（2）如果采用三维运动学测量技术，荧光标记点为耻骨联合、身后一条腿的股骨外侧髁、身前一条腿的内踝。

七、背后抓手测试

1. 测试目的

测量肩部的柔韧性。

2. 所需器材设备

皮尺。

3. 测试前的准备工作

进行标准化的热身，包括手臂摆动、手臂旋转和肩部旋转。

4. 测试程序（Haff et al.，2012）

（1）对受试者说：我们要测量你的肩部柔韧性。如果你准备好了，请先将右肘举向右耳，尽量向后伸展，然后缓慢地将左肘朝向背部中间方向移动，同时左手尽可能地去触碰右手（或者超过右手），在这个位置保持 2 秒钟（图 11–15A）。

（2）用卷尺测量双手手指最大重叠的距离（图 11–15B）。如果受试者双手手指未能够接触或者重叠，测量手指之间的距离，并将结果记录为负值。

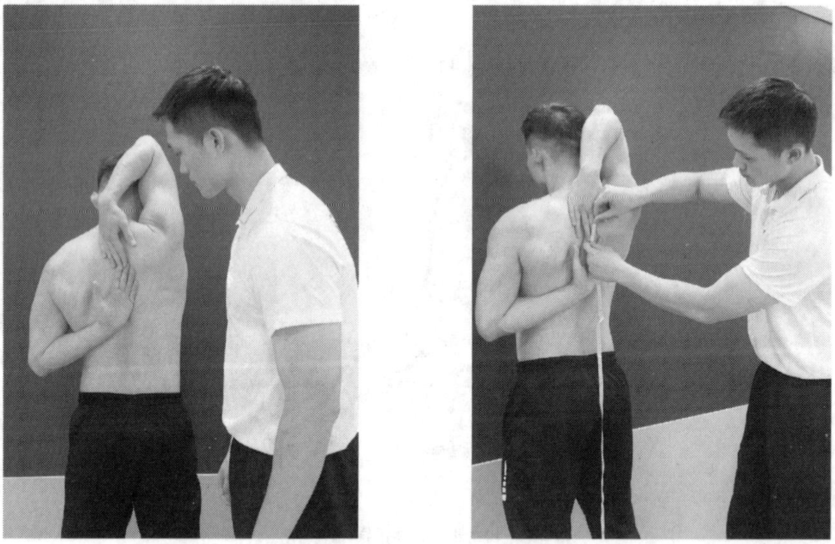

（a）上肢的位置　　（b）测量两个手指之间最大重叠的距离（或两手手指之间的距离）

图 11–15　背后抓手测试

（3）在每次测试之前，令受试者将其双臂分别放回身体的同侧。

（4）重复 3 次，取最好成绩。

（5）接下来，指导受试者以同样的步骤进行左手在上、右手在下的测试。

5. 测试指标

双手手指重叠或相距的距离，可以记录单侧的数值，也可以计算左右两侧的平均值。

八、抬肩测试

1. 测试目的

抬肩测试可以测试在过头动作中手腕、胸部和肩部的柔韧性。

2. 所需器材设备

卷尺、PVC 管。

3. 测试前的准备工作

进行标准化的热身，包括手臂摆动、手臂旋转和肩部旋转。

4. 测试程序（Haff et al.，2012）

（1）对受试者说：我们要测量你的胸部和肩部的柔韧性。如果你准备好了，请自然、放松地站立。

（2）令受试者双手握住 PVC 管，双手大约与肩同宽，测量并记录受试者的手臂长度：肩峰与 PVC 管最近部分之间的距离［图 11–16（a）］。

（3）令受试者俯卧位，胸部和腹部着地，双手举过头并顶握住 PVC 管，拇指朝向 PVC 管的中心，双手与肩同宽，下颌与地面接触，然后缓慢地抬肩，尽可能将 PVC 管抬起［图 11–16（b）］。

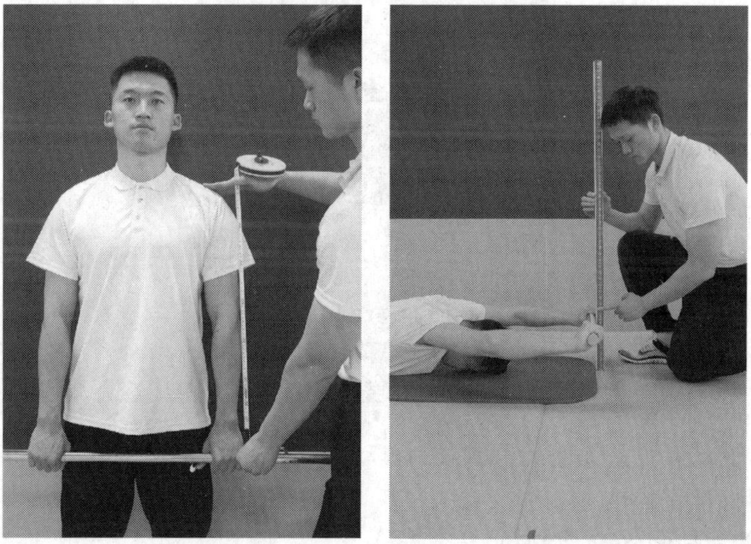

（a）确定手臂长度　　（b）测量肩关节抬起的高度

图 11–16　抬肩测试

（4）测量并记录 PVC 管底部距离地面的距离［图 11–16（b）］。

（5）指导受试者回到原来的位置放松。

（6）重复3次，取最好成绩。

5. 测试指标

（1）抬肩高度：PVC管与地板之间的高度。

（2）抬肩分值=100×（抬高高度/手臂长度）

九、全身旋转测试

1. 测试目的

全身旋转测试可以测量躯干柔韧性和与完成这个动作相关的关节的柔韧性。

2. 所需器材设备

两根测量尺、胶带。

3. 测试前的准备工作

（1）布置场地：用胶带将两根测量尺水平地固定在与受试者肩部高度平行的墙面上。测量尺应相互平行和对齐38厘米刻度线，上面的测量尺最左侧刻度线为0厘米、下面的测量尺应倒置，其最右侧刻度线为0厘米（图11-17）。最后，在测量尺38厘米刻度线处对应的地板上贴一条与墙面相垂直的胶带。

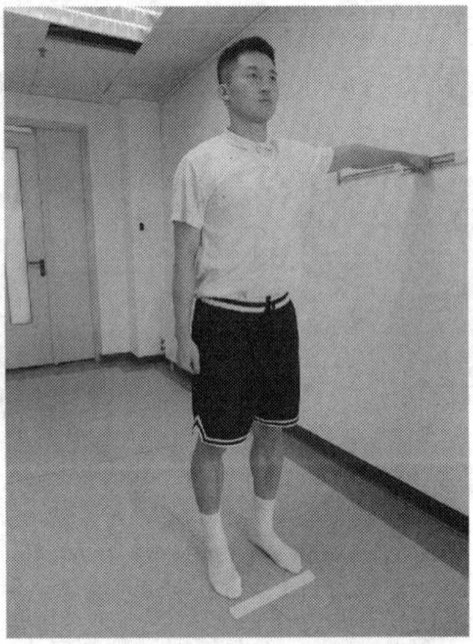

图11-17　全身旋转测试的预备姿势

（2）要求受试者脱去任何沉重或限制移动的衣物。

（3）进行标准化的热身。

4. 测试程序（Fukuda，2020）

（1）对受试者说：我们要测量你的身体旋转能力。如果你准备好了，请脱鞋，然后抬起左臂垂直于墙壁，脚尖对齐地面上的胶带，双足开立、与肩同宽，左手握拳与墙保持一臂的距离。

（2）在确认正确位置后，令受试者保持这个姿势，左手放下，置于体侧；右手握拳、拳心朝下，右臂侧平举与地面平行；向右旋转身体，同时沿着量尺尽可能远地伸展拳头，保持在这个位置 2 秒（图 11–18）。

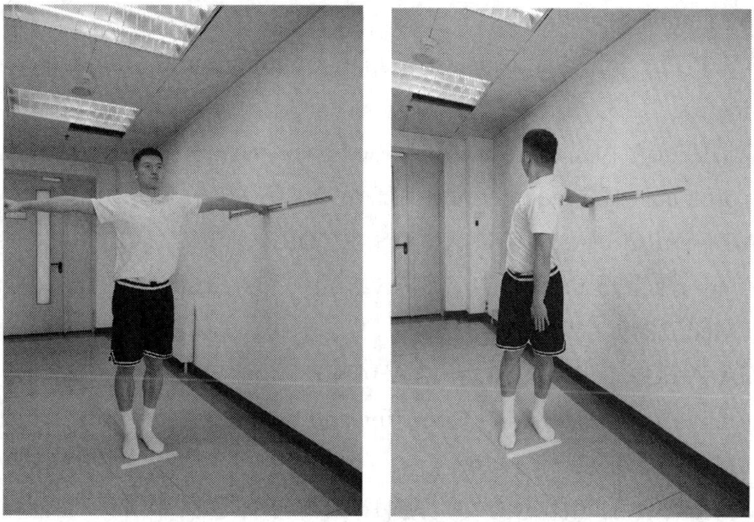

图 11–18　全身旋转测试

（3）记录右拳小指的指关节沿着上面的量尺能够到达的最大距离。重复 3 次测试，每次测试之前都要求受试者回到起始位置并且放松。

（4）指导受试者以相反的方向完成测试动作，左臂垂直于墙面并向右旋转，记录左拳小指的指关节沿着下面的量尺能够达到的最大距离。重复 3 次测试，每次测试之前都要求受试者回到起始位置并且放松。

（5）作为参考，能够触到 38 厘米刻度将反映受试者能够完成 180 度转身。

5. 测试指标

全身旋转时，左拳、右拳分别能够触碰达到的距离，也可以计算左右两侧的平均值。

参考文献

［1］BOZIC P R, PAZIN N R, BERJAN B B, et al. Evaluation of the field tests of flexibility of the lower extremity: reliability and the concurrent and factorial validity[J]. J Strength Cond Res. 2010, 24(9): 2523–2531.

［2］DE LA MOTTE S J, LISMAN P, GRIBBIN T C, et al. Systematic review of the association between physical fitness and musculoskeletal injury risk: part 3–flexibility, power, speed, balance, and agility[J]. J Strength Cond Res. 2019, 33(6): 1723–1735.

［3］戴维 · H. 富库达 . 运动表现测试与评估指南 [M]. 闫琪 , 赵芮 , 译 . 北京 : 人民邮电出版社 , 2020.

［4］HAFF G G, DUMKE C. Laboratory manual for exercise physiology[M]. Champaign:

Human Kinetics, 2012.
[5] HEYWARD H V, GIBSON L A. Advanced fitness assessment and exercise prescription[M]. Champaign: Human Kinetics, 2013.
[6] HOFFMAN J. Physiological aspects of sport training and performance[M]. Champaign: Human Kinetics, 2013.
[7] HUI S S, YUEN P Y. Validity of the modified back-saver sit-and-reach test: a comparison with other protocols[J]. Med Sci Sports Exerc. 2000, 32(9): 1655-1659.
[8] LÓPEZ-MIÑARRO P A, ANDÚJAR P S, RODRÑGUEZ-GARCÑA P L. A comparison of the sit-and-reach test and the back-saver sit-and-reach test in university students[J]. J Sports Sci Med. 2009, 8(1): 116-122.
[9] MAYORGA-VEGA D, MERINO-MARBAN R, VICIANA J. Criterion-related validity of sit-and-reach tests for estimating hamstring and lumbar extensibility: a meta-analysis[J]. J Sports Sci Med. 2014, 13(1): 1-14.
[10] 陆大江 . 新坐位体前屈测定法的研究 [J]. 上海体育学院学报，2002(2)：36-40.
[11] 吴梦 . 不同坐位体前屈测量法评估股后肌群柔韧性的信效度研究 [D]. 长春：吉林大学，2018.

附录　中英文术语对照表

中文	英文	缩略词
1.5 英里跑步	Cooper's 1.5-mile run	
180 度转身的 9–3–6–3–9 米冲刺	sprint 9-3-6-3-9m with 180°　turn	
1RM / 体重比值	1RM/BW ratio	
2.5 分钟负重连续跳跃测试	2.5-minute loaded repeated jump test	LRJT2.5min
20 米多级折返跑	20-meter multi-stage shuttle run	
2 分钟负重连续跳跃测试	2-minute loaded repeated jump test	LRJT2min
30 秒连续跳跃测试	30-second continuous jump test	CJ30s
30 秒温盖特测试	30-second Wingate test	
3 分钟全力测试	3-min all-out exercise test	3MT
4 × 5 米冲刺	sprint 4 × 5m	
45 秒深蹲测试	45-second squat test	
505 测试	505 test	
5 米多次折返跑	5m multiple shuttle field test	5mMST
60 码折返跑	60-yard shuttle test	
Abalakov 跳跃测试	Abalakov jump test	
Bosco 测试	Bosco test	
Brower 计时系统	Brower timing system	
David 测试	David test	
L– 跑	L-run	
Pro– 灵敏测试	Pro-agility test	
RAS/RCOD 指数	RAS/RCOD index	

续表

中文	英文	缩略词
Ruffier-Dickson 指数	Ruffier-Dickson index	RDI
SmartSpeed 系统	SmartSpeed system	
Swift 闪光管	Swift speedlight	
T– 测试	T-test	
V 形坐位体前屈	V sit-and-reach	VSR
Yo Yo 间歇性恢复测试	Yo Yo intermittent recovery test	YYIRT
Yo Yo 间歇性耐力测试	Yo Yo intermittent endurance test	YYIET
Y– 平衡测试	Y-balance test	YBT
矮板凳测试	Bunkie test	
澳式足球冲刺恢复测试	AFL sprint recovery test	
澳式足球冲刺恢复测试	Australian-rules football league sprint recovery test	AFL- SRT
薄弱或激活不足	weak / under-activate	
爆发性力量	explosive strength	
北欧腘绳肌练习	Nordic hamstring exercise	NHE
背部保护坐位体前屈测试	back-saver sit-and-reach	BSSR
背蹲	back squat	
背桥	supine bridge	
比林 - 索伦森测试	Biering-Sorensen test	
闭合性技能	closed-skill	
变向	change of direction	COD
变向赤字	change of direction deficit	CODD
变向速度	change of direction speed	CODS
变异系数	coefficient of variation	CV
标准的坐位体前屈测试	standard sit-and-reach	SSR
标准化分数	normalized score	
表面效度	face validity	
博斯科重复跳跃测试	Bosco repetitive jump test	
步幅	stride length	
步频	stride frequency	
擦冰手	sweeper	
侧桥	side bridge	
侧桥测试	side-bridge test	

续表

中文	英文	缩略词
测力板	force plate	
测量	measurement	
测量的标准误	standard error of measurement	SEM
测试	test	
测试方案	testing battery	
测试 - 重复测试的可靠性	test-retest reliability	
场地测试	field test	
超级大回转	super-giant slalom	SG
冲刺疲劳测试	sprint fatigue test	
冲量	impulse	
触地时间	contact time	CT
垂直方向上的地面反作用力	vertical ground reaction forces	
垂直刚度	vertical stiffness	Kvert
雌激素	estrogen	
大回转滑雪	giant slalom	GS
单次全力运动测试	single exercise bout test	
单光束电池计时门	single-beamed photocell	
单腿 6 米计时跳	6-meter timed hop	
单腿负荷测试	single-leg loading test	
单腿交叉步跳远	crossover hop	
单腿落地	single-leg landing	SLL
单腿屈膝测试	single-legged knee bend test	
单腿三步跳远	triple hop	
单腿跳	single-leg hop	
单腿跳远测试	hop for distance test	
单腿下蹲	single-leg squat	SLS
单腿一步跳远	single hop	
弹簧	spring	
弹簧 – 质量模型	spring-mass model	
弹跳跳跃	bounce jump	
弹震式俯卧撑	ballistic push-up	BPU
等速设备	isokinetic devices	
等张力量	isotonic strength	

续表

中文	英文	缩略词
等长测试	isometric test	
等长力量	isometric strength	
等长收缩	isometric contraction	
等长收缩式蹲起	isometric squat	ISQT
等长收缩式杠铃大腿中段提拉	isometric mid-thigh pull	IMTP
等长收缩式腿举	isometric leg press	
等长收缩式卧推	isometric bench press	
等长收缩式握力	iosmetric grip strength	
典型的测量误差	typical error of measurement	TEM
电子计时门	electric timing gate	
动力学指标	kinetic parameters	
动脉血氧含量	arterial oxygen content	CaO_2
动态大腿中段提拉	dynamic mid-thigh pull	
动态力量	dynamic strength	
动态力量指数	dynamic strength index	DSI
动态柔韧性	dynamic flexibility	
动态收缩	dynamic contraction	
动作的经济性	economy of movement	
动作控制	motor control	
对称指数	symmetry index	SI
蹲跳	jump squat	
多级体适能测试	multi-stage fitness test	MSFT
多组分模型的双重间接测量方法	multi-compartmental doubly indirect method	
儿茶酚胺	catecholamines	
反复变向	repeated change-of-direction	RCOD
反复冲刺能力	repeated sprint ability	RSA
反复跳跃测试	repeated jump test	
反向纵跳	countermovement jump	CMJ
反向纵跳高度	countermovement jump height	CMJH
反应力量	reactive strength	RS
反应力量比值	reactive strength ratio	RSR
反应力量指数	reactive strength index	RSI

续表

中文	英文	缩略词
反应性灵敏测试	reactive agility test	RAT
飞轮	flywheel	
废用	disuse	
峰值功率	peak power	PP
峰值力量	peak force	PF
峰值力量生成速率	peak rate of force production	peak RFD
峰值速度	peak velocity	
伏地起身测试	prone press up test	
俯卧拉	bench pull	
俯卧提拉	bench pull	
负荷的反向纵跳	loaded countermovement jumps	LCMJ
负荷 – 速度	load-velocity	
负荷 – 速度关系	load-velocity relationship	
负重反复跳跃测试	loaded repeated jump test	LRJT
负重反向纵跳	loaded countermovement jumps	LCMJ
腹侧抛球测试	side abdominal power test	SAPT
腹内压机制	intra-abdominal pressure mechanism	
腹前抛球测试	front abdominal power test	APT
腹桥	prone bridge	
腹桥测试	prone plank test	
改良式 505 测试	modified 505 test	
改良式背部保护坐位体前屈测试	modified back-saver sit-and- reach	MBSSR
改良式反复灵敏测试	repeated modified agility test	RMAT
改良式反应力量指数	reactive strength index modified	RSImod
改良式坐位体前屈测试	modified sit-and-reach	MSR
感知	perceptual	
感知 – 反应能力	perceptual and reactive capacities	P&RC
感知 – 决策	perceptual and decision making	
刚度	stiffness	
高翻	power clean	
高山速降	downhill	
睾酮	testosterone	
功率	power	

续表

中文	英文	缩略词
功率分数	power score	
功率耐力	power endurance	
功率输出的下降	decline in power output	DPO
功能性动作筛查	functional movement screen	FMS
肱三头肌下压	triceps push-down	
拱起测试	arch-up test	
共享方差	shared variance	
股内收	leg adduction	
骨骼肌架构	muscle architecture	
骨矿含量	bone mineral content	BMC
骨矿物质密度	bone mineral density	BMD
骨盆－腰椎位移	lumbopelvic displacement	
固定臂	stationary arm	
固定与制动	immobilization	
关节刚度	joint stiffness	Kjoint
关节活动范围	range of motion	ROM
惯性测量系统	inertial measurement units	IMU
光电池计时门	photocell timing gate	
跪姿侧抛药球	kneeling rotational medicine ball toss	
跪姿下腰伸展测试	kneeling lumbar flexion test	
跪姿药球过头后抛	kneeling overhead backward medicine ball toss	
跪姿药球过头前抛	kneeling overhead forward medicine ball toss	
国际滑雪联合会	international ski federation	FIS
国际足联高强度体能测试	FIFA high-intensity fitness test	
国际足联间歇性测试 1	FIFA interval test 1	
过顶向后抛药球	backward overhead medicine ball throw	
过顶向前抛药球	forward overhead medicine ball throw	
过肩发力的运动项目	overhead sports	
过头举	overhead press	
核心力量	core strength	
核心稳定性	core stability	
恒定的动态外部阻力	dynamic constant external resistance	

续表

中文	英文	缩略词
横向分腿测试	sideways leg splits test	
红外感受系统	infrared light beams	
红外线感应器	infrared sensor	IR
红外线光束	infrared light beam	
后	posterior	POST
后程冲刺时间	flying times	
后动力线	posterior power line	
后期测试	post-test	
后四次跳跃的平均跳跃高度	mean jump height of the last four jumpsl	JHmean-last4JH
后稳定线	posterior stabilizing line	
后足外旋纵向分腿测试	sideward leg splits test	
踝关节背屈测试	ankle dorsiflexion test	
环境条件	environment	
皇后学院台阶测试	Queen's college step field test	QCST
回缩	draw-in	
活动臂	moving arm	
肌钙蛋白	troponin	
肌耐力	endurance time	
肌肉表型	muscle phenotype	
肌肉环境	muscle environment	
基础数值	baseline	
基线值	baseline	
基于 BMI 的体脂 %	body mass index-based BF%	
基于灯光信号的灵敏测试	light-based reactive agility test	LRAT
基于跑动的无氧冲刺测试	running-based anaerobic sprint test	RAST
基于视频的反应性灵敏测试	video-based reactive agility test	VRAT
基于速度	velocity-based	
基于速度的训练	velocity-based training	VBT
激光设备	laser devise	
急停 – 起动	stop "n" go	
急停 – 起动式反应性灵敏测试	stop "n" go reactive agility test	SNT-RAT
计时门	timing gates	

续表

中文	英文	缩略词
计时设备	timing device	
技术	technical	
加劲	bracing	
加速度计	accelerometer	
加速阶段	acceleration phase	
间歇性冲刺	intermittent sprint	
间歇性无氧冲刺测试	intermittent anaerobic running test	IAnRT
间歇性无氧能力	intermittent anaerobic performance	
肩部灵活性	shoulder mobility	SM
肩部碰撞测试	impingement test	
肩关节内旋不足	glenohumral internal rotation deficit	GIRD
肩上推举	shoulder press	
检测员	tester	
检测员之间信度	inter-tester reliability	
检测员自身信度	intra-tester reliability	
减少的体重	weight loss	
减速	deceleration	
减速冲量	deceleration impulse	
减速阶段	deceleration phase	
简单反应	simple reaction	
简化版皮肤牵拉测试	simplified skin distraction test	
简化版皮肤吸引测试	simplified skin attraction test	
建构效度	construct validity	
渐进性有氧心肺耐力跑	progressive aerobic cardiovascular endurance run	PACER
箭步蹲	split squat	
交叉教育	cross education	
角度计	goniometer	
紧张或激活过度	tight / over-active	
颈动脉体	carotid bodies	
静蹲跳	squat jump	SJ
静蹲跳高度	squat jump height	SJH
静脉血氧含量	venous oxygen content	CvO_2

续表

中文	英文	缩略词
静态起跑	static start	
静态柔韧性	static flexibility	
纠正性练习	corrective exercise	
决策	decision-making	
绝对力量	absolute strength	
开步	split-step	
堪萨斯下蹲测试	Kansa squat test	KST
坎宁安 – 福克纳测试	Cunningham-Faulkner test	
可穿戴式传感器	wearable sensor	
客观性	objectivity	
客观性系数	objectivity coefficient	
空气置换体积描记法	air displacement plethysmography	ADP
库珀 12 分钟跑	Cooper's 12-minute run	
跨步过大	overstride	
跨栏架步	hurdle step	HS
快速伸缩复合式俯卧撑	plyometric push-up	
拉臂坐姿划船	low row	
拉长 – 缩短循环	stretch-shortening cycle	SSC
雷达枪	radar gun	
离心冲量	eccentric impulse	
离心力量	eccentric strength	
离心利用率	eccentric utilization ratio	EUR
离心收缩	eccentric contraction	
理想体重	ideal body weight	IBW
力	force	
力量	force	
力量耐力	strength endurance	
力量生成速率	rate of force development	RFD
力 – 时间	force-time	
力 – 速特征	force-velocity characteristics	
两点法	two-point method	
临界功率	critical power	
临界值	cut-off value	

续表

中文	英文	缩略词
灵活性	mobility	
灵敏	agility	
灵敏度	sensitivity	
六边形测试	hexagon test	
落地错误评分系统	landing error scoring system	LESS
落下跳	drop jump	
麦吉儿躯干肌肉耐力测试	McGill's torso muscular endurance test	
慢速的离心收缩	slow eccentric contraction	
每搏输出量	stroke volume	SV
美国橄榄球大联盟	National Football League	NFL
美国国家运动医学学会	National Academic of Sports Medicine	NASM
美国美式橄榄球大联盟	National Football League	NFL
美国体能协会	National Strength and Conditioning Association	NSCA
美国医学会协会	American Medical Association	
美国运动康复师协会	National Physical Therapy Association	ATPA
美国运动伤害防护师协会	National Athletic Trainers Association	NATA
美国运动医学学会	American College of Sports Medicine	ACSM
美国职业棒球大联盟	Major League Baseball	MLB
美国职业篮球	National Basketball Association	NBA
密度测量法	densitometry	
秒表	stopwatch	
末端释放式卧推	bench press throws	
目标设定	goal setting	
内	medial	MED
内侧稳定线	medial stabilizing line	
内后	posteromedial	PMED
内前	anteromedial	AMED
内切	cutting	
内容效度	content validity	
能量供应不足	low energy availability	LEA
女运动员三联征	female athlete triad syndrome	FTS
抛掷药球测试	medicine ball toss test	

续表

中文	英文	缩略词
跑步经济性	running economy	RE
跑步速度峰值	peak running velocity	
皮尔逊积差相关系数	Pearson product moment correlation coefficient	
皮褶厚度法	sum of skinfolds	
皮质醇	cortisol	
疲劳系数	coefficient of fatigue	COF
疲劳斜率	fatigue slope	
疲劳指数	fatigue index	FI
平均冲刺速度	average velocity	Vave
平均功率	average power	AP
平均功率	mean power	
平均功率最大值	highest average power relative to body mass	Pmax
平均时间	mean time	MT
平均时间	average time	AT
平均速度	mean velocity	
平均跳跃高度	mean jump height	JHmean
平均推进速度	mean propulsive velocity	
平均向心速度	mean concentric velocity	MCV
平行背蹲	parallel back squat	
平行蹲	parallel squat	
平行前蹲	parallel front squat	
评分员	rater	
评估	evaluation	
旗门	gate	
起动动作	start action	
起动力量	starting strength	
起跑触发器	start pads	
起跳时间	time to takeoff	TTT
前	anterior	ANT
前动力线	anterior power line	
前期测试	pre-test	

续表

中文	英文	缩略词
前四次跳跃的平均跳跃高度	mean jump height of the first four jumps	JHmean-first4JH
切入动作	cutting	
倾角仪	inclinometer	
曲度计	flexometer	
屈髋	hip flexion	
屈膝	leg curl	
屈肘	biceps curl	
躯干 / 脊柱刚度	trunk / spine stiffness	
躯干侧方肌群耐力测试	trunk lateral endurance test	
躯干肌肉适能测试	trunk muscle fitness test	
躯干屈肌耐力测试	trunk flexor endurance test	
躯干伸肌耐力测试	trunk extensor endurance test	
躯干稳定俯卧撑	trunk stability push-up	TSPU
躯干旋转稳定性	rotary stability	RS
躯干与四肢	central / peripheral	C/P
全蹲	full squat	
全美橄榄球联盟选拔性体能测试	NFL combine	
全美职业冰球联盟	National Hockey League	NHL
全球定位系统	global positioning system	GPS
全身旋转测试	total body rotation test	
人体测量学	anthropometry	
人体肌动学	kinesiology	
人体肌动学因素	kinesiological factors	
认知	cognitive	
任务约束	task constrains	
柔韧性	flexibility	
乳酸阈	lactate threshold	
萨尔曼核心稳定性测试	Sahrmann core stability test	
三平面核心力量测试	3-plane core strength test	
三组分模型的间接测量方法	three-compartmental indirect method	
上半身 / 下半身	upper / lower	U/L

续表

中文	英文	缩略词
上肢 Y– 平衡测试	upper quarter body Y-balance test	YBT-UQ
上肢闭链稳定性测试	closed kinetic chain upper extremity stability test	CKCUEST
上肢曲柄手摇功率计	arm crank ergometer	
上肢温盖特测试	Wingate arm crank test	
摄氧量平台	plateau in oxygen uptake	
伸髋	hip extension	
伸膝	leg extension	
伸肘	triceps extension	
身体成分	body composition	
身体成分的二分法系统	two-component system of body composition	
身体的	physical	
身体密度	body density	BD
身体围度测量	girth measurement	
身体质量指数	body mass index	BMI
深蹲	deep squat	DS
神经肌肉控制	neuromuscular control	NMC
生物电阻抗分析法	bioelectrical impedance analysis	BIA
生物学年龄	biological age	
生长激素	growth hormone	
绳索坐姿划船	seated row	
时间年龄	chronological age	
实力推	military press	
史密斯架	Smith machine	
史密斯架深蹲	Smith machine squat	
世界杯滑雪比赛	World Cup slalom	SL
似然比	likelihood ratio	LR
试错的流程	trial and error procedure	
视觉 / 定性得分	visual/qualitative scores	
视觉模拟评分法	visual analogue scale	VAS
视觉搜索	visual search	
收腹跳测试	tuck jump test	TJT

续表

中文	英文	缩略词
手臂长度	arm length	AL
手持式测功器	handheld dynamometer	
受试者工作特征曲线	receiver operating characteristic curve	ROC
瘦体重	lean body mass	LBM
熟悉训练课	familiarization session	
数据级数推断	magnitude-based inference	
数据平滑技术	data-smoothing techniques	
数据平均技术	data averaging techniques	
双侧力量不足	bilateral deficit	
双负荷法	two-load method	
双光束电池计时门	dual- beamed photocell	
双能 X 线吸收法	dual-energy X-ray absorption	DXA
双腿落下测试	double-leg lowering test	DLLT
双组分模型	two-component model	
水平跳跃	horizontal jumping	
水下称重法	hydrodensitometry	
速度	speed	
速度	velocity	
速度下降分值	percentage decrement score	DEC
速度下降率	speed decrement percentage	SD%
索尼克测试	Sonic test	
踏触垫	contact mat	
抬肩测试	shoulder elevation test	
抬肩分值	shoulder elevation score	SES
特异度	specificity	
腾空高度	jump height	JH
腾空时间	flight time	FT
提踵	heel raise	
体能	physical	
体能测试组合	testing battery	
体重	body mass	BM
跳跃高度	jump height	JH
通气阈	ventilatory threshold	

续表

中文	英文	缩略词
同时效度	concurrent validity	
推进阶段	drive phase	
腿刚度	leg stiffness	Kleg
腿举	leg press	
外	lateral	LAT
外侧稳定线	lateral stabilizing line	
外后	posterolateral	PLAT
外前	anterolateral	ALAT
微控制器	microcontroller	MC
温盖特无氧功率测试	Wingate anaerobic power test	WAnT
稳定性	stability	
卧推	bench press	
卧推	supine press	
无动力曲面跑台	non-motorized curved treadmill	NMcTM
无力	weakness	
无氧能力	anaerobic capacity	AC
无氧能力指数	index of anaerobic performance	IAP
无脂肪质量	free-fat mass	FFM
吸入氧分压	pressure of inspired oxygen	PO2
吸入氧含量	fraction of inspired oxygen	FIO2
系统质量	system mass	SM
下肢刚度	lower extremity stiffness	
线速度	linear speed	
线性位移传感器	linear displacement transducer	LPT
相对负荷因子	relative load factor	RLF
相对力量	relative strength	
相对于体重的力量表现	strength performance in relation to body weight	SREL
想象	imagery	
向心收缩	concentric contraction	
效度	validity	
效度标准	validity criterion	
效度系数	validity coefficient	

续表

中文	英文	缩略词
心理暗示	psyching-up	
心理运动技能	psychomotor skills	
心输出量	cardiac output	CO
信度	reliability	
信度系数	reliability coefficient	
星形偏移平衡测试	star excursion balance test	SEBT
行进间起跑（或动态起跑）	flying start	
胸腰稳定机制	thoracolumbar stabilization mechanism	
旋转稳定性	rotary stability	RS
选择性反应	choice reaction	
学习效应	learning effect	
血红蛋白含量	hemoglobin	Hb
压力传感技术	load cell technology	
压力生物反馈传感器	pressure biofeedback unit	PBU
压力中心的波动	center of pressure fluctuation	
延迟性肌肉酸痛	delayed onset muscle soreness	DOMS
阳性似然比	positive likelihood ratio	
阳性预测值	positive prediction value	
仰卧抛杠铃	bench press throw	
仰卧直腿上抬	leg rise in a spine position	LRSP
腰椎－骨盆－髋关节复合体	lumbo-pelvic-hip complex	
腰椎骨盆姿势控制测试	lumbopelvic postural control test	
腰椎屈曲分数	lumbar flexion score	
伊利诺斯灵敏测试	Illinois agility test	
胰岛素	insulin	
胰岛素样生长因子	insulin-like growth factors	
胰高血糖素	glucagon	
意志性疲劳	volitional fatigue	
阴性似然比	negative likelihood ratio	
阴性预测值	negative prediction value	
引体向上最大重复次数	maximum number of pull-ups	MNPU
饮食行为紊乱	eating disorder	ED
应答－动作时间	response-movement time	

续表

中文	英文	缩略词
应答时间	response time	
硬拉	deadlift	
尤登指数	Youden’s index	
有氧功率	aerobic power	
羽状角	pennation angle	
预测效度	predictive validity	
预先计划性的	pre-planned	
预先牵拉增强百分比	prestretch augmentation percentage	PSA%
约束模型	constrains-based model	
站立摸高	standing reach height	SRH
站姿或坐姿推胸	chest press	
张力计	strain gauge	
长曲棍球	lacrosse	
障碍滑雪	slalom	
真人刺激	human stimulus	
诊断准确度	diagnostic accuracy	
整体信度	overall reliability	
知觉 – 认知	perceptual-cognition	
肢体对称指数	limb symmetry index	LSI
脂肪质量	fat mass	FM
直腿硬拉	stiff-leg deadlift	
直线弓箭步	in-line lunge	ILL
直线弓箭步	in-line lunge	ILL
直线速度	straight-line speed	
中期测试	mid-test	
重测信度	test-retest reliability	
重返赛场	return to competition	
重复冲刺能力	repeated sprint ability	RSA
重复性冲刺	repeated sprint	
重复至力竭的次数	repetitions to fatigue	RTF
主动直腿上抬	active straight-leg raise	ASLR
主观体力感觉量表	rating of perceived exertion	RPE
转 / 分	rotation per minute	rpm

续表

中文	英文	缩略词
转体抛药球	rotating medicine ball throw	
准备就绪	readiness	
准确度	accuracy	
自言自语	self-talk	
总冲量	total impulse	
总高度	total jump height	TJH
总时间	total time	TT
纵跳	vertical jump	
纵跳测试	vertical jump test	
纵向分腿测试	lengthwise leg splits test	
组内可靠性	within-session reliability	
组内相关系数	intra-class correlation coefficient	ICC
最大可重复重量	repetition maximum	RM
最大力量	maximal strength	
最大摄氧量	maximal oxygen uptake	VO_2max
最大速度保持百分比	percentage of maximal velocity maintained	MVM%
最大速度阶段	maximal speed phase	
最大跳跃高度	maximal jump height	JHmax
最大无氧能力	maximal anaerobic capacity	
最大无氧跑测试	maximal anaerobic running test	MART
最大无氧折返跑测试	maximal anaerobic shuttle running test	MASRT
最短时间	best time	BT
最快时间	fastest time	FT
最快速度	maximal velocity	Vmax
最慢时间	worst time	WT
最慢速度	minimal velocity	Vmin
最小的有意义的变化值	smallest worthwhile change	SWC
最小功率	lowest power	LP
最小速度阈值	minimal velocity threshold	
坐位体前屈测试	sit-and-reach test	SRT
坐姿体前下拉	lateral pull-down	
坐姿胸前推药球	seated medicine ball throw	